安全生产法律法规汇编

（第三册）

中国石油化工集团公司安全监管局
中 国 石 化 安 全 工 程 研 究 院

中国石化出版社

图书在版编目(CIP)数据

安全生产法律法规汇编 / 中国石油化工集团公司安全监管局，中国石化安全工程研究院组织编写. —北京：中国石化出版社，2016.6
(安全培训系列图书. 汇编类安全工具书系列)
ISBN 978-7-5114-4145-4

Ⅰ. ①安… Ⅱ. ①中… ②中… Ⅲ. ①安全生产-安全法规-汇编-中国 Ⅳ. ①D922.549

中国版本图书馆 CIP 数据核字(2016)第 138660 号

中国石化出版社出版发行

地址：北京市东城区安定门外大街 58 号
邮编：100011 电话：(010)84271850
读者服务部电话：(010)84289974
http://www.sinopec-press.com
E-mail：press@sinopec.com
北京富泰印刷有限责任公司印刷
全国各地新华书店经销

*

787×1092 毫米 16 开本 150.5 印张 2629 千字
2016 年 8 月第 1 版 2016 年 8 月第 1 次印刷
定价：568.00 元(全六册)

《安全培训系列图书》
编审委员会

《安全生产法律法规汇编》
编写组

组　　长： 孙万付

副 组 长： 牟善军　白永忠

编写人员： 张卫华　苏国胜　闫　进　刘小明　崔伟珍
孙志刚　赵　震　王　坤　李国栋　赵婉颖
常云海　王　斌　张丽萍　李　欣　董国胜
赵英杰　张　艳　王洪雨　尹　楠　赵　洁
毕丽景

编写说明

为方便广大干部职工查阅并贯彻落实国家安全生产法律法规，由安全监管局牵头、安全工程研究院具体负责对国家现行安全生产法律法规进行了梳理、汇编，形成了《安全生产法律法规汇编》。

《安全生产法律法规汇编》收录了国家现行安全生产法律、法规、部门规章、重要文件和规范性文件共230项。按照专业管理类别分为通用类、危险化学品类、石油天然气类、建筑施工类、油气资产及反恐防范类等五个篇章。

每个篇章收录的法律法规按照法律效力从高到低、发布日期从新到旧的原则进行了排序，以方便广大读者使用。

本书适用于中国石化集团公司各级领导干部、安全管理人员，同时也可作为各级政府安全监管人员和其他生产经营单位安全管理人员参考用书。所收录的法律法规截止日期为2016年7月15日。

目　　录

（第一册）

第一篇　通用类

（第二册）

（第三册）

五、应急消防

七、交通运输

(第四册)

第二篇　危险化学品类

(第五册)

（第六册）

第三篇　石油天然气类

第四篇　建筑施工类

第五篇　油气资产及反恐防范类

五、应急消防

中华人民共和国主席令

第 6 号

《中华人民共和国消防法》已由中华人民共和国第十一届全国人民代表大会常务委员会第五次会议于 2008 年 10 月 28 日修订通过，现将修订后的《中华人民共和国消防法》公布，自 2009 年 5 月 1 日起施行。

中华人民共和国主席　胡锦涛

2008 年 10 月 28 日

中华人民共和国消防法

（1998 年 4 月 29 日第九届全国人民代表大会常务委员会第二次会议通过 2008 年 10 月 28 日第十一届全国人民代表大会常务委员会第五次会议修订）

目　录

第一章　总　则

第一条　为了预防火灾和减少火灾危害，加强应急救援工作，保护人身、财产安全，维护公共安全，制定本法。

第二条　消防工作贯彻预防为主、防消结合的方针，按照政府统一领导、部门依法监管、单位全面负责、公民积极参与的原则，实行消防安全责任制，建立健全社会化的消防工作网络。

第三条 国务院领导全国的消防工作。地方各级人民政府负责本行政区域内的消防工作。

各级人民政府应当将消防工作纳入国民经济和社会发展计划，保障消防工作与经济社会发展相适应。

第四条 国务院公安部门对全国的消防工作实施监督管理。县级以上地方人民政府公安机关对本行政区域内的消防工作实施监督管理，并由本级人民政府公安机关消防机构负责实施。军事设施的消防工作，由其主管单位监督管理，公安机关消防机构协助；矿井地下部分、核电厂、海上石油天然气设施的消防工作，由其主管单位监督管理。

县级以上人民政府其他有关部门在各自的职责范围内，依照本法和其他相关法律、法规的规定做好消防工作。

法律、行政法规对森林、草原的消防工作另有规定的，从其规定。

第五条 任何单位和个人都有维护消防安全、保护消防设施、预防火灾、报告火警的义务。任何单位和成年人都有参加有组织的灭火工作的义务。

第六条 各级人民政府应当组织开展经常性的消防宣传教育，提高公民的消防安全意识。

机关、团体、企业、事业等单位，应当加强对本单位人员的消防宣传教育。

公安机关及其消防机构应当加强消防法律、法规的宣传，并督促、指导、协助有关单位做好消防宣传教育工作。

教育、人力资源行政主管部门和学校、有关职业培训机构应当将消防知识纳入教育、教学、培训的内容。

新闻、广播、电视等有关单位，应当有针对性地面向社会进行消防宣传教育。

工会、共产主义青年团、妇女联合会等团体应当结合各自工作对象的特点，组织开展消防宣传教育。

村民委员会、居民委员会应当协助人民政府以及公安机关等部门，加强消防宣传教育。

第七条 国家鼓励、支持消防科学研究和技术创新，推广使用先进的消防和应急救援技术、设备；鼓励、支持社会力量开展消防公益活动。

对在消防工作中有突出贡献的单位和个人，应当按照国家有关规定给予表彰和奖励。

第二章　火灾预防

第八条　地方各级人民政府应当将包括消防安全布局、消防站、消防供水、消防通信、消防车通道、消防装备等内容的消防规划纳入城乡规划，并负责组织实施。

城乡消防安全布局不符合消防安全要求的，应当调整、完善；公共消防设施、消防装备不足或者不适应实际需要的，应当增建、改建、配置或者进行技术改造。

第九条　建设工程的消防设计、施工必须符合国家工程建设消防技术标准。建设、设计、施工、工程监理等单位依法对建设工程的消防设计、施工质量负责。

第十条　按照国家工程建设消防技术标准需要进行消防设计的建设工程，除本法第十一条另有规定的外，建设单位应当自依法取得施工许可之日起七个工作日内，将消防设计文件报公安机关消防机构备案，公安机关消防机构应当进行抽查。

第十一条　国务院公安部门规定的大型的人员密集场所和其他特殊建设工程，建设单位应当将消防设计文件报送公安机关消防机构审核。公安机关消防机构依法对审核的结果负责。

第十二条　依法应当经公安机关消防机构进行消防设计审核的建设工程，未经依法审核或者审核不合格的，负责审批该工程施工许可的部门不得给予施工许可，建设单位、施工单位不得施工；其他建设工程取得施工许可后经依法抽查不合格的，应当停止施工。

第十三条　按照国家工程建设消防技术标准需要进行消防设计的建设工程竣工，依照下列规定进行消防验收、备案：

（一）本法第十一条规定的建设工程，建设单位应当向公安机关消防机构申请消防验收；

（二）其他建设工程，建设单位在验收后应当报公安机关消防机构备案，公安机关消防机构应当进行抽查。

依法应当进行消防验收的建设工程，未经消防验收或者消防验收不合格的，禁止投入使用；其他建设工程经依法抽查不合格的，应当停止使用。

第十四条　建设工程消防设计审核、消防验收、备案和抽查的具体办法，由国务院公安部门规定。

第十五条　公众聚集场所在投入使用、营业前，建设单位或者使用单位应当向场所所在地的县级以上地方人民政府公安机关消防机构申请消防安全检查。

公安机关消防机构应当自受理申请之日起十个工作日内，根据消防技术标准和管理规定，对该场所进行消防安全检查。未经消防安全检查或者经检查不符合消防安全要求的，不得投入使用、营业。

第十六条 机关、团体、企业、事业等单位应当履行下列消防安全职责：

（一）落实消防安全责任制，制定本单位的消防安全制度、消防安全操作规程，制定灭火和应急疏散预案；

（二）按照国家标准、行业标准配置消防设施、器材，设置消防安全标志，并定期组织检验、维修，确保完好有效；

（三）对建筑消防设施每年至少进行一次全面检测，确保完好有效，检测记录应当完整准确，存档备查；

（四）保障疏散通道、安全出口、消防车通道畅通，保证防火防烟分区、防火间距符合消防技术标准；

（五）组织防火检查，及时消除火灾隐患；

（六）组织进行有针对性的消防演练；

（七）法律、法规规定的其他消防安全职责。

单位的主要负责人是本单位的消防安全责任人。

第十七条 县级以上地方人民政府公安机关消防机构应当将发生火灾可能性较大以及发生火灾可能造成重大的人身伤亡或者财产损失的单位，确定为本行政区域内的消防安全重点单位，并由公安机关报本级人民政府备案。

消防安全重点单位除应当履行本法第十六条规定的职责外，还应当履行下列消防安全职责：

（一）确定消防安全管理人，组织实施本单位的消防安全管理工作；

（二）建立消防档案，确定消防安全重点部位，设置防火标志，实行严格管理；

（三）实行每日防火巡查，并建立巡查记录；

（四）对职工进行岗前消防安全培训，定期组织消防安全培训和消防演练。

第十八条 同一建筑物由两个以上单位管理或者使用的，应当明确各方的消防安全责任，并确定责任人对共用的疏散通道、安全出口、建筑消防设施和消防车通道进行统一管理。

住宅区的物业服务企业应当对管理区域内的共用消防设施进行维护管理，提供消防安全防范服务。

第十九条 生产、储存、经营易燃易爆危险品的场所不得与居住场所设置在同一建筑物内，并应当与居住场所保持安全距离。

生产、储存、经营其他物品的场所与居住场所设置在同一建筑物内的，应当符合国家工程建设消防技术标准。

第二十条 举办大型群众性活动，承办人应当依法向公安机关申请安全许可，制定灭火和应急疏散预案并组织演练，明确消防安全责任分工，确定消防安全管理人员，保持消防设施和消防器材配置齐全、完好有效，保证疏散通道、安全出口、疏散指示标志、应急照明和消防车通道符合消防技术标准和管理规定。

第二十一条 禁止在具有火灾、爆炸危险的场所吸烟、使用明火。因施工等特殊情况需要使用明火作业的，应当按照规定事先办理审批手续，采取相应的消防安全措施；作业人员应当遵守消防安全规定。

进行电焊、气焊等具有火灾危险作业的人员和自动消防系统的操作人员，必须持证上岗，并遵守消防安全操作规程。

第二十二条 生产、储存、装卸易燃易爆危险品的工厂、仓库和专用车站、码头的设置，应当符合消防技术标准。易燃易爆气体和液体的充装站、供应站、调压站，应当设置在符合消防安全要求的位置，并符合防火防爆要求。

已经设置的生产、储存、装卸易燃易爆危险品的工厂、仓库和专用车站、码头，易燃易爆气体和液体的充装站、供应站、调压站，不再符合前款规定的，地方人民政府应当组织、协调有关部门、单位限期解决，消除安全隐患。

第二十三条 生产、储存、运输、销售、使用、销毁易燃易爆危险品，必须执行消防技术标准和管理规定。

进入生产、储存易燃易爆危险品的场所，必须执行消防安全规定。禁止非法携带易燃易爆危险品进入公共场所或者乘坐公共交通工具。

储存可燃物资仓库的管理，必须执行消防技术标准和管理规定。

第二十四条 消防产品必须符合国家标准；没有国家标准的，必须符合行业标准。禁止生产、销售或者使用不合格的消防产品以及国家明令淘汰的消防产品。

依法实行强制性产品认证的消防产品，由具有法定资质的认证机构按照国家标准、行业标准的强制性要求认证合格后，方可生产、销售、使用。实行强制性产品认证的消防产品目录，由国务院产品质量监督部门会同国务院公安部门制定并公布。

新研制的尚未制定国家标准、行业标准的消防产品，应当按照国务院产品质量监督部门会同国务院公安部门规定的办法，经技术鉴定符合消防安全要求的，方可生产、销售、使用。

依照本条规定经强制性产品认证合格或者技术鉴定合格的消防产品，国务院公安部门消防机构应当予以公布。

第二十五条 产品质量监督部门、工商行政管理部门、公安机关消防机构应当按照各自职责加强对消防产品质量的监督检查。

第二十六条 建筑构件、建筑材料和室内装修、装饰材料的防火性能必须符合国家标准；没有国家标准的，必须符合行业标准。

人员密集场所室内装修、装饰，应当按照消防技术标准的要求，使用不燃、难燃材料。

第二十七条 电器产品、燃气用具的产品标准，应当符合消防安全的要求。

电器产品、燃气用具的安装、使用及其线路、管路的设计、敷设、维护保养、检测，必须符合消防技术标准和管理规定。

第二十八条 任何单位、个人不得损坏、挪用或者擅自拆除、停用消防设施、器材，不得埋压、圈占、遮挡消火栓或者占用防火间距，不得占用、堵塞、封闭疏散通道、安全出口、消防车通道。人员密集场所的门窗不得设置影响逃生和灭火救援的障碍物。

第二十九条 负责公共消防设施维护管理的单位，应当保持消防供水、消防通信、消防车通道等公共消防设施的完好有效。在修建道路以及停电、停水、截断通信线路时有可能影响消防队灭火救援的，有关单位必须事先通知当地公安机关消防机构。

第三十条 地方各级人民政府应当加强对农村消防工作的领导，采取措施加强公共消防设施建设，组织建立和督促落实消防安全责任制。

第三十一条 在农业收获季节、森林和草原防火期间、重大节假日期间以及火灾多发季节，地方各级人民政府应当组织开展有针对性的消防宣传教育，采取防火措施，进行消防安全检查。

第三十二条 乡镇人民政府、城市街道办事处应当指导、支持和帮助村民委员会、居民委员会开展群众性的消防工作。村民委员会、居民委员会应当确定消防安全管理人，组织制定防火安全公约，进行防火安全检查。

第三十三条 国家鼓励、引导公众聚集场所和生产、储存、运输、销售易燃易爆危险品的企业投保火灾公众责任保险；鼓励保险公司承保火灾公众责任保险。

第三十四条 消防产品质量认证、消防设施检测、消防安全监测等消防技术服务机构和执业人员，应当依法获得相应的资质、资格；依照法律、行政法规、国家标准、行业标准和执业准则，接受委托提供消防技术服务，并对服务质量负责。

第三章　消防组织

第三十五条　各级人民政府应当加强消防组织建设，根据经济社会发展的需要，建立多种形式的消防组织，加强消防技术人才培养，增强火灾预防、扑救和应急救援的能力。

第三十六条　县级以上地方人民政府应当按照国家规定建立公安消防队、专职消防队，并按照国家标准配备消防装备，承担火灾扑救工作。

乡镇人民政府应当根据当地经济发展和消防工作的需要，建立专职消防队、志愿消防队，承担火灾扑救工作。

第三十七条　公安消防队、专职消防队按照国家规定承担重大灾害事故和其他以抢救人员生命为主的应急救援工作。

第三十八条　公安消防队、专职消防队应当充分发挥火灾扑救和应急救援专业力量的骨干作用；按照国家规定，组织实施专业技能训练，配备并维护保养装备器材，提高火灾扑救和应急救援的能力。

第三十九条　下列单位应当建立单位专职消防队，承担本单位的火灾扑救工作：

（一）大型核设施单位、大型发电厂、民用机场、主要港口；

（二）生产、储存易燃易爆危险品的大型企业；

（三）储备可燃的重要物资的大型仓库、基地；

（四）第一项、第二项、第三项规定以外的火灾危险性较大、距离公安消防队较远的其他大型企业；

（五）距离公安消防队较远、被列为全国重点文物保护单位的古建筑群的管理单位。

第四十条　专职消防队的建立，应当符合国家有关规定，并报当地公安机关消防机构验收。

专职消防队的队员依法享受社会保险和福利待遇。

第四十一条　机关、团体、企业、事业等单位以及村民委员会、居民委员会根据需要，建立志愿消防队等多种形式的消防组织，开展群众性自防自救工作。

第四十二条　公安机关消防机构应当对专职消防队、志愿消防队等消防组织进行业务指导；根据扑救火灾的需要，可以调动指挥专职消防队参加火灾扑救工作。

第四章　灭火救援

第四十三条　县级以上地方人民政府应当组织有关部门针对本行政区域内的火灾特点制定应急预案，建立应急反应和处置机制，为火灾扑救和应急救援工作提供人员、装备等保障。

第四十四条　任何人发现火灾都应当立即报警。任何单位、个人都应当无偿为报警提供便利，不得阻拦报警。严禁谎报火警。

人员密集场所发生火灾，该场所的现场工作人员应当立即组织、引导在场人员疏散。

任何单位发生火灾，必须立即组织力量扑救。邻近单位应当给予支援。

消防队接到火警，必须立即赶赴火灾现场，救助遇险人员，排除险情，扑灭火灾。

第四十五条　公安机关消防机构统一组织和指挥火灾现场扑救，应当优先保障遇险人员的生命安全。

火灾现场总指挥根据扑救火灾的需要，有权决定下列事项：

（一）使用各种水源；

（二）截断电力、可燃气体和可燃液体的输送，限制用火用电；

（三）划定警戒区，实行局部交通管制；

（四）利用临近建筑物和有关设施；

（五）为了抢救人员和重要物资，防止火势蔓延，拆除或者破损毗邻火灾现场的建筑物、构筑物或者设施等；

（六）调动供水、供电、供气、通信、医疗救护、交通运输、环境保护等有关单位协助灭火救援。

根据扑救火灾的紧急需要，有关地方人民政府应当组织人员、调集所需物资支援灭火。

第四十六条　公安消防队、专职消防队参加火灾以外的其他重大灾害事故的应急救援工作，由县级以上人民政府统一领导。

第四十七条　消防车、消防艇前往执行火灾扑救或者应急救援任务，在确保安全的前提下，不受行驶速度、行驶路线、行驶方向和指挥信号的限制，其他车辆、船舶以及行人应当让行，不得穿插超越；收费公路、桥梁免收车辆通行费。交通管理指挥人员应当保证消防车、消防艇迅速通行。

赶赴火灾现场或者应急救援现场的消防人员和调集的消防装备、物资，需要铁路、水路或者航空运输的，有关单位应当优先运输。

第四十八条　消防车、消防艇以及消防器材、装备和设施，不得用于与消防和应急救援工作无关的事项。

第四十九条 公安消防队、专职消防队扑救火灾、应急救援，不得收取任何费用。

单位专职消防队、志愿消防队参加扑救外单位火灾所损耗的燃料、灭火剂和器材、装备等，由火灾发生地的人民政府给予补偿。

第五十条 对因参加扑救火灾或者应急救援受伤、致残或者死亡的人员，按照国家有关规定给予医疗、抚恤。

第五十一条 公安机关消防机构有权根据需要封闭火灾现场，负责调查火灾原因，统计火灾损失。

火灾扑灭后，发生火灾的单位和相关人员应当按照公安机关消防机构的要求保护现场，接受事故调查，如实提供与火灾有关的情况。

公安机关消防机构根据火灾现场勘验、调查情况和有关的检验、鉴定意见，及时制作火灾事故认定书，作为处理火灾事故的证据。

第五章　监督检查

第五十二条 地方各级人民政府应当落实消防工作责任制，对本级人民政府有关部门履行消防安全职责的情况进行监督检查。

县级以上地方人民政府有关部门应当根据本系统的特点，有针对性地开展消防安全检查，及时督促整改火灾隐患。

第五十三条 公安机关消防机构应当对机关、团体、企业、事业等单位遵守消防法律、法规的情况依法进行监督检查。公安派出所可以负责日常消防监督检查、开展消防宣传教育，具体办法由国务院公安部门规定。

公安机关消防机构、公安派出所的工作人员进行消防监督检查，应当出示证件。

第五十四条 公安机关消防机构在消防监督检查中发现火灾隐患的，应当通知有关单位或者个人立即采取措施消除隐患；不及时消除隐患可能严重威胁公共安全的，公安机关消防机构应当依照规定对危险部位或者场所采取临时查封措施。

第五十五条 公安机关消防机构在消防监督检查中发现城乡消防安全布局、公共消防设施不符合消防安全要求，或者发现本地区存在影响公共安全的重大火灾隐患的，应当由公安机关书面报告本级人民政府。

接到报告的人民政府应当及时核实情况，组织或者责成有关部门、单位采取措施，予以整改。

第五十六条 公安机关消防机构及其工作人员应当按照法定的职权和程序

进行消防设计审核、消防验收和消防安全检查，做到公正、严格、文明、高效。

公安机关消防机构及其工作人员进行消防设计审核、消防验收和消防安全检查等，不得收取费用，不得利用消防设计审核、消防验收和消防安全检查谋取利益。公安机关消防机构及其工作人员不得利用职务为用户、建设单位指定或者变相指定消防产品的品牌、销售单位或者消防技术服务机构、消防设施施工单位。

第五十七条 公安机关消防机构及其工作人员执行职务，应当自觉接受社会和公民的监督。

任何单位和个人都有权对公安机关消防机构及其工作人员在执法中的违法行为进行检举、控告。收到检举、控告的机关，应当按照职责及时查处。

第六章 法律责任

第五十八条 违反本法规定，有下列行为之一的，责令停止施工、停止使用或者停产停业，并处三万元以上三十万元以下罚款：

（一）依法应当经公安机关消防机构进行消防设计审核的建设工程，未经依法审核或者审核不合格，擅自施工的；

（二）消防设计经公安机关消防机构依法抽查不合格，不停止施工的；

（三）依法应当进行消防验收的建设工程，未经消防验收或者消防验收不合格，擅自投入使用的；

（四）建设工程投入使用后经公安机关消防机构依法抽查不合格，不停止使用的；

（五）公众聚集场所未经消防安全检查或者经检查不符合消防安全要求，擅自投入使用、营业的。

建设单位未依照本法规定将消防设计文件报公安机关消防机构备案，或者在竣工后未依照本法规定报公安机关消防机构备案的，责令限期改正，处五千元以下罚款。

第五十九条 违反本法规定，有下列行为之一的，责令改正或者停止施工，并处一万元以上十万元以下罚款：

（一）建设单位要求建筑设计单位或者建筑施工企业降低消防技术标准设计、施工的；

（二）建筑设计单位不按照消防技术标准强制性要求进行消防设计的；

（三）建筑施工企业不按照消防设计文件和消防技术标准施工，降低消防施工质量的；

（四）工程监理单位与建设单位或者建筑施工企业串通，弄虚作假，降低消防施工质量的。

第六十条 单位违反本法规定，有下列行为之一的，责令改正，处五千元以上五万元以下罚款：

（一）消防设施、器材或者消防安全标志的配置、设置不符合国家标准、行业标准，或者未保持完好有效的；

（二）损坏、挪用或者擅自拆除、停用消防设施、器材的；

（三）占用、堵塞、封闭疏散通道、安全出口或者有其他妨碍安全疏散行为的；

（四）埋压、圈占、遮挡消火栓或者占用防火间距的；

（五）占用、堵塞、封闭消防车通道，妨碍消防车通行的；

（六）人员密集场所在门窗上设置影响逃生和灭火救援的障碍物的；

（七）对火灾隐患经公安机关消防机构通知后不及时采取措施消除的。

个人有前款第二项、第三项、第四项、第五项行为之一的，处警告或者五百元以下罚款。

有本条第一款第三项、第四项、第五项、第六项行为，经责令改正拒不改正的，强制执行，所需费用由违法行为人承担。

第六十一条 生产、储存、经营易燃易爆危险品的场所与居住场所设置在同一建筑物内，或者未与居住场所保持安全距离的，责令停产停业，并处五千元以上五万元以下罚款。

生产、储存、经营其他物品的场所与居住场所设置在同一建筑物内，不符合消防技术标准的，依照前款规定处罚。

第六十二条 有下列行为之一的，依照《中华人民共和国治安管理处罚法》的规定处罚：

（一）违反有关消防技术标准和管理规定生产、储存、运输、销售、使用、销毁易燃易爆危险品的；

（二）非法携带易燃易爆危险品进入公共场所或者乘坐公共交通工具的；

（三）谎报火警的；

（四）阻碍消防车、消防艇执行任务的；

（五）阻碍公安机关消防机构的工作人员依法执行职务的。

第六十三条 违反本法规定，有下列行为之一的，处警告或者五百元以下罚款；情节严重的，处五日以下拘留：

（一）违反消防安全规定进入生产、储存易燃易爆危险品场所的；

（二）违反规定使用明火作业或者在具有火灾、爆炸危险的场所吸烟、使用明火的。

第六十四条 违反本法规定，有下列行为之一，尚不构成犯罪的，处十日以上十五日以下拘留，可以并处五百元以下罚款；情节较轻的，处警告或者五百元以下罚款：

（一）指使或者强令他人违反消防安全规定，冒险作业的；

（二）过失引起火灾的；

（三）在火灾发生后阻拦报警，或者负有报告职责的人员不及时报警的；

（四）扰乱火灾现场秩序，或者拒不执行火灾现场指挥员指挥，影响灭火救援的；

（五）故意破坏或者伪造火灾现场的；

（六）擅自拆封或者使用被公安机关消防机构查封的场所、部位的。

第六十五条 违反本法规定，生产、销售不合格的消防产品或者国家明令淘汰的消防产品的，由产品质量监督部门或者工商行政管理部门依照《中华人民共和国产品质量法》的规定从重处罚。

人员密集场所使用不合格的消防产品或者国家明令淘汰的消防产品的，责令限期改正；逾期不改正的，处五千元以上五万元以下罚款，并对其直接负责的主管人员和其他直接责任人员处五百元以上二千元以下罚款；情节严重的，责令停产停业。

公安机关消防机构对于本条第二款规定的情形，除依法对使用者予以处罚外，应当将发现不合格的消防产品和国家明令淘汰的消防产品的情况通报产品质量监督部门、工商行政管理部门。产品质量监督部门、工商行政管理部门应当对生产者、销售者依法及时查处。

第六十六条 电器产品、燃气用具的安装、使用及其线路、管路的设计、敷设、维护保养、检测不符合消防技术标准和管理规定的，责令限期改正；逾期不改正的，责令停止使用，可以并处一千元以上五千元以下罚款。

第六十七条 机关、团体、企业、事业等单位违反本法第十六条、第十七条、第十八条、第二十一条第二款规定的，责令限期改正；逾期不改正的，对其直接负责的主管人员和其他直接责任人员依法给予处分或者给予警告处罚。

第六十八条 人员密集场所发生火灾，该场所的现场工作人员不履行组织、引导在场人员疏散的义务，情节严重，尚不构成犯罪的，处五日以上十日以下拘留。

第六十九条 消防产品质量认证、消防设施检测等消防技术服务机构出具虚假文件的，责令改正，处五万元以上十万元以下罚款，并对直接负责的主管人员和其他直接责任人员处一万元以上五万元以下罚款；有违法所得的，并处没收违法所得；给他人造成损失的，依法承担赔偿责任；情节严重的，由原许可机关依法责令停止执业或者吊销相应资质、资格。

前款规定的机构出具失实文件，给他人造成损失的，依法承担赔偿责任；造成重大损失的，由原许可机关依法责令停止执业或者吊销相应资质、资格。

第七十条 本法规定的行政处罚，除本法另有规定的外，由公安机关消防机构决定；其中拘留处罚由县级以上公安机关依照《中华人民共和国治安管理处罚法》的有关规定决定。

公安机关消防机构需要传唤消防安全违法行为人的，依照《中华人民共和国治安管理处罚法》的有关规定执行。

被责令停止施工、停止使用、停产停业的，应当在整改后向公安机关消防机构报告，经公安机关消防机构检查合格，方可恢复施工、使用、生产、经营。

当事人逾期不执行停产停业、停止使用、停止施工决定的，由作出决定的公安机关消防机构强制执行。

责令停产停业，对经济和社会生活影响较大的，由公安机关消防机构提出意见，并由公安机关报请本级人民政府依法决定。本级人民政府组织公安机关等部门实施。

第七十一条 公安机关消防机构的工作人员滥用职权、玩忽职守、徇私舞弊，有下列行为之一，尚不构成犯罪的，依法给予处分：

（一）对不符合消防安全要求的消防设计文件、建设工程、场所准予审核合格、消防验收合格、消防安全检查合格的；

（二）无故拖延消防设计审核、消防验收、消防安全检查，不在法定期限内履行职责的；

（三）发现火灾隐患不及时通知有关单位或者个人整改的；

（四）利用职务为用户、建设单位指定或者变相指定消防产品的品牌、销售单位或者消防技术服务机构、消防设施施工单位的；

（五）将消防车、消防艇以及消防器材、装备和设施用于与消防和应急救援无关的事项的；

（六）其他滥用职权、玩忽职守、徇私舞弊的行为。

建设、产品质量监督、工商行政管理等其他有关行政主管部门的工作人员在消防工作中滥用职权、玩忽职守、徇私舞弊，尚不构成犯罪的，依法给予处分。

第七十二条 违反本法规定，构成犯罪的，依法追究刑事责任。

第七章 附 则

第七十三条 本法下列用语的含义：

（一）消防设施，是指火灾自动报警系统、自动灭火系统、消火栓系统、防烟排烟系统以及应急广播和应急照明、安全疏散设施等。

（二）消防产品，是指专门用于火灾预防、灭火救援和火灾防护、避难、逃生的产品。

（三）公众聚集场所，是指宾馆、饭店、商场、集贸市场、客运车站候车室、客运码头候船厅、民用机场航站楼、体育场馆、会堂以及公共娱乐场所等。

（四）人员密集场所，是指公众聚集场所，医院的门诊楼、病房楼，学校的教学楼、图书馆、食堂和集体宿舍，养老院，福利院，托儿所，幼儿园，公共图书馆的阅览室，公共展览馆、博物馆的展示厅，劳动密集型企业的生产加工车间和员工集体宿舍，旅游、宗教活动场所等。

第七十四条 本法自 2009 年 5 月 1 日起施行。

中华人民共和国主席令

第 69 号

《中华人民共和国突发事件应对法》已由中华人民共和国第十届全国人民代表大会常务委员会第二十九次会议于 2007 年 8 月 30 日通过，现予公布，自 2007 年 11 月 1 日起施行。

中华人民共和国主席　胡锦涛

2007 年 8 月 30 日

中华人民共和国突发事件应对法

目　录

第一章　总　则

第一条　为了预防和减少突发事件的发生，控制、减轻和消除突发事件引起的严重社会危害，规范突发事件应对活动，保护人民生命财产安全，维护国家安全、公共安全、环境安全和社会秩序，制定本法。

第二条　突发事件的预防与应急准备、监测与预警、应急处置与救援、事后恢复与重建等应对活动，适用本法。

第三条　本法所称突发事件，是指突然发生，造成或者可能造成严重社会危害，需要采取应急处置措施予以应对的自然灾害、事故灾难、公共卫生事件和社会安全事件。

按照社会危害程度、影响范围等因素，自然灾害、事故灾难、公共卫生事件分为特别重大、重大、较大和一般四级。法律、行政法规或者国务院另有规定的，从其规定。

突发事件的分级标准由国务院或者国务院确定的部门制定。

第四条 国家建立统一领导、综合协调、分类管理、分级负责、属地管理为主的应急管理体制。

第五条 突发事件应对工作实行预防为主、预防与应急相结合的原则。国家建立重大突发事件风险评估体系，对可能发生的突发事件进行综合性评估，减少重大突发事件的发生，最大限度地减轻重大突发事件的影响。

第六条 国家建立有效的社会动员机制，增强全民的公共安全和防范风险的意识，提高全社会的避险救助能力。

第七条 县级人民政府对本行政区域内突发事件的应对工作负责；涉及两个以上行政区域的，由有关行政区域共同的上一级人民政府负责，或者由各有关行政区域的上一级人民政府共同负责。

突发事件发生后，发生地县级人民政府应当立即采取措施控制事态发展，组织开展应急救援和处置工作，并立即向上一级人民政府报告，必要时可以越级上报。

突发事件发生地县级人民政府不能消除或者不能有效控制突发事件引起的严重社会危害的，应当及时向上级人民政府报告。上级人民政府应当及时采取措施，统一领导应急处置工作。

法律、行政法规规定由国务院有关部门对突发事件的应对工作负责的，从其规定；地方人民政府应当积极配合并提供必要的支持。

第八条 国务院在总理领导下研究、决定和部署特别重大突发事件的应对工作；根据实际需要，设立国家突发事件应急指挥机构，负责突发事件应对工作；必要时，国务院可以派出工作组指导有关工作。

县级以上地方各级人民政府设立由本级人民政府主要负责人、相关部门负责人、驻当地中国人民解放军和中国人民武装警察部队有关负责人组成的突发事件应急指挥机构，统一领导、协调本级人民政府各有关部门和下级人民政府开展突发事件应对工作；根据实际需要，设立相关类别突发事件应急指挥机构，组织、协调、指挥突发事件应对工作。

上级人民政府主管部门应当在各自职责范围内，指导、协助下级人民政府及其相应部门做好有关突发事件的应对工作。

第九条 国务院和县级以上地方各级人民政府是突发事件应对工作的行政领导机关，其办事机构及具体职责由国务院规定。

第十条 有关人民政府及其部门作出的应对突发事件的决定、命令，应当及时公布。

第十一条 有关人民政府及其部门采取的应对突发事件的措施，应当与突发事件可能造成的社会危害的性质、程度和范围相适应；有多种措施可供选择的，应当选择有利于最大程度地保护公民、法人和其他组织权益的措施。

公民、法人和其他组织有义务参与突发事件应对工作。

第十二条 有关人民政府及其部门为应对突发事件，可以征用单位和个人的财产。被征用的财产在使用完毕或者突发事件应急处置工作结束后，应当及时返还。财产被征用或者征用后毁损、灭失的，应当给予补偿。

第十三条 因采取突发事件应对措施，诉讼、行政复议、仲裁活动不能正常进行的，适用有关时效中止和程序中止的规定，但法律另有规定的除外。

第十四条 中国人民解放军、中国人民武装警察部队和民兵组织依照本法和其他有关法律、行政法规、军事法规的规定以及国务院、中央军事委员会的命令，参加突发事件的应急救援和处置工作。

第十五条 中华人民共和国政府在突发事件的预防、监测与预警、应急处置与救援、事后恢复与重建等方面，同外国政府和有关国际组织开展合作与交流。

第十六条 县级以上人民政府作出应对突发事件的决定、命令，应当报本级人民代表大会常务委员会备案；突发事件应急处置工作结束后，应当向本级人民代表大会常务委员会作出专项工作报告。

第二章　预防与应急准备

第十七条 国家建立健全突发事件应急预案体系。

国务院制定国家突发事件总体应急预案，组织制定国家突发事件专项应急预案；国务院有关部门根据各自的职责和国务院相关应急预案，制定国家突发事件部门应急预案。

地方各级人民政府和县级以上地方各级人民政府有关部门根据有关法律、法规、规章、上级人民政府及其有关部门的应急预案以及本地区的实际情况，制定相应的突发事件应急预案。

应急预案制定机关应当根据实际需要和情势变化，适时修订应急预案。应急预案的制定、修订程序由国务院规定。

第十八条 应急预案应当根据本法和其他有关法律、法规的规定，针对突发事件的性质、特点和可能造成的社会危害，具体规定突发事件应急管理工作的组织指挥体系与职责和突发事件的预防与预警机制、处置程序、应急保障措施以及事后恢复与重建措施等内容。

第十九条 城乡规划应当符合预防、处置突发事件的需要，统筹安排应对突发事件所必需的设备和基础设施建设，合理确定应急避难场所。

第二十条 县级人民政府应当对本行政区域内容易引发自然灾害、事故灾难和公共卫生事件的危险源、危险区域进行调查、登记、风险评估，定期进行检查、监控，并责令有关单位采取安全防范措施。

省级和设区的市级人民政府应当对本行政区域内容易引发特别重大、重大突发事件的危险源、危险区域进行调查、登记、风险评估，组织进行检查、监控，并责令有关单位采取安全防范措施。

县级以上地方各级人民政府按照本法规定登记的危险源、危险区域，应当按照国家规定及时向社会公布。

第二十一条 县级人民政府及其有关部门、乡级人民政府、街道办事处、居民委员会、村民委员会应当及时调解处理可能引发社会安全事件的矛盾纠纷。

第二十二条 所有单位应当建立健全安全管理制度，定期检查本单位各项安全防范措施的落实情况，及时消除事故隐患；掌握并及时处理本单位存在的可能引发社会安全事件的问题，防止矛盾激化和事态扩大；对本单位可能发生的突发事件和采取安全防范措施的情况，应当按照规定及时向所在地人民政府或者人民政府有关部门报告。

第二十三条 矿山、建筑施工单位和易燃易爆物品、危险化学品、放射性物品等危险物品的生产、经营、储运、使用单位，应当制定具体应急预案，并对生产经营场所、有危险物品的建筑物、构筑物及周边环境开展隐患排查，及时采取措施消除隐患，防止发生突发事件。

第二十四条 公共交通工具、公共场所和其他人员密集场所的经营单位或者管理单位应当制定具体应急预案，为交通工具和有关场所配备报警装置和必要的应急救援设备、设施，注明其使用方法，并显著标明安全撤离的通道、路线，保证安全通道、出口的畅通。

有关单位应当定期检测、维护其报警装置和应急救援设备、设施，使其处于良好状态，确保正常使用。

第二十五条 县级以上人民政府应当建立健全突发事件应急管理培训制度，对人民政府及其有关部门负有处置突发事件职责的工作人员定期进行培训。

第二十六条 县级以上人民政府应当整合应急资源，建立或者确定综合性应急救援队伍。人民政府有关部门可以根据实际需要设立专业应急救援队伍。

县级以上人民政府及其有关部门可以建立由成年志愿者组成的应急救援队伍。单位应当建立由本单位职工组成的专职或者兼职应急救援队伍。

县级以上人民政府应当加强专业应急救援队伍与非专业应急救援队伍的合

作，联合培训、联合演练，提高合成应急、协同应急的能力。

第二十七条 国务院有关部门、县级以上地方各级人民政府及其有关部门、有关单位应当为专业应急救援人员购买人身意外伤害保险，配备必要的防护装备和器材，减少应急救援人员的人身风险。

第二十八条 中国人民解放军、中国人民武装警察部队和民兵组织应当有计划地组织开展应急救援的专门训练。

第二十九条 县级人民政府及其有关部门、乡级人民政府、街道办事处应当组织开展应急知识的宣传普及活动和必要的应急演练。

居民委员会、村民委员会、企业事业单位应当根据所在地人民政府的要求，结合各自的实际情况，开展有关突发事件应急知识的宣传普及活动和必要的应急演练。

新闻媒体应当无偿开展突发事件预防与应急、自救与互救知识的公益宣传。

第三十条 各级各类学校应当把应急知识教育纳入教学内容，对学生进行应急知识教育，培养学生的安全意识和自救与互救能力。

教育主管部门应当对学校开展应急知识教育进行指导和监督。

第三十一条 国务院和县级以上地方各级人民政府应当采取财政措施，保障突发事件应对工作所需经费。

第三十二条 国家建立健全应急物资储备保障制度，完善重要应急物资的监管、生产、储备、调拨和紧急配送体系。

设区的市级以上人民政府和突发事件易发、多发地区的县级人民政府应当建立应急救援物资、生活必需品和应急处置装备的储备制度。

县级以上地方各级人民政府应当根据本地区的实际情况，与有关企业签订协议，保障应急救援物资、生活必需品和应急处置装备的生产、供给。

第三十三条 国家建立健全应急通信保障体系，完善公用通信网，建立有线与无线相结合、基础电信网络与机动通信系统相配套的应急通信系统，确保突发事件应对工作的通信畅通。

第三十四条 国家鼓励公民、法人和其他组织为人民政府应对突发事件工作提供物资、资金、技术支持和捐赠。

第三十五条 国家发展保险事业，建立国家财政支持的巨灾风险保险体系，并鼓励单位和公民参加保险。

第三十六条 国家鼓励、扶持具备相应条件的教学科研机构培养应急管理专门人才，鼓励、扶持教学科研机构和有关企业研究开发用于突发事件预防、监测、预警、应急处置与救援的新技术、新设备和新工具。

第三章　监测与预警

第三十七条　国务院建立全国统一的突发事件信息系统。

县级以上地方各级人民政府应当建立或者确定本地区统一的突发事件信息系统，汇集、储存、分析、传输有关突发事件的信息，并与上级人民政府及其有关部门、下级人民政府及其有关部门、专业机构和监测网点的突发事件信息系统实现互联互通，加强跨部门、跨地区的信息交流与情报合作。

第三十八条　县级以上人民政府及其有关部门、专业机构应当通过多种途径收集突发事件信息。

县级人民政府应当在居民委员会、村民委员会和有关单位建立专职或者兼职信息报告员制度。

获悉突发事件信息的公民、法人或者其他组织，应当立即向所在地人民政府、有关主管部门或者指定的专业机构报告。

第三十九条　地方各级人民政府应当按照国家有关规定向上级人民政府报送突发事件信息。县级以上人民政府有关主管部门应当向本级人民政府相关部门通报突发事件信息。专业机构、监测网点和信息报告员应当及时向所在地人民政府及其有关主管部门报告突发事件信息。

有关单位和人员报送、报告突发事件信息，应当做到及时、客观、真实，不得迟报、谎报、瞒报、漏报。

第四十条　县级以上地方各级人民政府应当及时汇总分析突发事件隐患和预警信息，必要时组织相关部门、专业技术人员、专家学者进行会商，对发生突发事件的可能性及其可能造成的影响进行评估；认为可能发生重大或者特别重大突发事件的，应当立即向上级人民政府报告，并向上级人民政府有关部门、当地驻军和可能受到危害的毗邻或者相关地区的人民政府通报。

第四十一条　国家建立健全突发事件监测制度。

县级以上人民政府及其有关部门应当根据自然灾害、事故灾难和公共卫生事件的种类和特点，建立健全基础信息数据库，完善监测网络，划分监测区域，确定监测点，明确监测项目，提供必要的设备、设施，配备专职或者兼职人员，对可能发生的突发事件进行监测。

第四十二条　国家建立健全突发事件预警制度。

可以预警的自然灾害、事故灾难和公共卫生事件的预警级别，按照突发事件发生的紧急程度、发展势态和可能造成的危害程度分为一级、二级、三级和四级，分别用红色、橙色、黄色和蓝色标示，一级为最高级别。

预警级别的划分标准由国务院或者国务院确定的部门制定。

第四十三条 可以预警的自然灾害、事故灾难或者公共卫生事件即将发生或者发生的可能性增大时，县级以上地方各级人民政府应当根据有关法律、行政法规和国务院规定的权限和程序，发布相应级别的警报，决定并宣布有关地区进入预警期，同时向上一级人民政府报告，必要时可以越级上报，并向当地驻军和可能受到危害的毗邻或者相关地区的人民政府通报。

第四十四条 发布三级、四级警报，宣布进入预警期后，县级以上地方各级人民政府应当根据即将发生的突发事件的特点和可能造成的危害，采取下列措施：

（一）启动应急预案；

（二）责令有关部门、专业机构、监测网点和负有特定职责的人员及时收集、报告有关信息，向社会公布反映突发事件信息的渠道，加强对突发事件发生、发展情况的监测、预报和预警工作；

（三）组织有关部门和机构、专业技术人员、有关专家学者，随时对突发事件信息进行分析评估，预测发生突发事件可能性的大小、影响范围和强度以及可能发生的突发事件的级别；

（四）定时向社会发布与公众有关的突发事件预测信息和分析评估结果，并对相关信息的报道工作进行管理；

（五）及时按照有关规定向社会发布可能受到突发事件危害的警告，宣传避免、减轻危害的常识，公布咨询电话。

第四十五条 发布一级、二级警报，宣布进入预警期后，县级以上地方各级人民政府除采取本法第四十四条规定的措施外，还应当针对即将发生的突发事件的特点和可能造成的危害，采取下列一项或者多项措施：

（一）责令应急救援队伍、负有特定职责的人员进入待命状态，并动员后备人员做好参加应急救援和处置工作的准备；

（二）调集应急救援所需物资、设备、工具，准备应急设施和避难场所，并确保其处于良好状态、随时可以投入正常使用；

（三）加强对重点单位、重要部位和重要基础设施的安全保卫，维护社会治安秩序；

（四）采取必要措施，确保交通、通信、供水、排水、供电、供气、供热等公共设施的安全和正常运行；

（五）及时向社会发布有关采取特定措施避免或者减轻危害的建议、劝告；

（六）转移、疏散或者撤离易受突发事件危害的人员并予以妥善安置，转移重要财产；

（七）关闭或者限制使用易受突发事件危害的场所，控制或者限制容易导致危害扩大的公共场所的活动；

（八）法律、法规、规章规定的其他必要的防范性、保护性措施。

第四十六条 对即将发生或者已经发生的社会安全事件，县级以上地方各级人民政府及其有关主管部门应当按照规定向上一级人民政府及其有关主管部门报告，必要时可以越级上报。

第四十七条 发布突发事件警报的人民政府应当根据事态的发展，按照有关规定适时调整预警级别并重新发布。

有事实证明不可能发生突发事件或者危险已经解除的，发布警报的人民政府应当立即宣布解除警报，终止预警期，并解除已经采取的有关措施。

第四章 应急处置与救援

第四十八条 突发事件发生后，履行统一领导职责或者组织处置突发事件的人民政府应当针对其性质、特点和危害程度，立即组织有关部门，调动应急救援队伍和社会力量，依照本章的规定和有关法律、法规、规章的规定采取应急处置措施。

第四十九条 自然灾害、事故灾难或者公共卫生事件发生后，履行统一领导职责的人民政府可以采取下列一项或者多项应急处置措施：

（一）组织营救和救治受害人员，疏散、撤离并妥善安置受到威胁的人员以及采取其他救助措施；

（二）迅速控制危险源，标明危险区域，封锁危险场所，划定警戒区，实行交通管制以及其他控制措施；

（三）立即抢修被损坏的交通、通信、供水、排水、供电、供气、供热等公共设施，向受到危害的人员提供避难场所和生活必需品，实施医疗救护和卫生防疫以及其他保障措施；

（四）禁止或者限制使用有关设备、设施，关闭或者限制使用有关场所，中止人员密集的活动或者可能导致危害扩大的生产经营活动以及采取其他保护措施；

（五）启用本级人民政府设置的财政预备费和储备的应急救援物资，必要时调用其他急需物资、设备、设施、工具；

（六）组织公民参加应急救援和处置工作，要求具有特定专长的人员提供服务；

（七）保障食品、饮用水、燃料等基本生活必需品的供应；

（八）依法从严惩处囤积居奇、哄抬物价、制假售假等扰乱市场秩序的行为，稳定市场价格，维护市场秩序；

（九）依法从严惩处哄抢财物、干扰破坏应急处置工作等扰乱社会秩序的行为，维护社会治安；

（十）采取防止发生次生、衍生事件的必要措施。

第五十条 社会安全事件发生后，组织处置工作的人民政府应当立即组织有关部门并由公安机关针对事件的性质和特点，依照有关法律、行政法规和国家其他有关规定，采取下列一项或者多项应急处置措施：

（一）强制隔离使用器械相互对抗或者以暴力行为参与冲突的当事人，妥善解决现场纠纷和争端，控制事态发展；

（二）对特定区域内的建筑物、交通工具、设备、设施以及燃料、燃气、电力、水的供应进行控制；

（三）封锁有关场所、道路，查验现场人员的身份证件，限制有关公共场所内的活动；

（四）加强对易受冲击的核心机关和单位的警卫，在国家机关、军事机关、国家通讯社、广播电台、电视台、外国驻华使领馆等单位附近设置临时警戒线；

（五）法律、行政法规和国务院规定的其他必要措施。

严重危害社会治安秩序的事件发生时，公安机关应当立即依法出动警力，根据现场情况依法采取相应的强制性措施，尽快使社会秩序恢复正常。

第五十一条 发生突发事件，严重影响国民经济正常运行时，国务院或者国务院授权的有关主管部门可以采取保障、控制等必要的应急措施，保障人民群众的基本生活需要，最大限度地减轻突发事件的影响。

第五十二条 履行统一领导职责或者组织处置突发事件的人民政府，必要时可以向单位和个人征用应急救援所需设备、设施、场地、交通工具和其他物资，请求其他地方人民政府提供人力、物力、财力或者技术支援，要求生产、供应生活必需品和应急救援物资的企业组织生产、保证供给，要求提供医疗、交通等公共服务的组织提供相应的服务。

履行统一领导职责或者组织处置突发事件的人民政府，应当组织协调运输经营单位，优先运送处置突发事件所需物资、设备、工具、应急救援人员和受到突发事件危害的人员。

第五十三条 履行统一领导职责或者组织处置突发事件的人民政府，应当按照有关规定统一、准确、及时发布有关突发事件事态发展和应急处置工作的信息。

第五十四条 任何单位和个人不得编造、传播有关突发事件事态发展或者应急处置工作的虚假信息。

第五十五条 突发事件发生地的居民委员会、村民委员会和其他组织应当按照当地人民政府的决定、命令，进行宣传动员，组织群众开展自救和互救，协助维护社会秩序。

第五十六条 受到自然灾害危害或者发生事故灾难、公共卫生事件的单位，应当立即组织本单位应急救援队伍和工作人员营救受害人员，疏散、撤离、安置受到威胁的人员，控制危险源，标明危险区域，封锁危险场所，并采取其他防止危害扩大的必要措施，同时向所在地县级人民政府报告；对因本单位的问题引发的或者主体是本单位人员的社会安全事件，有关单位应当按照规定上报情况，并迅速派出负责人赶赴现场开展劝解、疏导工作。

突发事件发生地的其他单位应当服从人民政府发布的决定、命令，配合人民政府采取的应急处置措施，做好本单位的应急救援工作，并积极组织人员参加所在地的应急救援和处置工作。

第五十七条 突发事件发生地的公民应当服从人民政府、居民委员会、村民委员会或者所属单位的指挥和安排，配合人民政府采取的应急处置措施，积极参加应急救援工作，协助维护社会秩序。

第五章 事后恢复与重建

第五十八条 突发事件的威胁和危害得到控制或者消除后，履行统一领导职责或者组织处置突发事件的人民政府应当停止执行依照本法规定采取的应急处置措施，同时采取或者继续实施必要措施，防止发生自然灾害、事故灾难、公共卫生事件的次生、衍生事件或者重新引发社会安全事件。

第五十九条 突发事件应急处置工作结束后，履行统一领导职责的人民政府应当立即组织对突发事件造成的损失进行评估，组织受影响地区尽快恢复生产、生活、工作和社会秩序，制定恢复重建计划，并向上一级人民政府报告。

受突发事件影响地区的人民政府应当及时组织和协调公安、交通、铁路、民航、邮电、建设等有关部门恢复社会治安秩序，尽快修复被损坏的交通、通信、供水、排水、供电、供气、供热等公共设施。

第六十条 受突发事件影响地区的人民政府开展恢复重建工作需要上一级人民政府支持的，可以向上一级人民政府提出请求。上一级人民政府应当根据受影响地区遭受的损失和实际情况，提供资金、物资支持和技术指导，组织其他地区提供资金、物资和人力支援。

第六十一条 国务院根据受突发事件影响地区遭受损失的情况，制定扶持该地区有关行业发展的优惠政策。

受突发事件影响地区的人民政府应当根据本地区遭受损失的情况，制定救助、补偿、抚慰、抚恤、安置等善后工作计划并组织实施，妥善解决因处置突发事件引发的矛盾和纠纷。

公民参加应急救援工作或者协助维护社会秩序期间，其在本单位的工资待遇和福利不变；表现突出、成绩显著的，由县级以上人民政府给予表彰或者奖励。

县级以上人民政府对在应急救援工作中伤亡的人员依法给予抚恤。

第六十二条 履行统一领导职责的人民政府应当及时查明突发事件的发生经过和原因，总结突发事件应急处置工作的经验教训，制定改进措施，并向上一级人民政府提出报告。

第六章 法律责任

第六十三条 地方各级人民政府和县级以上各级人民政府有关部门违反本法规定，不履行法定职责的，由其上级行政机关或者监察机关责令改正；有下列情形之一的，根据情节对直接负责的主管人员和其他直接责任人员依法给予处分：

（一）未按规定采取预防措施，导致发生突发事件，或者未采取必要的防范措施，导致发生次生、衍生事件的；

（二）迟报、谎报、瞒报、漏报有关突发事件的信息，或者通报、报送、公布虚假信息，造成后果的；

（三）未按规定及时发布突发事件警报、采取预警期的措施，导致损害发生的；

（四）未按规定及时采取措施处置突发事件或者处置不当，造成后果的；

（五）不服从上级人民政府对突发事件应急处置工作的统一领导、指挥和协调的；

（六）未及时组织开展生产自救、恢复重建等善后工作的；

（七）截留、挪用、私分或者变相私分应急救援资金、物资的；

（八）不及时归还征用的单位和个人的财产，或者对被征用财产的单位和个人不按规定给予补偿的。

第六十四条 有关单位有下列情形之一的，由所在地履行统一领导职责的人民政府责令停产停业，暂扣或者吊销许可证或者营业执照，并处五万元以上二十万元以下的罚款；构成违反治安管理行为的，由公安机关依法给予处罚：

（一）未按规定采取预防措施，导致发生严重突发事件的；

（二）未及时消除已发现的可能引发突发事件的隐患，导致发生严重突发事件的；

（三）未做好应急设备、设施日常维护、检测工作，导致发生严重突发事件或者突发事件危害扩大的；

（四）突发事件发生后，不及时组织开展应急救援工作，造成严重后果的。

前款规定的行为，其他法律、行政法规规定由人民政府有关部门依法决定处罚的，从其规定。

第六十五条 违反本法规定，编造并传播有关突发事件事态发展或者应急处置工作的虚假信息，或者明知是有关突发事件事态发展或者应急处置工作的虚假信息而进行传播的，责令改正，给予警告；造成严重后果的，依法暂停其业务活动或者吊销其执业许可证；负有直接责任的人员是国家工作人员的，还应当对其依法给予处分；构成违反治安管理行为的，由公安机关依法给予处罚。

第六十六条 单位或者个人违反本法规定，不服从所在地人民政府及其有关部门发布的决定、命令或者不配合其依法采取的措施，构成违反治安管理行为的，由公安机关依法给予处罚。

第六十七条 单位或者个人违反本法规定，导致突发事件发生或者危害扩大，给他人人身、财产造成损害的，应当依法承担民事责任。

第六十八条 违反本法规定，构成犯罪的，依法追究刑事责任。

第七章 附 则

第六十九条 发生特别重大突发事件，对人民生命财产安全、国家安全、公共安全、环境安全或者社会秩序构成重大威胁，采取本法和其他有关法律、法规、规章规定的应急处置措施不能消除或者有效控制、减轻其严重社会危害，需要进入紧急状态的，由全国人民代表大会常务委员会或者国务院依照宪法和其他有关法律规定的权限和程序决定。

紧急状态期间采取的非常措施，依照有关法律规定执行或者由全国人民代表大会常务委员会另行规定。

第七十条 本法自 2007 年 11 月 1 日起施行。

国务院关于加强和改进消防工作的意见

国发〔2011〕46 号

各省、自治区、直辖市人民政府，国务院各部委、各直属机构：

“十一五”以来，各地区、各有关部门认真贯彻国家有关加强消防工作的部署和要求，坚持预防为主、防消结合，全面落实各项消防安全措施，抗御火灾的整体能力不断提升，火灾形势总体平稳，为服务经济社会发展、保障人民生命财产安全作出了重要贡献。但是，随着我国经济社会的快速发展，致灾因素明显增多，火灾发生几率和防控难度相应增大，一些地区、部门和单位消防安全责任不落实、工作不到位，公共消防安全基础建设同经济社会发展不相适应，消防安全保障能力同人民群众的安全需求不相适应，公众消防安全意识同现代社会管理要求不相适应，消防工作形势依然严峻，总体上仍处于火灾易发、多发期。为进一步加强和改进消防工作，现提出以下意见：

一、指导思想、基本原则和主要目标

（一）指导思想。以邓小平理论和“三个代表”重要思想为指导，深入贯彻落实科学发展观，认真贯彻《中华人民共和国消防法》等法律法规，坚持政府统一领导、部门依法监管、单位全面负责、公民积极参与，加强和创新消防安全管理，落实责任，强化预防，整治隐患，夯实基础，进一步提升火灾防控和灭火应急救援能力，不断提高公共消防安全水平，有效预防火灾和减少火灾危害，为经济社会发展、人民安居乐业创造良好的消防安全环境。

（二）基本原则。坚持政府主导，不断完善社会化消防工作格局；坚持改革创新，努力完善消防安全管理体制机制；坚持综合治理，着力夯实城乡消防安全基础；坚持科技支撑，大力提升防火和灭火应急救援能力；坚持以人为本，切实保障人民群众生命财产安全。

（三）主要目标。到 2015 年，消防工作与经济社会发展基本适应，消防法律法规进一步健全，社会化消防工作格局基本形成，公共消防设施和消防装备建设基本达标，覆盖城乡的灭火应急救援力量体系逐步完善，公民消防安全素质普遍增强，全社会抗御火灾能力明显提升，重特大尤其是群死群伤火灾事故得到有效遏制。

二、切实强化火灾预防

（四）加强消防安全源头管控。制定城乡规划要充分考虑消防安全需要，留足消防安全间距，确保消防车通道等符合标准。建立建设工程消防设计、施工质量和消防审核验收终身负责制，建设、设计、施工、监理单位及执业人员和公安消防部门要严格遵守消防法律法规，严禁擅自降低消防安全标准。行政审批部门对涉及消防安全的事项要严格依法审批，凡不符合法定审批条件的，规划、建设、房地产管理部门不得核发建设工程相关许可证照，安全监管部门不得核发相关安全生产许可证照，教育、民政、人力资源社会保障、卫生、文化、文物、人防等部门不得批准开办学校、幼儿园、托儿所、社会福利机构、人力资源市场、医院、博物馆和公共娱乐场所等。对不符合消防安全条件的宾馆、景区，在限期改正、消除隐患之前，旅游部门不得评定为星级宾馆、A 级景区。对生产、经营假冒伪劣消防产品的，质检部门要依法取消其相关产品市场准入资格，工商部门要依照消防法和产品质量法吊销其营业执照；对使用不合格消防产品的，公安消防部门要依法查处。

（五）强化火灾隐患排查整治。要建立常态化火灾隐患排查整治机制，组织开展人员密集场所、易燃易爆单位、城乡结合部、城市老街区、集生产储存居住为一体的“三合一”场所、“城中村”、“棚户区”、出租屋、连片村寨等薄弱环节的消防安全治理，对存在影响公共消防安全的区域性火灾隐患的，当地政府要制定并组织实施整治工作规划，及时督促消除火灾隐患；对存在严重威胁公共消防安全隐患的单位和场所，要督促采取改造、搬迁、停产、停用等措施加以整改。要严格落实重大火灾隐患立案销案、专家论证、挂牌督办和公告制度，当地人民政府接到报请挂牌督办、停产停业整改报告后，要在 7 日内作出决定，并督促整改。要建立完善火灾隐患举报、投诉制度，及时查处受理的火灾隐患。

（六）严格火灾高危单位消防安全管理。对容易造成群死群伤火灾的人员密集场所、易燃易爆单位和高层、地下公共建筑等高危单位，要实施更加严格的消防安全监管，督促其按要求配备急救和防护用品，落实人防、物防、技防措施，提高自防自救能力。要建立火灾高危单位消防安全评估制度，由具有资质的机构定期开展评估，评估结果向社会公开，作为单位信用评级的重要参考依据。火灾高危单位应当参加火灾公众责任保险。省级人民政府要制定火灾高危单位消防安全管理规定，明确界定范围、消防安全标准和监管措施。

（七）严格建筑工地、建筑材料消防安全管理。要依法加强对建设工程施工现场的消防安全检查，督促施工单位落实用火用电等消防安全措施，公共建筑在营业、使用期间不得进行外保温材料施工作业，居住建筑进行节能改造作业期间应撤离居住人员，并设消防安全巡逻人员，严格分离用火用焊作业与保温施工作业，严禁在施工建筑内安排人员住宿。新建、改建、扩建工程的外保温材料一律不得使用易燃材料，严格限制使用可燃材料。住房城乡建设部要会同有关部门，抓紧修订相关标准规范，加快研发和推广具有良好防火性能的新型建筑保温材料，采取严格的管理措施和有效的技术措施，提高建筑外保温材料系统的防火性能，减少火灾隐患。建筑室内装饰装修材料必须符合国家、行业标准和消防安全要求。相关部门要尽快研究提高建筑材料性能，建立淘汰机制，将部分易燃、有毒及职业危害严重的建筑材料纳入淘汰范围。

（八）加强消防宣传教育培训。要认真落实《全民消防安全宣传教育纲要（2011—2015）》，多形式、多渠道开展以"全民消防、生命至上"为主题的消防宣传教育，不断深化消防宣传进学校、进社区、进企业、进农村、进家庭工作，大力普及消防安全知识。注意加强对老人、妇女和儿童的消防安全教育。要重视发挥继续教育作用，将消防法律法规和消防知识纳入党政领导干部及公务员培训、职业培训、科普和普法教育、义务教育内容。报刊、广播、电视、网络等新闻媒体要积极开展消防安全宣传，安排专门时段、版块刊播消防公益广告。中小学要在相关课程中落实好消防教育，每年开展不少于1次的全员应急疏散演练。居（村）委会和物业服务企业每年至少组织居民开展1次灭火应急疏散演练。充分依托公安消防专业院校加强人才培养。国家鼓励高等学校开设与消防工程、消防管理相关的专业和课程，支持社会力量开展消防培训，积极培养社会消防专业人才。要加强对单位消防安全责任人、消防安全管理人、消防控制室操作人员和消防设计、施工、监理人员及保安、电（气）焊工、消防技术服务机构从业人员的消防安全培训。

三、着力夯实消防工作基础

（九）完善消防法律法规体系。要及时制定消防法实施条例，完善消防产品质量监督和市场准入制度、社会消防技术服务、建设工程消防监督审核和消防监督检查等方面的消防法规和技术标准规范。有立法权的地方要针对本地消防安全突出问题，及时制定、完善地方性法规、地方政府规章和技术标准。直辖市、省会市、副省级市和其他大城市要从建设工程防火设计、公共消防设施建设、隐患排查整治、灭火救援等方面制定并执行更加严格的消防安全标准。

（十）强化消防科学技术支撑。要继续将消防科学技术研究纳入科技发展规划和科研计划，积极推动消防科学技术创新，不断提高利用科学技术抗御火灾的水平。要研究落实相关政策措施，鼓励和支持先进技术装备的研发和推广应用。要加强火灾科学与消防工程、灾害防控基础理论研究，加快消防科研成果转化应用。要加强高层、地下建筑和轨道交通等防火、灭火救援技术与装备的研发，鼓励自主创新和引进消化吸收国际先进技术，推广应用消防新产品、新技术、新材料，加快推进消防救援装备向通用化、系列化、标准化方向发展。要加强消防信息化建设和应用，不断提高消防工作信息化水平。

（十一）加强公共消防设施建设。要科学编制和严格落实城乡消防规划，对没有消防规划内容的城乡规划不得批准实施。要合理布设生产、储存易燃易爆危险品的单位和场所，确保城乡消防安全布局符合要求，消防站、消防供水、消防通信、消防车通道等公共消防设施建设要与城乡基础设施建设同步发展，确保符合国家标准。负责公共消防设施维护管理的部门和单位要加强公共消防设施维护保养，保证其能够正常使用。商业步行街、集贸市场等公共场所和住宅区要保证消防车通道畅通。任何单位和个人不得埋压、圈占、损坏公共消防设施，不得挪用、挤占公共消防设施建设用地。

（十二）大力发展多种形式消防队伍。要逐步加强现役消防力量建设，加强消防业务技术骨干力量建设。要按照国家有关规定，大力发展政府专职消防队、企业事业单位专职消防队和志愿消防队。多种形式消防队伍要配备必要的装备器材，开展相应的业务训练，不断提升战斗力。继续探索发展和规范消防执法辅助队伍。要确保非现役消防员工资待遇与当地经济社会发展和所从事的高危险职业相适应，将非现役消防员按规定纳入当地社会保险体系；对因公伤亡的非现役消防员，要按照国家有关规定落实各项工伤保险待遇，参照有关规定评功、评烈。省级人民政府要制定专职消防队伍管理办法，明确建队范围、建设标准、用工性质、车辆管理、经费保障和优惠政策。

（十三）规范消防技术服务机构及从业人员管理。要制定消防技术服务机构管理规定，严格消防技术服务机构资质、资格审批，规范发展消防设施检测、维护保养和消防安全评估、咨询、监测等消防技术服务机构，督促消防技术服务机构规范服务行为，不断提升服务质量和水平。消防技术服务机构及从业人员违法违规、弄虚作假的要依法依规追究责任，并降低或取消相关资质、资格。要加强消防行业特有工种职业技能鉴定工作，完善消防从业人员职业资格制度，探索建立行政许可类消防专业人员职业资格制度，推进社会消防从业人员职业化建设。

（十四）提升灭火应急救援能力。县级以上地方人民政府要依托公安消防队伍及其他优势专业应急救援队伍加强综合性应急救援队伍建设，建立健全灭火应急救援指挥平台和社会联动机制，完善灭火应急救援预案，强化灭火应急救援演练，提高应急处置水平。公安消防部门要加强对高层建筑、石油化工等特殊火灾扑救和地震等灾害应急救援的技战术研究和应用，强化各级指战员专业训练，加强执勤备战，不断提高快速反应、攻坚作战能力。要加强消防训练基地和消防特勤力量建设，优化消防装备结构，配齐灭火应急救援常规装备和特种装备，探索使用直升机进行应急救援。要加强灭火应急救援装备和物资储备，建立平战结合、遂行保障的战勤保障体系。

四、全面落实消防安全责任

（十五）全面落实消防安全主体责任。机关、团体、企业事业单位法定代表人是本单位消防安全第一责任人。各单位要依法履行职责，保障必要的消防投入，切实提高检查消除火灾隐患、组织扑救初起火灾、组织人员疏散逃生和消防宣传教育培训的能力。要建立消防安全自我评估机制，消防安全重点单位每季度、其他单位每半年自行或委托有资质的机构对本单位进行一次消防安全检查评估，做到安全自查、隐患自除、责任自负。要建立建筑消防设施日常维护保养制度，每年至少进行一次全面检测，确保消防设施完好有效。要严格落实消防控制室管理和应急程序规定，消防控制室操作人员必须持证上岗。

（十六）依法履行管理和监督职责。坚持谁主管、谁负责，各部门、各单位在各自职责范围内依法做好消防工作。建设、商务、文化、教育、卫生、民政、文物等部门要切实加强建筑工地、宾馆、饭店、商场、市场、学校、医院、公共娱乐场所、社会福利机构、烈士纪念设施、旅游景区(点)、博物馆、文物保护单位等消防安全管理，建立健全消防安全制度，严格落实各项消防安全措施。安全监管、工商、质检、交通运输、铁路、公安等部门要加强危险化学品和烟花爆竹、压力容器的安全监管，依法严厉打击违法违规生产、运输、经营、燃放烟花爆竹的行为。环境保护等部门要加强核电厂消防安全检查，落实火灾防控措施。

公安机关及其消防部门要严格履行职责，每半年对消防安全形势进行分析研判和综合评估，及时报告当地政府，采取针对性措施解决突出问题。要加大执法力度，依法查处消防违法行为，对严重危及公众生命安全的要依法从严查处；公安派出所和社区(农村)警务室要加强日常消防监督检查，开展消防安全宣传，及时督促整改火灾隐患。

（十七）切实加强组织领导。地方各级人民政府全面负责本地区消防工作，政府主要负责人为第一责任人，分管负责人为主要责任人，其他负责人要认真落实消防安全“一岗双责”制度。要将消防工作纳入经济社会发展总体规划，纳入政府目标责任、社会管理综合治理内容，严格督查考评。要加大消防投入，保障消防事业发展所需经费。中央和省级财政对贫困地区消防事业发展给予一定的支持。市、县两级人民政府要组织制定并实施城乡消防规划，切实加强公共消防设施、消防力量、消防装备建设，整治消除火灾隐患。乡镇人民政府和街道办事处要建立消防安全组织，明确专人负责消防工作，推行消防安全网格化管理，加强消防安全基础建设，全面提升农村和社区消防工作水平。地方各级人民政府要建立健全消防工作协调机制，定期研究解决重大消防安全问题，扎实推进社会消防安全“防火墙”工程，认真组织开展火灾事故调查和统计工作。对热心消防公益事业、主动报告火警和扑救火灾的单位和个人，要给予奖励。各省、自治区、直辖市人民政府每年要将本地区消防工作情况向国务院作出专题报告。

（十八）严格考核和责任追究。要建立健全消防工作考核评价体系，对各地区、各部门、各单位年度消防工作完成情况进行严格考核，并建立责任追究机制。地方各级人民政府和有关部门不依法履行职责，在涉及消防安全行政审批、公共消防设施建设、重大火灾隐患整改、消防力量发展等方面工作不力、失职渎职的，要依法依纪追究有关人员的责任，涉嫌犯罪的，移送司法机关处理。公安机关及其消防部门工作人员滥用职权、玩忽职守、徇私舞弊、以权谋私的，要依法依纪严肃处理。各单位因消防安全责任不落实、火灾防控措施不到位，发生人员伤亡火灾事故的，要依法依纪追究有关人员的责任；发生重大火灾事故的，要依法依纪追究单位负责人、实际控制人、上级单位主要负责人和当地政府及有关部门负责人的责任；发生特别重大火灾事故的，要根据情节轻重，追究地市级分管领导或主要领导的责任；后果特别严重、影响特别恶劣的，要按照规定追究省部级相关领导的责任。

国务院

2011 年 12 月 30 日

国家安全生产事故灾难应急预案

（国务院2006年1月22日颁布实施）

1 总则

1.1 编制目的

规范安全生产事故灾难的应急管理和应急响应程序，及时有效地实施应急救援工作，最大程度地减少人员伤亡、财产损失，维护人民群众的生命安全和社会稳定。

1.2 编制依据

依据《中华人民共和国安全生产法》、《国家突发公共事件总体应急预案》和《国务院关于进一步加强安全生产工作的决定》等法律法规及有关规定，制定本预案。

1.3 适用范围

本预案适用于下列安全生产事故灾难的应对工作：

（1）造成30人以上死亡（含失踪），或危及30人以上生命安全，或者100人以上中毒（重伤），或者需要紧急转移安置10万人以上，或者直接经济损失1亿元以上的特别重大安全生产事故灾难。

（2）超出省（区、市）人民政府应急处置能力，或者跨省级行政区、跨多个领域（行业和部门）的安全生产事故灾难。

（3）需要国务院安全生产委员会（以下简称国务院安委会）处置的安全生产事故灾难。

1.4 工作原则

（1）以人为本，安全第一。把保障人民群众的生命安全和身体健康、最大程度地预防和减少安全生产事故灾难造成的人员伤亡作为首要任务。切实加强应急救援人员的安全防护。充分发挥人的主观能动性，充分发挥专业救援力量的骨干作用和人民群众的基础作用。

（2）统一领导，分级负责。在国务院统一领导和国务院安委会组织协调下，各省（区、市）人民政府和国务院有关部门按照各自职责和权限，负责有关安全生产事故灾难的应急管理和应急处置工作。企业要认真履行安全生产责任主体的职责，建立安全生产应急预案和应急机制。

（3）条块结合，属地为主。安全生产事故灾难现场应急处置的领导和指挥以地方人民政府为主，实行地方各级人民政府行政首长负责制。有关部门应当与地方人民政府密切配合，充分发挥指导和协调作用。

(4) 依靠科学，依法规范。采用先进技术，充分发挥专家作用，实行科学民主决策。采用先进的救援装备和技术，增强应急救援能力。依法规范应急救援工作，确保应急预案的科学性、权威性和可操作性。

(5) 预防为主，平战结合。贯彻落实“安全第一，预防为主”的方针，坚持事故灾难应急与预防工作相结合。做好预防、预测、预警和预报工作，做好常态下的风险评估、物资储备、队伍建设、完善装备、预案演练等工作。

2　组织体系及相关机构职责

2.1　组织体系

全国安全生产事故灾难应急救援组织体系由国务院安委会、国务院有关部门、地方各级人民政府安全生产事故灾难应急领导机构、综合协调指挥机构、专业协调指挥机构、应急支持保障部门、应急救援队伍和生产经营单位组成。

国家安全生产事故灾难应急领导机构为国务院安委会，综合协调指挥机构为国务院安委会办公室，国家安全生产应急救援指挥中心具体承担安全生产事故灾难应急管理工作，专业协调指挥机构为国务院有关部门管理的专业领域应急救援指挥机构。

地方各级人民政府的安全生产事故灾难应急机构由地方政府确定。

应急救援队伍主要包括消防部队、专业应急救援队伍、生产经营单位的应急救援队伍、社会力量、志愿者队伍及有关国际救援力量等。

国务院安委会各成员单位按照职责履行本部门的安全生产事故灾难应急救援和保障方面的职责，负责制订、管理并实施有关应急预案。

2.2　现场应急救援指挥部及职责

现场应急救援指挥以属地为主，事发地省(区、市)人民政府成立现场应急救援指挥部。现场应急救援指挥部负责指挥所有参与应急救援的队伍和人员，及时向国务院报告事故灾难事态发展及救援情况，同时抄送国务院安委会办公室。

涉及多个领域、跨省级行政区或影响特别重大的事故灾难，根据需要由国务院安委会或者国务院有关部门组织成立现场应急救援指挥部，负责应急救援协调指挥工作。

3　预警预防机制

3.1　事故灾难监控与信息报告

国务院有关部门和省(区、市)人民政府应当加强对重大危险源的监控，对可能引发特别重大事故的险情，或者其他灾害、灾难可能引发安全生产事故灾难的重要信息应及时上报。

特别重大安全生产事故灾难发生后，事故现场有关人员应当立即报告单位负责人，单位负责人接到报告后，应当立即报告当地人民政府和上级主管部门。中央企业在上报当地政府的同时应当上报企业总部。当地人民政府接到报告后应当立即报告上级政府，国务院有关部门、单位、中央企业和事故灾难发生地的省(区、市)人民政府应当在接到报告后2小时内，向国务院报告，同时抄送国务院安委会办公室。

自然灾害、公共卫生和社会安全方面的突发事件可能引发安全生产事故灾难的信息，有关各级、各类应急指挥机构均应及时通报同级安全生产事故灾难应急救援指挥机构，安全生产事故灾难应急救援指挥机构应当及时分析处理，并按照分级管理的程序逐级上报，紧急情况下，可越级上报。

发生安全生产事故灾难的有关部门、单位要及时、主动向国务院安委会办公室、国务院有关部门提供与事故应急救援有关的资料。事故灾难发生地安全监管部门提供事故前监督检查的有关资料，为国务院安委会办公室、国务院有关部门研究制订救援方案提供参考。

3.2　预警行动

各级、各部门安全生产事故灾难应急机构接到可能导致安全生产事故灾难的信息后，按照应急预案及时研究确定应对方案，并通知有关部门、单位采取相应行动预防事故发生。

4　应急响应

4.1　分级响应

Ⅰ级应急响应行动(具体标准见1.3)由国务院安委会办公室或国务院有关部门组织实施。当国务院安委会办公室或国务院有关部门进行Ⅰ级应急响应行动时，事发地各级人民政府应当按照相应的预案全力以赴组织救援，并及时向国务院及国务院安委会办公室、国务院有关部门报告救援工作进展情况。

Ⅱ级及以下应急响应行动的组织实施由省级人民政府决定。地方各级人民政府根据事故灾难或险情的严重程度启动相应的应急预案，超出其应急救援处置能力时，及时报请上一级应急救援指挥机构启动上一级应急预案实施救援。

4.1.1　国务院有关部门的响应

Ⅰ级响应时，国务院有关部门启动并实施本部门相关的应急预案，组织应急救援，并及时向国务院及国务院安委会办公室报告救援工作进展情况。需要其他部门应急力量支援时，及时提出请求。

根据发生的安全生产事故灾难的类别，国务院有关部门按照其职责和预案进行响应。

4.1.2　国务院安委会办公室的响应

（1）及时向国务院报告安全生产事故灾难基本情况、事态发展和救援进展情况。

（2）开通与事故灾难发生地的省级应急救援指挥机构、现场应急救援指挥部、相关专业应急救援指挥机构的通信联系，随时掌握事态发展情况。

（3）根据有关部门和专家的建议，通知相关应急救援指挥机构随时待命，为地方或专业应急救援指挥机构提供技术支持。

（4）派出有关人员和专家赶赴现场参加、指导现场应急救援，必要时协调专业应急力量增援。

（5）对可能或者已经引发自然灾害、公共卫生和社会安全突发事件的，国务院安委会办公室要及时上报国务院，同时负责通报相关领域的应急救援指挥机构。

（6）组织协调特别重大安全生产事故灾难应急救援工作。

（7）协调落实其他有关事项。

4.2　指挥和协调

进入Ⅰ级响应后，国务院有关部门及其专业应急救援指挥机构立即按照预案组织相关应急救援力量，配合地方政府组织实施应急救援。

国务院安委会办公室根据事故灾难的情况开展应急救援协调工作。通知有关部门及其应急机构、救援队伍和事发地毗邻省（区、市）人民政府应急救援指挥机构，相关机构按照各自应急预案提供增援或保障。有关应急队伍在现场应急救援指挥部统一指挥下，密切配合，共同实施抢险救援和紧急处置行动。

现场应急救援指挥部负责现场应急救援的指挥，现场应急救援指挥部成立前，事发单位和先期到达的应急救援队伍必须迅速、有效地实施先期处置，事故灾难发生地人民政府负责协调，全力控制事故灾难发展态势，防止次生、衍生和耦合事故（事件）发生，果断控制或切断事故灾害链。

中央企业发生事故灾难时，其总部应全力调动相关资源，有效开展应急救援工作。

4.3　紧急处置

现场处置主要依靠本行政区域内的应急处置力量。事故灾难发生后，发生事故的单位和当地人民政府按照应急预案迅速采取措施。

根据事态发展变化情况，出现急剧恶化的特殊险情时，现场应急救援指挥部在充分考虑专家和有关方面意见的基础上，依法及时采取紧急处置措施。

4.4　医疗卫生救助

事发地卫生行政主管部门负责组织开展紧急医疗救护和现场卫生处置工作。

卫生部或国务院安委会办公室根据地方人民政府的请求，及时协调有关专业医疗救护机构和专科医院派出有关专家、提供特种药品和特种救治装备进行支援。

事故灾难发生地疾病控制中心根据事故类型，按照专业规程进行现场防疫工作。

4.5 应急人员的安全防护

现场应急救援人员应根据需要携带相应的专业防护装备，采取安全防护措施，严格执行应急救援人员进入和离开事故现场的相关规定。

现场应急救援指挥部根据需要具体协调、调集相应的安全防护装备。

4.6 群众的安全防护

现场应急救援指挥部负责组织群众的安全防护工作，主要工作内容如下：

（1）企业应当与当地政府、社区建立应急互动机制，确定保护群众安全需要采取的防护措施。

（2）决定应急状态下群众疏散、转移和安置的方式、范围、路线、程序。

（3）指定有关部门负责实施疏散、转移。

（4）启用应急避难场所。

（5）开展医疗防疫和疾病控制工作。

（6）负责治安管理。

4.7 社会力量的动员与参与

现场应急救援指挥部组织调动本行政区域社会力量参与应急救援工作。

超出事发地省级人民政府处置能力时，省级人民政府向国务院申请本行政区域外的社会力量支援，国务院办公厅协调有关省级人民政府、国务院有关部门组织社会力量进行支援。

4.8 现场检测与评估

根据需要，现场应急救援指挥部成立事故现场检测、鉴定与评估小组，综合分析和评价检测数据，查找事故原因，评估事故发展趋势，预测事故后果，为制订现场抢救方案和事故调查提供参考。检测与评估报告要及时上报。

4.9 信息发布

国务院安委会办公室会同有关部门具体负责特别重大安全生产事故灾难信息的发布工作。

4.10 应急结束

当遇险人员全部得救，事故现场得以控制，环境符合有关标准，导致次生、衍生事故隐患消除后，经现场应急救援指挥部确认和批准，现场应急处置工作结束，应急救援队伍撤离现场。由事故发生地省级人民政府宣布应急结束。

5 后期处置

5.1 善后处置

省级人民政府会同相关部门(单位)负责组织特别重大安全生产事故灾难的善后处置工作，包括人员安置、补偿，征用物资补偿，灾后重建，污染物收集、清理与处理等事项。尽快消除事故影响，妥善安置和慰问受害及受影响人员，保证社会稳定，尽快恢复正常秩序。

5.2 保险

安全生产事故灾难发生后，保险机构及时开展应急救援人员保险受理和受灾人员保险理赔工作。

5.3 事故灾难调查报告、经验教训总结及改进建议

特别重大安全生产事故灾难由国务院安全生产监督管理部门负责组成调查组进行调查；必要时，国务院直接组成调查组或者授权有关部门组成调查组。

安全生产事故灾难善后处置工作结束后，现场应急救援指挥部分析总结应急救援经验教训，提出改进应急救援工作的建议，完成应急救援总结报告并及时上报。

6 保障措施

6.1 通信与信息保障

建立健全国家安全生产事故灾难应急救援综合信息网络系统和重大安全生产事故灾难信息报告系统；建立完善救援力量和资源信息数据库；规范信息获取、分析、发布、报送格式和程序，保证应急机构之间的信息资源共享，为应急决策提供相关信息支持。

有关部门应急救援指挥机构和省级应急救援指挥机构负责本部门、本地区相关信息收集、分析和处理，定期向国务院安委会办公室报送有关信息，重要信息和变更信息要及时报送，国务院安委会办公室负责收集、分析和处理全国安全生产事故灾难应急救援有关信息。

6.2 应急支援与保障

6.2.1 救援装备保障

各专业应急救援队伍和企业根据实际情况和需要配备必要的应急救援装备。专业应急救援指挥机构应当掌握本专业的特种救援装备情况，各专业队伍按规程配备救援装备。

6.2.2 应急队伍保障

矿山、危险化学品、交通运输等行业或领域的企业应当依法组建和完善救援队伍。各级、各行业安全生产应急救援机构负责检查并掌握相关应急救援力量的建设和准备情况。

6.2.3 交通运输保障

发生特别重大安全生产事故灾难后，国务院安委会办公室或有关部门根据救援需要及时协调民航、交通和铁路等行政主管部门提供交通运输保障。地方人民政府有关部门对事故现场进行道路交通管制，根据需要开设应急救援特别通道，道路受损时应迅速组织抢修，确保救灾物资、器材和人员运送及时到位，满足应急处置工作需要。

6.2.4 医疗卫生保障

县级以上各级人民政府应当加强急救医疗服务网络的建设，配备相应的医疗救治药物、技术、设备和人员，提高医疗卫生机构应对安全生产事故灾难的救治能力。

6.2.5 物资保障

国务院有关部门和县级以上人民政府及其有关部门、企业，应当建立应急救援设施、设备、救治药品和医疗器械等储备制度，储备必要的应急物资和装备。

各专业应急救援机构根据实际情况，负责监督应急物资的储备情况、掌握应急物资的生产加工能力储备情况。

6.2.6 资金保障

生产经营单位应当做好事故应急救援必要的资金准备。安全生产事故灾难应急救援资金首先由事故责任单位承担，事故责任单位暂时无力承担的，由当地政府协调解决。国家处置安全生产事故灾难所需工作经费按照《财政应急保障预案》的规定解决。

6.2.7 社会动员保障

地方各级人民政府根据需要动员和组织社会力量参与安全生产事故灾难的应急救援。国务院安委会办公室协调调用事发地以外的有关社会应急力量参与增援时，地方人民政府要为其提供各种必要保障。

6.2.8 应急避难场所保障

直辖市、省会城市和大城市人民政府负责提供特别重大事故灾难发生时人员避难需要的场所。

6.3 技术储备与保障

国务院安委会办公室成立安全生产事故灾难应急救援专家组，为应急救援提供技术支持和保障。要充分利用安全生产技术支撑体系的专家和机构，研究安全生产应急救援重大问题，开发应急技术和装备。

6.4 宣传、培训和演习

6.4.1 公众信息交流

国务院安委会办公室和有关部门组织应急法律法规和事故预防、避险、避灾、自救、互救常识的宣传工作，各种媒体提供相关支持。

地方各级人民政府结合本地实际，负责本地相关宣传、教育工作，提高全民的危机意识。

企业与所在地政府、社区建立互动机制，向周边群众宣传相关应急知识。

6.4.2　培训

有关部门组织各级应急管理机构以及专业救援队伍的相关人员进行上岗前培训和业务培训。

有关部门、单位可根据自身实际情况，做好兼职应急救援队伍的培训，积极组织社会志愿者的培训，提高公众自救、互救能力。

地方各级人民政府将突发公共事件应急管理内容列入行政干部培训的课程。

6.4.3　演习

各专业应急机构每年至少组织一次安全生产事故灾难应急救援演习。国务院安委会办公室每两年至少组织一次联合演习。各企事业单位应当根据自身特点，定期组织本单位的应急救援演习。演习结束后应及时进行总结。

6.5　监督检查

国务院安委会办公室对安全生产事故灾难应急预案实施的全过程进行监督检查。

7　附则

7.1　预案管理与更新

随着应急救援相关法律法规的制定、修改和完善，部门职责或应急资源发生变化，以及实施过程中发现存在问题或出现新的情况，应及时修订完善本预案。

本预案有关数量的表述中，“以上”含本数，“以下”不含本数。

7.2　奖励与责任追究

7.2.1　奖励

在安全生产事故灾难应急救援工作中有下列表现之一的单位和个人，应依据有关规定给予奖励：

（1）出色完成应急处置任务，成绩显著的。

（2）防止或抢救事故灾难有功，使国家、集体和人民群众的财产免受损失或者减少损失的。

（3）对应急救援工作提出重大建议，实施效果显著的。

（4）有其他特殊贡献的。

7.2.2　责任追究

在安全生产事故灾难应急救援工作中有下列行为之一的，按照法律、法规及有关规定，对有关责任人员视情节和危害后果，由其所在单位或者上级机关给予行政处分；其中，对国家公务员和国家行政机关任命的其他人员，分别由任免机关或者监察机关给予行政处分；属于违反治安管理行为的，由公安机关依照有关法律法规的规定予以处罚；构成犯罪的，由司法机关依法追究刑事责任：

（1）不按照规定制订事故应急预案，拒绝履行应急准备义务的。

（2）不按照规定报告、通报事故灾难真实情况的。

（3）拒不执行安全生产事故灾难应急预案，不服从命令和指挥，或者在应急响应时临阵脱逃的。

（4）盗窃、挪用、贪污应急工作资金或者物资的。

（5）阻碍应急工作人员依法执行任务或者进行破坏活动的。

（6）散布谣言，扰乱社会秩序的。

（7）有其他危害应急工作行为的。

7.3　国际沟通与协作

国务院安委会办公室和有关部门积极建立与国际应急机构的联系，组织参加国际救援活动，开展国际间的交流与合作。

7.4　预案实施时间

本预案自印发之日起施行。

国务院办公厅
关于印发突发事件应急预案管理办法的通知

国办发〔2013〕101 号

各省、自治区、直辖市人民政府，国务院各部委、各直属机构：

《突发事件应急预案管理办法》已经国务院同意，现印发给你们，请认真贯彻执行。

国务院办公厅

2013 年 10 月 25 日

突发事件应急预案管理办法

目　　录

第一章　总　　则

第一条　为规范突发事件应急预案（以下简称应急预案）管理，增强应急预案的针对性、实用性和可操作性，依据《中华人民共和国突发事件应对法》等法律、行政法规，制订本办法。

第二条　本办法所称应急预案，是指各级人民政府及其部门、基层组织、企事业单位、社会团体等为依法、迅速、科学、有序应对突发事件，最大程度减少突发事件及其造成的损害而预先制定的工作方案。

第三条　应急预案的规划、编制、审批、发布、备案、演练、修订、培训、宣传教育等工作，适用本办法。

第四条 应急预案管理遵循统一规划、分类指导、分级负责、动态管理的原则。

第五条 应急预案编制要依据有关法律、行政法规和制度，紧密结合实际，合理确定内容，切实提高针对性、实用性和可操作性。

第二章 分类和内容

第六条 应急预案按照制定主体划分，分为政府及其部门应急预案、单位和基层组织应急预案两大类。

第七条 政府及其部门应急预案由各级人民政府及其部门制定，包括总体应急预案、专项应急预案、部门应急预案等。

总体应急预案是应急预案体系的总纲，是政府组织应对突发事件的总体制度安排，由县级以上各级人民政府制定。

专项应急预案是政府为应对某一类型或某几种类型突发事件，或者针对重要目标物保护、重大活动保障、应急资源保障等重要专项工作而预先制定的涉及多个部门职责的工作方案，由有关部门牵头制订，报本级人民政府批准后印发实施。

部门应急预案是政府有关部门根据总体应急预案、专项应急预案和部门职责，为应对本部门(行业、领域)突发事件，或者针对重要目标物保护、重大活动保障、应急资源保障等涉及部门工作而预先制定的工作方案，由各级政府有关部门制定。

鼓励相邻、相近的地方人民政府及其有关部门联合制定应对区域性、流域性突发事件的联合应急预案。

第八条 总体应急预案主要规定突发事件应对的基本原则、组织体系、运行机制，以及应急保障的总体安排等，明确相关各方的职责和任务。

针对突发事件应对的专项和部门应急预案，不同层级的预案内容各有所侧重。国家层面专项和部门应急预案侧重明确突发事件的应对原则、组织指挥机制、预警分级和事件分级标准、信息报告要求、分级响应及响应行动、应急保障措施等，重点规范国家层面应对行动，同时体现政策性和指导性；省级专项和部门应急预案侧重明确突发事件的组织指挥机制、信息报告要求、分级响应及响应行动、队伍物资保障及调动程序、市县级政府职责等，重点规范省级层面应对行动，同时体现指导性；市县级专项和部门应急预案侧重明确突发事件的组织指挥机制、风险评估、监测预警、信息报告、应急处置措施、队伍物资保障及调动程序等内容，重点规范市(地)级和县级层面应对行动，体现应急处置的主体职能；乡镇街道专项和部门应急预案侧重明确突发事件的预警信息传播、组织先期处置和自救互救、信息收集报告、人员临时安置等内容，重点规范乡镇层面应对行动，体现先期处置特点。

针对重要基础设施、生命线工程等重要目标物保护的专项和部门应急预案，侧重明确风险隐患及防范措施、监测预警、信息报告、应急处置和紧急恢复等内容。

针对重大活动保障制定的专项和部门应急预案，侧重明确活动安全风险隐患及防范措施、监测预警、信息报告、应急处置、人员疏散撤离组织和路线等内容。

针对为突发事件应对工作提供队伍、物资、装备、资金等资源保障的专项和部门应急预案，侧重明确组织指挥机制、资源布局、不同种类和级别突发事件发生后的资源调用程序等内容。

联合应急预案侧重明确相邻、相近地方人民政府及其部门间信息通报、处置措施衔接、应急资源共享等应急联动机制。

第九条　单位和基层组织应急预案由机关、企业、事业单位、社会团体和居委会、村委会等法人和基层组织制定，侧重明确应急响应责任人、风险隐患监测、信息报告、预警响应、应急处置、人员疏散撤离组织和路线、可调用或可请求援助的应急资源情况及如何实施等，体现自救互救、信息报告和先期处置特点。

大型企业集团可根据相关标准规范和实际工作需要，参照国际惯例，建立本集团应急预案体系。

第十条　政府及其部门、有关单位和基层组织可根据应急预案，并针对突发事件现场处置工作灵活制定现场工作方案，侧重明确现场组织指挥机制、应急队伍分工、不同情况下的应对措施、应急装备保障和自我保障等内容。

第十一条　政府及其部门、有关单位和基层组织可结合本地区、本部门和本单位具体情况，编制应急预案操作手册，内容一般包括风险隐患分析、处置工作程序、响应措施、应急队伍和装备物资情况，以及相关单位联络人员和电话等。

第十二条　对预案应急响应是否分级、如何分级、如何界定分级响应措施等，由预案制定单位根据本地区、本部门和本单位的实际情况确定。

第三章　预案编制

第十三条　各级人民政府应当针对本行政区域多发易发突发事件、主要风险等，制定本级政府及其部门应急预案编制规划，并根据实际情况变化适时修订完善。

单位和基层组织可根据应对突发事件需要，制定本单位、本基层组织应急预案编制计划。

第十四条 应急预案编制部门和单位应组成预案编制工作小组，吸收预案涉及主要部门和单位业务相关人员、有关专家及有现场处置经验的人员参加。编制工作小组组长由应急预案编制部门或单位有关负责人担任。

第十五条 编制应急预案应当在开展风险评估和应急资源调查的基础上进行。

(一) 风险评估。针对突发事件特点，识别事件的危害因素，分析事件可能产生的直接后果以及次生、衍生后果，评估各种后果的危害程度，提出控制风险、治理隐患的措施。

(二) 应急资源调查。全面调查本地区、本单位第一时间可调用的应急队伍、装备、物资、场所等应急资源状况和合作区域内可请求援助的应急资源状况，必要时对本地居民应急资源情况进行调查，为制定应急响应措施提供依据。

第十六条 政府及其部门应急预案编制过程中应当广泛听取有关部门、单位和专家的意见，与相关的预案作好衔接。涉及其他单位职责的，应当书面征求相关单位意见。必要时，向社会公开征求意见。

单位和基层组织应急预案编制过程中，应根据法律、行政法规要求或实际需要，征求相关公民、法人或其他组织的意见。

第四章 审批、备案和公布

第十七条 预案编制工作小组或牵头单位应当将预案送审稿及各有关单位复函和意见采纳情况说明、编制工作说明等有关材料报送应急预案审批单位。因保密等原因需要发布应急预案简本的，应当将应急预案简本一起报送审批。

第十八条 应急预案审核内容主要包括预案是否符合有关法律、行政法规，是否与有关应急预案进行了衔接，各方面意见是否一致，主体内容是否完备，责任分工是否合理明确，应急响应级别设计是否合理，应对措施是否具体简明、管用可行等。必要时，应急预案审批单位可组织有关专家对应急预案进行评审。

第十九条 国家总体应急预案报国务院审批，以国务院名义印发；专项应急预案报国务院审批，以国务院办公厅名义印发；部门应急预案由部门有关会议审议决定，以部门名义印发，必要时，可以由国务院办公厅转发。

地方各级人民政府总体应急预案应当经本级人民政府常务会议审议，以本级人民政府名义印发；专项应急预案应当经本级人民政府审批，必要时经本级人民政府常务会议或专题会议审议，以本级人民政府办公厅(室)名义印发；部门应急预案应当经部门有关会议审议，以部门名义印发，必要时，可以由本级人民政府办公厅(室)转发。

单位和基层组织应急预案须经本单位或基层组织主要负责人或分管负责人签发，审批方式根据实际情况确定。

第二十条 应急预案审批单位应当在应急预案印发后的20个工作日内依照下列规定向有关单位备案：

（一）地方人民政府总体应急预案报送上一级人民政府备案。

（二）地方人民政府专项应急预案抄送上一级人民政府有关主管部门备案。

（三）部门应急预案报送本级人民政府备案。

（四）涉及需要与所在地政府联合应急处置的中央单位应急预案，应当向所在地县级人民政府备案。

法律、行政法规另有规定的从其规定。

第二十一条 自然灾害、事故灾难、公共卫生类政府及其部门应急预案，应向社会公布。对确需保密的应急预案，按有关规定执行。

第五章 应急演练

第二十二条 应急预案编制单位应当建立应急演练制度，根据实际情况采取实战演练、桌面推演等方式，组织开展人员广泛参与、处置联动性强、形式多样、节约高效的应急演练。

专项应急预案、部门应急预案至少每3年进行一次应急演练。

地震、台风、洪涝、滑坡、山洪泥石流等自然灾害易发区域所在地政府，重要基础设施和城市供水、供电、供气、供热等生命线工程经营管理单位，矿山、建筑施工单位和易燃易爆物品、危险化学品、放射性物品等危险物品生产、经营、储运、使用单位，公共交通工具、公共场所和医院、学校等人员密集场所的经营单位或者管理单位等，应当有针对性地经常组织开展应急演练。

第二十三条 应急演练组织单位应当组织演练评估。评估的主要内容包括：演练的执行情况，预案的合理性与可操作性，指挥协调和应急联动情况，应急人员的处置情况，演练所用设备装备的适用性，对完善预案、应急准备、应急机制、应急措施等方面的意见和建议等。

鼓励委托第三方进行演练评估。

第六章 评估和修订

第二十四条 应急预案编制单位应当建立定期评估制度，分析评价预案内容的针对性、实用性和可操作性，实现应急预案的动态优化和科学规范管理。

第二十五条 有下列情形之一的，应当及时修订应急预案：

（一）有关法律、行政法规、规章、标准、上位预案中的有关规定发生变化的；

（二）应急指挥机构及其职责发生重大调整的；

（三）面临的风险发生重大变化的；

（四）重要应急资源发生重大变化的；

（五）预案中的其他重要信息发生变化的；

（六）在突发事件实际应对和应急演练中发现问题需要作出重大调整的；

（七）应急预案制定单位认为应当修订的其他情况。

第二十六条 应急预案修订涉及组织指挥体系与职责、应急处置程序、主要处置措施、突发事件分级标准等重要内容的，修订工作应参照本办法规定的预案编制、审批、备案、公布程序组织进行。仅涉及其他内容的，修订程序可根据情况适当简化。

第二十七条 各级政府及其部门、企事业单位、社会团体、公民等，可以向有关预案编制单位提出修订建议。

第七章 培训和宣传教育

第二十八条 应急预案编制单位应当通过编发培训材料、举办培训班、开展工作研讨等方式，对与应急预案实施密切相关的管理人员和专业救援人员等组织开展应急预案培训。

各级政府及其有关部门应将应急预案培训作为应急管理培训的重要内容，纳入领导干部培训、公务员培训、应急管理干部日常培训内容。

第二十九条 对需要公众广泛参与的非涉密的应急预案，编制单位应当充分利用互联网、广播、电视、报刊等多种媒体广泛宣传，制作通俗易懂、好记管用的宣传普及材料，向公众免费发放。

第八章 组织保障

第三十条 各级政府及其有关部门应对本行政区域、本行业（领域）应急预案管理工作加强指导和监督。国务院有关部门可根据需要编写应急预案编制指南，指导本行业（领域）应急预案编制工作。

第三十一条 各级政府及其有关部门、各有关单位要指定专门机构和人员负责相关具体工作，将应急预案规划、编制、审批、发布、演练、修订、培训、宣传教育等工作所需经费纳入预算统筹安排。

第九章　附　　则

第三十二条　国务院有关部门、地方各级人民政府及其有关部门、大型企业集团等可根据实际情况，制定相关实施办法。

第三十三条　本办法由国务院办公厅负责解释。

第三十四条　本办法自印发之日起施行。

国务院办公厅关于加强基层应急队伍建设的意见

国办发〔2009〕59 号

各省、自治区、直辖市人民政府，国务院各部委、各直属机构：

基层应急队伍是我国应急体系的重要组成部分，是防范和应对突发事件的重要力量。多年来，我国基层应急队伍不断发展，在应急工作中发挥着越来越重要的作用。但是，各地基层应急队伍建设中还存在着组织管理不规范、任务不明确、进展不平衡等问题。为贯彻落实突发事件应对法，进一步加强基层应急队伍建设，经国务院同意，提出如下意见：

一、基本原则和建设目标

（一）基本原则。坚持专业化与社会化相结合，着力提高基层应急队伍的应急能力和社会参与程度；坚持立足实际、按需发展，兼顾县乡级政府财力和人力，充分依托现有资源，避免重复建设；坚持统筹规划、突出重点，逐步加强和完善基层应急队伍建设，形成规模适度、管理规范的基层应急队伍体系。

（二）建设目标。通过三年左右的努力，县级综合性应急救援队伍基本建成，重点领域专业应急救援队伍得到全面加强；乡镇、街道、企业等基层组织和单位应急救援队伍普遍建立，应急志愿服务进一步规范，基本形成统一领导、协调有序、专兼并存、优势互补、保障有力的基层应急队伍体系，应急救援能力基本满足本区域和重点领域突发事件应对工作需要，为最大程度地减少突发事件及其造成的人员财产损失、维护国家安全和社会稳定提供有力保障。

二、加强基层综合性应急救援队伍建设

（一）全面建设县级综合性应急救援队伍。各县级人民政府要以公安消防队伍及其他优势专业应急救援队伍为依托，建立或确定“一专多能”的县级综合性应急救援队伍，在相关突发事件发生后，立即开展救援处置工作。综合性应急救援队伍除承担消防工作以外，同时承担综合性应急救援任务，包括地震等自然灾害，建筑施工事故、道路交通事故、空难等生产安全事故，恐怖袭击、群众遇险等社会安全事件的抢险救援任务，同时协助有关专业队伍做好水旱灾害、气象灾害、地质灾害、森林草原火灾、生物灾害、矿山事故、危险化学品事故、水上事故、环境污染、核与辐射事故和突发公共卫生事件等突发事件的抢险救援工作。各地要根据本行政区域特点和需要，制订综合性应急救援队伍建设方案，细化队伍职责，配备必要的物资装备，加强与专业队伍互动演练，提高队伍综合应急能力。

（二）深入推进街道、乡镇综合性应急救援队伍建设。街道、乡镇要充分发挥民兵、预备役人员、保安员、基层警务人员、医务人员等有相关救援专业知识和经验人员的作用，在防范和应对气象灾害、水旱灾害、地震灾害、地质灾害、森林草原火灾、生产安全事故、环境突发事件、群体性事件等方面发挥就近优势，在相关应急指挥机构组织下开展先期处置，组织群众自救互救，参与抢险救灾、人员转移安置、维护社会秩序，配合专业应急救援队伍做好各项保障，协助有关方面做好善后处置、物资发放等工作。同时发挥信息员作用，发现突发事件苗头及时报告，协助做好预警信息传递、灾情收集上报、灾情评估等工作，参与有关单位组织的隐患排查整改。街道办事处、乡镇政府要加强队伍的建设和管理，严明组织纪律，经常性地开展应急培训，提高队伍的综合素质和应急保障能力。

三、完善基层专业应急救援队伍体系

各地要在全面加强各专业应急救援队伍建设同时，组织动员社会各方面力量重点加强以下几个方面工作：

（一）加强基层防汛抗旱队伍组建工作。水旱灾害常发地区和重点流域的县、乡级人民政府，要组织民兵、预备役人员、农技人员、村民和相关单位人员参加，组建县、乡级防汛抗旱队伍。防汛抗旱重点区域和重要地段的村委会，要组织本村村民和属地相关单位人员参加，组建村防汛抗旱队伍。基层防汛抗旱队伍要在当地防汛抗旱指挥机构的统一组织下，开展有关培训和演练工作，做好汛期巡堤查险和险情处置，做到有旱抗旱，有汛防汛。充分发挥社会各方面作用，合理储备防汛抗旱物资，建立高效便捷的物资、装备调用机制。

（二）深入推进森林草原消防队伍建设。县乡级人民政府、村委会、国有林（农）场、森工企业、自然保护区和森林草原风景区等，要组织本单位职工、社会相关人员建立森林草原消防队伍。各有关方面要加强森林草原扑火装备配套，开展防扑火技能培训和实战演练。要建立基层森林草原消防队伍与公安消防、当地驻军、预备役部队、武警部队和森林消防力量的联动机制，满足防扑火工作需要。地方政府要对基层森林草原消防队伍装备建设给予补助。

（三）加强气象灾害、地质灾害应急队伍建设。县级气象部门要组织村干部和有经验的相关人员组建气象灾害应急队伍，主要任务是接收和传达预警信息，收集并向相关方面报告灾害性天气实况和灾情，做好台风、强降雨、大风、沙尘暴、冰雹、雷电等极端天气防范的科普知识宣传工作，参与本社区、村镇气象灾害防御方案的制订以及应急处置和调查评估等工作。地质灾害应急队伍的主要任务是参与各类地质灾害的群防群控，开展防范知识宣传，隐患和灾情等信息报告，组织遇险人员转移，参与地质灾害抢险救灾和应急处置等工作。容易受气象、地质灾害影响的乡村、企业、学校等基层组织单位，要在气象、地质部门的组织下，明确参与应急队伍的人员及其职责，定期开展相关知识培训。气象灾害和地质灾害基层应急队伍工作经费，由地方政府给予保障。

（四）加强矿山、危险化学品应急救援队伍建设。煤矿和非煤矿山、危险化学品单位应当依法建立由专职或兼职人员组成的应急救援队伍。不具备单独建立专业应急救援队伍的小型企业，除建立兼职应急救援队伍外，还应当与邻近建有专业救援队伍的企业签订救援协议，或者联合建立专业应急救援队伍。应急救援队伍在发生事故时要及时组织开展抢险救援，平时开展或协助开展风险隐患排查。加强应急救援队伍的资质认定管理。矿山、危险化学品单位属地县、乡级人民政府要组织建立队伍调运机制，组织队伍参加社会化应急救援。应急救援队伍建设及演练工作经费在企业安全生产费用中列支，在矿山、危险化学品工业集中的地方，当地政府可给予适当经费补助。

（五）推进公用事业保障应急队伍建设。县级以下电力、供水、排水、燃气、供热、交通、市容环境等主管部门和基础设施运营单位，要组织本区域有关企事业单位懂技术和有救援经验的职工，分别组建公用事业保障应急队伍，承担相关领域突发事件应急抢险救援任务。重要基础设施运营单位要组建本单位运营保障应急队伍。要充分发挥设计、施工和运行维护人员在应急抢险中的作用，配备应急抢修的必要机具、运输车辆和抢险救灾物资，加强人员培训，提高安全防护、应急抢修和交通运输保障能力。

（六）强化卫生应急队伍建设。县级卫生行政部门要根据突发事件类型和特点，依托现有医疗卫生机构，组建卫生应急队伍，配备必要的医疗救治和现场处置设备，承担传染病、食物中毒和急性职业中毒、群体性不明原因疾病等突发公共卫生事件应急处置和其他突发事件受伤人员医疗救治及卫生学处理，以及相应的培训、演练任务。城市医疗卫生机构要与县级或乡镇医疗卫生机构建立长期对口协作关系，把帮助组建基层应急队伍作为对口支援重要内容。卫生应急队伍的装备配备、培训、演练和卫生应急处置等工作费用由地方政府给予支持。

（七）加强重大动物疫情应急队伍建设。县级人民政府建立由当地兽医、卫生、公安、工商、质检和林业行政管理人员，动物防疫和野生动物保护工作人员，有关专家等组成的动物疫情应急队伍，具体承担家禽和野生动物疫情的监测、控制和扑灭任务。要保持队伍的相对稳定，定期进行技术培训和应急演练，同时加强应急监测和应急处置所需的设施设备建设及疫苗、药品、试剂和防护用品等物资储备，提高队伍应急能力。

四、完善基层应急队伍管理体制机制和保障制度

（一）进一步明确组织领导责任。地方各级人民政府是推进基层应急队伍建设工作的责任主体。县级人民政府要对县级综合性应急救援队伍和专业应急救援队伍建设进行规划，确定各街道、乡镇综合性应急救援队伍和专业应急救援队伍的数量和规模。各有关部门要强化支持政策的研究并加强指导，加强对基层应急队伍建设的督促检查。公安、国土资源、交通、水利、林业、气象、安全监管、环境、电力、通信、建设、卫生、农业等有关部门要明确推进本行业基层应急队伍建设的具体措施，各有关部门要按照各自职责指导推进基层应急队伍组建工作。

（二）完善基层应急队伍运行机制。各基层应急队伍组成人员平时在各自单位工作，发生突发事件后，立即集结到位，在当地政府或应急现场指挥部的统一领导下，按基层应急管理机构安排开展应急处置工作。县乡级人民政府及其有关部门要切实加强基层综合队伍、专业队伍和志愿者队伍之间的协调配合，建立健全相关应急预案，完善工作制度，实现信息共享和应急联动。同时，建立健全基层应急队伍与其他各类应急队伍及装备统一调度、快速运送、合理调配、密切协作的工作机制，经常性地组织各类队伍开展联合培训和演练，形成有效处置突发事件的合力。

（三）积极动员社会力量参与应急工作。通过多种渠道，努力提高基层应急队伍的社会化程度。充分发挥街道、乡镇等基层组织和企事业单位的作用，建立群防群治队伍体系，加强知识培训。鼓励现有各类志愿者组织在工作范围内充实和加强应急志愿服务内容，为社会各界力量参与应急志愿服务提供渠道。有关专业应急管理部门要发挥各自优势，把具有相关专业知识和技能的志愿者纳入应急救援队伍。发挥共青团和红十字会作用，建立青年志愿者和红十字志愿者应急救援队伍，开展科普宣教和辅助救援工作。应急志愿者组建单位要建立志愿者信息库，并加强对志愿者的培训和管理。地方政府根据情况对志愿者队伍建设给予适当支持。

（四）加大基层应急队伍经费保障力度。县、乡两级综合性应急救援队伍和有关专业应急救援队伍建设与工作经费要纳入同级财政预算。按照政府补助、组建单位自筹、社会捐赠相结合等方式，建立基层应急救援队伍经费渠道。

（五）完善基层应急队伍建设相关政策。认真研究解决基层应急队伍工作中的实际困难，落实基层应急救援队员医疗、工伤、抚恤，以及应急车辆执行应急救援任务时的免交过路费等政策措施。鼓励社团组织和个人参加基层应急队伍，研究完善民间应急救援组织登记管理制度，鼓励民间力量参与应急救援。研究制订基层应急救援队伍装备标准并配备必要装备。对在应急管理、应急队伍建设工作中做出突出贡献的集体和个人，按照国家有关规定给予表彰奖励。开展基层应急队伍建设示范工作，推动基层应急管理水平不断提高。

国务院办公厅
2009 年 10 月 18 日

国务院办公厅转发安全监管总局等部门关于加强企业应急管理工作意见的通知

国办发〔2007〕13号

各省、自治区、直辖市人民政府，国务院各部委、各直属机构：

安全监管总局、国资委、财政部、公安部、民政部、卫生部、环保总局《关于加强企业应急管理工作的意见》已经国务院同意，现转发给你们，请认真贯彻执行。

国务院办公厅

2007年2月28日

关于加强企业应急管理工作的意见

企业应急管理是指对企业生产经营中的各种安全生产事故和可能给企业带来人员伤亡、财产损失的各种外部突发公共事件，以及企业可能给社会带来损害的各类突发公共事件的预防、处置和恢复重建等工作，是企业管理的重要组成部分。加强企业应急管理，是企业自身发展的内在要求和必须履行的社会责任。近年来，我国企业应急管理工作取得较大进展，但总体上看仍存在诸多薄弱环节，安全生产事故频发，自然灾害、公共卫生事件、社会安全事件等也给企业安全造成多方面影响。为深入贯彻落实《国家突发公共事件总体应急预案》和《国务院关于全面加强应急管理工作的意见》（国发〔2006〕24号），进一步加强企业应急管理工作，现提出如下意见：

一、明确企业应急管理的工作目标

（一）各级各类生产经营企业在2007年底前全面完成应急预案编制工作；建立健全企业应急管理组织体系，把应急管理纳入企业管理的各个环节；形成上下贯通、多方联动、协调有序、运转高效的企业应急管理机制；建立起训练有素、反应快速、装备齐全、保障有力的企业应急队伍；加强企业危险源监控，实现企业突发公共事件预防与处置的有机结合；政府有关部门完善相关法规和政策措施；企业应对事故灾难、自然灾害、公共卫生事件和社会安全事件的能力得到全面提高。

二、健全组织体系和工作机制

（二）建立健全企业应急管理组织体系。大型企业要设置或明确应急管理领导机构和办事机构，配备专职或兼职人员开展应急管理工作，形成企业主要领导全面负责、分管领导具体负责、有关部门分工负责、群团组织协助配合、相关人员全部参与的应急管理组织体系；矿山、建筑施工企业和易燃易爆物品、危险化学品、放射性物品等危险物品的生产、经营、储运企业（以下简称高危行业企业）要设置或指定应急管理办事机构，配备应急管理人员。其他各类企业也要在企业负责人的领导下组织开展自身应急管理工作。

（三）完善企业应急联动机制。县级人民政府要全面掌握本行政区域内的高危行业企业分布、企业重点危险源、应急队伍、救援基地、应急物资、道路交通等基本情况，加强与企业联系，组织建立政府与企业、企业与企业、企业与关联单位之间的应急联动机制，形成统一指挥、相互支持、密切配合、协同应对各类突发公共事件的合力，协调有序地开展应急管理工作。中央企业要加强与其所在地县级人民政府有关部门的沟通衔接，主动接受安全生产监管，发生突发公共事件后要及时报告有关情况，发布预警信息。

三、推进预案体系建设和管理

（四）编制完善企业预案。应急预案是企业应急管理工作的主线。各企业要针对本企业的风险隐患特点，以编制事故灾难应急预案为重点，并根据实际需要编制其他方面的应急预案。预案内容要简明、管用、注重实效，有针对性和可操作性。生产企业要在预案中明确可能发生事故的具体应对措施。地方政府和有关部门要重点加强对非公有制企业、中小企业、高危行业企业、安全生产状况较差企业、产生或经营危险废弃物的企业和改革重组改制企业的指导，明确预案编制要求，制订编制指南或预案范本，提高预案质量。

（五）加强企业预案管理。建立企业预案的评估管理、动态管理和备案管理制度。各企业要根据有关法律、法规、标准的变动情况，应急预案演练情况，以及企业作业条件、设备状况、产品品种、人员、技术、外部环境等不断变化的实际情况，及时评估和补充修订完善预案。企业应急预案按照“分类管理、分级负责”的原则报当地政府主管部门和上级单位备案，并告知相关单位。备案管理单位要加强对预案内容的审查，实现预案之间的有机衔接。

（六）开展多种形式的预案演练。各企业要从实际出发，有计划地组织开展预案演练工作。高危行业企业要针对生产事故易发环节，每年至少组织开展一次预案演练。要加强对演练情况的总结分析，及时发现问题，不断改进应急管理工作。有关部门要加强对企业预案演练的指导，并组织高危行业企业开展联合演练，促进各单位的协调配合和职责落实。

四、加强企业应急队伍和基地建设

（七）加强企业专兼职队伍和职工队伍建设。按照专业救援和职工参与相结合、险时救援和平时防范相结合的原则，建设专业队伍为骨干、兼职队伍为辅助、职工队伍为基础的企业应急队伍体系。大中型高危行业企业要根据有关法律法规建立专业的应急救援队伍；小型高危行业企业要建立兼职的应急救援队伍，并与有关专业应急队伍建立合作、联动机制；其他企业应根据需要指定专职或兼职应急救援人员。对已经建有专兼职消防队的企业，其应急救援队伍应当依托已有的专兼职消防队组建。涉及高危行业的中央企业都要建立起现代化、专业化、高技术水准的救援队伍。各企业要切实抓好应急队伍的训练和管理，加强对职工应急知识、技能的培训。特别是安全生产关键责任岗位的职工，不仅要熟练掌握生产操作技术，更要掌握安全操作规范和安全生产事件的处置方法，增强自救互救和第一时间处置突发事件的能力。签订救援协议的专业应急救援队伍要定期协助协议企业排查事故隐患，熟悉救援环境，开展技术咨询和服务，协议企业应予以积极配合和支持。充分发挥专家对企业应急预案编制、应急演练、应急处置等工作的指导作用，提高企业应急管理水平。

（八）加强企业应急救援基地建设。大型矿山、石化、民航、铁路、水上运输、核工业企业要充分发挥组织优势、技术优势、人才优势，建设专业特色突出、布局配置合理的应急救援基地，并在做好本企业应急救援工作的同时，参与社会应急救援工作。具备条件的中央企业要率先建立一批管理规范、装备先进适用、信息畅通、处置能力强的区域应急救援基地，承担起一定区域内的重大抢险救灾任务。有关部门要加强与相关地方的沟通，做好救援基地规划布局和组织建设工作，建立有效的全国救援基地信息沟通渠道。地方政府要加强对应急救援基地建设的支持，充分发挥救援基地在区域救援方面的重要作用。

五、做好隐患排查监管和应急处置工作

（九）开展企业隐患排查监管。各企业要组织力量，重点针对企业生产场所、危险建(构)筑物以及企业周边环境等认真开展隐患排查，全面分析可能造成的灾害及衍生灾害。对查出的隐患及时治理整改，制订切实可行的整改方案，并采取可靠的安全保障措施。对隐患较大的要采取停产、停业整顿或停止使用等措施，防止发生突发事件。对重大危险源应当登记建档，进行定期检测、评估，实时监控，并告知从业人员和相关人员在紧急情况下应当采取的应急措施。改革重组改制企业要特别重视矛盾纠纷和其他影响社会安全的隐患的排查化解工作，防范发生群体性事件。有关部门要加强隐患标准的制订、完善工作，加强督促检查。

（十）做好突发公共事件的处置工作。突发公共事件发生后，企业应立即启

动相关应急预案，组织开展先期处置，并按照分级标准迅速向地方政府及有关部门报告。对溢流、井喷、危险化学品泄漏、放射源失控等可能对周边群众和环境产生危害的突发公共事件，企业要在第一时间向地方政府报告有关情况，并及时向可能受到影响的单位、职工、群众发出预警信息。要控制事故发展态势，标明危险区域，组织、协助应急救援队伍和工作人员救助受害人员，疏散、撤离、安置受到威胁的人员，并采取必要措施防止发生次生、衍生事件。地方政府要按照相关预案要求，加强对应急处置的指挥领导，组织开展救援和群众疏散工作。有关单位要按照地方政府的统一要求，做好各项救援措施的衔接和配合。应急处置工作结束后，各企业应尽快组织恢复生产、生活秩序，消除环境污染，并加强事后评估，完善各项措施。

六、强化企业应急管理职责分工和相关政策措施

（十一）明确和落实企业应急管理责任。企业对自身应急管理工作负责，按照条块结合、属地为主的原则，在政府的领导下和有关部门的监督指导下开展应急管理工作。安全生产是企业应急管理工作的重点，安全生产监管部门和其他负有安全生产监管职责的部门按照现有职责分工，进一步加强监管工作。其他有关部门各司其职，监督指导有关企业预防和应对其他各类突发公共事件。国有资产监督管理机构按照出资人职责，负责督促监管企业落实应急管理方针政策，把监管企业安全生产工作纳入考核内容，对监管企业应急预案的制订和落实情况开展检查。各级政府应急管理办事机构负责综合指导、协调企业应急管理工作。各有关部门要按照职责分工，针对不同行业的企业、大型企业与中小型企业、国有企业与民营企业、内资企业与外资企业等不同类型企业在应急管理工作中的不同特点，加强对企业应急管理的分类指导。建立激励约束机制，对应急管理工作中表现突出的企业和个人给予表彰或奖励，对不履行职责引起事态扩大、造成严重后果的责任人要依法追究责任。

（十二）企业要加大投入力度。企业应急能力建设是企业安全生产和企业长远发展的保障。各企业要加大对应急能力建设的投入力度，着力解决制约企业应急管理的关键问题，使人力、物力、财力等生产要素适应应急管理工作的要求，做到应急管理与企业发展同步规划、同步实施、同步推进。要切实加大对应急物资的投入，制订应急物资保障方案，重点加强防护用品、救援装备、救援器材的物资储备，做到数量充足、品种齐全、质量可靠。加快新技术、新工艺和新设备的应用，改善企业安全生产条件，提高防灾减灾能力。针对企业应急管理的重点和难点问题，加强与有关科研院所的联合攻关。有条件的企业要加强应急管理的信息化建设，配备必要的设备，逐步实现与有关部门数据信息的互联互通。高危行业企业要安排应急专项资金，用于隐患排查整改、危险源监控、应急队伍建设、物资设备购置、应急预案演练、应急知识培训和宣传教育等工作。

（十三）制定完善相关政策。建立和完善政府应急准备金制度，对处置企业突发公共事件等给予必要支持。进一步落实企业强制性提取安全费用、交纳安全生产风险抵押金、提高事故伤亡赔偿标准的政策措施。研究制定征用补偿政策，完善对企业物资合理征用的补偿办法。研究制定相关政策措施，加强先进适用技术、装备的研发和应用，加快形成具有自主知识产权的应急技术和产品，扶持应急产业发展。建立完善企业应急队伍有偿服务机制，对企业应急救援队伍参与社会救援的经费支出予以相应补偿，鼓励和支持企业参与社会救援。充分发挥保险在突发公共事件预防、处置和恢复重建等方面的作用，大力推进高危行业企业的意外伤害保险和责任保险制度建设，完善对专职和兼职救护队员的工伤保险制度。

国务院安委会关于进一步加强生产安全事故应急处置工作的通知

安委〔2013〕8号

各省、自治区、直辖市人民政府，新疆生产建设兵团，国务院安委会各成员单位：

近年来，全国安全生产应急管理工作不断加强，生产安全事故(以下简称事故)应急处置能力不断提高，但在一些地方和行业领域仍存在应急主体责任不落实、救援指挥不科学、救援现场管理混乱等突出问题。为进一步加强事故应急处置工作，经国务院同意，现将有关事项通知如下：

一、高度重视事故应急处置工作

各地区、各部门和单位要始终把人民生命安全放在首位，以对党和人民高度负责的精神，进一步加强事故应急处置工作，最大程度地减少人员伤亡。要牢固树立“以人为本、安全第一、生命至上”和“不抛弃、不放弃”的理念，坚持“属地为主、条块结合、精心组织、科学施救”的原则，在确保救援人员安全的前提下实施救援，全力以赴搜救遇险人员，精心救治受伤人员，妥善处理善后，有效防范次生、衍生事故。

二、严格落实事故应急处置责任

生产经营单位(以下统称企业)必须认真落实安全生产主体责任，严格按照相关法律法规和标准规范要求，建立专兼职救援队伍，做好应急物资储备，完善应急预案和现场处置措施，加强从业人员应急培训，组织开展演练，不断提高应急处置能力。

地方人民政府负责本行政区域内事故应急处置工作，负责制定与实施救援方案，组织开展应急救援，核实遇险、遇难及受伤人数，协调与调动应急资源，维护现场秩序，疏散转移可能受影响人员，开展医疗救治和疫情防控，并组织做好伤亡人员赔偿和安抚善后、救援人员抚恤和荣誉认定、应急处置信息发布及维护社会稳定等工作。

地方人民政府安全生产监管部门和负有安全生产监督管理职责的有关部门应进一步加强机构和队伍建设，配备专职的安全生产应急处置工作机构和工作人员。

三、进一步规范事故现场应急处置

（一）做好企业先期处置。发生事故或险情后，企业要立即启动相关应急预案，在确保安全的前提下组织抢救遇险人员，控制危险源，封锁危险场所，杜绝盲目施救，防止事态扩大；要明确并落实生产现场带班人员、班组长和调度人员直接处置权和指挥权，在遇到险情或事故征兆时立即下达停产撤人命令，组织现场人员及时、有序撤离到安全地点，减少人员伤亡。

要依法依规及时、如实向当地安全生产监管监察部门和负有安全生产监督管理职责的有关部门报告事故情况，不得瞒报、谎报、迟报、漏报，不得故意破坏事故现场、毁灭证据。

（二）加强政府应急响应。事故发生地人民政府及有关部门接到事故报告后，相关负责同志要立即赶赴事故现场，按照有关应急预案规定，成立事故应急处置现场指挥部（以下简称指挥部），代表本级人民政府履行事故应急处置职责，组织开展事故应急处置工作。

指挥部是事故现场应急处置的最高决策指挥机构，实行总指挥负责制。总指挥要认真履行指挥职责，明确下达指挥命令，明确责任、任务、纪律。指挥部会议、重大决策事项等要指定专人记录，指挥命令、会议纪要和图纸资料等要妥善保存。事故现场所有人员要严格执行指挥部指令，对于延误或拒绝执行命令的，要严肃追究责任。

按照事故等级和相关规定，上一级人民政府成立指挥部的，下一级人民政府指挥部要立即移交指挥权，并继续配合做好应急处置工作。

事故发生地有关单位、各类安全生产应急救援队伍接到地方人民政府及有关部门的应急救援指令或有关企业的请求后，应当及时出动参加事故救援。

（三）强化救援现场管理。指挥部要充分发挥专家组、企业现场管理人员和专业技术人员以及救援队伍指挥员的作用，实行科学决策。要根据事故救援需要和现场实际需要划定警戒区域，及时疏散和安置事故可能影响的周边居民和群众，疏导劝离与救援无关的人员，维护现场秩序，确保救援工作高效有序。必要时，要对事故现场实行隔离保护，尤其是矿井井口、危险化学品处置区域、火区灾区入口等重要部位要实行专人值守，未经指挥部批准，任何人不准进入。要对现场周边及有关区域实行交通管制，确保应急救援通道畅通。

（四）确保安全有效施救。救援过程中，要严格遵守安全规程，及时排除隐患，确保救援人员安全。救援队伍指挥员应当作为指挥部成员，参与制订救援方案等重大决策，并根据救援方案和总指挥命令组织实施救援；在行动前要了解有关危险因素，明确防范措施，科学组织救援，积极搜救遇险人员。遇到突发情况危及救援人员生命安全时，救援队伍指挥员有权作出处置决定，迅速带领救援人员撤出危险区域，并及时报告指挥部。

（五）适时把握救援暂停和终止。对于继续救援直接威胁救援人员生命安全、极易造成次生衍生事故等情况，指挥部要组织专家充分论证，作出暂停救援的决定；在事故现场得以控制、导致次生衍生事故隐患消除后，经指挥部组织研究，确认符合继续施救条件时，再行组织施救，直至救援任务完成。因客观条件导致无法实施救援或救援任务完成后，在经专家组论证并做好相关工作的基础上，指挥部要提出终止救援的意见，报本级人民政府批准。

四、加强事故应急处置相关工作

（一）全力强化应急保障。地方人民政府要对应急保障工作总负责，统筹协调，全力保证应急救援工作的需要；要采取财政措施，保障应急处置工作所需经费。政府有关部门要按照国家有关规定和指挥部的需要，在各自职责范围内做好应急保障工作，确保交通、通信、供电、供水、气象服务以及应急救援队伍、装备、物资等救援条件。

（二）及时发布有关信息。指挥部应当按照有关规定及时发布事故应急处置工作信息；设立举报电话、举报信箱，登记、核实举报情况，接受社会监督。有关各方要引导各类新闻媒体客观、公正、及时报道事故信息，不得编造、发布虚假信息。

（三）精心组织医疗卫生服务。事故发生地卫生行政主管部门要按照指挥部的要求，组织做好紧急医疗救护和现场卫生处置工作，协调有关专家、特种药品和特种救治装备，全力救治事故受伤人员，并按照专业规程做好现场防疫工作。必要时，由指挥部向上级卫生行政主管部门提出调配医疗专家和药品及转治伤员等相关请求。

（四）稳妥做好善后处置工作。地方人民政府和事故发生单位要组织妥善安置和慰问受害及受影响人员，组织开展遇难人员善后和赔偿、征用物资补偿、协调应急救援队伍补偿、污染物收集清理与处理等工作，尽快消除事故影响，恢复正常秩序，保证社会稳定。

五、建立健全事故应急处置制度

（一）建立分级指导配合制度。县级以上人民政府及其有关部门要建立事故应急处置分级指导配合制度。事故发生后，县级以上人民政府及其有关部门要根据事故等级和相关规定派出工作组，赶赴事故现场指导配合事发地开展工作。国务院安全生产监管监察部门和国务院负有安全生产监督管理职责的有关部门要对重特大事故或全国社会影响大的事故应急处置工作进行指导；省级安全生产监管监察部门和负有安全生产监督管理职责的有关部门要对重大、较大事故或本省（区、市）社会影响大的事故应急处置工作进行指导；市（地）级安全生产监管监察部门和负有安全生产监督管理职责的有关部门要对较大、一般事故或本市（地）社会影响大的事故应急处置工作进行指导。

工作组的主要任务是：了解掌握事故基本情况和初步原因；督促地方人民政府和相关部门及企业核查核实并如实上报事故遇险、遇难、受伤人员情况；根据前期处置情况对救援方案提出建议，协调调动外部应急资源，指导事故应对处置工作，但不替代地方指挥部的指挥职责；指导当地做好舆论引导和善后处理工作；起草事故情况报告，并及时向派出单位或上级单位报告有关工作情况。

（二）完善总结和评估制度。地方人民政府及其有关部门要建立健全事故应急处置总结和评估制度。指挥部要对事故应急处置工作进行总结并将总结报告报事故调查组和上级安全生产监管监察部门。事故应急处置工作总结报告的主要内容包括：事故基本情况、事故信息接收与报送情况、应急处置组织与领导、应急预案执行情况、应急救援队伍工作情况、主要技术措施及其实施情况、救援成效、经验教训、相关建议等。

事故调查组负责事故应急处置评估工作，并在事故调查报告中对应急处置作出评估结论。

（三）落实应急奖惩制度。各地区、各部门要落实事故应急处置奖励与责任追究制度。要根据有关法律法规和事故应急处置评估结论，对事故应急处置工作中表现突出的单位和个人给予奖励。对影响和妨碍事故应急处置工作的有关单位和人员，视情节和危害后果依法依规追究责任。

国务院安委会

2013 年 11 月 15 日

国务院安委会办公室关于进一步加强安全生产应急预案管理工作的通知

安委办〔2015〕11号

各省、自治区、直辖市及新疆生产建设兵团安全生产委员会，国务院安委会各成员单位，有关中央企业：

近年来，安全生产应急预案(以下简称应急预案)体系不断完善，应急预案质量逐步提高，在应急准备、事故处置中发挥了重要作用。但是，一些地区和生产经营单位仍然存在应急预案风险评估、政企衔接不到位，针对性不强，实用性和操作性差等问题。为深入贯彻落实新《安全生产法》，进一步加强应急预案工作，切实发挥应急预案在应急管理工作中的作用，现就有关要求通知如下：

一、总体要求

各地区、各有关部门和生产经营单位要进一步加强应急预案工作的组织领导，坚持以习近平总书记、李克强总理等党中央、国务院领导同志系列重要讲话和指示批示精神为指导，按照“管行业必须管安全、管业务必须管安全、管生产经营必须管安全”的要求，强化红线意识，坚持问题导向，树立“预案不完善就是隐患、培训不到位就是隐患、演练不到位就是隐患”的理念，落实责任、深化管理、加强执法，通过强化风险评估、预案修订、培训演练、监督检查等工作，深入开展应急预案优化工作，推动应急预案专业化、简明化、卡片化，完善体系、提升质量，实现应急预案科学、易记、好用。

二、严格落实应急预案管理责任

(一) 强化生产经营单位主体责任。生产经营单位要把应急预案工作纳入本单位安全生产总体布局，同步规划、同步实施，落实机构、人员和经费，切实做好应急预案的编制与实施工作。生产经营单位主要负责人是本单位应急预案工作的第一责任人，负责组织制定并实施本单位的应急预案；各分管负责人要按职责分工落实分管领域的应急预案工作责任。

(二) 落实属地管理责任。地方各级安委会要建立应急预案属地监管机制，将应急预案工作纳入本级安委会工作内容，定期研究落实应急预案工作。要督促有关部门履行在应急预案编制实施、监督管理等方面的职责。要组织有关部门制定本行政区域内专项应急预案，监督本行政区域内有关部门编制和实施好部门应急预案，推动有关部门广泛深入开展应急预案培训、演练、修订等工作。要落实政企应急预案衔接责任，在政府相关预案中明确生产经营单位在信息报告、警戒疏散、指挥权转移、医疗救治、交通控制等方面的衔接要求。

（三）落实部门监管责任。负有安全生产监督管理职责的部门要履行应急预案监督管理责任，负责本部门应急预案的编制与实施工作，监督管理本行业、领域生产经营单位的应急预案工作，研究制定规章标准、督促生产经营单位编制预案、做好预案衔接、规范预案评审备案等。

三、深入开展应急预案修订工作

（一）不断推进应急预案简明化。生产经营单位要结合本单位实际，梳理和明确不同层级间应对事故的职责和措施，在保证衔接性的基础上避免应急预案内容重复，并可根据本单位的实际情况确定是否编制专项预案。生产经营规模小、安全生产风险种类少、事故危害程度低、从业人员数量少的生产经营单位可仅编制现场处置方案。要大力推广应用应急处置卡，明确重点岗位、重点环节在事故处置中的具体处置措施。

（二）切实开展风险评估和应急资源调查。风险评估和应急资源调查是预案编制、修订的基础。编制和修订应急预案前，必须认真、科学识别本地区、本部门、本单位存在的安全生产风险，分析可能发生的事故类型、后果、危害程度和影响范围，提出防范和控制风险的措施；必须全面调查掌握本地区、本部门、本单位第一时间可调用的应急队伍、装备、物资及场所等应急资源状况和合作区域内可请求援助的应急资源状况，结合风险评估结果制定应急响应措施。应急预案应附有风险评估结果和应急资源调查清单。

（三）加强政企预案衔接与联动。地方各级安委会、有关部门和生产经营单位应急预案中要增加预案衔接内容，在做好不同层级应急预案衔接的基础上，明确生产经营单位与属地政府应急预案的衔接。生产经营单位应急响应级别可按照事故是否超出厂区范围、自身应急能力能否满足应急处置需要、危及人员数量等因素综合划定。生产经营单位不同层级应急预案应明确应急响应启动条件和影响范围。

四、认真开展应急预案宣传教育和培训演练

（一）广泛开展应急预案宣传教育。各地区、各有关部门和生产经营单位要加强应急预案基本知识的宣传教育，特别要注重对基层一线和社会公众的宣传教育，使社会公众和生产经营单位职工了解、掌握自身所涉及应急预案的核心内容，增强应急意识、提升自救互救能力。要充分发挥报纸、电视等传统媒体和网络、微博、微信等新媒体的宣传教育作用，制作通俗易懂、好记管用的宣传普及材料，向公众免费发放，推动应急预案宣传教育“进机关、进基层、进社区、进工厂、进学校”，做到应急预案宣传教育全覆盖。

（二）强化应急预案培训。应急预案发布单位要强化对应急预案涉及人员特别是指挥机构、各工作组成员、救援队伍等的培训，使其了解各自职责、信息报送程序、所在岗位应急措施等关键要素，做到内化于意识、外化于行动，科学有序有效应对事故灾难。明确员工入厂“三级安全教育”和全员安全培训中的应急预案培训要求，通过强化应急预案培训，使生产经营单位从业人员和各级应急指挥人员牢记应急措施和实施步骤，提高快速响应和有效应对事故灾难的能力。

（三）全面推进应急预案演练。各地区、各有关部门和生产经营单位要建立应急演练制度，广泛开展应急预案演练活动，并进行总结评估，查漏补缺，切实达到提升预案实效、普及应急知识、完善应急准备的目的。新编制应急预案颁布实施前要经过演练检验。政府专项和部门应急预案每 3 年至少演练一次；生产经营单位综合或专项预案每年至少演练一次，现场处置方案应经常性开展演练，切实提升带班领导、调度、班组长、生产骨干等关键岗位人员的响应速度和应急能力，提高现场作业人员的应急技能。

五、强化应急预案备案管理和监督检查

（一）严格应急预案备案管理。按照分级属地原则，健全完善应急预案备案制度。各级安全监管部门负责非煤矿山、金属冶炼、危险化学品的生产、经营、存储和油气输送管道运营等生产经营单位的应急预案备案工作。其他生产经营单位应急预案向所在地其他负有安全生产监督管理职责的部门备案并抄送同级安全监管部门。要将应急预案体系建设作为安全生产标准化创建的重要内容，在标准化创建评审中加大应急预案权重，推动生产经营单位应急预案工作。

（二）加大对应急预案工作的监管监察执法力度。各地区、各有关部门要将应急预案工作列入各级安全监管监察执法范围，将应急预案编制、备案和实施等内容作为安全生产检查、督查、专项行动的重要内容，通过加大执法检查力度推动重点行业生产经营单位应急预案工作。要以“四不两直”暗查暗访等方式组织开展应急预案专项检查，并通过主流媒体及时予以公开，选择典型案例进行曝光，增强执法检查震慑作用。

（三）严肃责任追究。要对未按照规定制定应急预案或者未定期组织演练的生产经营单位依法进行处罚。要全面落实新《安全生产法》和《国务院安委会关于进一步加强生产安全事故应急处置工作的通知》（安委〔2013〕8 号）要求，在日常执法检查和生产安全事故应急处置评估工作中加强对应急预案执行情况的检查和评估。对发生生产安全事故的单位，要严格检查预案编制、演练、修订、评审备案、宣传教育和启动等情况，对因预案工作不到位导致应急处置不当、救援响应不及时等造成事故扩大的，要依法依规追究相关人员责任。

国务院安委会办公室

2015 年 7 月 23 日

国务院安委会办公室关于贯彻落实国务院《通知》精神进一步加强安全生产应急救援体系建设的实施意见

安委办〔2010〕25号

各省、自治区、直辖市及新疆生产建设兵团安全生产委员会，国务院安全生产委员会各有关成员单位，各中央企业：

为深入贯彻落实《国务院关于进一步加强企业安全生产工作的通知》(国发〔2010〕23号，以下简称《国务院通知》)精神，切实落实企业安全生产主体责任，加快建设更加高效的安全生产应急救援体系，提出以下实施意见：

一、总体要求和工作目标

(一)认真贯彻落实党中央、国务院关于加强安全生产和应急管理工作的一系列重要决策、部署、指示和《国务院通知》精神，进一步强化责任落实、工作落实、政策落实，加大投入力度，加强安全生产应急救援体系建设，不断提高安全生产应急救援的装备水平、技术水平、管理水平。从现在起到“十二五”期末，国家(区域)矿山、危险化学品应急救援队全部建成，其他重点行业(领域)应急救援队伍建设进一步加强，形成更加完善的安全生产应急救援体系；各省(区、市)、市(地、州)、重点县(市、区)安全生产应急管理(救援指挥)机构全部建立；国家、省、市三级安全生产应急平台体系建设完成，高危行业企业安全生产动态监控及预警预报预防体系普遍建立；应急救援协调联动机制更加完善；安全生产应急预案体系建立健全，质量明显提高。通过强化建设，安全生产应急管理水平和防范、应对事故灾难的能力得到明显提升。

二、进一步加强安全生产应急救援队伍体系建设

(二)大力加强矿山应急救援队伍体系建设。

1. 加快国家矿山应急救援队建设步伐。依托黑龙江鹤岗、山西大同、河北开滦、安徽淮南、河南平顶山、四川芙蓉、甘肃靖远矿山救护队，抓紧建设7个国家矿山应急救援队，力争到2011年底前全部建成。要充分利用企业现有资源和条件，按照总体规划的要求，突出特长和特色，重点投入，配备国际国内先进的尤其是高精尖的应急救援装备，在搞好本企业、本地区事故救援的同时，满足跨地区、重特大且抢险救援复杂、难度大事故的快速高效救援工作的需要。与此同时，要全面加强基础设施建设，加强素质能力建设，加强体制机制和管理创新，真正建成世界一流的国家矿山应急救援队。

2. 加强区域矿山应急救援队建设。在争取国家支持的同时，各依托企业要参照国家矿山应急救援队的建设原则、标准和要求，在现有基础上，进一步加强建设。国家陆地搜寻与救护平顶山基地依托企业，要加快建设进度，重点提升矿山、建(构)筑物坍塌、隧道、地下空间、泥石流等灾害应急救援能力。

3. 加强省级地方骨干矿山应急救援队建设。各省(区、市)要根据本地区矿山企业分布情况和经济社会发展的需要，统筹规划，由地方和企业共同出资，依托大中型企业建设骨干矿山应急救援队，并在大型特殊救援装备配备、救援队伍运行经费等方面给予支持。

4. 加强其他地方和基层矿山应急救援队建设。矿山企业特别是煤矿较多的市(地、州)、县(区、市)、乡(镇)和其他中小矿山企业集中的地方要合理规划、整合资源、因地制宜，采取企业联合、政企联合或地方有关部门单独出资方式建设专业矿山应急救援队，或依托本行政区域综合应急救援队充实矿山应急救援技术装备和人员，以满足矿山事故应急救援工作的需要。

5. 加强矿山企业应急救援队建设。所有大中型矿山企业特别是煤矿都要依法建立专业应急救援队，并按照有关救援队伍建设标准，不断提升建设水平尤其是装备水平，进而提高应急救援能力；小型矿山企业要因企制宜建立专职或兼职救援队；没有建立专职应急救援队的矿山企业，必须与邻近的具备相应能力的专职应急救援队签订应急救援协议。

6. 加强矿山医疗救护体系建设。在国家(区域)矿山应急救援队布点区域，建设装备精良、高水准的国家(区域)矿山医疗救护队。各地要搞好规划、加强协调，将矿山医疗救护体系建设纳入安全生产应急救援体系和医疗卫生应急体系，同步规划、同步实施、同步推进，依托当地优势医疗资源建立骨干矿山医疗救护队，提高医疗救护技术和装备水平。矿山企业要发挥矿区医疗机构的作用，将矿山医疗救护点延伸到井(坑)口，形成网络。

(三) 大力加强危险化学品和油气田应急救援队伍体系建设。

1. 加快推进依托大型石化、石油企业建设国家(区域)危险化学品和油气田应急救援队的步伐。要在原来规划的基础上，争取国家支持，政企共同出资，依托现有中央石化、石油企业的应急救援队，建设 6 个国家危险化学品应急救援队、14 个区域危险化学品应急救援队、7 个区域油气田应急救援队和 1 个危险化学品应急救援技术咨询中心。要进一步加大投入，配备危险化学品和油气田方面相应特种专业救援装备，切实提高应急救援能力。

2. 加强省级地方骨干危险化学品应急救援队建设。各省(区、市)要根据本地实际，依托有关石化企业的应急救援队，建设本地区危险化学品应急救援骨干队伍。要统筹规划，加大资金、政策支持力度，推进危险化学品地方骨干应急救援队建设。

3. 加强其他地方和基层危险化学品应急救援队建设。危险化学品企业较多的市(地、州)、县(区、市)、乡(镇)和其他小型危险化学品企业集中的地区和化工园区，要因地制宜，在合理规划、节省资源的基础上，采取企业联合、政企联合或地方有关部门单独出资组建的方式，建立专业危险化学品应急救援队；或依托本行政区域综合应急救援队，危险化学品救援装备及人员，以满足危险化学品事故应急救援工作的需要。

4. 加强企业危险化学品应急救援队建设。所有大中型危险化学品企业都要依法按照相关标准建立专业应急救援队；不具备建立专职救援队条件的其他危险化学品企业，必须建立兼职救援队；没有建立专职应急救援队的企业必须与邻近的具备相应能力的专业救援队签订应急救援协议。

(四) 加强其他重点行业(领域)应急救援体系建设。各建筑(隧道)施工、军工、民用爆炸物品等重点行业(领域)企业要根据有关规定和要求，加强专兼职应急救援队的建设，提高应急救援能力。按规定不需建立或不具备建立专职应急救援队条件的企业，必须与当地具备相应能力的相关专职应急救援队签订应急救援协议。各级安全监管部门要加强综合协调，大力支持公安消防、公路交通、铁路运输、水上搜救、船舶溢油、民用航空、电力等行业(领域)专业应急救援体系建设，重点是搞好规划、合理布局、增加装备、健全队伍、提升素质，形成完善的专业应急救援体系。

(五) 加快社会应急救援力量建设步伐。各地要高度重视社会安全生产或综合应急救援组织和志愿者组织建设工作，把具有相关专业知识、技能和装备的社会救援组织、志愿者组织纳入安全生产应急救援体系建设之中，加强引导、推动、扶持和管理，充分利用各种资源，调动各方面的积极性，组织和鼓励社会力量参与安全生产应急救援工作。

三、进一步加强安全生产应急管理(救援指挥)体系建设

(六) 加强企业安全生产应急管理(救援指挥)机构建设。大中型企业必须建立健全安全生产应急管理(救援指挥)机构。高危行业企业要设置或指定安全生产应急工作办事机构，配备专职应急工作人员，具体负责本企业的安全生产应急工作。其他各类企业要确定机构或人员负责安全生产应急工作。

(七) 加强省(区、市)、市(地、州)、重点县(市、区)安全生产应急管理(救援指挥)机构建设。

1. 各省(区、市)、市(地、州)都要按照有关规定和要求，建立健全安全生产应急管理(救援指挥)机构，发挥其综合监管和事故救援指挥、指导、协调作用。

2. 有关省级煤矿安全监察机构要按照国家安全监管总局的要求，加快组建省级煤矿安全生产应急救援机构。要结合地方和单位实际制定计划，明确工作步骤和时限，采取切实可行的措施，保证“三定”规定尽快落实到位。

3. 高危企业较集中的县(市、区)要设立或明确负责安全生产应急管理(救援指挥)机构，其他县(区、市)要落实专人负责安全生产应急工作，并逐步延伸到街道、乡镇等基层政府和组织。

此外，其他各级负有安全监管职责的有关行业主管部门也要建立专门的安全生产应急管理(救援指挥)机构，或明确相关部门、设立专人专门负责此项工作。

(八) 进一步完善安全生产应急救援工作机制。

1. 企业要全面建立健全安全生产动态监控及预报预警机制，做好安全生产事故防范和预报预警工作，做到早防御、早响应、早处置。同时，要建立重大危险源管理制度，明确操作规程和应急处置措施，实施不间断的监控。要按照国家有关规定实行重大危险源和重大隐患及有关应急措施备案制度，每月至少要进行一次全面的安全生产风险分析，加强重点岗位和重点部位监控，发现事故征兆要立即发布预警信息，采取有效防范和处置措施，防止事故发生和事故损失扩大。要积极探索与当地政府相关部门和周边企业建立应急联动机制，切实提高协同应对事故灾难的能力。

2. 各级安全监管部门要在同级政府安全生产委员会框架内建立安全生产应急救援联络员会议制度，明确各成员单位安全生产应急救援工作职责分工，完善生产安全事故信息沟通机制和应急救援快速协调机制。要建立和完善区域间协同应对重特大生产安全事故的应急联动机制、安全生产应急工作机构与有关应急救援队伍之间的工作机制，并严格执行安全生产应急值守和信息报告制度，充分发挥应急平台的作用，提高应急工作效率。

3. 各级安全监管部门和有关企业要与地震、气象、海洋、国土资源等部门密切配合，建立并完善预报、预警、预防机制，加强协作，有效防范和有力应对自然灾害引发的事故灾难。

四、进一步加强安全生产应急预案体系建设

(九) 要切实做到安全生产应急预案全覆盖。

企业都要有应急预案，并做到所有重大危险源和重点工作岗位都有专项应急预案或现场处置方案。应急处置程序和现场处置方案要实行牌板化管理。预案中要明确规定在遇到险情时，企业生产现场带班人员、班组长和调度人员具有第一时间下达停产撤人命令的直接决策权和指挥权。

各地要根据本地区实际情况，制定生产安全事故应急预案。各级安全监管部门和其他负有安全监管职责的有关部门要制定部门应急预案。安全生产应急工作机构要全面掌握各类应急预案、队伍和资源情况，通过应急预案审查和备案，促进相关应急预案间的衔接。

（十）切实提高安全生产应急预案质量。

企业应急预案的编制要做到全员参与，使预案的制定过程成为隐患排查治理的过程和全员应急知识培训教育的过程。与此同时，要加强应急预案管理，适时修订完善应急预案，组织专家进行评审或论证，按照有关规定将应急预案报当地政府和有关部门备案，并与当地政府和有关部门应急预案相互衔接。

各级安全监管部门和有关部门要加强对应急预案工作的监督管理，依法将应急预案作为行业准入的必要条件。矿山企业、建筑施工企业和危险化学品、烟花爆竹、民用爆炸物品生产企业没有生产安全事故应急预案或预案未通过专家评审的，或重大危险源没有检测、评估、监控措施及应急预案的，不得颁发安全生产许可证。

（十一）切实开展好安全生产应急演练和培训工作。

1. 企业要建立应急演练制度，每年都要结合本企业特点至少组织一次综合应急演练或专项应急演练；高危行业企业每半年至少组织一次综合或专项应急演练；车间（工段）、班组的应急演练要经常化。演练结束后要及时总结评估，针对发现的问题及时修订预案、完善应急措施。

2. 其他各级负有安全监管职责的有关部门每年要至少组织一次针对本行业（领域）主要特点和易发生事故环节的专业应急演练或综合性演练。

3. 各级安全监管部门要结合本地区工作实际，会同有关部门，每年至少组织一次安全生产应急演练。

4. 在搞好预案演练的同时，加强应急培训，提高企业各级管理人员和全体员工的应急意识和应急处置、避险、逃灾、自救、互救能力。

五、进一步加强安全生产应急救援装备和保障能力建设

（十二）大力加强安全生产应急平台体系建设。

1. 企业要充分利用和整合调度指挥、监测监控、办公自动化系统等现有信息系统建立应急平台。要建立健全应急预案、重大危险源和各类应急资源的数据库，实现快速预警研判、科学决策指挥，并与地方政府和有关部门应急平台互联互通。

2. 各省（区、市）、市（地、州）和重点县（市、区）要在“十二五”前期完成安全生产应急平台建设。要结合自身实际，充分利用现有资源，开发和完善应急保障、模拟推演、监测预警、辅助决策、指挥调度等应用系统；要建立健全应急预案、重大危险源和应急资源数据库，要建立健全工作流程、操作程序、联动机制，加强人员培训。通过努力，提高应急平台应用和管理水平。

3. 尚未建设安全生产应急平台的地区、部门和单位要进一步完善规划和设计，加强与相关部门的协调配合，加大投入，加快建设步伐，并尽快向下延伸。经过努力，力争到“十二五”期末，形成国家、省(区、市)、市(地、州)、重点县(市、区)和重点企业相互连通的应急平台体系。

(十三) 大力加强安全生产应急救援装备和物资储备体系建设。

1. 企业要针对本企业事故特点加大应急救援装备及物资储备力度，尤其是重点工艺流程中应急物料、应急器材、应急装备和物资的准备。

2. 各地区、各有关部门要切实加强安全生产应急物资储备工作，坚持实物储备与生产能力储备相结合，社会化储备与专业化储备相结合，针对易发事故的特点，在指定有关单位储备必要的应急装备物资和指定相关应急装备、物资生产企业储备一定的生产能力的基础上，建立专门的应急装备物资储备网点。在国家(区域)应急救援队储备一定的大型特种救援装备和相关物资。要努力形成多层次的应急救援装备和物资储备体系，确保应对各种事故，尤其是重特大且救援复杂、难度大的生产安全事故应急救援的装备和物资需要。

3. 各地区、各有关部门和单位要建立健全安全生产应急装备和物资储备与调运机制，确保储备到位、调运顺畅、及时有效、发挥作用。

(十四) 大力推进安全生产应急救援技术进步。

1. 有关应急装备和物资生产企业、科研机构要搞好产学研结合，加强应急救援新技术、新材料、新装备的研发，坚持以应急救援需求为导向，自主创新和引进消化吸收相结合，形成强有力的安全生产应急救援科技原始研发、创造创新、成果转化能力和机制。

2. 各地区、各有关部门要大力支持和培育安全生产应急救援专用设备科研设计单位和制造产业，扶持在应急救援领域拥有自主知识产权和核心技术的重点单位，充分发挥他们的作用。要下大气力强制淘汰落后的应急救援技术和装备，积极推广应用先进适用的应急救援技术和装备。

3. 各地区、各有关部门和单位要根据需要，积极引进、采用先进适用的应急救援技术装备，尤其是国家(区域)矿山、危险化学品应急救援队所在单位要加大投入，引进采用高效快速救援钻机、大型排水设备、大型清障支护设备、快速灭火、堵漏、洗消设备以及人员避险、搜寻、定位等装备，提高安全保障和应急救援能力。

六、建立并落实进一步加强安全生产应急救援体系建设的保障措施

(十五) 进一步加强安全生产应急工作法制建设。

1. 要在贯彻落实好《安全生产法》、《突发事件应对法》等法律、法规的同时，积极配合有关部门，推动《安全生产应急管理条例》的出台，并结合应急工作实际情况，研究制定相关规章和配套措施，进一步强化安全生产应急工作的法制保障。

2. 企业要将安全生产应急工作规章制度建设作为企业安全生产管理的重要组成部分，制定完善事故预防、预测、预警和应急值守、信息报告、现场处置、应急投入、物资保障等规章制度。

3. 地方各级安全监管部门要积极协调，促进建立健全地方性安全生产应急管理法规规章。要加强与公安、交通运输、民政等部门的配合，充分利用现有法规规定，协商解决安全生产救援车辆快速通行、事故救援中救援人员牺牲后荣誉待遇等问题。

4. 各级安全监管部门和其他负有安全监管职责的有关部门要进一步加强安全生产行政执法，将有关安全生产应急工作的内容纳入安全生产行政执法内容之中。对没有依法开展安全生产应急管理工作的，要严厉处罚，并严把市场准入和行政许可关。通过执法，推进安全生产应急工作的更好开展。

（十六）加强安全生产应急救援体系建设规划工作。

1. 企业要把安全生产应急救援队伍建设纳入企业发展战略、发展规划和总体工作部署中，与企业建设、生产、经营、改革和发展统一规划、统一部署、统一实施。

2. 各级安全监管部门要将安全生产应急救援体系建设内容纳入安全生产“十二五”规划、纳入本地区经济社会发展“十二五”规划。要采取有效措施，督促和推动企业将安全生产应急救援队伍建设纳入企业年度和中长期发展规划。

3. 其他各级负有安全监管职责的有关部门也要按照有关要求，编制好“十二五”期间安全生产应急救援体系建设规划和实施工作方案。

（十七）研究制定并落实安全生产应急工作政策措施。

1. 企业要充分利用国家对安全生产专用设备所得税优惠、安全生产费用税前扣除等财税支持政策。在年度预算中必须保证应急救援装备、设施和演练、宣传、培训、教育等投入，提高救护队员的工资福利及其他相关待遇。

2. 要充分利用好国家在安全生产和应急救援方面的投入政策，管好用好资金，坚持建设与节约并重原则，充分发挥投资效益。

3. 各级安全监管部门要协调有关部门抓紧研究制定安全生产应急救援体系建设的财政扶持政策，将安全生产应急救援经费纳入本级财政预算，建立应急救援专项资金。要会同物价部门研究制定有偿实施应急救援服务和应急征用补偿政策，监督高危行业企业每年向签约救护队缴纳技术服务和应急救援服务费，协调事故发生地有关部门督促事故企业向救护队支付事故救援费用，企业无力承担救援费用的，由地方有关部门予以补偿；要建立并落实安全生产费用提取、安全生产全员风险抵押、安全生产责任保险等政策。要加强对企业安全生产应急投入的监督检查。

（十八）切实加强国际交流与合作。各级安全监管部门和其他各级负有安全监管职责的有关部门及各级各类安全生产应急救援队伍要不断加强国际交流与合作，积极参加各类国际救援技术竞赛和相关活动，有计划地组织到有关国家（地区）考察与培训，学习借鉴国际上特别是先进国家的应急理念、经验和技术，不断改进创新我国的安全生产应急工作。

（十九）进一步加强领导、落实责任、强力推进。各地区、各有关部门和单位要高度重视安全生产应急救援体系建设，加强领导，落实责任，结合实际认真制订本地区、本部门、本单位贯彻落实《国务院通知》精神和本实施意见的具体措施，并强力加以推进，保障各项任务、要求落实到位，推动安全生产应急救援体系建设工作不断加强，事故应急救援能力不断提高，为全国安全生产形势持续稳定好转做出贡献。同时，要不断推动各级各类安全生产应急救援队伍切实加强思想政治建设、技术业务建设和作风建设，不断提高战斗力，做到关键时候拉得出、冲得上、打得赢。

国务院安全生产委员会办公室

2010 年 11 月 9 日

国务院关于加强安全生产事故应急预案监督管理工作的通知

安委办字〔2005〕48号

各省、自治区、直辖市及新疆生产建设兵团安全生产委员会，国务院安全生产委员会各成员单位，各中央企业：

为全面贯彻落实全国应急管理工作会议精神，按照《安全生产法》等法律法规、《国家突发公共事件总体应急预案》、《国家安全生产事故灾难应急预案》对安全生产事故应急预案制定、培训、演练、监督管理的有关规定和要求，根据国务院办公厅印发的《国务院有关部门和单位制定和修订突发公共事件应急预案框架指南》和《省(区、市)人民政府突发公共事件应急预案框架指南》，国务院有关部门、地方各级人民政府及其有关部门和生产经营单位已经或正在制定相关安全生产事故的应急预案(以下简称应急预案)。为加强对应急预案的监督管理，逐步形成“横向到边、纵向到底”的安全生产事故应急预案体系，保障安全生产事故应急救援工作高效、有序进行，现将有关事项通知如下：

一、按照分类管理、分级负责、属地为主的原则，国家安全监管总局负责全国应急预案的综合监督管理工作，地方各级人民政府安全监管部门负责本行政区域内应急预案的综合监督管理工作，其他有关部门在各自的职责范围内负责有关行业或领域应急预案的监督管理工作。各级煤矿安全监察机构对有关煤矿安全生产事故的应急预案依法履行监察职责。

各级人民政府有关部门应当在各自的职责范围内监督、指导应急预案制定、培训、演练和宣传教育等工作，协调相关应急预案的衔接关系，对应急预案所涉及的资源和保障措施的落实情况进行监督检查。

二、应急预案应当符合相关的法律、法规、规章和标准的要求，所规定和明确的组织、程序、资源、措施等应当具有针对性、科学性和可操作性，满足安全生产事故应急救援的需要。

应急预案必须经制定单位组织论证和审查，并经实施应急预案有关单位认可，由制定单位发布，印送与应急预案实施有关的单位。

三、国务院有关部门制定的应急预案的内容应当符合国务院的有关要求，地方各级人民政府及其有关部门制定的应急预案的内容应当符合国务院和省级人民政府的有关要求。生产经营单位制定的应急预案应当包括以下主要内容：

（一）应急预案的适用范围；

（二）事故可能发生的地点和可能造成的后果；

（三）事故应急救援的组织机构及其组成单位、组成人员、职责分工；

（四）事故报告的程序、方式和内容；

（五）发现事故征兆或事故发生后应当采取的行动和措施；

（六）事故应急救援（包括事故伤员救治）资源信息，包括队伍、装备、物资、专家等有关信息的情况；

（七）事故报告及应急救援有关的具体通信联系方式；

（八）相关的保障措施；

（九）与相关应急预案的衔接关系；

（十）应急预案管理的措施和要求。

四、各级人民政府有关部门制定的应急预案应当上报同级人民政府备案。国务院有关部门制定的应急预案应当抄送国家安全监管总局；地方人民政府制定的专项应急预案应当抄送上级人民政府安全监管部门；地方人民政府安全监管部门制定的应急预案应当报送上一级人民政府安全监管部门；地方人民政府其他有关部门制定的应急预案应当抄送同级安全监管部门和相应的上级部门。

五、生产经营单位所属各级单位都应当针对本单位可能发生的安全生产事故制定应急预案和有关作业岗位的应急措施。生产经营单位所属单位和部门制定的应急预案应当报经上一级管理单位审查。

矿山、建筑施工单位和危险化学品、烟花爆竹和民用爆破器材生产、经营、储运单位的应急预案，以及生产经营单位涉及重大危险源的应急预案，应当按照分级管理的原则报安全监管部门和有关部门备案。

生产经营单位涉及核、城市公用事业、道路交通、火灾、铁路、民航、水上交通、渔业船舶水上安全以及特种设备、电网安全等事故的应急预案，依据有关规定报有关部门备案，并按照分级管理的原则抄报安全监管部门。

六、应急预案制定单位应当对与实施应急预案有关的人员进行上岗前培训，使其熟悉相关的职责、程序，对本单位其他人员和相关群众进行培训和宣传教育，使其掌握事故发生后应当采取的自救和救援行动；要定期组织应急预案演习，并按照分级管理的原则向安全监管部门和其他有关部门提交演习的书面总结报告。生产经营单位还应当对从业人员进行岗位应急措施的培训。

应急预案所涉及的有关单位对应急预案中明确的与其相关的职责应当组织落实。

七、应急预案在相关的法律、法规、标准，适用范围、条件，有关应急资源情况，以及与相关预案的衔接关系等发生变化时，或发现存在问题时，应当及时修订。

八、国务院安全生产委员会成员单位和各省、自治区、直辖市及新疆生产建设兵团安全生产委员会，要采取切实措施加强本部门、本地区应急预案监督管理工作，逐步建立本地区、本部门科学、适用、系统、完整的安全生产事故应急预案体系。

请各省、自治区、直辖市及新疆生产建设兵团安全生产委员会办公室将此通知转发至本行政区域内各市(地)、县(市)人民政府安全生产委员会和有关部门以及各生产经营单位。

此通知执行中如有问题，请及时向国家安全监管总局生产安全应急救援办公室反映。

2005 年 11 月 24 日

国家安全生产监督管理总局令

第 88 号

修订后的《生产安全事故应急预案管理办法》已经 2016 年 4 月 15 日国家安全生产监督管理总局第 13 次局长办公会议审议通过，现予公布，自 2016 年 7 月 1 日起施行。

局长　杨焕宁

2016 年 6 月 3 日

生产安全事故应急预案管理办法

目　录

第一章　总　则

第一条　为规范生产安全事故应急预案管理工作，迅速有效处置生产安全事故，依据《中华人民共和国突发事件应对法》、《中华人民共和国安全生产法》等法律和《突发事件应急预案管理办法》(国办发〔2013〕101 号)，制定本办法。

第二条　生产安全事故应急预案(以下简称应急预案)的编制、评审、公布、备案、宣传、教育、培训、演练、评估、修订及监督管理工作，适用本办法。

第三条　应急预案的管理实行属地为主、分级负责、分类指导、综合协调、动态管理的原则。

第四条　国家安全生产监督管理总局负责全国应急预案的综合协调管理工作。

县级以上地方各级安全生产监督管理部门负责本行政区域内应急预案的综合协调管理工作。县级以上地方各级其他负有安全生产监督管理职责的部门按照各自的职责负责有关行业、领域应急预案的管理工作。

第五条 生产经营单位主要负责人负责组织编制和实施本单位的应急预案，并对应急预案的真实性和实用性负责；各分管负责人应当按照职责分工落实应急预案规定的职责。

第六条 生产经营单位应急预案分为综合应急预案、专项应急预案和现场处置方案。

综合应急预案，是指生产经营单位为应对各种生产安全事故而制定的综合性工作方案，是本单位应对生产安全事故的总体工作程序、措施和应急预案体系的总纲。

专项应急预案，是指生产经营单位为应对某一种或者多种类型生产安全事故，或者针对重要生产设施、重大危险源、重大活动防止生产安全事故而制定的专项性工作方案。

现场处置方案，是指生产经营单位根据不同生产安全事故类型，针对具体场所、装置或者设施所制定的应急处置措施。

第二章　应急预案的编制

第七条 应急预案的编制应当遵循以人为本、依法依规、符合实际、注重实效的原则，以应急处置为核心，明确应急职责、规范应急程序、细化保障措施。

第八条 应急预案的编制应当符合下列基本要求：

（一）有关法律、法规、规章和标准的规定；

（二）本地区、本部门、本单位的安全生产实际情况；

（三）本地区、本部门、本单位的危险性分析情况；

（四）应急组织和人员的职责分工明确，并有具体的落实措施；

（五）有明确、具体的应急程序和处置措施，并与其应急能力相适应；

（六）有明确的应急保障措施，满足本地区、本部门、本单位的应急工作需要；

（七）应急预案基本要素齐全、完整，应急预案附件提供的信息准确；

（八）应急预案内容与相关应急预案相互衔接。

第九条 编制应急预案应当成立编制工作小组，由本单位有关负责人任组长，吸收与应急预案有关的职能部门和单位的人员，以及有现场处置经验的人员参加。

第十条 编制应急预案前，编制单位应当进行事故风险评估和应急资源调查。

事故风险评估，是指针对不同事故种类及特点，识别存在的危险危害因素，分析事故可能产生的直接后果以及次生、衍生后果，评估各种后果的危害程度和影响范围，提出防范和控制事故风险措施的过程。

应急资源调查，是指全面调查本地区、本单位第一时间可以调用的应急资源状况和合作区域内可以请求援助的应急资源状况，并结合事故风险评估结论制定应急措施的过程。

第十一条 地方各级安全生产监督管理部门应当根据法律、法规、规章和同级人民政府以及上一级安全生产监督管理部门的应急预案，结合工作实际，组织编制相应的部门应急预案。

部门应急预案应当根据本地区、本部门的实际情况，明确信息报告、响应分级、指挥权移交、警戒疏散等内容。

第十二条 生产经营单位应当根据有关法律、法规、规章和相关标准，结合本单位组织管理体系、生产规模和可能发生的事故特点，确立本单位的应急预案体系，编制相应的应急预案，并体现自救互救和先期处置等特点。

第十三条 生产经营单位风险种类多、可能发生多种类型事故的，应当组织编制综合应急预案。

综合应急预案应当规定应急组织机构及其职责、应急预案体系、事故风险描述、预警及信息报告、应急响应、保障措施、应急预案管理等内容。

第十四条 对于某一种或者多种类型的事故风险，生产经营单位可以编制相应的专项应急预案，或将专项应急预案并入综合应急预案。

专项应急预案应当规定应急指挥机构与职责、处置程序和措施等内容。

第十五条 对于危险性较大的场所、装置或者设施，生产经营单位应当编制现场处置方案。

现场处置方案应当规定应急工作职责、应急处置措施和注意事项等内容。

事故风险单一、危险性小的生产经营单位，可以只编制现场处置方案。

第十六条 生产经营单位应急预案应当包括向上级应急管理机构报告的内容、应急组织机构和人员的联系方式、应急物资储备清单等附件信息。附件信息发生变化时，应当及时更新，确保准确有效。

第十七条 生产经营单位组织应急预案编制过程中，应当根据法律、法规、规章的规定或者实际需要，征求相关应急救援队伍、公民、法人或其他组织的意见。

第十八条 生产经营单位编制的各类应急预案之间应当相互衔接，并与相关人民政府及其部门、应急救援队伍和涉及的其他单位的应急预案相衔接。

第十九条 生产经营单位应当在编制应急预案的基础上，针对工作场所、岗位的特点，编制简明、实用、有效的应急处置卡。

应急处置卡应当规定重点岗位、人员的应急处置程序和措施，以及相关联络人员和联系方式，便于从业人员携带。

第三章 应急预案的评审、公布和备案

第二十条 地方各级安全生产监督管理部门应当组织有关专家对本部门编制的部门应急预案进行审定；必要时，可以召开听证会，听取社会有关方面的意见。

第二十一条 矿山、金属冶炼、建筑施工企业和易燃易爆物品、危险化学品的生产、经营(带储存设施的，下同)、储存企业，以及使用危险化学品达到国家规定数量的化工企业、烟花爆竹生产、批发经营企业和中型规模以上的其他生产经营单位，应当对本单位编制的应急预案进行评审，并形成书面评审纪要。

前款规定以外的其他生产经营单位应当对本单位编制的应急预案进行论证。

第二十二条 参加应急预案评审的人员应当包括有关安全生产及应急管理方面的专家。

评审人员与所评审应急预案的生产经营单位有利害关系的，应当回避。

第二十三条 应急预案的评审或者论证应当注重基本要素的完整性、组织体系的合理性、应急处置程序和措施的针对性、应急保障措施的可行性、应急预案的衔接性等内容。

第二十四条 生产经营单位的应急预案经评审或者论证后，由本单位主要负责人签署公布，并及时发放到本单位有关部门、岗位和相关应急救援队伍。

事故风险可能影响周边其他单位、人员的，生产经营单位应当将有关事故风险的性质、影响范围和应急防范措施告知周边的其他单位和人员。

第二十五条 地方各级安全生产监督管理部门的应急预案，应当报同级人民政府备案，并抄送上一级安全生产监督管理部门。

其他负有安全生产监督管理职责的部门的应急预案，应当抄送同级安全生产监督管理部门。

第二十六条 生产经营单位应当在应急预案公布之日起 20 个工作日内，按照分级属地原则，向安全生产监督管理部门和有关部门进行告知性备案。

中央企业总部(上市公司)的应急预案，报国务院主管的负有安全生产监督管理职责的部门备案，并抄送国家安全生产监督管理总局；其所属单位的应急

预案报所在地的省、自治区、直辖市或者设区的市级人民政府主管的负有安全生产监督管理职责的部门备案，并抄送同级安全生产监督管理部门。

前款规定以外的非煤矿山、金属冶炼和危险化学品生产、经营、储存企业，以及使用危险化学品达到国家规定数量的化工企业、烟花爆竹生产、批发经营企业的应急预案，按照隶属关系报所在地县级以上地方人民政府安全生产监督管理部门备案；其他生产经营单位应急预案的备案，由省、自治区、直辖市人民政府负有安全生产监督管理职责的部门确定。

油气输送管道运营单位的应急预案，除按照本条第一款、第二款的规定备案外，还应当抄送所跨行政区域的县级安全生产监督管理部门。

煤矿企业的应急预案除按照本条第一款、第二款的规定备案外，还应当抄送所在地的煤矿安全监察机构。

第二十七条 生产经营单位申报应急预案备案，应当提交下列材料：

（一）应急预案备案申报表；

（二）应急预案评审或者论证意见；

（三）应急预案文本及电子文档；

（四）风险评估结果和应急资源调查清单。

第二十八条 受理备案登记的负有安全生产监督管理职责的部门应当在5个工作日内对应急预案材料进行核对，材料齐全的，应当予以备案并出具应急预案备案登记表；材料不齐全的，不予备案并一次性告知需要补齐的材料。逾期不予备案又不说明理由的，视为已经备案。

对于实行安全生产许可的生产经营单位，已经进行应急预案备案的，在申请安全生产许可证时，可以不提供相应的应急预案，仅提供应急预案备案登记表。

第二十九条 各级安全生产监督管理部门应当建立应急预案备案登记建档制度，指导、督促生产经营单位做好应急预案的备案登记工作。

第四章 应急预案的实施

第三十条 各级安全生产监督管理部门、各类生产经营单位应当采取多种形式开展应急预案的宣传教育，普及生产安全事故避险、自救和互救知识，提高从业人员和社会公众的安全意识与应急处置技能。

第三十一条 各级安全生产监督管理部门应当将本部门应急预案的培训纳入安全生产培训工作计划，并组织实施本行政区域内重点生产经营单位的应急预案培训工作。

生产经营单位应当组织开展本单位的应急预案、应急知识、自救互救和避险逃生技能的培训活动，使有关人员了解应急预案内容，熟悉应急职责、应急处置程序和措施。

应急培训的时间、地点、内容、师资、参加人员和考核结果等情况应当如实记入本单位的安全生产教育和培训档案。

第三十二条 各级安全生产监督管理部门应当定期组织应急预案演练，提高本部门、本地区生产安全事故应急处置能力。

第三十三条 生产经营单位应当制定本单位的应急预案演练计划，根据本单位的事故风险特点，每年至少组织一次综合应急预案演练或者专项应急预案演练，每半年至少组织一次现场处置方案演练。

第三十四条 应急预案演练结束后，应急预案演练组织单位应当对应急预案演练效果进行评估，撰写应急预案演练评估报告，分析存在的问题，并对应急预案提出修订意见。

第三十五条 应急预案编制单位应当建立应急预案定期评估制度，对预案内容的针对性和实用性进行分析，并对应急预案是否需要修订作出结论。

矿山、金属冶炼、建筑施工企业和易燃易爆物品、危险化学品等危险物品的生产、经营、储存企业、使用危险化学品达到国家规定数量的化工企业、烟花爆竹生产、批发经营企业和中型规模以上的其他生产经营单位，应当每三年进行一次应急预案评估。

应急预案评估可以邀请相关专业机构或者有关专家、有实际应急救援工作经验的人员参加，必要时可以委托安全生产技术服务机构实施。

第三十六条 有下列情形之一的，应急预案应当及时修订并归档：

（一）依据的法律、法规、规章、标准及上位预案中的有关规定发生重大变化的；

（二）应急指挥机构及其职责发生调整的；

（三）面临的事故风险发生重大变化的；

（四）重要应急资源发生重大变化的；

（五）预案中的其他重要信息发生变化的；

（六）在应急演练和事故应急救援中发现问题需要修订的；

（七）编制单位认为应当修订的其他情况。

第三十七条 应急预案修订涉及组织指挥体系与职责、应急处置程序、主要处置措施、应急响应分级等内容变更的，修订工作应当参照本办法规定的应急预案编制程序进行，并按照有关应急预案报备程序重新备案。

第三十八条 生产经营单位应当按照应急预案的规定，落实应急指挥体系、应急救援队伍、应急物资及装备，建立应急物资、装备配备及其使用档案，并对应急物资、装备进行定期检测和维护，使其处于适用状态。

第三十九条 生产经营单位发生事故时，应当第一时间启动应急响应，组织有关力量进行救援，并按照规定将事故信息及应急响应启动情况报告安全生产监督管理部门和其他负有安全生产监督管理职责的部门。

第四十条 生产安全事故应急处置和应急救援结束后，事故发生单位应当对应急预案实施情况进行总结评估。

第五章 监督管理

第四十一条 各级安全生产监督管理部门和煤矿安全监察机构应当将生产经营单位应急预案工作纳入年度监督检查计划，明确检查的重点内容和标准，并严格按照计划开展执法检查。

第四十二条 地方各级安全生产监督管理部门应当每年对应急预案的监督管理工作情况进行总结，并报上一级安全生产监督管理部门。

第四十三条 对于在应急预案管理工作中做出显著成绩的单位和人员，安全生产监督管理部门、生产经营单位可以给予表彰和奖励。

第六章 法律责任

第四十四条 生产经营单位有下列情形之一的，由县级以上安全生产监督管理部门依照《中华人民共和国安全生产法》第九十四条的规定，责令限期改正，可以处5万元以下罚款；逾期未改正的，责令停产停业整顿，并处5万元以上10万元以下罚款，对直接负责的主管人员和其他直接责任人员处1万元以上2万元以下的罚款：

（一）未按照规定编制应急预案的；

（二）未按照规定定期组织应急预案演练的。

第四十五条 生产经营单位有下列情形之一的，由县级以上安全生产监督管理部门责令限期改正，可以处1万元以上3万元以下罚款：

（一）在应急预案编制前未按照规定开展风险评估和应急资源调查的；

（二）未按照规定开展应急预案评审或者论证的；

（三）未按照规定进行应急预案备案的；

（四）事故风险可能影响周边单位、人员的，未将事故风险的性质、影响范围和应急防范措施告知周边单位和人员的；

（五）未按照规定开展应急预案评估的；

（六）未按照规定进行应急预案修订并重新备案的；

（七）未落实应急预案规定的应急物资及装备的。

第七章　附　　则

第四十六条　《生产经营单位生产安全事故应急预案备案申报表》和《生产经营单位生产安全事故应急预案备案登记表》由国家安全生产应急救援指挥中心统一制定。

第四十七条　各省、自治区、直辖市安全生产监督管理部门可以依据本办法的规定，结合本地区实际制定实施细则。

第四十八条　本办法自 2016 年 7 月 1 日起施行。

国家安全生产监督管理总局令

第 74 号

《企业安全生产应急管理九条规定》已经 2015 年 1 月 30 日国家安全生产监督管理总局局长办公会议审议通过，现予公布，自公布之日起施行。

局长　杨栋梁

2015 年 2 月 28 日

企业安全生产应急管理九条规定

一、必须落实企业主要负责人是安全生产应急管理第一责任人的工作责任制，层层建立安全生产应急管理责任体系。

二、必须依法设置安全生产应急管理机构，配备专职或者兼职安全生产应急管理人员，建立应急管理工作制度。

三、必须建立专(兼)职应急救援队伍或与邻近专职救援队签订救援协议，配备必要的应急装备、物资，危险作业必须有专人监护。

四、必须在风险评估的基础上，编制与当地政府及相关部门相衔接的应急预案，重点岗位制定应急处置卡，每年至少组织一次应急演练。

五、必须开展从业人员岗位应急知识教育和自救互救、避险逃生技能培训，并定期组织考核。

六、必须向从业人员告知作业岗位、场所危险因素和险情处置要点，高风险区域和重大危险源必须设立明显标识，并确保逃生通道畅通。

七、必须落实从业人员在发现直接危及人身安全的紧急情况时停止作业，或在采取可能的应急措施后撤离作业场所的权利。

八、必须在险情或事故发生后第一时间做好先期处置，及时采取隔离和疏散措施，并按规定立即如实向当地政府及有关部门报告。

九、必须每年对应急投入、应急准备、应急处置与救援等工作进行总结评估。

中华人民共和国公安部令

第 129 号

《社会消防技术服务管理规定》已经 2013 年 10 月 18 日公安部部长办公会议通过，现予发布，自 2014 年 5 月 1 日起施行。

公安部部长　郭声琨

2014 年 2 月 3 日

社会消防技术服务管理规定

目　录

第一章　总　　则

第一条　为规范社会消防技术服务活动，建立公平竞争的消防技术服务市场秩序，促进提高消防技术服务质量，根据《中华人民共和国消防法》，制定本规定。

第二条　在中华人民共和国境内从事社会消防技术服务活动、对消防技术服务机构实施资质许可和监督管理，适用本规定。

本规定所称消防技术服务机构是指从事消防设施维护保养检测、消防安全评估等消防技术服务活动的社会组织。

第三条　消防技术服务机构及其从业人员开展社会消防技术服务活动应当遵循客观独立、合法公正、诚实信用的原则。

本规定所称消防技术服务从业人员，是指依法取得注册消防工程师资格并在消防技术服务机构中执业的专业技术人员，以及按照有关规定取得相应消防行业特有工种职业资格，在消防技术服务机构中从事消防设施维护保养检测的一般操作人员。

第四条 国家对消防技术服务机构实行资质许可制度。消防技术服务机构应当取得相应消防技术服务机构资质证书(以下简称资质证书)，并在资质证书确定的业务范围内从事消防技术服务活动。

第五条 鼓励依托消防协会成立消防技术服务行业协会。消防技术服务行业协会应当加强行业自律管理，组织制定并公布消防技术服务行业自律管理制度和执业准则，弘扬诚信执业、公平竞争、服务社会理念，规范执业行为，促进提升服务质量，反对不正当竞争和垄断，维护行业、会员合法权益，促进行业健康发展。

消防协会、消防技术服务行业协会不得从事营利性社会消防技术服务活动，不得从事或者通过消防技术服务机构进行行业垄断。

第二章 资质条件

第六条 消防设施维护保养检测机构的资质分为一级、二级和三级，消防安全评估机构的资质分为一级和二级。

第七条 消防设施维护保养检测机构三级资质应当具备下列条件：

(一) 企业法人资格，注册资本三十万元以上；

(二) 维修用房满足维修灭火器品种和数量的要求，且建筑面积一百平方米以上；

(三) 与灭火器维修业务范围相适应的仪器、设备、设施；

(四) 注册消防工程师一人以上，具有灭火器维修技能的人员五人以上；

(五) 健全的质量管理制度；

(六) 法律、行政法规规定的其他条件。

第八条 消防设施维护保养检测机构二级资质应当具备下列条件：

(一) 企业法人资格，注册资本二百万元以上，场所建筑面积二百平方米以上；

(二) 与消防设施维护保养检测业务范围相适应的仪器、设备、设施；

(三) 注册消防工程师六人以上，其中一级注册消防工程师至少三人；

(四) 操作人员取得中级技能等级以上建(构)筑物消防员职业资格证书，其中高级技能等级以上至少占百分之三十；

(五) 健全的质量管理体系；

(六) 法律、行政法规规定的其他条件。

第九条 消防设施维护保养检测机构一级资质应当具备下列条件：

（一）取得消防设施维护保养检测机构二级资质三年以上，且申请之日前三年内无违法执业行为记录；

（二）注册资本四百万元以上，场所建筑面积三百平方米以上；

（三）与消防设施维护保养检测业务范围相适应的仪器、设备、设施；

（四）注册消防工程师十人以上，其中一级注册消防工程师至少六人；

（五）操作人员取得中级技能等级以上建(构)筑物消防员职业资格证书，其中高级技能等级以上至少占百分之三十；

（六）健全的质量管理体系；

（七）申请之日前三年内从事过至少二十项设有自动消防设施的单体建筑面积二万平方米以上的工业建筑、民用建筑的消防设施维护保养检测活动；

（八）法律、行政法规规定的其他条件。

第十条　消防安全评估机构二级资质应当具备下列条件：

（一）法人资格，注册资本二百万元以上，场所建筑面积一百平方米以上；

（二）与消防安全评估业务范围相适应的设备、设施和必要的技术支撑条件；

（三）注册消防工程师八人以上，其中一级注册消防工程师至少四人；

（四）健全的消防安全评估过程控制体系；

（五）法律、行政法规规定的其他条件。

第十一条　消防安全评估机构一级资质应当具备下列条件：

（一）取得消防安全评估机构二级资质三年以上，且申请之日前三年内无违法执业行为记录；

（二）注册资本四百万元以上，场所建筑面积二百平方米以上；

（三）与消防安全评估业务范围相适应的设备、设施和必要的技术支撑条件；

（四）注册消防工程师十二人以上，其中一级注册消防工程师至少八人；

（五）健全的消防安全评估过程控制体系；

（六）申请之日前三年内从事过至少十项单体建筑面积三万平方米以上的工业建筑、民用建筑的消防安全评估活动；

（七）法律、行政法规规定的其他条件。

第十二条　一个消防技术服务机构可以同时取得两项以上消防技术服务机构资质。同时取得两项以上消防技术服务机构资质的，应当具备下列条件：

（一）注册资本不少于拟同时取得的各单项资质条件的注册资本之和的百分之八十，且不得低于五百万元；

（二）场所建筑面积三百平方米以上；

（三）注册消防工程师数量不少于拟同时取得的各单项资质条件要求的注册消防工程师人数之和的百分之八十，且不得低于任一单项资质条件的人数；

（四）拟同时取得的各单项资质的其他条件。

第十三条 在本规定实施前已经从事消防设施维护保养检测、消防安全评估活动三年以上，且符合本规定第九条、第十一条规定的资质条件的（二级资质从业时间除外），可以自本规定实施之日起六个月内申请临时一级资质。

临时一级资质有效期为二年，期限届满后，可以依照本规定申请相应的资质。

第十四条 一级资质的消防安全评估机构可以在全国范围内执业。其他消防技术服务机构可以在许可所在省、自治区、直辖市范围内执业。

第十五条 具备下列条件的一级资质的消防设施维护保养检测机构可以跨省、自治区、直辖市执业，但应当在拟执业的省、自治区、直辖市设立分支机构：

（一）取得一级资质二年以上，申请之日前二年内无违法执业行为记录；

（二）注册消防工程师十人以上，其中一级注册消防工程师至少八人，不包括拟转到分支机构执业的注册消防工程师及已设立的分支机构的注册消防工程师。

拟设立的分支机构注册消防工程师数量，应当不少于所申请的消防技术服务机构资质条件要求的注册消防工程师人数的百分之八十，且符合相应消防技术服务机构资质的其他条件。

消防技术服务机构的分支机构应当在分支机构取得的资质范围内执业。

第二章　资质许可

第十六条 消防技术服务机构资质由省级公安机关消防机构审批；其中，对拟批准消防安全评估机构一级资质的，由公安部消防局书面复核。

第十七条 申请消防技术服务机构资质的，应当向机构所在地的省级公安机关消防机构提交下列材料：

（一）消防技术服务机构资质申请表；

（二）营业执照等法人身份证明文件复印件；

（三）法人章程，法定代表人身份证复印件；

（四）从业人员名录及其身份证、注册消防工程师资格证书及其社会保险证明、消防行业特有工种职业资格证书、劳动合同复印件；

（五）验资证明，场所权属证明复印件，主要仪器、设备、设施清单；

（六）有关质量管理文件；

（七）法律、行政法规规定的其他材料。

申请一级资质的，还应当提交二级资质证书和申请之日前三年内承担的消防技术服务项目目录。

第十八条 消防技术服务机构申请设立分支机构，应当向拟设立分支机构地的省级公安机关消防机构提交下列材料：

（一）设立消防技术服务分支机构申请表；

（二）资质证书复印件；

（三）所属注册消防工程师情况汇总表、注册消防工程师资格证书及其社会保险证明和身份证复印件；

（四）分支机构的从业人员名录及其身份证、注册消防工程师资格证书及其社会保险证明、消防行业特有工种职业资格证书、劳动合同复印件；

（五）分支机构的验资证明，场所权属证明复印件，主要仪器、设备、设施清单；

（六）有关质量管理文件，对分支机构的管理办法；

（七）法律、行政法规规定的其他材料。

第十九条 省级公安机关消防机构收到申请后，对申请材料齐全、符合法定形式的，应当出具受理凭证；不予受理的，应当出具不予受理凭证并载明理由；申请材料不齐全或者不符合法定形式的，应当当场或者在五日内一次告知申请人需要补正的全部内容，逾期不告知的，自收到申请材料之日起即为受理。

第二十条 省级公安机关消防机构受理申请后，应当自受理之日起二十日内作出行政许可决定。二十日内不能作出决定的，经省级公安机关消防机构负责人批准，可以延长十日，并将延长期限的理由告知申请人。

对拟颁发消防安全评估机构一级资质证书的，省级公安机关消防机构应当自受理申请之日起二十日内审查完毕，并将审查意见以及申请材料报公安部消防局。公安部消防局应当自收到审查意见之日起十日内完成复核工作。

作出许可决定的，应当自作出决定之日起十日内向申请人颁发、送达资质证书；不予许可的，应当出具不予许可决定书并载明理由。

第二十一条 公安机关消防机构在审批期间应当组织专家评审，对申请人的场所、设备、设施等进行实地核查。

专家评审时间不计算在审批时限内，但最长不得超过三十日。专家评审的具体办法由公安部消防局制定并公布。

第二十二条 资质证书分为正本和副本，式样由公安部统一制定，正本、副本具有同等法律效力。资质证书有效期为三年。

申请人领取消防设施维护保养检测、消防安全评估一级资质证书时，应当将二级资质证书交回原发证机关予以注销。

第二十三条 消防技术服务机构的资质证书有效期届满需要续期的，应当在有效期届满三个月前向原许可公安机关消防机构提出申请。原许可公安机关消防机构应当按照本规定第十九条、第二十条规定的程序进行复审；必要时，可以进行实地核查。

经复审，消防技术服务机构不再符合资质条件，或者在资质证书有效期内有三次以上违反本规定第四十七条、第五十条第一款规定行为的，不予办理续期手续。

第二十四条 消防技术服务机构的名称、地址、注册资本、法定代表人等发生变更的，应当在十日内向原许可公安机关消防机构申请办理变更手续。

消防技术服务机构遗失资质证书的，应当向原许可公安机关消防机构申请补发。

原许可公安机关消防机构受理变更、补发资质证书申请后，应当进行审查，并自受理之日起五日内办理完毕。

第四章 消防技术服务活动

第二十五条 消防技术服务机构及其从业人员应当依照法律法规、技术标准和执业准则，开展下列社会消防技术服务活动，并对服务质量负责：

（一）三级资质的消防设施维护保养检测机构可以从事生产企业授权的灭火器检查、维修、更换灭火药剂及回收等活动；一级资质、二级资质的消防设施维护保养检测机构可以从事建筑消防设施检测、维修、保养活动；

（二）消防安全评估机构可以从事区域消防安全评估、社会单位消防安全评估、大型活动消防安全评估、特殊消防设计方案安全评估等活动，以及消防法律法规、消防技术标准、火灾隐患整改等方面的咨询活动。

第二十六条 一级资质、临时一级资质的消防设施维护保养检测机构可以从事各类建筑的建筑消防设施的检测、维修、保养活动。一级资质、临时一级资质的消防安全评估机构可以从事各种类型的消防安全评估以及咨询活动。

二级资质的消防设施维护保养检测机构可以从事单体建筑面积四万平方米以下的建筑、火灾危险性为丙类以下的厂房和库房的建筑消防设施的检测、维修、保养活动。二级资质的消防安全评估机构可以从事社会单位消防安全评估以及消防法律法规、消防技术标准、一般火灾隐患整改等方面的咨询活动。

第二十七条 消防设施维护保养检测机构应当按照国家标准、行业标准规定的工艺、流程开展检测、维修、保养，保证经维修、保养的建筑消防设施、灭火器的质量符合国家标准、行业标准。

第二十八条 消防技术服务机构应当依法与从业人员签订劳动合同，加强对所属从业人员的管理。注册消防工程师不得同时在两个以上社会组织执业。

消防技术服务机构所属注册消防工程师发生变化的，应当在五日内通过社会消防技术服务信息系统予以备案。

第二十九条 消防技术服务机构应当设立技术负责人，对本机构的消防技术服务实施质量监督管理，对出具的书面结论文件进行技术审核。技术负责人应当具备注册消防工程师资格，一级资质、二级资质的消防技术服务机构的技术负责人应当具备一级注册消防工程师资格。

第三十条 消防技术服务机构承接业务，应当与委托人签订消防技术服务合同，并明确项目负责人。项目负责人应当具备相应的注册消防工程师资格。

消防技术服务机构不得转包、分包消防技术服务项目。

第三十一条 消防技术服务机构出具的书面结论文件应当由技术负责人、项目负责人签名，并加盖消防技术服务机构印章。

消防设施维护保养检测机构对建筑消防设施、灭火器进行维修、保养后，应当制作包含消防技术服务机构名称及项目负责人、维修保养日期等信息的标识，在消防设施所在建筑的醒目位置、灭火器上予以公示。

第三十二条 具有消防设施维护保养检测资质的施工企业为其施工项目出具的竣工验收前的消防设施检测意见，不得作为建设单位申请建设工程消防验收的合格证明文件。

第三十三条 消防技术服务机构应当在消防技术服务项目完成之日起五日内，通过社会消防技术服务信息系统将消防技术服务项目目录以及出具的书面结论文件予以备案。

第三十四条 消防技术服务机构应当对服务情况作出客观、真实、完整记录，按消防技术服务项目建立消防技术服务档案。

特殊消防设计方案安全评估档案保管期限为长期，灭火器维修档案保管期限为五年，其他消防技术服务档案保管期限为二十年。

第三十五条 消防技术服务机构应当在其经营场所的醒目位置公示资质证书、营业执照、工作程序、收费标准、收费依据、执业守则、注册消防工程师资格证书、投诉电话等事项。

第三十六条 消防技术服务机构收费应当遵守价格管理法律法规的规定。

第三十七条 消防技术服务机构在从事社会消防技术服务活动中，不得有下列行为：

（一）未取得相应资质，擅自从事消防技术服务活动；

（二）出具虚假、失实文件；

（三）涂改、倒卖、出租、出借或者以其他形式非法转让资质证书；

（四）泄漏委托人商业秘密；

（五）指派无相应资格从业人员从事消防技术服务活动；

（六）法律、法规、规章禁止的其他行为。

第五章　监督管理

第三十八条　县级以上公安机关消防机构依照有关法律、法规和本规定，对本行政区域内的社会消防技术服务活动实施监督管理。

消防技术服务机构及其从业人员对公安机关消防机构依法进行的监督管理应当协助和配合，不得拒绝或者阻挠。

第三十九条　县级以上公安机关消防机构应当结合日常消防监督检查工作，对消防技术服务质量实施监督抽查。

公民、法人和其他组织对消防技术服务机构及其从业人员的执业行为进行举报、投诉的，公安机关消防机构应当及时进行核查、处理。

第四十条　公安机关消防机构对发现的消防技术服务机构违法执业行为，应当责令立即改正或者限期改正，并依法查处，将违法执业事实、处理结果、处理建议及时通知原许可公安机关消防机构。

第四十一条　公安机关消防机构发现消防技术服务机构取得资质后不再符合相应资质条件的，应当责令限期改正，改正期间不得从事相应社会消防技术服务活动。

第四十二条　公安机关消防机构的工作人员滥用职权、玩忽职守作出准予消防技术服务机构资质许可的，作出许可的公安机关消防机构或者其上级公安机关消防机构，根据利害关系人的请求或者依职权，可以撤销消防技术服务机构资质。

公安机关消防机构及其工作人员不得设立消防技术服务机构，不得参与消防技术服务机构的经营活动，不得指定或者变相指定消防技术服务机构，不得滥用行政权力排除、限制竞争。

第四十三条　消防技术服务机构有下列情形之一的，作出许可的公安机关消防机构应当注销其资质：

（一）自行申请注销的；

（二）自行停止执业一年以上的；

（三）自愿解散或者依法终止的；

（四）资质证书有效期届满未续期的；

（五）资质被依法撤销或者资质证书被依法吊销的；

（六）法律、行政法规规定的其他情形。

第四十四条 省级公安机关消防机构应当建立和完善社会消防技术服务信息系统，公布消防技术服务机构及其注册消防工程师的有关信息，发布执业、诚信和监督管理信息，并为社会提供有关信息查询服务。

第六章 法律责任

第四十五条 申请人隐瞒有关情况或者提供虚假材料申请资质的，公安机关消防机构不予受理或者不予许可，并给予警告；申请人在一年内不得再次申请。

申请人以欺骗、贿赂等不正当手段取得资质的，原许可公安机关消防机构应当撤销其资质，并处二万元以上三万元以下罚款；申请人在三年内不得再次申请。

第四十六条 消防技术服务机构违反本规定，有下列情形之一的，责令改正，处二万元以上三万元以下罚款：

（一）未取得资质，擅自从事社会消防技术服务活动的；

（二）资质被依法注销，继续从事社会消防技术服务活动的；

（三）冒用其他社会消防技术服务机构名义从事社会消防技术服务活动的。

第四十七条 消防技术服务机构违反本规定，有下列情形之一的，责令改正，处一万元以上二万元以下罚款：

（一）超越资质许可范围从事社会消防技术服务活动的；

（二）不再符合资质条件，经责令限期改正未改正或者在改正期间继续从事相应社会消防技术服务活动的；

（三）涂改、倒卖、出租、出借或者以其他形式非法转让资质证书的；

（四）所属注册消防工程师同时在两个以上社会组织执业的；

（五）指派无相应资格从业人员从事社会消防技术服务活动的；

（六）转包、分包消防技术服务项目的。

对有前款第四项行为的注册消防工程师，处五千元以上一万元以下罚款。

第四十八条 消防技术服务机构违反本规定，有下列情形之一的，责令改正，处一万元以下罚款：

（一）未设立技术负责人、明确项目负责人的；

（二）出具的书面结论文件未签名、盖章的；

（三）承接业务未依法与委托人签订消防技术服务合同的；

（四）未备案注册消防工程师变化情况或者消防技术服务项目目录、出具的书面结论文件的；

（五）未申请办理变更手续的；

（六）未建立和保管消防技术服务档案的；

（七）未公示资质证书、注册消防工程师资格证书等事项的。

第四十九条 消防技术服务机构出具虚假文件的，责令改正，处五万元以上十万元以下罚款，并对直接负责的主管人员和其他直接责任人员处一万元以上五万元以下罚款；有违法所得的，并处没收违法所得；情节严重的，由原许可公安机关消防机构责令停止执业或者吊销相应资质证书。

消防技术服务机构出具失实文件，造成重大损失的，由原许可公安机关消防机构责令停止执业或者吊销相应资质证书。

第五十条 消防设施维护保养检测机构违反本规定，有下列情形之一的，责令改正，处一万元以上三万元以下罚款：

（一）未按照国家标准、行业标准检测、维修、保养建筑消防设施、灭火器的；

（二）经维修、保养的建筑消防设施、灭火器质量不符合国家标准、行业标准的。

消防设施维护保养检测机构未按照本规定在经其维修、保养的消防设施所在建筑的醒目位置或者灭火器上公示消防技术服务信息的，责令改正，处五千元以下罚款。

第五十一条 消防技术服务机构有违反本规定的行为，给他人造成损失的，依法承担赔偿责任；经维修、保养的建筑消防设施不能正常运行，发生火灾时未发挥应有作用，导致伤亡、损失扩大的，从重处罚；构成犯罪的，依法追究刑事责任。

第五十二条 本规定设定的行政处罚除本规定另有规定的外，由违法行为地的县级以上公安机关消防机构决定。

第五十三条 消防技术服务机构及其从业人员对公安机关消防机构在消防技术服务监督管理中作出的具体行政行为不服的，可以依法申请行政复议或者提起行政诉讼。

第五十四条 公安机关消防机构的工作人员指定或者变相指定消防技术服务机构，利用职务接受有关单位或者个人财物，或者有其他滥用职权、玩忽职守、徇私舞弊的行为，依照有关规定给予处分；构成犯罪的，依法追究刑事责任。

第七章　附　　则

第五十五条 保修期内的建筑消防设施由施工单位进行维护保养的，不适用本规定。

第五十六条 本规定实施前已经从事社会消防技术服务活动的社会组织，应当自本规定实施之日起六个月内，按照本规定的条件和程序申请相应的资质。逾期不申请或者申请后经审核不符合资质条件，继续从事社会消防技术服务活动的，依照本规定第四十六条的规定处罚，并向社会公告。

第五十七条 本规定中的“日”是指工作日，不含法定节假日；“以上”、“以下”均含本数。

第五十八条 执行本规定所需要的文书式样，以及消防技术服务机构应当配备的仪器、设备、设施目录，由公安部制定。

第五十九条 本规定自2014年5月1日起施行。

国务院国有资产监督管理委员会令

第 31 号

《中央企业应急管理暂行办法》已由国务院国有资产监督管理委员会第 128 次主任办公会议审议通过，现予公布，自印发之日起施行。

国务院国有资产监督管理委员会主任　王勇

2013 年 2 月 28 日

中央企业应急管理暂行办法

目　录

第一章　总　　则

第一条　为进一步加强和规范中央企业应急管理工作，提高中央企业防范和处置各类突发事件的能力，最大程度地预防和减少突发事件及其造成的损害和影响，保障人民群众生命财产安全，维护国家安全和社会稳定，根据《中华人民共和国突发事件应对法》、《中华人民共和国企业国有资产法》、《国家突发公共事件总体应急预案》、《国务院关于全面加强应急管理工作的意见》(国发〔2006〕24 号)等有关法律法规、规定，制定本办法。

第二条　突发事件是指突然发生，造成或者可能造成严重社会危害，需要采取应急处置措施予以应对的自然灾害、事故灾难、公共卫生事件和社会安全事件。

(一) 自然灾害。主要包括水旱灾害、气象灾害、地震灾害、地质灾害、海洋灾害、生物灾害和森林草原火灾等。

(二) 事故灾难。主要包括工矿商贸等企业的各类安全事故、交通运输事故、公共设施和设备事故、环境污染和生态破坏事件等。

(三) 公共卫生事件。主要包括传染病疫情、群体性不明原因疾病、食品安全和职业危害、动物疫情，以及其他严重影响公众健康和生命安全的事件。

(四) 社会安全事件。主要包括恐怖袭击事件、民族宗教事件、经济安全事件、涉外突发事件和群体性事件等。

第三条 本办法所称中央企业，是指国务院国有资产监督管理委员会(以下简称国资委)根据国务院授权履行出资人职责的国家出资企业。

第四条 中央企业应急管理是指中央企业在政府有关部门的指导下对各类突发事件的预防与应急准备、监测与预警、应急处置与救援、事后恢复与重建等活动的全过程管理。

第五条 中央企业应急管理工作应依法接受政府有关部门的监督管理。

第六条 国资委对中央企业的应急管理工作履行以下监管职责:

(一) 指导、督促中央企业落实国家应急管理方针政策及有关法律法规、规定和标准。

(二) 指导、督促中央企业建立完善各类突发事件应急预案，开展预案的培训和演练。

(三) 指导、督促中央企业落实各项防范和处置突发事件的措施，及时有效应对企业各类突发事件，做好舆论引导工作。

(四) 参与国家有关部门或适当组织对中央企业应急管理的检查、督查。

(五) 指导、督促中央企业参与社会重大突发事件的应急处置与救援。

(六) 配合国家有关部门对中央企业在突发事件应对中的失职渎职责任进行追究。

第二章 工作责任和组织体系

第七条 中央企业应当认真履行应急管理主体责任，贯彻落实国家应急管理方针政策及有关法律法规、规定，建立和完善应急管理责任制，应急管理责任制应覆盖本企业全体职工和岗位、全部生产经营和管理过程。

第八条 中央企业应当全面履行以下应急管理职责:

(一) 建立健全应急管理体系，完善应急管理组织机构。

(二) 编制完善各类突发事件的应急预案，组织开展应急预案的培训和演练，并持续改进。

(三) 督促所属企业主动与所在地人民政府应急管理体系对接，建立应急联动机制。

(四) 加强企业专(兼)职救援队伍和应急平台建设。

（五）做好突发事件的报告、处置和善后工作，做好突发事件的舆情监测、信息披露、新闻危机处置。

（六）积极参与社会突发事件的应急处置与救援。

第九条 中央企业主要负责人是本企业应急管理的第一责任人，对本企业应急管理工作负总责。中央企业各类突发事件应急管理的分管负责人，协助主要负责人落实应急管理方针政策及有关法律法规、规定和标准，统筹协调和管理企业相应突发事件的应急管理工作，对企业应急管理工作负重要领导责任。

第十条 中央企业应当对其独资、控股及参股企业的应急管理认真履行以下监督管理责任：

（一）监督管理独资及控股子企业应急管理组织机构设置情况；应急管理制度建立情况；应急预案编制、评估、备案、培训、演练情况；应急管理投入、专（兼）职救援队伍和应急平台建设情况；及时报告、处置突发事件等情况。

（二）将独资及控股子企业纳入中央企业应急管理体系，严格应急管理的检查、考核、奖惩和责任追究。

（三）对参股等其他类子企业，中央企业应按照相关法律法规的要求，通过经营合同、公司章程、协议书等明确各股权方的应急管理责任。

第十一条 中央企业应当建立健全应急管理组织体系，明确本企业应急管理的综合协调部门和各类突发事件分管部门的职责。

（一）应急管理机构和人员。

中央企业应当按照有关规定，成立应急领导机构，设置或明确应急管理综合协调部门和专项突发事件应急管理分管部门，配置专（兼）职应急管理人员，其任职资格和配备数量，应符合国家和行业的有关规定；国家和行业没有明确规定的，应根据本企业的生产经营内容和性质、管理范围、管理跨度等，配备专（兼）职应急管理人员。

（二）应急管理工作领导机构。

中央企业要成立应急管理领导小组，负责统一领导本企业的应急管理工作，研究决策应急管理重大问题和突发事件应对办法。领导机构主要负责人应当由企业主要负责人担任，并明确一位企业负责人具体分管领导机构的日常工作。领导机构应当建立工作制度和例会制度。

（三）应急管理综合协调部门。

应急管理综合协调部门负责组织企业应急体系建设，组织编制企业总体应急预案，组织协调分管部门开展应急管理日常工作。在跨界突发事件应急状态下，负责综合协调企业内部资源、对外联络沟通等工作。

（四）应急管理分管部门。

应急管理分管部门负责专项应急预案的编制、评估、备案、培训和演练，负责专项突发事件应急管理的日常工作，分管专项突发事件的应急处置。

第三章　工作要求

第十二条　中央企业应急管理工作必须坚持预防为主、预防与处置相结合的原则，按照“统一领导、综合协调、分类管理、分级负责、企地衔接”的要求，建立“上下贯通、多方联动、协调有序、运转高效”的应急管理机制，开展应急管理常态工作。

第十三条　中央企业应建立完善应急管理体系，积极借鉴国内外应急管理先进理念，采用科学的应急管理方法和技术手段，不断提高应急管理水平。

（一）中央企业应当将应急管理体系建设规划纳入企业总体发展战略规划，使应急管理体系建设与企业发展同步实施、同步推进。

（二）中央企业应急管理体系建设应当包括：应急管理组织体系、应急预案体系、应急管理制度体系、应急培训演练体系、应急队伍建设体系、应急保障体系等。

（三）中央企业应当加强应急管理体系的运行管理，及时发现应急管理体系存在的问题，持续改进、不断完善，确保企业应急管理体系有效运行。

第十四条　中央企业应当加强各类突发事件的风险识别、分析和评估，针对突发事件的性质、特点和可能造成的社会危害，编制企业总体应急预案、专项应急预案和现场处置方案，形成“横向到边、纵向到底、上下对应、内外衔接”的应急预案体系。中央企业应当加强预案管理，建立应急预案的评估、修订和备案管理制度。

第十五条　中央企业应当加强风险监测，建立突发事件预警机制，针对可能发生的各类突发事件，及时采取措施，防范各类突发事件的发生，减少突发事件造成的危害。

第十六条　中央企业应当加强各级企业负责人、管理人员和作业人员的应急培训，提高应急指挥和救援人员的应急管理水平和专业技能，提高全员的应急意识和防灾、避险、自救、互救能力；要组织编制有针对性的培训教材，分层次开展全员应急培训。

第十七条　中央企业应当有计划地组织开展多种形式、节约高效的应急预案演练，突出演练的针对性和实战性，认真做好演练的评估工作，对演练中发现的问题和不足持续改进，提高应对各类突发事件的能力。

第十八条　中央企业应当按照专业救援和职工参与相结合、险时救援和平时防范相结合的原则，建设以专业队伍为骨干、兼职队伍为辅助、职工队伍为基础的企业应急救援队伍体系。

第十九条 中央企业应当加强应急救援基地建设。煤矿和非煤矿山、石油、化工、电力、通讯、民航、水上运输、核工业等企业应当建设符合专业特点、布局配置合理的应急救援基地，积极参加国家级和区域性应急救援基地建设。

第二十条 中央企业应当加强综合保障能力建设，加强应急装备和物资的储备，满足突发事件处置需求，了解掌握企业所在地周边应急资源情况，并在应急处置中互相支援。

第二十一条 中央企业应当加大应急管理投入力度，切实保障应急体系建设、应急基地和队伍建设、应急装备和物资储备、应急培训演练等的资金需求。

第二十二条 中央企业应当加强与地方人民政府及其相关部门应急预案的衔接工作，建立政府与企业之间的应急联动机制，统筹配置应急救援组织机构、队伍、装备和物资，共享区域应急资源。加强与所在地人民政府、其他企业之间的应急救援联动，有针对性地组织开展联合应急演练，充分发挥应对重大突发事件区域一体化联防功能，提高共同应对突发事件的能力和水平。

第二十三条 中央企业应当建设满足应急需要的应急平台，构建完善的突发事件信息网络，实现突发事件信息快速、及时、准确地收集和报送，为应急指挥决策提供信息支撑和辅助手段。

第二十四条 中央企业应当充分发挥保险在突发事件预防、处置和恢复重建等方面的作用，大力推进意外伤害保险和责任保险制度建设，完善对专业和兼职应急队伍的工伤保险制度。

第二十五条 中央企业应当积极推进科技支撑体系建设，紧密跟踪国内外先进应急埋论、技术发展，针对企业应急工作的重点和难点，加强与科研机构的联合攻关，积极研发和使用突发事件预防、监测、预警、应急处置与救援的新技术、新设备。

第二十六条 中央企业应当建立突发事件信息报告制度。突发事件发生后，要立即向所在地人民政府报告，并按照要求向国务院有关部门和国资委报告，情况紧急时，可直接向国务院报告。信息要做到及时、客观、真实，不得迟报、谎报、瞒报、漏报。

第二十七条 中央企业应当建立突发事件统计分析制度，及时、全面、准确地统计各类突发事件发生起数、伤亡人数、造成的经济损失等相关情况，并纳入企业的统计指标体系。

第二十八条 造成人员伤亡或生命受到威胁的突发事件发生后，中央企业应当立即启动应急预案，组织本单位应急救援队伍和工作人员营救受害人员，疏散、撤离、安置受到威胁的人员，控制危险源，标明危险区域，封锁危险场所，并采取防止危害扩大的必要措施，同时及时向所在地人民政府和有关部门报告；对因本单位的问题引发的或者主体是本单位人员的社会安全事件，有关单位应当按照规定上报情况，并迅速派出负责人赶赴现场开展劝解、疏导工作；突发事件处置过程中，应加强协调，服从指挥。

第二十九条 中央企业应当建立突发事件信息披露机制，突发事件发生后，应第一时间启动新闻宣传应急预案、全面开展舆情监测、拟定媒体应答口径，做好采访接待准备，并按照有关规定和政府有关部门的统一安排，及时准确地向社会、媒体、员工披露有关突发事件事态发展和应急处置进展情况的信息。

第三十条 突发事件的威胁和危害得到控制或者消除后，中央企业应当按照政府有关部门的要求解除应急状态，并及时组织对突发事件造成的损害进行评估，开展或协助开展突发事件调查处理，查明发生经过和原因，总结经验教训，制定改进措施，尽快恢复正常的生产、生活和社会秩序。

第四章 社会救援

第三十一条 中央企业在做好本企业应急救援工作的同时，要切实履行社会责任，积极参与各类社会公共突发事件的应对处置，在政府的统一领导下，发挥自身专业技术、装备、资源优势，开展应急救援，共同维护社会稳定和人民群众生命财产安全。

第三十二条 社会公共突发事件发生后，相关中央企业应当按照政府及有关部门要求，在能力范围内积极提供电力、通讯、油气、交通等救援保障和食品、药品等生活保障。

第三十三条 中央企业应当建立重大自然灾害捐赠制度，规范捐赠行为，进行捐赠的中央企业必须按照规定及时向国资委报告和备案。

第三十四条 参与社会公共突发事件救援的中央企业，应当及时向国资委报告参与救援的实时信息。

第五章 监督与奖惩

第三十五条 国资委组织开展中央企业应急管理工作的督查工作，督促中央企业落实应急管理有关规定，提高中央企业应急管理工作水平，并酌情对检查结果予以通报。

第三十六条 中央企业违反本办法，不履行应急管理职责的，国资委将责令其改正或予以通报批评；具有以下情形的，国资委将按照干部管理权限追究相关责任人的责任；涉嫌犯罪的，依法移送司法机关处理。

（一）未按照规定采取预防措施，导致发生突发事件，或者未采取必要的防范措施，导致发生次生、衍生事件的。

（二）迟报、谎报、瞒报、漏报有关突发事件的信息，或者通报、报送、公布虚假信息，造成严重后果的。

（三）未按照规定及时发布突发事件预警信息、采取预警措施，导致事件发生的。

（四）未按照规定及时采取措施处置突发事件或者处置不当，造成严重后果的。

第三十七条 国资委对认真贯彻执行本办法和应对突发事件作出突出贡献的中央企业予以表彰，中央企业应当对作出突出贡献的基层单位和个人进行表彰奖励。

第三十八条 中央企业参与突发事件救援遭受重大经济损失的，国资委将按照国务院有关规定给予国有资本预算补助，并在当年中央企业负责人经营业绩考核中酌情考虑。

第六章 附 则

第三十九条 突发事件的分类分级按照《中华人民共和国突发事件应对法》、《国家突发公共事件总体应急预案》有关规定执行。

第四十条 中央企业境外机构应当首先遵守所在国相关法律法规，参照本办法执行。

第四十一条 本办法由国资委负责解释。

第四十二条 本办法自印发之日起施行。

中华人民共和国公安部
国家工商行政管理总局　令
国家质量监督检验检疫总局

第122号

《消防产品监督管理规定》已经2012年4月10日公安部部长办公会议通过，并经国家工商行政管理总局、国家质量监督检验检疫总局同意，现予发布，自2013年1月1日起施行。

公安部部长　孟建柱
工商总局局长　周伯华
质检总局局长　支树平
2012年8月13日

消防产品监督管理规定

目　录

第一章　总　　则

第一条　为了加强消防产品监督管理，提高消防产品质量，依据《中华人民共和国消防法》、《中华人民共和国产品质量法》、《中华人民共和国认证认可条例》等有关法律、行政法规，制定本规定。

第二条　在中华人民共和国境内生产、销售、使用消防产品，以及对消防产品质量实施监督管理，适用本规定。

本规定所称消防产品是指专门用于火灾预防、灭火救援和火灾防护、避难、逃生的产品。

第三条 消防产品必须符合国家标准；没有国家标准的，必须符合行业标准。未制定国家标准、行业标准的，应当符合消防安全要求，并符合保障人体健康、人身财产安全的要求和企业标准。

第四条 国家质量监督检验检疫总局、国家工商行政管理总局和公安部按照各自职责对生产、流通和使用领域的消防产品质量实施监督管理。

县级以上地方质量监督部门、工商行政管理部门和公安机关消防机构按照各自职责对本行政区域内生产、流通和使用领域的消防产品质量实施监督管理。

第二章 市场准入

第五条 依法实行强制性产品认证的消防产品，由具有法定资质的认证机构按照国家标准、行业标准的强制性要求认证合格后，方可生产、销售、使用。

消防产品认证机构应当将消防产品强制性认证有关信息报国家认证认可监督管理委员会和公安部消防局。

实行强制性产品认证的消防产品目录由国家质量监督检验检疫总局、国家认证认可监督管理委员会会同公安部制定并公布，消防产品认证基本规范、认证规则由国家认证认可监督管理委员会制定并公布。

第六条 国家认证认可监督管理委员会应当按照《中华人民共和国认证认可条例》的有关规定，经评审并征求公安部消防局意见后，指定从事消防产品强制性产品认证活动的机构以及与认证有关的检查机构、实验室，并向社会公布。

第七条 消防产品认证机构及其工作人员应当按照有关规定从事认证活动，客观公正地出具认证结论，对认证结果负责。不得增加、减少、遗漏或者变更认证基本规范、认证规则规定的程序。

第八条 从事消防产品强制性产品认证活动的检查机构、实验室及其工作人员，应当确保检查、检测结果真实、准确，并对检查、检测结论负责。

第九条 新研制的尚未制定国家标准、行业标准的消防产品，经消防产品技术鉴定机构技术鉴定符合消防安全要求的，方可生产、销售、使用。消防安全要求由公安部制定。

消防产品技术鉴定机构应当具备国家认证认可监督管理委员会依法认定的向社会出具具有证明作用的数据和结果的消防产品实验室资格或者从事消防产品合格评定活动的认证机构资格。消防产品技术鉴定机构名录由公安部公布。

公安机关消防机构和认证认可监督管理部门按照各自职责对消防产品技术鉴定机构进行监督。

公安部会同国家认证认可监督管理委员会参照消防产品认证机构和实验室管理工作规则，制定消防产品技术鉴定工作程序和规范。

第十条 消防产品技术鉴定应当遵守以下程序：

（一）委托人向消防产品技术鉴定机构提出书面委托，并提供有关文件资料。

（二）消防产品技术鉴定机构依照有关规定对文件资料进行审核。

（三）文件资料经审核符合要求的，消防产品技术鉴定机构按照消防安全要求和有关规定，组织实施消防产品型式检验和工厂检查。

（四）经鉴定认为消防产品符合消防安全要求的，技术鉴定机构应当在接受委托之日起 90 日内颁发消防产品技术鉴定证书，并将消防产品有关信息报公安部消防局；认为不符合消防安全要求的，应当书面通知委托人，并说明理由。

消防产品检验时间不计入技术鉴定时限。

第十一条 消防产品技术鉴定机构及其工作人员应当按照有关规定开展技术鉴定工作，对技术鉴定结果负责。

第十二条 消防产品技术鉴定证书有效期为 3 年。

有效期届满，生产者需要继续生产消防产品的，应当在有效期届满前的 6 个月内，依照本规定第十条的规定，重新申请消防产品技术鉴定证书。

第十三条 在消防产品技术鉴定证书有效期内，消防产品的生产条件、检验手段、生产技术或者工艺发生变化，对性能产生重大影响的，生产者应当重新委托消防产品技术鉴定。

第十四条 在消防产品技术鉴定证书有效期内，相关消防产品的国家标准、行业标准颁布施行的，生产者应当保证生产的消防产品符合国家标准、行业标准。

前款规定的消防产品被列入强制性产品认证目录的，应当按照本规定实施强制性产品认证。未列入强制性产品认证目录的，在技术鉴定证书有效期届满后，不再实行技术鉴定。

第十五条 消防产品技术鉴定机构应当对其鉴定合格的产品实施有效的跟踪调查，鉴定合格的产品不能持续符合技术鉴定要求的，技术鉴定机构应当暂停其使用直至撤销鉴定证书，并予公布。

第十六条 经强制性产品认证合格或者技术鉴定合格的消防产品，公安部消防局应当予以公布。

第三章 产品质量责任和义务

第十七条 消防产品生产者应当对其生产的消防产品质量负责，建立有效的质量管理体系，保持消防产品的生产条件，保证产品质量、标志、标识符合相关法律法规和标准要求。不得生产应当获得而未获得市场准入资格的消防产品、不合格的消防产品或者国家明令淘汰的消防产品。

消防产品生产者应当建立消防产品销售流向登记制度，如实记录产品名称、批次、规格、数量、销售去向等内容。

第十八条 消防产品销售者应当建立并执行进货检查验收制度，验明产品合格证明和其他标识，不得销售应当获得而未获得市场准入资格的消防产品、不合格的消防产品或者国家明令淘汰的消防产品。

销售者应当采取措施，保持销售产品的质量。

第十九条 消防产品使用者应当查验产品合格证明、产品标识和有关证书，选用符合市场准入的、合格的消防产品。

建设工程设计单位在设计中选用的消防产品，应当注明产品规格、性能等技术指标，其质量要求应当符合国家标准、行业标准。当需要选用尚未制定国家标准、行业标准的消防产品时，应当选用经技术鉴定合格的消防产品。

建设工程施工企业应当按照工程设计要求、施工技术标准、合同的约定和消防产品有关技术标准，对进场的消防产品进行现场检查或者检验，如实记录进货来源、名称、批次、规格、数量等内容；现场检查或者检验不合格的，不得安装。现场检查记录或者检验报告应当存档备查。建设工程施工企业应当建立安装质量管理制度，严格执行有关标准、施工规范和相关要求，保证消防产品的安装质量。

工程监理单位应当依照法律、行政法规及有关技术标准、设计文件和建设工程承包合同对建设工程使用的消防产品的质量及其安装质量实施监督。

机关、团体、企业、事业等单位应当按照国家标准、行业标准定期组织对消防设施、器材进行维修保养，确保完好有效。

第四章 监督检查

第二十条 质量监督部门、工商行政管理部门依据《中华人民共和国产品质量法》以及相关规定对生产领域、流通领域的消防产品质量进行监督检查。

第二十一条 公安机关消防机构对使用领域的消防产品质量进行监督检查，实行日常监督检查和监督抽查相结合的方式。

第二十二条 公安机关消防机构在消防监督检查和建设工程消防监督管理工作中，对使用领域的消防产品质量进行日常监督检查，按照公安部《消防监督检查规定》、《建设工程消防监督管理规定》执行。

第二十三条 公安机关消防机构对使用领域的消防产品质量进行专项监督抽查，由省级以上公安机关消防机构制定监督抽查计划，由县级以上地方公安机关消防机构具体实施。

第二十四条 公安机关消防机构对使用领域的消防产品质量进行监督抽查，应当检查下列内容：

（一）列入强制性产品认证目录的消防产品是否具备强制性产品认证证书，新研制的尚未制定国家标准、行业标准的消防产品是否具备技术鉴定证书；

（二）按照强制性国家标准或者行业标准的规定，应当进行型式检验和出厂检验的消防产品，是否具备型式检验合格和出厂检验合格的证明文件；

（三）消防产品的外观标志、规格型号、结构部件、材料、性能参数、生产厂名、厂址与产地等是否符合有关规定；

（四）消防产品的关键性能是否符合消防产品现场检查判定规则的要求；

（五）法律、行政法规规定的其他内容。

第二十五条 公安机关消防机构实施消防产品质量监督抽查时，检查人员不得少于2人，并应当出示执法身份证件。

实施消防产品质量监督抽查应当填写检查记录，由检查人员、被检查单位管理人员签名；被检查单位管理人员对检查记录有异议或者拒绝签名的，检查人员应当在检查记录中注明。

第二十六条 公安机关消防机构应当根据本规定和消防产品现场检查判定规则，实施现场检查判定。对现场检查判定为不合格的，应当在3日内将判定结论送达被检查人。被检查人对消防产品现场检查判定结论有异议的，公安机关消防机构应当在5日内依照有关规定将样品送符合法定条件的产品质量检验机构进行监督检验，并自收到检验结果之日起3日内，将检验结果告知被检查人。

检验抽取的样品由被检查人无偿供给，其数量不得超过检验的合理需要。检验费用在规定经费中列支，不得向被检查人收取。

第二十七条 被检查人对公安机关消防机构抽样送检的产品检验结果有异议的，可以自收到检验结果之日起5日内向实施监督检查的公安机关消防机构提出书面复检申请。

公安机关消防机构受理复检申请，应当当场出具受理凭证。

公安机关消防机构受理复检申请后，应当在5日内将备用样品送检，自收到复检结果之日起3日内，将复检结果告知申请人。

复检申请以一次为限。复检合格的，费用列入监督抽查经费；不合格的，费用由申请人承担。

第二十八条 质量监督部门、工商行政管理部门接到对消防产品质量问题的举报投诉，应当按职责及时依法处理。对不属于本部门职责范围的，应当及时移交或者书面通报有关部门。

公安机关消防机构接到对消防产品质量问题的举报投诉，应当及时受理、登记，并按照公安部《公安机关办理行政案件程序规定》的相关规定和本规定中消防产品质量监督检查程序处理。

公安机关消防机构对举报投诉的消防产品质量问题进行核查后，对消防安全违法行为应当依法处理。核查、处理情况应当在3日内告知举报投诉人；无法告知的，应当在受理登记中注明。

第二十九条 公安机关消防机构发现使用依法应当获得市场准入资格而未获得准入资格的消防产品或者不合格的消防产品、国家明令淘汰的消防产品等使用领域消防产品质量违法行为，应当依法责令限期改正。

公安机关消防机构应当在收到当事人复查申请或者责令限期改正期限届满之日起3日内进行复查。复查应当填写记录。

第三十条 公安机关消防机构对发现的使用领域消防产品质量违法行为，应当依法查处，并及时将有关情况书面通报同级质量监督部门、工商行政管理部门；质量监督部门、工商行政管理部门应当对生产者、销售者依法及时查处。

第三十一条 质量监督部门、工商行政管理部门和公安机关消防机构应当按照有关规定，向社会公布消防产品质量监督检查情况、重大消防产品质量违法行为的行政处罚情况等信息。

第三十二条 任何单位和个人在接受质量监督部门、工商行政管理部门和公安机关消防机构依法开展的消防产品质量监督检查时，应当如实提供有关情况和资料。

任何单位和个人不得擅自转移、变卖、隐匿或者损毁被采取强制措施的物品，不得拒绝依法进行的监督检查。

第五章 法律责任

第三十三条 生产、销售不合格的消防产品或者国家明令淘汰的消防产品的，由质量监督部门或者工商行政管理部门依照《中华人民共和国产品质量法》的规定从重处罚。

第三十四条 有下列情形之一的，由公安机关消防机构责令改正，依照《中华人民共和国消防法》第五十九条处罚：

（一）建设单位要求建设工程施工企业使用不符合市场准入的消防产品、不合格的消防产品或者国家明令淘汰的消防产品的；

（二）建设工程设计单位选用不符合市场准入的消防产品，或者国家明令淘汰的消防产品进行消防设计的；

（三）建设工程施工企业安装不符合市场准入的消防产品、不合格的消防产品或者国家明令淘汰的消防产品的；

（四）工程监理单位与建设单位或者建设工程施工企业串通，弄虚作假，安装、使用不符合市场准入的消防产品、不合格的消防产品或者国家明令淘汰的消防产品的。

第三十五条 消防产品技术鉴定机构出具虚假文件的，由公安机关消防机构责令改正，依照《中华人民共和国消防法》第六十九条处罚。

第三十六条 人员密集场所使用不符合市场准入的消防产品的，由公安机关消防机构责令限期改正；逾期不改正的，依照《中华人民共和国消防法》第六十五条第二款处罚。

非人员密集场所使用不符合市场准入的消防产品、不合格的消防产品或者国家明令淘汰的消防产品的，由公安机关消防机构责令限期改正；逾期不改正的，对非经营性场所处 500 元以上 1000 元以下罚款，对经营性场所处 5000 元以上 1 万元以下罚款，并对直接负责的主管人员和其他直接责任人员处 500 元以下罚款。

第三十七条 公安机关消防机构及其工作人员进行消防产品监督执法，应当严格遵守廉政规定，坚持公正、文明执法，自觉接受单位和公民的监督。

公安机关及其工作人员不得指定消防产品的品牌、销售单位，不得参与或者干预建设工程消防产品的招投标活动，不得接受被检查单位、个人的财物或者其他不正当利益。

第三十八条 质量监督部门、工商行政管理部门、公安机关消防机构工作人员在消防产品监督管理中滥用职权、玩忽职守、徇私舞弊的，依法给予处分。

第三十九条 违反本规定，构成犯罪的，依法追究刑事责任。

第六章 附 则

第四十条 消防产品目录由公安部消防局制定并公布。

第四十一条 消防产品进出口检验监管，由出入境检验检疫部门按照有关规定执行。

消防产品属于《中华人民共和国特种设备安全监察条例》规定的特种设备的，还应当遵守特种设备安全监察有关规定。

第四十二条 本规定中的“3 日”、“5 日”是指工作日，不含法定节假日。

第四十三条 公安机关消防机构执行本规定所需要的法律文书式样，由公安部制定。

第四十四条 本规定自 2013 年 1 月 1 日起施行。

中华人民共和国公安部令

第 121 号

《公安部关于修改<火灾事故调查规定>的决定》已经 2012 年 7 月 6 日公安部部长办公会议通过，现予发布，自 2012 年 11 月 1 日起施行。

公安部部长　孟建柱

2012 年 7 月 17 日

火灾事故调查规定

（2009 年 4 月 30 日中华人民共和国公安部令第 108 号发布　根据 2012 年 7 月 17 日《公安部关于修改<火灾事故调查规定>的决定》修订）

目　　录

第一章　总　　则

第一条　为了规范火灾事故调查，保障公安机关消防机构依法履行职责，保护火灾当事人的合法权益，根据《中华人民共和国消防法》，制定本规定。

第二条　公安机关消防机构调查火灾事故，适用本规定。

第三条 火灾事故调查的任务是调查火灾原因，统计火灾损失，依法对火灾事故作出处理，总结火灾教训。

第四条 火灾事故调查应当坚持及时、客观、公正、合法的原则。

任何单位和个人不得妨碍和非法干预火灾事故调查。

第二章 管 辖

第五条 火灾事故调查由县级以上人民政府公安机关主管，并由本级公安机关消防机构实施；尚未设立公安机关消防机构的，由县级人民政府公安机关实施。

公安派出所应当协助公安机关火灾事故调查部门维护火灾现场秩序，保护现场，控制火灾肇事嫌疑人。

铁路、港航、民航公安机关和国有林区的森林公安机关消防机构负责调查其消防监督范围内发生的火灾。

第六条 火灾事故调查由火灾发生地公安机关消防机构按照下列分工进行：

（一）一次火灾死亡十人以上的，重伤二十人以上或者死亡、重伤二十人以上的，受灾五十户以上的，由省、自治区人民政府公安机关消防机构负责组织调查；

（二）一次火灾死亡一人以上的，重伤十人以上的，受灾三十户以上的，由设区的市或者相当于同级的人民政府公安机关消防机构负责组织调查；

（三）一次火灾重伤十人以下或者受灾三十户以下的，由县级人民政府公安机关消防机构负责调查。

直辖市人民政府公安机关消防机构负责组织调查一次火灾死亡三人以上的，重伤二十人以上或者死亡、重伤二十人以上的，受灾五十户以上的火灾事故，直辖市的区、县级人民政府公安机关消防机构负责调查其他火灾事故。

仅有财产损失的火灾事故调查，由省级人民政府公安机关结合本地实际作出管辖规定，报公安部备案。

第七条 跨行政区域的火灾，由最先起火地的公安机关消防机构按照本规定第六条的分工负责调查，相关行政区域的公安机关消防机构予以协助。

对管辖权发生争议的，报请共同的上一级公安机关消防机构指定管辖。县级人民政府公安机关负责实施的火灾事故调查管辖权发生争议的，由共同的上一级主管公安机关指定。

第八条 上级公安机关消防机构应当对下级公安机关消防机构火灾事故调查工作进行监督和指导。

上级公安机关消防机构认为必要时，可以调查下级公安机关消防机构管辖的火灾。

第九条 公安机关消防机构接到火灾报警，应当及时派员赶赴现场，并指派火灾事故调查人员开展火灾事故调查工作。

第十条 具有下列情形之一的，公安机关消防机构应当立即报告主管公安机关通知具有管辖权的公安机关刑侦部门，公安机关刑侦部门接到通知后应当立即派员赶赴现场参加调查；涉嫌放火罪的，公安机关刑侦部门应当依法立案侦查，公安机关消防机构予以协助：

（一）有人员死亡的火灾；

（二）国家机关、广播电台、电视台、学校、医院、养老院、托儿所、幼儿园、文物保护单位、邮政和通信、交通枢纽等部门和单位发生的社会影响大的火灾；

（三）具有放火嫌疑的火灾。

第十一条 军事设施发生火灾需要公安机关消防机构协助调查的，由省级人民政府公安机关消防机构或者公安部消防局调派火灾事故调查专家协助。

第三章 简易程序

第十二条 同时具有下列情形的火灾，可以适用简易调查程序：

（一）没有人员伤亡的；

（二）直接财产损失轻微的；

（三）当事人对火灾事故事实没有异议的；

（四）没有放火嫌疑的。

前款第二项的具体标准由省级人民政府公安机关确定，报公安部备案。

第十三条 适用简易调查程序的，可以由一名火灾事故调查人员调查，并按照下列程序实施：

（一）表明执法身份，说明调查依据；

（二）调查走访当事人、证人，了解火灾发生过程、火灾烧损的主要物品及建筑物受损等与火灾有关的情况；

（三）查看火灾现场并进行照相或者录像；

（四）告知当事人调查的火灾事故事实，听取当事人的意见，当事人提出的事实、理由或者证据成立的，应当采纳；

（五）当场制作火灾事故简易调查认定书，由火灾事故调查人员、当事人签字或者捺指印后交付当事人。

火灾事故调查人员应当在二日内将火灾事故简易调查认定书报所属公安机关消防机构备案。

第四章　一般程序

第一节　一般规定

第十四条　除依照本规定适用简易调查程序的外，公安机关消防机构对火灾进行调查时，火灾事故调查人员不得少于两人。必要时，可以聘请专家或者专业人员协助调查。

第十五条　公安部和省级人民政府公安机关应当成立火灾事故调查专家组，协助调查复杂、疑难的火灾。专家组的专家协助调查火灾的，应当出具专家意见。

第十六条　火灾发生地的县级公安机关消防机构应当根据火灾现场情况，排除现场险情，保障现场调查人员的安全，并初步划定现场封闭范围，设置警戒标志，禁止无关人员进入现场，控制火灾肇事嫌疑人。

公安机关消防机构应当根据火灾事故调查需要，及时调整现场封闭范围，并在现场勘验结束后及时解除现场封闭。

第十七条　封闭火灾现场的，公安机关消防机构应当在火灾现场对封闭的范围、时间和要求等予以公告。

第十八条　公安机关消防机构应当自接到火灾报警之日起三十日内作出火灾事故认定；情况复杂、疑难的，经上一级公安机关消防机构批准，可以延长三十日。

火灾事故调查中需要进行检验、鉴定的，检验、鉴定时间不计入调查期限。

第二节　现场调查

第十九条　火灾事故调查人员应当根据调查需要，对发现、扑救火灾人员，熟悉起火场所、部位和生产工艺人员，火灾肇事嫌疑人和被侵害人等知情人员进行询问。对火灾肇事嫌疑人可以依法传唤。必要时，可以要求被询问人到火灾现场进行指认。

询问应当制作笔录，由火灾事故调查人员和被询问人签名或者捺指印。被询问人拒绝签名和捺指印的，应当在笔录中注明。

第二十条　勘验火灾现场应当遵循火灾现场勘验规则，采取现场照相或者录像、录音，制作现场勘验笔录和绘制现场图等方法记录现场情况。

对有人员死亡的火灾现场进行勘验的，火灾事故调查人员应当对尸体表面进行观察并记录，对尸体在火灾现场的位置进行调查。

现场勘验笔录应当由火灾事故调查人员、证人或者当事人签名。证人、当事人拒绝签名或者无法签名的，应当在现场勘验笔录上注明。现场图应当由制图人、审核人签字。

第二十一条 现场提取痕迹、物品，应当按照下列程序实施：

（一）量取痕迹、物品的位置、尺寸，并进行照相或者录像；

（二）填写火灾痕迹、物品提取清单，由提取人、证人或者当事人签名；证人、当事人拒绝签名或者无法签名的，应当在清单上注明；

（三）封装痕迹、物品，粘贴标签，标明火灾名称和封装痕迹、物品的名称、编号及其提取时间，由封装人、证人或者当事人签名；证人、当事人拒绝签名或者无法签名的，应当在标签上注明。

提取的痕迹、物品，应当妥善保管。

第二十二条 根据调查需要，经负责火灾事故调查的公安机关消防机构负责人批准，可以进行现场实验。现场实验应当照相或者录像，制作现场实验报告，并由实验人员签字。现场实验报告应当载明下列事项：

（一）实验的目的；

（二）实验时间、环境和地点；

（三）实验使用的仪器或者物品；

（四）实验过程；

（五）实验结果；

（六）其他与现场实验有关的事项。

第三节 检验、鉴定

第二十三条 现场提取的痕迹、物品需要进行专门性技术鉴定的，公安机关消防机构应当委托依法设立的鉴定机构进行，并与鉴定机构约定鉴定期限和鉴定检材的保管期限。

第二十四条 有人员死亡的火灾，为了确定死因，公安机关消防机构应当立即通知本级公安机关刑事科学技术部门进行尸体检验。公安机关刑事科学技术部门应当出具尸体检验鉴定文书，确定死亡原因。

第二十五条 卫生行政主管部门许可的医疗机构具有执业资格的医生出具的诊断证明，可以作为公安机关消防机构认定人身伤害程度的依据。但是，具有下列情形之一的，应当由法医进行伤情鉴定：

（一）受伤程度较重，可能构成重伤的；

（二）火灾受伤人员要求作鉴定的；

（三）当事人对伤害程度有争议的；

（四）其他应当进行鉴定的情形。

第二十六条 对受损单位和个人提供的由价格鉴证机构出具的鉴定意见，公安机关消防机构应当审查下列事项：

（一）鉴证机构、鉴证人是否具有资质、资格；

（二）鉴证机构、鉴证人是否盖章签名；

（三）鉴定意见依据是否充分；

（四）鉴定是否存在其他影响鉴定意见正确性的情形。

对符合规定的，可以作为证据使用；对不符合规定的，不予采信。

第四节　火灾损失统计

第二十七条　受损单位和个人应当于火灾扑灭之日起七日内向火灾发生地的县级公安机关消防机构如实申报火灾直接财产损失，并附有效证明材料。

第二十八条　公安机关消防机构应当根据受损单位和个人的申报、依法设立的价格鉴证机构出具的火灾直接财产损失鉴定意见以及调查核实情况，按照有关规定，对火灾直接经济损失和人员伤亡进行如实统计。

第五节　火灾事故认定

第二十九条　公安机关消防机构应当根据现场勘验、调查询问和有关检验、鉴定意见等调查情况，及时作出起火原因的认定。

第三十条　对起火原因已经查清的，应当认定起火时间、起火部位、起火点和起火原因；对起火原因无法查清的，应当认定起火时间、起火点或者起火部位以及有证据能够排除和不能排除的起火原因。

第三十一条　公安机关消防机构在作出火灾事故认定前，应当召集当事人到场，说明拟认定的起火原因，听取当事人意见；当事人不到场的，应当记录在案。

第三十二条　公安机关消防机构应当制作火灾事故认定书，自作出之日起七日内送达当事人，并告知当事人申请复核的权利。无法送达的，可以在作出火灾事故认定之日起七日内公告送达。公告期为二十日，公告期满即视为送达。

第三十三条　对较大以上的火灾事故或者特殊的火灾事故，公安机关消防机构应当开展消防技术调查，形成消防技术调查报告，逐级上报至省级人民政府公安机关消防机构，重大以上的火灾事故调查报告报公安部消防局备案。调查报告应当包括下列内容：

（一）起火场所概况；

（二）起火经过和火灾扑救情况；

（三）火灾造成的人员伤亡、直接经济损失统计情况；

（四）起火原因和灾害成因分析；

（五）防范措施。

火灾事故等级的确定标准按照公安部的有关规定执行。

第三十四条　公安机关消防机构作出火灾事故认定后，当事人可以申请查阅、复制、摘录火灾事故认定书、现场勘验笔录和检验、鉴定意见，公安机关消防机构应当自接到申请之日起七日内提供，但涉及国家秘密、商业秘密、个人隐私或者移交公安机关其他部门处理的依法不予提供，并说明理由。

第六节　复　　核

第三十五条　当事人对火灾事故认定有异议的，可以自火灾事故认定书送达之日起十五日内，向上一级公安机关消防机构提出书面复核申请；对省级人民政府公安机关消防机构作出的火灾事故认定有异议的，向省级人民政府公安机关提出书面复核申请。

复核申请应当载明申请人的基本情况，被申请人的名称，复核请求，申请复核的主要事实、理由和证据，申请人的签名或者盖章，申请复核的日期。

第三十六条　复核机构应当自收到复核申请之日起七日内作出是否受理的决定并书面通知申请人。有下列情形之一的，不予受理：

（一）非火灾当事人提出复核申请的；

（二）超过复核申请期限的；

（三）复核机构维持原火灾事故认定或者直接作出火灾事故复核认定的；

（四）适用简易调查程序作出火灾事故认定的。

公安机关消防机构受理复核申请的，应当书面通知其他当事人，同时通知原认定机构。

第三十七条　原认定机构应当自接到通知之日起十日内，向复核机构作出书面说明，并提交火灾事故调查案卷。

第三十八条　复核机构应当对复核申请和原火灾事故认定进行书面审查，必要时，可以向有关人员进行调查；火灾现场尚存且未被破坏的，可以进行复核勘验。

复核审查期间，复核申请人撤回复核申请的，公安机关消防机构应当终止复核。

第三十九条　复核机构应当自受理复核申请之日起三十日内，作出复核决定，并按照本规定第三十二条规定的时限送达申请人、其他当事人和原认定机构。对需要向有关人员进行调查或者火灾现场复核勘验的，经复核机构负责人批准，复核期限可以延长三十日。

原火灾事故认定主要事实清楚、证据确实充分、程序合法，起火原因认定正确的，复核机构应当维持原火灾事故认定。

原火灾事故认定具有下列情形之一的，复核机构应当直接作出火灾事故复核认定或者责令原认定机构重新作出火灾事故认定，并撤销原认定机构作出的火灾事故认定：

（一）主要事实不清，或者证据不确实充分的；

（二）违反法定程序，影响结果公正的；

（三）认定行为存在明显不当，或者起火原因认定错误的；

（四）超越或者滥用职权的。

第四十条 原认定机构接到重新作出火灾事故认定的复核决定后，应当重新调查，在十五日内重新作出火灾事故认定。

复核机构直接作出火灾事故认定和原认定机构重新作出火灾事故认定前，应当向申请人、其他当事人说明重新认定情况；原认定机构重新作出的火灾事故认定书，应当按照本规定第三十二条规定的时限送达当事人，并报复核机构备案。

复核以一次为限。当事人对原认定机构重新作出的火灾事故认定，可以按照本规定第三十五条的规定申请复核。

第五章 火灾事故调查的处理

第四十一条 公安机关消防机构在火灾事故调查过程中，应当根据下列情况分别作出处理：

（一）涉嫌失火罪、消防责任事故罪的，按照《公安机关办理刑事案件程序规定》立案侦查；涉嫌其他犯罪的，及时移送有关主管部门办理；

（二）涉嫌消防安全违法行为的，按照《公安机关办理行政案件程序规定》调查处理；涉嫌其他违法行为的，及时移送有关主管部门调查处理；

（三）依照有关规定应当给予处分的，移交有关主管部门处理。

对经过调查不属于火灾事故的，公安机关消防机构应当告知当事人处理途径并记录在案。

第四十二条 公安机关消防机构向有关主管部门移送案件的，应当在本级公安机关消防机构负责人批准后的二十四小时内移送，并根据案件需要附下列材料：

（一）案件移送通知书；

（二）案件调查情况；

（三）涉案物品清单；

（四）询问笔录，现场勘验笔录，检验、鉴定意见以及照相、录像、录音等资料；

（五）其他相关材料。

构成放火罪需要移送公安机关刑侦部门处理的，火灾现场应当一并移交。

第四十三条 公安机关其他部门应当自接受公安机关消防机构移送的涉嫌犯罪案件之日起十日内，进行审查并作出决定。依法决定立案的，应当书面通知移送案件的公安机关消防机构；依法不予立案的，应当说明理由，并书面通知移送案件的公安机关消防机构，退回案卷材料。

第四十四条 公安机关消防机构及其工作人员有下列行为之一的，依照有关规定给予责任人员处分；构成犯罪的，依法追究刑事责任：

（一）指使他人错误认定或者故意错误认定起火原因的；

（二）瞒报火灾、火灾直接经济损失、人员伤亡情况的；

（三）利用职务上的便利，索取或者非法收受他人财物的；

（四）其他滥用职权、玩忽职守、徇私舞弊的行为。

第六章 附 则

第四十五条 本规定中下列用语的含义：

（一）“当事人”，是指与火灾发生、蔓延和损失有直接利害关系的单位和个人。

（二）“户”，用于统计居民、村民住宅火灾，按照公安机关登记的家庭户统计。

（三）本规定中十五日以内（含本数）期限的规定是指工作日，不含法定节假日。

（四）本规定所称的“以上”含本数、本级，“以下”不含本数。

第四十六条 火灾事故调查中有关回避、证据、调查取证、鉴定等要求，本规定没有规定的，按照《公安机关办理行政案件程序规定》执行。

第四十七条 执行本规定所需要的法律文书式样，由公安部制定。

第四十八条 本规定自2009年5月1日起施行。1999年3月15日发布施行的《火灾事故调查规定》（公安部令第37号）和2008年3月18日发布施行的《火灾事故调查规定修正案》（公安部令第100号）同时废止。

中华人民共和国公安部令

第 120 号

《公安部关于修改<消防监督检查规定>的决定》已经 2012 年 7 月 6 日公安部部长办公会议通过，现予发布，自 2012 年 11 月 1 日起施行。

公安部部长　孟建柱

2012 年 7 月 17 日

消防监督检查规定

（2009 年 4 月 30 日中华人民共和国公安部令第 107 号发布　根据 2012 年 7 月 17 日《公安部关于修改<消防监督检查规定>的决定》修订）

目　录

第一章　总　则

第一条　为了加强和规范消防监督检查工作，督促机关、团体、企业、事业等单位（以下简称单位）履行消防安全职责，依据《中华人民共和国消防法》，制定本规定。

第二条　本规定适用于公安机关消防机构和公安派出所依法对单位遵守消防法律、法规情况进行消防监督检查。

第三条　直辖市、市（地区、州、盟）、县（市辖区、县级市、旗）公安机关消防机构具体实施消防监督检查，确定本辖区内的消防安全重点单位并由所属公安机关报本级人民政府备案。

公安派出所可以对居民住宅区的物业服务企业、居民委员会、村民委员会履行消防安全职责的情况和上级公安机关确定的单位实施日常消防监督检查。

公安派出所日常消防监督检查的单位范围由省级公安机关消防机构、公安派出所工作主管部门共同研究拟定，报省级公安机关确定。

第四条 上级公安机关消防机构应当对下级公安机关消防机构实施消防监督检查的情况进行指导和监督。

公安机关消防机构应当与公安派出所共同做好辖区消防监督工作，并对公安派出所开展日常消防监督检查工作进行指导，定期对公安派出所民警进行消防监督业务培训。

第五条 对消防监督检查的结果，公安机关消防机构可以通过适当方式向社会公告；对检查发现的影响公共安全的火灾隐患应当定期公布，提示公众注意消防安全。

第二章 消防监督检查的形式和内容

第六条 消防监督检查的形式有：

（一）对公众聚集场所在投入使用、营业前的消防安全检查；

（二）对单位履行法定消防安全职责情况的监督抽查；

（三）对举报投诉的消防安全违法行为的核查；

（四）对大型群众性活动举办前的消防安全检查；

（五）根据需要进行的其他消防监督检查。

第七条 公安机关消防机构根据本地区火灾规律、特点等消防安全需要组织监督抽查；在火灾多发季节，重大节日、重大活动前或者期间，应当组织监督抽查。

消防安全重点单位应当作为监督抽查的重点，非消防安全重点单位必须在监督抽查的单位数量中占有一定比例。对属于人员密集场所的消防安全重点单位每年至少监督检查一次。

第八条 公众聚集场所在投入使用、营业前，建设单位或者使用单位应当向场所所在地的县级以上人民政府公安机关消防机构申请消防安全检查，并提交下列材料：

（一）消防安全检查申报表；

（二）营业执照复印件或者工商行政管理机关出具的企业名称预先核准通知书；

（三）依法取得的建设工程消防验收或者进行竣工验收消防备案的法律文件复印件；

（四）消防安全制度、灭火和应急疏散预案、场所平面布置图；

（五）员工岗前消防安全教育培训记录和自动消防系统操作人员取得的消防行业特有工种职业资格证书复印件；

（六）法律、行政法规规定的其他材料。

依照《建设工程消防监督管理规定》不需要进行竣工验收消防备案的公众聚集场所申请消防安全检查的，还应当提交场所室内装修消防设计施工图、消防产品质量合格证明文件，以及装修材料防火性能符合消防技术标准的证明文件、出厂合格证。

公安机关消防机构对消防安全检查的申请，应当按照行政许可有关规定受理。

第九条 对公众聚集场所投入使用、营业前进行消防安全检查，应当检查下列内容：

（一）建筑物或者场所是否依法通过消防验收合格或者进行竣工验收消防备案抽查合格；依法进行竣工验收消防备案但没有进行备案抽查的建筑物或者场所是否符合消防技术标准；

（二）消防安全制度、灭火和应急疏散预案是否制定；

（三）自动消防系统操作人员是否持证上岗，员工是否经过岗前消防安全培训；

（四）消防设施、器材是否符合消防技术标准并完好有效；

（五）疏散通道、安全出口和消防车通道是否畅通；

（六）室内装修材料是否符合消防技术标准；

（七）外墙门窗上是否设置影响逃生和灭火救援的障碍物。

第十条 对单位履行法定消防安全职责情况的监督抽查，应当根据单位的实际情况检查下列内容：

（一）建筑物或者场所是否依法通过消防验收或者进行竣工验收消防备案，公众聚集场所是否通过投入使用、营业前的消防安全检查；

（二）建筑物或者场所的使用情况是否与消防验收或者进行竣工验收消防备案时确定的使用性质相符；

（三）消防安全制度、灭火和应急疏散预案是否制定；

（四）消防设施、器材和消防安全标志是否定期组织维修保养，是否完好有效；

（五）电器线路、燃气管路是否定期维护保养、检测；

（六）疏散通道、安全出口、消防车通道是否畅通，防火分区是否改变，防火间距是否被占用；

（七）是否组织防火检查、消防演练和员工消防安全教育培训，自动消防系统操作人员是否持证上岗；

（八）生产、储存、经营易燃易爆危险品的场所是否与居住场所设置在同一建筑物内；

（九）生产、储存、经营其他物品的场所与居住场所设置在同一建筑物内的，是否符合消防技术标准；

（十）其他依法需要检查的内容。

对人员密集场所还应当抽查室内装修材料是否符合消防技术标准、外墙门窗上是否设置影响逃生和灭火救援的障碍物。

第十一条 对消防安全重点单位履行法定消防安全职责情况的监督抽查，除检查本规定第十条规定的内容外，还应当检查下列内容：

（一）是否确定消防安全管理人；

（二）是否开展每日防火巡查并建立巡查记录；

（三）是否定期组织消防安全培训和消防演练；

（四）是否建立消防档案、确定消防安全重点部位。

对属于人员密集场所的消防安全重点单位，还应当检查单位灭火和应急疏散预案中承担灭火和组织疏散任务的人员是否确定。

第十二条 在大型群众性活动举办前对活动现场进行消防安全检查，应当重点检查下列内容：

（一）室内活动使用的建筑物（场所）是否依法通过消防验收或者进行竣工验收消防备案，公众聚集场所是否通过使用、营业前的消防安全检查；

（二）临时搭建的建筑物是否符合消防安全要求；

（三）是否制定灭火和应急疏散预案并组织演练；

（四）是否明确消防安全责任分工并确定消防安全管理人员；

（五）活动现场消防设施、器材是否配备齐全并完好有效；

（六）活动现场的疏散通道、安全出口和消防车通道是否畅通；

（七）活动现场的疏散指示标志和应急照明是否符合消防技术标准并完好有效。

第十三条 对大型的人员密集场所和其他特殊建设工程的施工现场进行消防监督检查，应当重点检查施工单位履行下列消防安全职责的情况：

（一）是否明确施工现场消防安全管理人员，是否制定施工现场消防安全制度、灭火和应急疏散预案；

（二）在建工程内是否设置人员住宿、可燃材料及易燃易爆危险品储存等场所；

（三）是否设置临时消防给水系统、临时消防应急照明，是否配备消防器材，并确保完好有效；

（四）是否设有消防车通道并畅通；

（五）是否组织员工消防安全教育培训和消防演练；

（六）施工现场人员宿舍、办公用房的建筑构件燃烧性能、安全疏散是否符合消防技术标准。

第三章　消防监督检查的程序

第十四条　公安机关消防机构实施消防监督检查时，检查人员不得少于两人，并出示执法身份证件。

消防监督检查应当填写检查记录，如实记录检查情况。

第十五条　对公众聚集场所投入使用、营业前的消防安全检查，公安机关消防机构应当自受理申请之日起十个工作日内进行检查，自检查之日起三个工作日内作出同意或者不同意投入使用或者营业的决定，并送达申请人。

第十六条　对大型群众性活动现场在举办前进行的消防安全检查，公安机关消防机构应当在接到本级公安机关治安部门书面通知之日起三个工作日内进行检查，并将检查记录移交本级公安机关治安部门。

第十七条　公安机关消防机构接到对消防安全违法行为的举报投诉，应当及时受理、登记，并按照《公安机关办理行政案件程序规定》的相关规定处理。

第十八条　公安机关消防机构应当按照下列时限，对举报投诉的消防安全违法行为进行实地核查：

（一）对举报投诉占用、堵塞、封闭疏散通道、安全出口或者其他妨碍安全疏散行为，以及擅自停用消防设施的，应当在接到举报投诉后二十四小时内进行核查；

（二）对举报投诉本款第一项以外的消防安全违法行为，应当在接到举报投诉之日起三个工作日内进行核查。

核查后，对消防安全违法行为应当依法处理。处理情况应当及时告知举报投诉人；无法告知的，应当在受理登记中注明。

第十九条　在消防监督检查中，公安机关消防机构对发现的依法应当责令立即改正的消防安全违法行为，应当当场制作、送达责令立即改正通知书，并依法予以处罚；对依法应当责令限期改正的，应当自检查之日起三个工作日内制作、送达责令限期改正通知书，并依法予以处罚。

对违法行为轻微并当场改正完毕，依法可以不予行政处罚的，可以口头责令改正，并在检查记录上注明。

第二十条　对依法责令限期改正的，应当根据改正违法行为的难易程度合理确定改正期限。

公安机关消防机构应当在责令限期改正期限届满或者收到当事人的复查申请之日起三个工作日内进行复查。对逾期不改正的，依法予以处罚。

第二十一条 在消防监督检查中，发现城乡消防安全布局、公共消防设施不符合消防安全要求，或者发现本地区存在影响公共安全的重大火灾隐患的，公安机关消防机构应当组织集体研究确定，自检查之日起七个工作日内提出处理意见，由所属公安机关书面报告本级人民政府解决；对影响公共安全的重大火灾隐患，还应当在确定之日起三个工作日内制作、送达重大火灾隐患整改通知书。

重大火灾隐患判定涉及复杂或者疑难技术问题的，公安机关消防机构应当在确定前组织专家论证。组织专家论证的，前款规定的期限可以延长十个工作日。

第二十二条 公安机关消防机构在消防监督检查中发现火灾隐患，应当通知有关单位或者个人立即采取措施消除；对具有下列情形之一，不及时消除可能严重威胁公共安全的，应当对危险部位或者场所予以临时查封：

（一）疏散通道、安全出口数量不足或者严重堵塞，已不具备安全疏散条件的；

（二）建筑消防设施严重损坏，不再具备防火灭火功能的；

（三）人员密集场所违反消防安全规定，使用、储存易燃易爆危险品的；

（四）公众聚集场所违反消防技术标准，采用易燃、可燃材料装修，可能导致重大人员伤亡的；

（五）其他可能严重威胁公共安全的火灾隐患。

临时查封期限不得超过三十日。临时查封期限届满后，当事人仍未消除火灾隐患的，公安机关消防机构可以再次依法予以临时查封。

第二十三条 临时查封应当由公安机关消防机构负责人组织集体研究决定。决定临时查封的，应当研究确定查封危险部位或者场所的范围、期限和实施方法，并自检查之日起三个工作日内制作、送达临时查封决定书。

情况紧急、不当场查封可能严重威胁公共安全的，消防监督检查人员可以在口头报请公安机关消防机构负责人同意后当场对危险部位或者场所实施临时查封，并在临时查封后二十四小时内由公安机关消防机构负责人组织集体研究，制作、送达临时查封决定书。经集体研究认为不应当采取临时查封措施的，应当立即解除。

第二十四条 临时查封由公安机关消防机构负责人组织实施。需要公安机关其他部门或者公安派出所配合的，公安机关消防机构应当报请所属公安机关组织实施。

实施临时查封应当遵守下列规定：

（一）实施临时查封时，通知当事人到场，当场告知当事人采取临时查封的理由、依据以及当事人依法享有的权利、救济途径，听取当事人的陈述和申辩；

（二）当事人不到场的，邀请见证人到场，由见证人和消防监督检查人员在现场笔录上签名或者盖章；

（三）在危险部位或者场所及其有关设施、设备上加贴封条或者采取其他措施，使危险部位或者场所停止生产、经营或者使用；

（四）对实施临时查封情况制作现场笔录，必要时，可以进行现场照相或者录音录像。

实施临时查封后，当事人请求进入被查封的危险部位或者场所整改火灾隐患的，应当允许。但不得在被查封的危险部位或者场所生产、经营或者使用。

第二十五条 火灾隐患消除后，当事人应当向作出临时查封决定的公安机关消防机构申请解除临时查封。公安机关消防机构应当自收到申请之日起三个工作日内进行检查，自检查之日起三个工作日内作出是否同意解除临时查封的决定，并送达当事人。

对检查确认火灾隐患已消除的，应当作出解除临时查封的决定。

第二十六条 对当事人有《中华人民共和国消防法》第六十条第一款第三项、第四项、第五项、第六项规定的消防安全违法行为，经责令改正拒不改正的，公安机关消防机构应当按照《中华人民共和国行政强制法》第五十一条、第五十二条的规定组织强制清除或者拆除相关障碍物、妨碍物，所需费用由违法行为人承担。

第二十七条 当事人不执行公安机关消防机构作出的停产停业、停止使用、停止施工决定的，作出决定的公安机关消防机构应当自履行期限届满之日起三个工作日内催告当事人履行义务。当事人收到催告书后有权进行陈述和申辩。公安机关消防机构应当充分听取当事人的意见，记录、复核当事人提出的事实、理由和证据。当事人提出的事实、理由或者证据成立的，应当采纳。

经催告，当事人逾期仍不履行义务且无正当理由的，公安机关消防机构负责人应当组织集体研究强制执行方案，确定执行的方式和时间。强制执行决定书应当自决定之日起三个工作日内制作、送达当事人。

第二十八条 强制执行由作出决定的公安机关消防机构负责人组织实施。需要公安机关其他部门或者公安派出所配合的，公安机关消防机构应当报请所属公安机关组织实施；需要其他行政部门配合的，公安机关消防机构应当提出意见，并由所属公安机关报请本级人民政府组织实施。

实施强制执行应当遵守下列规定：

（一）实施强制执行时，通知当事人到场，当场向当事人宣读强制执行决定，听取当事人的陈述和申辩；

（二）当事人不到场的，邀请见证人到场，由见证人和消防监督检查人员在现场笔录上签名或者盖章；

（三）对实施强制执行过程制作现场笔录，必要时，可以进行现场照相或者录音录像；

（四）除情况紧急外，不得在夜间或者法定节假日实施强制执行；

（五）不得对居民生活采取停止供水、供电、供热、供燃气等方式迫使当事人履行义务。

有《中华人民共和国行政强制法》第三十九条、第四十条规定的情形之一的，中止执行或者终结执行。

第二十九条 对被责令停止施工、停止使用、停产停业处罚的当事人申请恢复施工、使用、生产、经营的，公安机关消防机构应当自收到书面申请之日起三个工作日内进行检查，自检查之日起三个工作日内作出决定，送达当事人。

对当事人已改正消防安全违法行为、具备消防安全条件的，公安机关消防机构应当同意恢复施工、使用、生产、经营；对违法行为尚未改正、不具备消防安全条件的，应当不同意恢复施工、使用、生产、经营，并说明理由。

第四章　公安派出所日常消防监督检查

第三十条 公安派出所对其日常监督检查范围的单位，应当每年至少进行一次日常消防监督检查。

公安派出所对群众举报投诉的消防安全违法行为，应当及时受理，依法处理；对属于公安机关消防机构管辖的，应当依照《公安机关办理行政案件程序规定》在受理后及时移送公安机关消防机构处理。

第三十一条 公安派出所对单位进行日常消防监督检查，应当检查下列内容：

（一）建筑物或者场所是否依法通过消防验收或者进行竣工验收消防备案，公众聚集场所是否依法通过投入使用、营业前的消防安全检查；

（二）是否制定消防安全制度；

（三）是否组织防火检查、消防安全宣传教育培训、灭火和应急疏散演练；

（四）消防车通道、疏散通道、安全出口是否畅通，室内消火栓、疏散指示标志、应急照明、灭火器是否完好有效；

（五）生产、储存、经营易燃易爆危险品的场所是否与居住场所设置在同一建筑物内。

对设有建筑消防设施的单位，公安派出所还应当检查单位是否对建筑消防设施定期组织维修保养。

对居民住宅区的物业服务企业进行日常消防监督检查，公安派出所除检查本条第一款第(二）至(四）项内容外，还应当检查物业服务企业对管理区域内共用消防设施是否进行维护管理。

第三十二条 公安派出所对居民委员会、村民委员会进行日常消防监督检查，应当检查下列内容：

（一）消防安全管理人是否确定；

（二）消防安全工作制度、村(居)民防火安全公约是否制定；

（三）是否开展消防宣传教育、防火安全检查；

（四）是否对社区、村庄消防水源(消火栓)、消防车通道、消防器材进行维护管理；

（五）是否建立志愿消防队等多种形式消防组织。

第三十三条 公安派出所民警在日常消防监督检查时，发现被检查单位有下列行为之一的，应当责令依法改正：

（一）未制定消防安全制度、未组织防火检查和消防安全教育培训、消防演练的；

（二）占用、堵塞、封闭疏散通道、安全出口的；

（三）占用、堵塞、封闭消防车通道，妨碍消防车通行的；

（四）埋压、圈占、遮挡消火栓或者占用防火间距的；

（五）室内消火栓、灭火器、疏散指示标志和应急照明未保持完好有效的；

（六）人员密集场所在外墙门窗上设置影响逃生和灭火救援的障碍物的；

（七）违反消防安全规定进入生产、储存易燃易爆危险品场所的；

（八）违反规定使用明火作业或者在具有火灾、爆炸危险的场所吸烟、使用明火的；

（九）生产、储存和经营易燃易爆危险品的场所与居住场所设置在同一建筑物内的；

（十）未对建筑消防设施定期组织维修保养的。

公安派出所发现被检查单位的建筑物未依法通过消防验收，或者进行竣工验收消防备案，擅自投入使用的；公众聚集场所未依法通过使用、营业前的消防安全检查，擅自使用、营业的，应当在检查之日起五个工作日内书面移交公安机关消防机构处理。

公安派出所民警进行日常消防监督检查，应当填写检查记录，记录发现的消防安全违法行为、责令改正的情况。

第三十四条 公安派出所在日常消防监督检查中，发现存在严重威胁公共安全的火灾隐患，应当在责令改正的同时书面报告乡镇人民政府或者街道办事处和公安机关消防机构。

第五章 执法监督

第三十五条 公安机关消防机构应当健全消防监督检查工作制度，建立执法档案，定期进行执法质量考评，落实执法过错责任追究。

公安机关消防机构及其工作人员进行消防监督检查，应当自觉接受单位和公民的监督。

第三十六条 公安机关消防机构及其工作人员在消防监督检查中有下列情形的，对直接负责的主管人员和其他直接责任人员应当依法给予处分；构成犯罪的，依法追究刑事责任：

（一）不按规定制作、送达法律文书，不按照本规定履行消防监督检查职责，拒不改正的；

（二）对不符合消防安全条件的公众聚集场所准予消防安全检查合格的；

（三）无故拖延消防安全检查，不在法定期限内履行职责的；

（四）未按照本规定组织开展消防监督抽查的；

（五）发现火灾隐患不及时通知有关单位或者个人整改的；

（六）利用消防监督检查职权为用户指定消防产品的品牌、销售单位或者指定消防技术服务机构、消防设施施工、维修保养单位的；

（七）接受被检查单位、个人财物或者其他不正当利益的；

（八）其他滥用职权、玩忽职守、徇私舞弊的行为。

第三十七条 公安机关消防机构工作人员的近亲属严禁在其管辖的区域或者业务范围内经营消防公司、承揽消防工程、推销消防产品。

违反前款规定的，按照有关规定对公安机关消防机构工作人员予以处分。

第六章 附 则

第三十八条 具有下列情形之一的，应当确定为火灾隐患：

（一）影响人员安全疏散或者灭火救援行动，不能立即改正的；

（二）消防设施未保持完好有效，影响防火灭火功能的；

（三）擅自改变防火分区，容易导致火势蔓延、扩大的；

（四）在人员密集场所违反消防安全规定，使用、储存易燃易爆危险品，不能立即改正的；

（五）不符合城市消防安全布局要求，影响公共安全的；

（六）其他可能增加火灾实质危险性或者危害性的情形。

重大火灾隐患按照国家有关标准认定。

第三十九条 有固定生产经营场所且具有一定规模的个体工商户，应当纳入消防监督检查范围。具体标准由省、自治区、直辖市公安机关消防机构确定并公告。

第四十条 铁路、港航、民航公安机关和国有林区的森林公安机关在管辖范围内实施消防监督检查参照本规定执行。

第四十一条 执行本规定所需要的法律文书式样，由公安部制定。

第四十二条 本规定自 2009 年 5 月 1 日起施行。2004 年 6 月 9 日发布的《消防监督检查规定》（公安部令第 73 号）同时废止。

中华人民共和国公安部令

第 119 号

《公安部关于修改<建设工程消防监督管理规定>的决定》已经 2012 年 7 月 6 日公安部部长办公会议通过，现予发布，自 2012 年 11 月 1 日起施行。

公安部部长　孟建柱

2012 年 7 月 17 日

建设工程消防监督管理规定

（2009 年 4 月 30 日中华人民共和国公安部令第 106 号发布　根据 2012 年 7 月 17 日《公安部关于修改<建设工程消防监督管理规定>的决定》修订）

目　录

第一章　总　则

第一条　为了加强建设工程消防监督管理，落实建设工程消防设计、施工质量和安全责任，规范消防监督管理行为，依据《中华人民共和国消防法》、《建设工程质量管理条例》，制定本规定。

第二条　本规定适用于新建、扩建、改建（含室内外装修、建筑保温、用途变更）等建设工程的消防监督管理。

本规定不适用住宅室内装修、村民自建住宅、救灾和其他非人员密集场所的临时性建筑的建设活动。

第三条　建设、设计、施工、工程监理等单位应当遵守消防法规、建设工程质量管理法规和国家消防技术标准，对建设工程消防设计、施工质量和安全负责。

公安机关消防机构依法实施建设工程消防设计审核、消防验收和备案、抽查，对建设工程进行消防监督。

第四条 除省、自治区人民政府公安机关消防机构外，县级以上地方人民政府公安机关消防机构承担辖区建设工程的消防设计审核、消防验收和备案抽查工作。具体分工由省级公安机关消防机构确定，并报公安部消防局备案。

跨行政区域的建设工程消防设计审核、消防验收和备案抽查工作，由其共同的上一级公安机关消防机构指定管辖。

第五条 公安机关消防机构实施建设工程消防监督管理，应当遵循公正、严格、文明、高效的原则。

第六条 建设工程的消防设计、施工必须符合国家工程建设消防技术标准。

新颁布的国家工程建设消防技术标准实施之前，建设工程的消防设计已经公安机关消防机构审核合格或者备案的，分别按原审核意见或者备案时的标准执行。

第七条 公安机关消防机构对建设工程进行消防设计审核、消防验收和备案抽查，应当由两名以上执法人员实施。

第二章 消防设计、施工的质量责任

第八条 建设单位不得要求设计、施工、工程监理等有关单位和人员违反消防法规和国家工程建设消防技术标准，降低建设工程消防设计、施工质量，并承担下列消防设计、施工的质量责任：

（一）依法申请建设工程消防设计审核、消防验收，依法办理消防设计和竣工验收消防备案手续并接受抽查；建设工程内设置的公众聚集场所未经消防安全检查或者经检查不符合消防安全要求的，不得投入使用、营业；

（二）实行工程监理的建设工程，应当将消防施工质量一并委托监理；

（三）选用具有国家规定资质等级的消防设计、施工单位；

（四）选用合格的消防产品和满足防火性能要求的建筑构件、建筑材料及装修材料；

（五）依法应当经消防设计审核、消防验收的建设工程，未经审核或者审核不合格的，不得组织施工；未经验收或者验收不合格的，不得交付使用。

第九条 设计单位应当承担下列消防设计的质量责任：

（一）根据消防法规和国家工程建设消防技术标准进行消防设计，编制符合要求的消防设计文件，不得违反国家工程建设消防技术标准强制性要求进行设计；

（二）在设计中选用的消防产品和具有防火性能要求的建筑构件、建筑材料、装修材料，应当注明规格、性能等技术指标，其质量要求必须符合国家标准或者行业标准；

（三）参加建设单位组织的建设工程竣工验收，对建设工程消防设计实施情况签字确认。

第十条 施工单位应当承担下列消防施工的质量和安全责任：

（一）按照国家工程建设消防技术标准和经消防设计审核合格或者备案的消防设计文件组织施工，不得擅自改变消防设计进行施工，降低消防施工质量；

（二）查验消防产品和具有防火性能要求的建筑构件、建筑材料及装修材料的质量，使用合格产品，保证消防施工质量；

（三）建立施工现场消防安全责任制度，确定消防安全负责人。加强对施工人员的消防教育培训，落实动火、用电、易燃可燃材料等消防管理制度和操作规程。保证在建工程竣工验收前消防通道、消防水源、消防设施和器材、消防安全标志等完好有效。

第十一条 工程监理单位应当承担下列消防施工的质量监理责任：

（一）按照国家工程建设消防技术标准和经消防设计审核合格或者备案的消防设计文件实施工程监理；

（二）在消防产品和具有防火性能要求的建筑构件、建筑材料、装修材料施工、安装前，核查产品质量证明文件，不得同意使用或者安装不合格的消防产品和防火性能不符合要求的建筑构件、建筑材料、装修材料；

（三）参加建设单位组织的建设工程竣工验收，对建设工程消防施工质量签字确认。

第十二条 社会消防技术服务机构应当依法设立，社会消防技术服务工作应当依法开展。为建设工程消防设计、竣工验收提供图纸审查、安全评估、检测等消防技术服务的机构和人员，应当依法取得相应的资质、资格，按照法律、行政法规、国家标准、行业标准和执业准则提供消防技术服务，并对出具的审查、评估、检验、检测意见负责。

第三章 消防设计审核和消防验收

第十三条 对具有下列情形之一的人员密集场所，建设单位应当向公安机关消防机构申请消防设计审核，并在建设工程竣工后向出具消防设计审核意见的公安机关消防机构申请消防验收：

（一）建筑总面积大于二万平方米的体育场馆、会堂，公共展览馆、博物馆的展示厅；

（二）建筑总面积大于一万五千平方米的民用机场航站楼、客运车站候车室、客运码头候船厅；

（三）建筑总面积大于一万平方米的宾馆、饭店、商场、市场；

（四）建筑总面积大于二千五百平方米的影剧院，公共图书馆的阅览室，营业性室内健身、休闲场馆，医院的门诊楼，大学的教学楼、图书馆、食堂，劳动密集型企业的生产加工车间，寺庙、教堂；

（五）建筑总面积大于一千平方米的托儿所、幼儿园的儿童用房，儿童游乐厅等室内儿童活动场所，养老院、福利院，医院、疗养院的病房楼，中小学校的教学楼、图书馆、食堂，学校的集体宿舍，劳动密集型企业的员工集体宿舍；

（六）建筑总面积大于五百平方米的歌舞厅、录像厅、放映厅、卡拉 OK 厅、夜总会、游艺厅、桑拿浴室、网吧、酒吧，具有娱乐功能的餐馆、茶馆、咖啡厅。

第十四条 对具有下列情形之一的特殊建设工程，建设单位必须向公安机关消防机构申请消防设计审核，并且在建设工程竣工后向出具消防设计审核意见的公安机关消防机构申请消防验收：

（一）设有本规定第十三条所列的人员密集场所的建设工程；

（二）国家机关办公楼、电力调度楼、电信楼、邮政楼、防灾指挥调度楼、广播电视楼、档案楼；

（三）本条第一项、第二项规定以外的单体建筑面积大于四万平方米或者建筑高度超过五十米的公共建筑；

（四）国家标准规定的一类高层住宅建筑；

（五）城市轨道交通、隧道工程，大型发电、变配电工程；

（六）生产、储存、装卸易燃易爆危险物品的工厂、仓库和专用车站、码头，易燃易爆气体和液体的充装站、供应站、调压站。

第十五条 建设单位申请消防设计审核应当提供下列材料：

（一）建设工程消防设计审核申报表；

（二）建设单位的工商营业执照等合法身份证明文件；

（三）设计单位资质证明文件；

（四）消防设计文件；

（五）法律、行政法规规定的其他材料。

依法需要办理建设工程规划许可的，应当提供建设工程规划许可证明文件；依法需要城乡规划主管部门批准的临时性建筑，属于人员密集场所的，应当提供城乡规划主管部门批准的证明文件。

第十六条 具有下列情形之一的，建设单位除提供本规定第十五条所列材料外，应当同时提供特殊消防设计文件，或者设计采用的国际标准、境外消防技术标准的中文文本，以及其他有关消防设计的应用实例、产品说明等技术资料：

（一）国家工程建设消防技术标准没有规定的；

（二）消防设计文件拟采用的新技术、新工艺、新材料可能影响建设工程消防安全，不符合国家标准规定的；

（三）拟采用国际标准或者境外消防技术标准的。

第十七条 公安机关消防机构应当自受理消防设计审核申请之日起二十日内出具书面审核意见。但是依照本规定需要组织专家评审的，专家评审时间不计算在审核时间内。

第十八条 公安机关消防机构应当依照消防法规和国家工程建设消防技术标准对申报的消防设计文件进行审核。对符合下列条件的，公安机关消防机构应当出具消防设计审核合格意见；对不符合条件的，应当出具消防设计审核不合格意见，并说明理由：

（一）设计单位具备相应的资质；

（二）消防设计文件的编制符合公安部规定的消防设计文件申报要求；

（三）建筑的总平面布局和平面布置、耐火等级、建筑构造、安全疏散、消防给水、消防电源及配电、消防设施等的消防设计符合国家工程建设消防技术标准；

（四）选用的消防产品和具有防火性能要求的建筑材料符合国家工程建设消防技术标准和有关管理规定。

第十九条 对具有本规定第十六条情形之一的建设工程，公安机关消防机构应当在受理消防设计审核申请之日起五日内将申请材料报送省级人民政府公安机关消防机构组织专家评审。

省级人民政府公安机关消防机构应当在收到申请材料之日起三十日内会同同级住房和城乡建设行政主管部门召开专家评审会，对建设单位提交的特殊消防设计文件进行评审。参加评审的专家应当具有相关专业高级技术职称，总数不应少于七人，并应当出具专家评审意见。评审专家有不同意见的，应当注明。

省级人民政府公安机关消防机构应当在专家评审会后五日内将专家评审意见书面通知报送申请材料的公安机关消防机构，同时报公安部消防局备案。

对三分之二以上评审专家同意的特殊消防设计文件，可以作为消防设计审核的依据。

第二十条 建设、设计、施工单位不得擅自修改经公安机关消防机构审核合格的建设工程消防设计。确需修改的，建设单位应当向出具消防设计审核意见的公安机关消防机构重新申请消防设计审核。

第二十一条 建设单位申请消防验收应当提供下列材料：

（一）建设工程消防验收申报表；

（二）工程竣工验收报告和有关消防设施的工程竣工图纸；

（三）消防产品质量合格证明文件；

（四）具有防火性能要求的建筑构件、建筑材料、装修材料符合国家标准或者行业标准的证明文件、出厂合格证；

（五）消防设施检测合格证明文件；

（六）施工、工程监理、检测单位的合法身份证明和资质等级证明文件；

（七）建设单位的工商营业执照等合法身份证明文件；

（八）法律、行政法规规定的其他材料。

第二十二条 公安机关消防机构应当自受理消防验收申请之日起二十日内组织消防验收，并出具消防验收意见。

第二十三条 公安机关消防机构对申报消防验收的建设工程，应当依照建设工程消防验收评定标准对已经消防设计审核合格的内容组织消防验收。

对综合评定结论为合格的建设工程，公安机关消防机构应当出具消防验收合格意见；对综合评定结论为不合格的，应当出具消防验收不合格意见，并说明理由。

第四章 消防设计和竣工验收的备案抽查

第二十四条 对本规定第十三条、第十四条规定以外的建设工程，建设单位应当在取得施工许可、工程竣工验收合格之日起七日内，通过省级公安机关消防机构网站进行消防设计、竣工验收消防备案，或者到公安机关消防机构业务受理场所进行消防设计、竣工验收消防备案。

建设单位在进行建设工程消防设计或者竣工验收消防备案时，应当分别向公安机关消防机构提供备案申报表、本规定第十五条规定的相关材料及施工许可文件复印件或者本规定第二十一条规定的相关材料。按照住房和城乡建设行政主管部门的有关规定进行施工图审查的，还应当提供施工图审查机构出具的审查合格文件复印件。

依法不需要取得施工许可的建设工程，可以不进行消防设计、竣工验收消防备案。

第二十五条 公安机关消防机构收到消防设计、竣工验收消防备案申报后，对备案材料齐全的，应当出具备案凭证；备案材料不齐全或者不符合法定形式的，应当当场或者在五日内一次告知需要补正的全部内容。

公安机关消防机构应当在已经备案的消防设计、竣工验收工程中，随机确定检查对象并向社会公告。对确定为检查对象的，公安机关消防机构应当在二十日内按照消防法规和国家工程建设消防技术标准完成图纸检查，或者按照建设工程消防验收评定标准完成工程检查，制作检查记录。检查结果应当向社会公告，检查不合格的，还应当书面通知建设单位。

建设单位收到通知后，应当停止施工或者停止使用，组织整改后向公安机关消防机构申请复查。公安机关消防机构应当在收到书面申请之日起二十日内进行复查并出具书面复查意见。

建设、设计、施工单位不得擅自修改已经依法备案的建设工程消防设计。确需修改的，建设单位应当重新申报消防设计备案。

第二十六条　建设工程的消防设计、竣工验收未依法报公安机关消防机构备案的，公安机关消防机构应当依法处罚，责令建设单位在五日内备案，并确定为检查对象；对逾期不备案的，公安机关消防机构应当在备案期限届满之日起五日内通知建设单位停止施工或者停止使用。

第五章　执法监督

第二十七条　上级公安机关消防机构对下级公安机关消防机构建设工程消防监督管理情况进行监督、检查和指导。

第二十八条　公安机关消防机构办理建设工程消防设计审核、消防验收，实行主责承办、技术复核、审验分离和集体会审等制度。

公安机关消防机构实施消防设计审核、消防验收的主责承办人、技术复核人和行政审批人应当依照职责对消防执法质量负责。

第二十九条　建设工程消防设计与竣工验收消防备案的抽查比例由省级公安机关消防机构结合辖区内施工图审查机构的审查质量、消防设计和施工质量情况确定并向社会公告。对设有人员密集场所的建设工程的抽查比例不应低于百分之五十。

公安机关消防机构及其工作人员应当依照本规定对建设工程消防设计和竣工验收实施备案抽查，不得擅自确定检查对象。

第三十条　办理消防设计审核、消防验收、备案抽查的公安机关消防机构工作人员是申请人、利害关系人的近亲属，或者与申请人、利害关系人有其他关系可能影响办理公正的，应当回避。

第三十一条　公安机关消防机构接到公民、法人和其他组织有关建设工程违反消防法律法规和国家工程建设消防技术标准的举报，应当在三日内组织人员核查，核查处理情况应当及时告知举报人。

第三十二条　公安机关消防机构实施建设工程消防监督管理时，不得对消防技术服务机构、消防产品设定法律法规规定以外的地区性准入条件。

第三十三条　公安机关消防机构及其工作人员不得指定或者变相指定建设工程的消防设计、施工、工程监理单位和消防技术服务机构。不得指定消防产品和建筑材料的品牌、销售单位。不得参与或者干预建设工程消防设施施工、消防产品和建筑材料采购的招投标活动。

第三十四条　公安机关消防机构实施消防设计审核、消防验收和备案、抽查，不得收取任何费用。

第三十五条　公安机关消防机构实施建设工程消防监督管理的依据、范围、条件、程序、期限及其需要提交的全部材料的目录和申请书示范文本应当在互联网网站、受理场所、办公场所公示。

消防设计审核、消防验收、备案抽查的结果，除涉及国家秘密、商业秘密和个人隐私的以外，应当予以公开，公众有权查阅。

第三十六条　消防设计审核合格意见、消防验收合格意见具有下列情形之一的，出具许可意见的公安机关消防机构或者其上级公安机关消防机构，根据利害关系人的请求或者依据职权，可以依法撤销许可意见：

（一）对不具备申请资格或者不符合法定条件的申请人作出的；

（二）建设单位以欺骗、贿赂等不正当手段取得的；

（三）公安机关消防机构超出法定职责和权限作出的；

（四）公安机关消防机构违反法定程序作出的；

（五）公安机关消防机构工作人员滥用职权、玩忽职守作出的。

依照前款规定撤销消防设计审核合格意见、消防验收合格意见，可能对公共利益造成重大损害的，不予撤销。

第三十七条　公民、法人和其他组织对公安机关消防机构建设工程消防监督管理中作出的具体行政行为不服的，可以向本级人民政府公安机关申请行政复议。

第六章　法律责任

第三十八条　违反本规定的，依照《中华人民共和国消防法》第五十八条、第五十九条、第六十五条第二款、第六十六条、第六十九条规定给予处罚；构成犯罪的，依法追究刑事责任。

建设、设计、施工、工程监理单位、消防技术服务机构及其从业人员违反有关消防法规、国家工程建设消防技术标准，造成危害后果的，除依法给予行政处罚或者追究刑事责任外，还应当依法承担民事赔偿责任。

第三十九条 建设单位在申请消防设计审核、消防验收时，提供虚假材料的，公安机关消防机构不予受理或者不予许可并处警告。

第四十条 违反本规定并及时纠正，未造成危害后果的，可以从轻、减轻或者免予处罚。

第四十一条 依法应当经公安机关消防机构进行消防设计审核的建设工程未经消防设计审核和消防验收，擅自投入使用的，分别处罚，合并执行。

第四十二条 有下列情形之一的，应当依法从重处罚：

（一）已经通过消防设计审核，擅自改变消防设计，降低消防安全标准的；

（二）建设工程未依法进行备案，且不符合国家工程建设消防技术标准强制性要求的；

（三）经责令限期备案逾期不备案的；

（四）工程监理单位与建设单位或者施工单位串通，弄虚作假，降低消防施工质量的。

第四十三条 有下列情形之一的，公安机关消防机构应当函告同级住房和城乡建设行政主管部门：

（一）建设工程被公安机关消防机构责令停止施工、停止使用的；

（二）建设工程经消防设计、竣工验收抽查不合格的；

（三）其他需要函告的。

第四十四条 公安机关消防机构的人员玩忽职守、滥用职权、徇私舞弊，构成犯罪的，依法追究刑事责任。有下列行为之一，尚未构成犯罪的，依照有关规定给予处分：

（一）对不符合法定条件的建设工程出具消防设计审核合格意见、消防验收合格意见或者通过消防设计、竣工验收消防备案抽查的；

（二）对符合法定条件的建设工程消防设计、消防验收的申请或者消防设计、竣工验收的备案、抽查，不予受理、审核、验收或者拖延办理的；

（三）指定或者变相指定设计单位、施工单位、工程监理单位的；

（四）指定或者变相指定消防产品品牌、销售单位或者技术服务机构、消防设施施工单位的；

（五）利用职务接受有关单位或者个人财物的。

第七章 附 则

第四十五条 本规定中的建筑材料包含建筑保温材料。

第四十六条 国家工程建设消防技术标准强制性要求，是指国家工程建设消防技术标准强制性条文。

第四十七条 本规定中的“日”是指工作日，不含法定节假日。

第四十八条 执行本规定所需要的法律文书式样，由公安部制定。

第四十九条 本规定自2009年5月1日起施行。1996年10月16日发布的《建筑工程消防监督审核管理规定》(公安部令第30号)同时废止。

中华人民共和国公安部令

第 61 号

《机关、团体、企业、事业单位消防安全管理规定》已经 2001 年 10 月 19 日公安部部长办公会议通过，现予发布，自 2002 年 5 月 1 日起施行。

公安部部长　贾春旺

2001 年 11 月 14 日

机关、团体、企业、事业单位消防安全管理规定

目　　录

第一章　总　　则

第一条　为了加强和规范机关、团体、企业、事业单位的消防安全管理，预防火灾和减少火灾危害，根据《中华人民共和国消防法》，制定本规定。

第二条　本规定适用于中华人民共和国境内的机关、团体、企业、事业单位（以下统称单位）自身的消防安全管理。

法律、法规另有规定的除外。

第三条　单位应当遵守消防法律、法规、规章（以下统称消防法规），贯彻预防为主、防消结合的消防工作方针，履行消防安全职责，保障消防安全。

第四条　法人单位的法定代表人或者非法人单位的主要负责人是单位的消防安全责任人，对本单位的消防安全工作全面负责。

第五条 单位应当落实逐级消防安全责任制和岗位消防安全责任制，明确逐级和岗位消防安全职责，确定各级、各岗位的消防安全责任人。

第二章 消防安全责任

第六条 单位的消防安全责任人应当履行下列消防安全职责：

（一）贯彻执行消防法规，保障单位消防安全符合规定，掌握本单位的消防安全情况；

（二）将消防工作与本单位的生产、科研、经营、管理等活动统筹安排，批准实施年度消防工作计划；

（三）为本单位的消防安全提供必要的经费和组织保障；

（四）确定逐级消防安全责任，批准实施消防安全制度和保障消防安全的操作规程；

（五）组织防火检查，督促落实火灾隐患整改，及时处理涉及消防安全的重大问题；

（六）根据消防法规的规定建立专职消防队、义务消防队；

（七）组织制定符合本单位实际的灭火和应急疏散预案，并实施演练。

第七条 单位可以根据需要确定本单位的消防安全管理人。消防安全管理人对单位的消防安全责任人负责，实施和组织落实下列消防安全管理工作：

（一）拟订年度消防工作计划，组织实施日常消防安全管理工作；

（二）组织制订消防安全制度和保障消防安全的操作规程并检查督促其落实；

（三）拟订消防安全工作的资金投入和组织保障方案；

（四）组织实施防火检查和火灾隐患整改工作；

（五）组织实施对本单位消防设施、灭火器材和消防安全标志的维护保养，确保其完好有效，确保疏散通道和安全出口畅通；

（六）组织管理专职消防队和义务消防队；

（七）在员工中组织开展消防知识、技能的宣传教育和培训，组织灭火和应急疏散预案的实施和演练；

（八）单位消防安全责任人委托的其他消防安全管理工作。

消防安全管理人应当定期向消防安全责任人报告消防安全情况，及时报告涉及消防安全的重大问题。未确定消防安全管理人的单位，前款规定的消防安全管理工作由单位消防安全责任人负责实施。

第八条 实行承包、租赁或者委托经营、管理时，产权单位应当提供符合消防安全要求的建筑物，当事人在订立的合同中依照有关规定明确各方的消防安全责任；消防车通道、涉及公共消防安全的疏散设施和其他建筑消防设施应当由产权单位或者委托管理的单位统一管理。

承包、承租或者受委托经营、管理的单位应当遵守本规定，在其使用、管理范围内履行消防安全职责。

第九条 对于有两个以上产权单位和使用单位的建筑物，各产权单位、使用单位对消防车通道、涉及公共消防安全的疏散设施和其他建筑消防设施应当明确管理责任，可以委托统一管理。

第十条 居民住宅区的物业管理单位应当在管理范围内履行下列消防安全职责：

（一）制定消防安全制度，落实消防安全责任，开展消防安全宣传教育；

（二）开展防火检查，消除火灾隐患；

（三）保障疏散通道、安全出口、消防车通道畅通；

（四）保障公共消防设施、器材以及消防安全标志完好有效。

其他物业管理单位应当对受委托管理范围内的公共消防安全管理工作负责。

第十一条 举办集会、焰火晚会、灯会等具有火灾危险的大型活动的主办单位、承办单位以及提供场地的单位，应当在订立的合同中明确各方的消防安全责任。

第十二条 建筑工程施工现场的消防安全由施工单位负责。实行施工总承包的，由总承包单位负责。分包单位向总承包单位负责，服从总承包单位对施工现场的消防安全管理。

对建筑物进行局部改建、扩建和装修的工程，建设单位应当与施工单位在订立的合同中明确各方对施工现场的消防安全责任。

第三章 消防安全管理

第十三条 下列范围的单位是消防安全重点单位，应当按照本规定的要求，实行严格管理：

（一）商场（市场）、宾馆（饭店）、体育场（馆）、会堂、公共娱乐场所等公众聚集场所（以下统称公众聚集场所）；

（二）医院、养老院和寄宿制的学校、托儿所、幼儿园；

（三）国家机关；

（四）广播电台、电视台和邮政、通信枢纽；

（五）客运车站、码头、民用机场；

（六）公共图书馆、展览馆、博物馆、档案馆以及具有火灾危险性的文物保护单位；

（七）发电厂（站）和电网经营企业；

（八）易燃易爆化学物品的生产、充装、储存、供应、销售单位；

（九）服装、制鞋等劳动密集型生产、加工企业；

（十）重要的科研单位；

（十一）其他发生火灾可能性较大以及一旦发生火灾可能造成重大人身伤亡或者财产损失的单位。

高层办公楼（写字楼）、高层公寓楼等高层公共建筑，城市地下铁道、地下观光隧道等地下公共建筑和城市重要的交通隧道，粮、棉、木材、百货等物资集中的大型仓库和堆场，国家和省级等重点工程的施工现场，应当按照本规定对消防安全重点单位的要求，实行严格管理。

第十四条 消防安全重点单位及其消防安全责任人、消防安全管理人应当报当地公安消防机构备案。

第十五条 消防安全重点单位应当设置或者确定消防工作的归口管理职能部门，并确定专职或者兼职的消防管理人员；其他单位应当确定专职或者兼职消防管理人员，可以确定消防工作的归口管理职能部门。归口管理职能部门和专兼职消防管理人员在消防安全责任人或者消防安全管理人的领导下开展消防安全管理工作。

第十六条 公众聚集场所应当在具备下列消防安全条件后，向当地公安消防机构申报进行消防安全检查，经检查合格后方可开业使用：

（一）依法办理建筑工程消防设计审核手续，并经消防验收合格；

（二）建立健全消防安全组织，消防安全责任明确；

（三）建立消防安全管理制度和保障消防安全的操作规程；

（四）员工经过消防安全培训；

（五）建筑消防设施齐全、完好有效；

（六）制定灭火和应急疏散预案。

第十七条 举办集会、焰火晚会、灯会等具有火灾危险的大型活动，主办或者承办单位应当在具备消防安全条件后，向公安消防机构申报对活动现场进行消防安全检查，经检查合格后方可举办。

第十八条 单位应当按照国家有关规定，结合本单位的特点，建立健全各项消防安全制度和保障消防安全的操作规程，并公布执行。

单位消防安全制度主要包括以下内容：消防安全教育、培训；防火巡查、检查；安全疏散设施管理；消防（控制室）值班；消防设施、器材维护管理；火灾隐患整改；用火、用电安全管理；易燃易爆危险物品和场所防火防爆；专职和义务消防队的组织管理；灭火和应急疏散预案演练；燃气和电气设备的检查和管理（包括防雷、防静电）；消防安全工作考评和奖惩；其他必要的消防安全内容。

第十九条 单位应当将容易发生火灾、一旦发生火灾可能严重危及人身和财产安全以及对消防安全有重大影响的部位确定为消防安全重点部位，设置明显的防火标志，实行严格管理。

第二十条 单位应当对动用明火实行严格的消防安全管理。禁止在具有火灾、爆炸危险的场所使用明火；因特殊情况需要进行电、气焊等明火作业的，动火部门和人员应当按照单位的用火管理制度办理审批手续，落实现场监护人，在确认无火灾、爆炸危险后方可动火施工。动火施工人员应当遵守消防安全规定，并落实相应的消防安全措施。

公众聚集场所或者两个以上单位共同使用的建筑物局部施工需要使用明火时，施工单位和使用单位应当共同采取措施，将施工区和使用区进行防火分隔，清除动火区域的易燃、可燃物，配置消防器材，专人监护，保证施工及使用范围的消防安全。

公共娱乐场所在营业期间禁止动火施工。

第二十一条 单位应当保障疏散通道、安全出口畅通，并设置符合国家规定的消防安全疏散指示标志和应急照明设施，保持防火门、防火卷帘、消防安全疏散指示标志、应急照明、机械排烟送风、火灾事故广播等设施处于正常状态。

严禁下列行为：

（一）占用疏散通道；

（二）在安全出口或者疏散通道上安装栅栏等影响疏散的障碍物；

（三）在营业、生产、教学、工作等期间将安全出口上锁、遮挡或者将消防安全疏散指示标志遮挡、覆盖；

（四）其他影响安全疏散的行为。

第二十二条 单位应当遵守国家有关规定，对易燃易爆危险物品的生产、使用、储存、销售、运输或者销毁实行严格的消防安全管理。

第二十三条 单位应当根据消防法规的有关规定，建立专职消防队、义务消防队，配备相应的消防装备、器材，并组织开展消防业务学习和灭火技能训练，提高预防和扑救火灾的能力。

第二十四条 单位发生火灾时，应当立即实施灭火和应急疏散预案，务必做到及时报警，迅速扑救火灾，及时疏散人员。邻近单位应当给予支援。任何单位、人员都应当无偿为报火警提供便利，不得阻拦报警。

单位应当为公安消防机构抢救人员、扑救火灾提供便利和条件。

火灾扑灭后，起火单位应当保护现场，接受事故调查，如实提供火灾事故的情况，协助公安消防机构调查火灾原因，核定火灾损失，查明火灾事故责任。未经公安消防机构同意，不得擅自清理火灾现场。

第四章　防火检查

第二十五条　消防安全重点单位应当进行每日防火巡查，并确定巡查的人员、内容、部位和频次。其他单位可以根据需要组织防火巡查。巡查的内容应当包括：

（一）用火、用电有无违章情况；

（二）安全出口、疏散通道是否畅通，安全疏散指示标志、应急照明是否完好；

（三）消防设施、器材和消防安全标志是否在位、完整；

（四）常闭式防火门是否处于关闭状态，防火卷帘下是否堆放物品影响使用；

（五）消防安全重点部位的人员在岗情况；

（六）其他消防安全情况。

公众聚集场所在营业期间的防火巡查应当至少每二小时一次；营业结束时应当对营业现场进行检查，消除遗留火种。医院、养老院、寄宿制的学校、托儿所、幼儿园应当加强夜间防火巡查，其他消防安全重点单位可以结合实际组织夜间防火巡查。

防火巡查人员应当及时纠正违章行为，妥善处置火灾危险，无法当场处置的，应当立即报告。发现初起火灾应当立即报警并及时扑救。

防火巡查应当填写巡查记录，巡查人员及其主管人员应当在巡查记录上签名。

第二十六条　机关、团体、事业单位应当至少每季度进行一次防火检查，其他单位应当至少每月进行一次防火检查。检查的内容应当包括：

（一）火灾隐患的整改情况以及防范措施的落实情况；

（二）安全疏散通道、疏散指示标志、应急照明和安全出口情况；

（三）消防车通道、消防水源情况；

（四）灭火器材配置及有效情况；

（五）用火、用电有无违章情况；

（六）重点工种人员以及其他员工消防知识的掌握情况；

（七）消防安全重点部位的管理情况；

（八）易燃易爆危险物品和场所防火防爆措施的落实情况以及其他重要物资的防火安全情况；

（九）消防（控制室）值班情况和设施运行、记录情况；

（十）防火巡查情况；

（十一）消防安全标志的设置情况和完好、有效情况；

（十二）其他需要检查的内容。

防火检查应当填写检查记录。检查人员和被检查部门负责人应当在检查记录上签名。

第二十七条 单位应当按照建筑消防设施检查维修保养有关规定的要求，对建筑消防设施的完好有效情况进行检查和维修保养。

第二十八条 设有自动消防设施的单位，应当按照有关规定定期对其自动消防设施进行全面检查测试，并出具检测报告，存档备查。

第二十九条 单位应当按照有关规定定期对灭火器进行维护保养和维修检查。对灭火器应当建立档案资料，记明配置类型、数量、设置位置、检查维修单位（人员）、更换药剂的时间等有关情况。

第五章 火灾隐患整改

第三十条 单位对存在的火灾隐患，应当及时予以消除。

第三十一条 对下列违反消防安全规定的行为，单位应当责成有关人员当场改正并督促落实：

（一）违章进入生产、储存易燃易爆危险物品场所的；

（二）违章使用明火作业或者在具有火灾、爆炸危险的场所吸烟、使用明火等违反禁令的；

（三）将安全出口上锁、遮挡，或者占用、堆放物品影响疏散通道畅通的；

（四）消火栓、灭火器材被遮挡影响使用或者被挪作他用的；

（五）常闭式防火门处于开启状态，防火卷帘下堆放物品影响使用的；

（六）消防设施管理、值班人员和防火巡查人员脱岗的；

（七）违章关闭消防设施、切断消防电源的；

（八）其他可以当场改正的行为。

违反前款规定的情况以及改正情况应当有记录并存档备查。

第三十二条 对不能当场改正的火灾隐患，消防工作归口管理职能部门或者专兼职消防管理人员应当根据本单位的管理分工，及时将存在的火灾隐患向单位的消防安全管理人或者消防安全责任人报告，提出整改方案。消防安全管理人或者消防安全责任人应当确定整改的措施、期限以及负责整改的部门、人员，并落实整改资金。

在火灾隐患未消除之前，单位应当落实防范措施，保障消防安全。不能确保消防安全，随时可能引发火灾或者一旦发生火灾将严重危及人身安全的，应当将危险部位停产停业整改。

第三十三条 火灾隐患整改完毕，负责整改的部门或者人员应当将整改情况记录报送消防安全责任人或者消防安全管理人签字确认后存档备查。

第三十四条 对于涉及城市规划布局而不能自身解决的重大火灾隐患，以及机关、团体、事业单位确无能力解决的重大火灾隐患，单位应当提出解决方案并及时向其上级主管部门或者当地人民政府报告。

第三十五条 对公安消防机构责令限期改正的火灾隐患，单位应当在规定的期限内改正并写出火灾隐患整改复函，报送公安消防机构。

第六章 消防安全宣传教育和培训

第三十六条 单位应当通过多种形式开展经常性的消防安全宣传教育。消防安全重点单位对每名员工应当至少每年进行一次消防安全培训。宣传教育和培训内容应当包括：

（一）有关消防法规、消防安全制度和保障消防安全的操作规程；

（二）本单位、本岗位的火灾危险性和防火措施；

（三）有关消防设施的性能、灭火器材的使用方法；

（四）报火警、扑救初起火灾以及自救逃生的知识和技能。

公众聚集场所对员工的消防安全培训应当至少每半年进行一次，培训的内容还应当包括组织、引导在场群众疏散的知识和技能。

单位应当组织新上岗和进入新岗位的员工进行上岗前的消防安全培训。

第三十七条 公众聚集场所在营业、活动期间，应当通过张贴图画、广播、闭路电视等向公众宣传防火、灭火、疏散逃生等常识。

学校、幼儿园应当通过寓教于乐等多种形式对学生和幼儿进行消防安全常识教育。

第三十八条 下列人员应当接受消防安全专门培训：

（一）单位的消防安全责任人、消防安全管理人；

（二）专、兼职消防管理人员；

（三）消防控制室的值班、操作人员；

（四）其他依照规定应当接受消防安全专门培训的人员。

前款规定中的第（三）项人员应当持证上岗。

第七章 灭火、应急疏散预案和演练

第三十九条 消防安全重点单位制定的灭火和应急疏散预案应当包括下列内容：

（一）组织机构，包括：灭火行动组、通讯联络组、疏散引导组、安全防护救护组；

（二）报警和接警处置程序；

（三）应急疏散的组织程序和措施；

（四）扑救初起火灾的程序和措施；

（五）通讯联络、安全防护救护的程序和措施。

第四十条 消防安全重点单位应当按照灭火和应急疏散预案，至少每半年进行一次演练，并结合实际，不断完善预案。其他单位应当结合本单位实际，参照制定相应的应急方案，至少每年组织一次演练。

消防演练时，应当设置明显标识并事先告知演练范围内的人员。

第八章 消防档案

第四十一条 消防安全重点单位应当建立健全消防档案。消防档案应当包括消防安全基本情况和消防安全管理情况。消防档案应当详实，全面反映单位消防工作的基本情况，并附有必要的图表，根据情况变化及时更新。

单位应当对消防档案统一保管、备查。

第四十二条 消防安全基本情况应当包括以下内容：

（一）单位基本概况和消防安全重点部位情况；

（二）建筑物或者场所施工、使用或者开业前的消防设计审核、消防验收以及消防安全检查的文件、资料；

（三）消防管理组织机构和各级消防安全责任人；

（四）消防安全制度；

（五）消防设施、灭火器材情况；

（六）专职消防队、义务消防队人员及其消防装备配备情况；

（七）与消防安全有关的重点工种人员情况；

（八）新增消防产品、防火材料的合格证明材料；

（九）灭火和应急疏散预案。

第四十三条 消防安全管理情况应当包括以下内容：

（一）公安消防机构填发的各种法律文书；

（二）消防设施定期检查记录、自动消防设施全面检查测试的报告以及维修保养的记录；

（三）火灾隐患及其整改情况记录；

（四）防火检查、巡查记录；

（五）有关燃气、电气设备检测（包括防雷、防静电）等记录资料；

（六）消防安全培训记录；

（七）灭火和应急疏散预案的演练记录；

（八）火灾情况记录；

（九）消防奖惩情况记录。

前款规定中的第（二）、（三）、（四）、（五）项记录，应当记明检查的人员、时间、部位、内容、发现的火灾隐患以及处理措施等；第（六）项记录，应当记明培训的时间、参加人员、内容等；第（七）项记录，应当记明演练的时间、地点、内容、参加部门以及人员等。

第四十四条 其他单位应当将本单位的基本概况、公安消防机构填发的各种法律文书、与消防工作有关的材料和记录等统一保管备查。

第九章 奖 惩

第四十五条 单位应当将消防安全工作纳入内部检查、考核、评比内容。对在消防安全工作中成绩突出的部门（班组）和个人，单位应当给予表彰奖励。对未依法履行消防安全职责或者违反单位消防安全制度的行为，应当依照有关规定对责任人员给予行政纪律处分或者其他处理。

第四十六条 违反本规定，依法应当给予行政处罚的，依照有关法律、法规予以处罚；构成犯罪的，依法追究刑事责任。

第十章 附 则

第四十七条 公安消防机构对本规定的执行情况依法实施监督，并对自身滥用职权、玩忽职守、徇私舞弊的行为承担法律责任。

第四十八条 规定自 2002 年 5 月 1 日起施行。本规定施行以前公安部发布的规章中的有关规定与本规定不一致的，以本规定为准。

中华人民共和国公安部令
第 6 号

国务院授权我部修改的《仓库防火安全管理规则》，已经一九九〇年三月二十二日公安部部务会议通过，现予发布施行。

公安部长　王芳

1990 年 4 月 10 日

仓库防火安全管理规则

目　　录

第一章　总　　则

第一条　为了加强仓库消防安全管理，保护仓库免受火灾危害。根据《中华人民共和国消防条例》及其实施细则的有关规定，制定本规则。

第二条　仓库消防安全必须贯彻“预防为主，防消结合”的方针，实行“谁主管，谁负责”的原则。仓库消防安全由本单位及其上级主管部门负责。

第三条　本规则由县级以上公安机关消防监督机构负责监督。

第四条　本规则适用于国家、集体和个体经营的储存物品的各类仓库、堆栈、货场。

储存火药、炸药、火工品和军工物资的仓库，按照国家有关规定执行。

第二章　组织管理

第五条　新建、扩建和改建的仓库建筑设计，要符合国家建筑设计防火规范的有关规定，并经公安消防监督机构审核。仓库竣工时，其主管部门应当会同公安消防监督等有关部门进行验收；验收不合格的，不得交付使用。

第六条　仓库应当确定一名主要领导人为防火负责人，全面负责仓库的消防安全管理工作。

第七条　仓库防火负责人负有下列职责：

(一) 组织学习贯彻消防法规，完成上级部署的消防工作；

(二) 组织制定电源、火源、易燃易爆物品的安全管理和值班巡逻等制度，落实逐级防火责任制和岗位防火责任制；

(三) 组织对职工进行消防宣传、业务培训和考核，提高职工的安全素质，

(四) 组织开展防火检查，消除火险隐患；

(五) 领导专职、义务消防队组织和专职、兼职消防人员，制定灭火应急方案，组织扑救火灾；

(六) 定期总结消防安全工作，实施奖惩。

第八条　国家储备库、专业仓库应当配备专职消防干部；其他仓库可以根据需要配备专职或兼职消防人员。

第九条　国家储备库、专业仓库和火灾危险性大、距公安消防队较远的其他大型仓库，应当按照有关规定建立专职消防队。

第十条　各类仓库都应当建立义务消防组织，定期进行业务培训，开展自防自救工作。

第十一条　仓库防火负责人的确定和变动，应当向当地公安消防监督机构备案；专职消防干部、人员和专职消防队长的配备与更换，应当征求当地公安消防监督机构的意见。

第十二条　仓库保管员应当熟悉储存物品的分类、性质、保管业务知识和防火安全制度，掌握消防器材的操作使用和维护保养方法，做好本岗位的防火工作。

第十三条　对仓库新职工应当进行仓储业务和消防知识的培训，经考试合格，方可上岗作业。

第十四条　仓库严格执行夜间值班、巡逻制度，带班人员应当认真检查，督促落实。

第三章　储存管理

第十五条　依据国家《建筑设计防火规范》的规定，按照仓库储存物品的火灾危险程度分为甲、乙、丙、丁、戊五类(详见附表)。

第十六条　露天存放物品应当分类、分堆、分组和分垛，并留出必要的防火间距。堆场的总储量以及与建筑物等之间的防火距离，必须符合建筑设计防火规范的规定。

第十七条　甲、乙类桶装液体，不宜露天存放。必须露天存放时，在炎热季节必须采取降温措施。

第十八条　库存物品应当分类、分垛储存，每垛占地面积不宜大于一百平方米，垛与垛间距不小于一米，垛与墙间距不小于零点五米，垛与梁、柱间距不小于零点三米，主要通道的宽度不小于二米。

第十九条　甲、乙类物品和一般物品以及容易相互发生化学反应或者灭火方法不同的物品，必须分间、分库储存，并在醒目处标明储存物品的名称、性质和灭火方法。

第二十条　易自燃或者遇水分解的物品，必须在温度较低、通风良好和空气干燥的场所储存，并安装专用仪器定时检测，严格控制湿度与温度。

第二十一条　物品入库前应当有专人负责检查，确定无火种等隐患后，方准入库。

第二十二条　甲、乙类物品的包装容器应当牢固、密封，发现破损、残缺，变形和物品变质、分解等情况时，应当及时进行安全处理，严防跑、冒、滴、漏。

第二十三条　使用过的油棉纱、油手套等沾油纤维物品以及可燃包装，应当存放在安全地点，定期处理。

第二十四条　库房内因物品防冻必须采暖时，应当采用水暖，其散热器、供暖管道与储存物品的距离不小于零点三米。

第二十五条　甲、乙类物品库房内不准设办公室、休息室。其他库房必需设办公室时，可以贴邻库房一角设置无孔洞的一级、二级耐火等级的建筑，其门窗直通库外，具体实施，应征得当地公安消防监督机构的同意。

第二十六条　储存甲、乙、丙类物品的库房布局、储存类别不得擅自改变。如确需改变的，应当报经当地公安消防监督机构同意。

第四章　装卸管理

第二十七条　进入库区的所有机动车辆，必须安装防火罩。

第二十八条 蒸汽机车驶入库区时，应当关闭灰箱和送风器，并不得在库区清炉。仓库应当派专人负责监护。

第二十九条 汽车、拖拉机不准进入甲、乙、丙类物品库房。

第三十条 进入甲、乙类物品库房的电瓶车、铲车必须是防爆型的；进入丙类物品库房的电瓶车、铲车，必须装有防止火花溅出的安全装置。

第三十一条 各种机动车辆装卸物品后，不准在库区、库房、货场内停放和修理。

第三十二条 库区内不得搭建临时建筑和构筑物。因装卸作业确需搭建时，必须经单位防火负责人批准，装卸作业结束后立即拆除。

第三十三条 装卸甲、乙类物品时，操作人员不得穿戴易产生静电的工作服、帽和使用易产生火花的工具，严防震动、撞击、重压、摩擦和倒置。对易产生静电的装卸设备要采取消除静电的措施。

第三十四条 库房内固定的吊装设备需要维修时，应当采取防火安全措施，经防火负责人批准后，方可进行。

第三十五条 装卸作业结束后，应当对库区、库房进行检查，确认安全后，方可离人。

第五章　电气管理

第三十六条 仓库的电气装置必须符合国家现行的有关电气设计和施工安装验收标准规范的规定。

第三十七条 甲、乙类物品库房和丙类液体库房的电气装置，必须符合国家现行的有关爆炸危险场所的电气安全规定。

第三十八条 储存丙类固体物品的库房，不准使用碘钨灯和超过六十瓦以上的白炽灯等高温照明灯具。当使用日光灯等低温照明灯具和其他防燃型照明灯具时，应当对镇流器采取隔热、散热等防火保护措施，确保安全。

第三十九条 库房内不准设置移动式照明灯具。照明灯具下方不准堆放物品，其垂直下方与储存物品水平间距离不得小于零点五米。

第四十条 库房内敷设的配电线路，需穿金属管或用非燃硬塑料管保护。

第四十一条 库区的每个库房应当在库房外单独安装开关箱，保管人员离库时，必须拉闸断电。

禁止使用不合规格的保险装置。

第四十二条 库房内不准使用电炉、电烙铁、电熨斗等电热器具和电视机、电冰箱等家用电器。

第四十三条 仓库电器设备的周围和架空线路的下方严禁堆放物品。对提升、码垛等机械设备易产生火花的部位，要设置防护罩。

第四十四条 仓库必须按照国家有关防雷设计安装规范的规定，设置防雷装置，并定期检测，保证有效。

第四十五条 仓库的电器设备，必须由持合格证的电工进行安装、检查和维修保养。电工应当严格遵守各项电器操作规程。

第六章 火源管理

第四十六条 仓库应当设置醒目的防火标志。进入甲、乙类物品库区的人员，必须登记，并交出携带的火种。

第四十七条 库房内严禁使用明火。库房外动用明火作业时，必须办理动火证，经仓库或单位防火负责人批准，并采取严格的安全措施。动火证应当注明动火地点、时间、动火人、现场监护人、批准人和防火措施等内容。

第四十八条 库房内不准使用火炉取暖。在库区使用时，应当经防火负责人批准。

第四十九条 防火负责人在审批火炉的使用地点时，必须根据储存物品的分类，按照有关防火间距的规定审批，并制定防火安全管理制度，落实到人。

第五十条 库区以及周围五十米内，严禁燃放烟花爆竹。

第七章 消防设施和器材管理

第五十一条 仓库内应当按照国家有关消防技术规范，设置、配备消防设施和器材。

第五十二条 消防器材应当设置在明显和便于取用的地点，周围不准堆放物品和杂物。

第五十三条 仓库的消防设施、器材，应当由专人管理，负责检查、维修、保养、更换和添置，保证完好有效，严禁圈占、埋压和挪用。

第五十四条 甲、乙、丙类物品国家储备库、专业性仓库以及其他大型物资仓库，应当按照国家有关技术规范的规定安装相应的报警装置，附近有公安消防队的宜设置与其直通的报警电话。

第五十五条 对消防水池、消火栓、灭火器等消防设施、器材，应当经常进行检查，保持完整好用。地处寒区的仓库，寒冷季节要采取防冻措施。

第五十六条 库区的消防车道和仓库的安全出口、疏散楼梯等消防通道，严禁堆放物品。

第八章 奖　　惩

第五十七条 仓库消防工作成绩显著的单位和个人，由公安机关、上级主管部门或者本单位给予表彰、奖励。

第五十八条 对违反本规则的单位和人员，国家法现有规定的，应当按照国家法规予以处罚；国家法规没有规定的，可以按照地方有关法规、规章进行处罚；

触犯刑律的，由司法机关追究刑事责任。

第九章 附　　则

第五十九条 储存丁、戊类物品的库房或露天堆栈、货场，执行本规则时，在确保安全并征得当地公安消防监督机构同意的情况下，可以适当放宽。

第六十条 铁路车站、交通港口码头等昼夜作业的中转性仓库，可以按照本规则的原则要求，由铁路、交通等部门自行制定管理办法。

第六十一条 各省、自治区、直辖市和国务院有关部、委根据本规则制订的具体管理办法，应当送公安部备案。

第六十二条 本规则自发布之日起施行。一九八〇年八月一日经国务院批准、同年八月十五日公安部公布施行的《仓库防火安全管理规则》即行废止。

企业事业单位专职消防队组织条例

各省、自治区、直辖市经委，公安、劳动人事、财政厅、局(劳动局，人事局)：

为了加快企业事业单位专职消防队的建设，更好地发挥这支队伍在企业、事业单位消防安全工作中的重要作用，根据《中华人民共和国消防条例》的规定，制 定了《企业事业单位专职消防队组织条例》，现予发布实施。在实施中有什么问题，请函告公安部。

中华人民共和国国家经济委员会
中华人民共和国公安部
中华人民共和国劳动人事部
中华人民共和国财政部
1987 年 1 月 19 日

目　　录

第一章　总　　则

第一条　为加强企业事业单位专职消防队的建设，保障本企业事业单位的消防安全，根据《中华人民共和国消防条例》第十七条的规定，制定本条例。

第二条　企业事业单位专职消防队(简称专职消防队)必须贯彻“预防为主，防消结合”的方针，切实做好本单位的防火、灭火工作。需要时，应协同公安消防队扑救外单位火灾。

第三条　专职消防队由厂长、经理等单位负责人领导，日常工作由本单位公安、保卫或安全技术部门管理，在业务上接受当地公安消防监督部门的指导。

第四条　专职消防队的建立和人员编制，均应以企业事业单位的实际需要为原则，经费由建队单位承担。企业单位专职消防队的建立或撤销，须经当地公安消防监督部门会同企业单位主管部门商定；事业单位设置专职消防队和人员，编制要报编制部门批准。单位领导决定消防队干部的任免、调动时，应当征求当地公安消防监督部门的意见。

第二章　建　　队

第五条　下列单位应当建立专职消防队：

（一）火灾危险性大，距离当地公安消防队（站）较远的大、中型企业事业单位；

（二）重要的港口、码头、飞机航站；

（三）专用仓库、储油或储气基地；

（四）国家列为重点文物保护的古建筑群；

（五）当地公安消防监督部门认为应当建立专职消防队的其他单位。

第六条　企业专职消防队的人员和消防车配备数量，由建队单位和当地公安消防监督部门商定；事业单位专职消防队人员数量，由编制部门审批。

第七条　本单位设置两个以上专职消防队、人数在一百人左右的，可以成立专职消防大队；设置五个以上专职消防队，人数在二百人左右的，可以成立专职消防支队。

第三章　火灾预防

第八条　专职消防队要建立防火责任制，定期深入责任区进行防火检查，督促消除火险隐患，建立防火档案。

第九条　专职消防队要在本单位开展消防宣传活动，普及消防常识，推动消防安全制度的贯彻落实，并负责训练义务消防队。

第十条　在本单位改变生产，储存物资的性质、变更原材料、产品以及需要进行新建、扩建、改建工程施工时，专职消防队应当向单位领导和有关部门提出改进消防安全措施的意见和建议。

第十一条　专职消防队应当定期向主管领导和公安消防监督部门汇报消防工作。发现违反消防法规的情形，应当及时提出纠正意见。如不采纳，可向本单位领导和当地公安消防监督部门报告。

第四章　执勤备战

第十二条　专职消防队的执勤、灭火战斗、业务训练应当 参照执行公安部发布的《公安消防队执勤条令》、《公安消防队灭火战斗条令》和《消防战士基本功训练规定》。

第十三条 专职消防队应当加强灭火战术、技术的训练，对本单位的重点保卫部位必须制定灭火作战方案，进行实地演练，不断提高业务素质和灭火战斗能力。

第十四条 专职消防队要随时做好灭火战斗准备，一旦发生火灾要立即扑救，及时抢救人员和物资，并向公安消防监督部门报告。当接到消防监督部门的外出灭火调令时，应当迅速出动，听从指挥。

第十五条 专职消防队要建立正规的执勤秩序，实行昼夜执勤制度并加强节假日执勤。执勤人员要坚守岗位，不得擅离职守。

第十六条 专职消防队的执勤人员，由执勤队长、战斗(班)员、驾驶员和电话员组成，执勤队长由队长、指导员轮流担任。每辆水罐消防车或泡沫消防车，执勤战斗员不少于五名，每辆轻便消防车执勤战斗员不少于三名；特种消防车(艇)的执勤战斗员根据需要配备。

第五章 消防队员

第十七条 专职消防队队员条件是：热爱消防工作，身体健康，具有初中以上文化程度，年龄在十八岁以上、三十岁以下的男性公民。

第十八条 专职消防队的队员，应当优先在本单位职工中选调。不足时，应当在国家劳动工资计划指标内先从城镇待业人员中招收；必要时经省、自治区、直辖市人民政府批准，可以从农村青年中招收(户粮关系不转)。新招消防队员，根据工作需要确定用工形式，可以招用五年以上的长期工、一年至五年的短期工和定期轮换工，但不论采取哪一种用工形式，都应当执行劳动合同制的有关规定。

第十九条 专职消防队在不影响执勤备战和业务训练的前提下，要有组织有计划地开展培养两用人才活动，为离队后的工作安排创造条件。

第二十条 专职消防队的队长或指导员应当由干部担任。

第六章 工资福利

第二十一条 专职消防队人员实行本单位工资奖金制度，享受本单位生产职工同等保险福利待遇。离队后，按新的岗位确定待遇。

第二十二条 从社会上招收的专职消防队人员的转正定级和工资待遇及以后的晋级，按照国家有关政策和本单位有关规定执行。

第二十三条 专职消防队人员因执勤需要集体住宿必需的营具，由建队单位购置。

第二十四条 专职消防队人员在业务训练、灭火战斗中受伤、致残、死亡，应当按照本单位执行的有关劳动保险或伤亡抚恤规定办理；壮烈牺牲符合《革命烈士褒扬条例》规定的革命烈士条件的，可以按规定的审批手续，申请批准为革命烈士。

第二十五条 专职消防队人员着上绿下蓝制式服装，佩戴领章、帽徽。式样、供应标准和价拨办法由公安部同有关部门另定。

第七章 经 费

第二十六条 企业单位的消防维护费和日常经费(如消防队员的工资、消防用材料物资)应在企业管理费中列支；支付给消防队员的奖金、福利应在企业奖励基金和职工福利基金中列支；购置的消防器材属于固定资产的，应在企业更新改造基金、生产发展基金中列支。

第二十七条 专职消防队的营房设施，参照执行公安部颁发的《消防站建筑设计标准》，由建队单位负责营建。

第二十八条 专职消防队所需消防车(艇)、器材、油料、通讯设备和人员的战斗装备等，应当做出计划，报本单位领导批准购置。

第二十九条 专职消防队为外单位扑救火灾消耗的燃料、灭火剂以及器材装备的折损等费用，应当根据有关规定按照实际消耗给予补偿。

第八章 附 则

第三十条 各省、自治区、直辖市公安机关可以根据本条例，结合当地实际情况，制定具体实施办法。

第三十一条 本条例由国家经委、公安部、劳动人事部、财政部联合制定，由公安部负责解释。

第三十二条 本条例自发布之日起施行。

国家安全生产应急救援指挥中心
关于建立安全生产应急演练工作情况报送制度的通知

应指信息〔2015〕1号

各省、自治区、直辖市及新疆生产建设兵团安全生产监督管理局，各省级煤矿安全监察局，有关中央企业：

为全面了解和掌握各地区、各中央企业安全生产应急演练（以下简称应急演练）工作情况，总结经验、加强指导，推动应急演练植根企业、面向基层，现将建立应急演练工作情况报送制度有关事项通知如下：

一、报送内容

（一）应急演练工作计划。主要包括：本单位组织策划的应急演练计划，各省级安全监管监察部门参与指导的重点市（州）、省属企业应急演练计划，中央企业参与指导的所属二级企业应急演练计划。

（二）应急演练工作总结。主要包括：本辖区、本企业应急演练总体情况，应急演练规章制度制定和落实情况，存在的突出问题和典型经验做法。

二、报送要求

（一）全面分析、制定计划。各单位要在全面分析安全生产和应急管理工作薄弱环节的基础上，把事故易发、频发和应急管理力量薄弱等重点行业、地区、时段、岗位作为应急演练的主要对象，把政企、社企、企企应急预案衔接等作为应急演练的核心内容，制定应急演练工作计划。

（二）健全制度、及时报送。各单位要建立配套的应急演练情况报送制度，及时收集和掌握本辖区和所属企业应急演练工作情况，按时保质报送相关信息。

（三）加强指导，督促落实。各单位要积极参与本辖区、所属企业应急演练活动，强化对应急演练情景设计、组织实施的指导，定期对应急演练工作开展情况进行督促检查，确保应急演练工作落到实处。

三、报送方式

应急演练报送分为半年报、年报和专报。半年报采用报表（详见附件）形式，重点报送上半年、下半年应急演练计划安排情况，分别于每年1月和7月底前报送；年报重点报送年度应急演练工作总结，于每年12月底前报送；专报重点报送安全生产月应急演练活动总结，以及未列入计划的涉及部门联动、政企联动的综合应急演练安排情况。报告以纸质和电子版形式报送国家安全生产应急救援指挥中心信息管理部。

联系人及电话：吴志岭、闫立，010-64463882、64463702(传真)。

电子邮箱：yanl@ chinasafety. gov. cn

附件：应急演练工作计划半年报表

国家安全生产应急救援指挥中心

2015 年 1 月 27 日

附件

应急演练工作计划半年报表

单位： 联系人： 电话： 填表时间：

序号	演练名称	组织单位	演练时间	主要事故情景	演练方式

国家安全监管总局办公厅
关于印发安全监管部门应急预案框架指南的通知

安监总厅应急〔2011〕222号

各省、自治区、直辖市及新疆生产建设兵团安全生产监督管理局：

为指导县级以上地方各级安全监管部门做好应急预案编制工作，国家安全生产应急救援指挥中心组织制定了省、市、县三级安全监管部门应急预案框架指南，现印发给你们，请参照执行。

2011年11月3日

省级安全监管部门应急预案框架指南

1　总则

1.1　编制目的

1.2　工作原则

坚持以人为本、安全第一，统一领导、分级负责，条块结合、属地为主，职责明确、规范有序，资源共享、反应灵敏，预防为主、平战结合等。要求简洁明确。

1.3　编制依据

列出主要依据或参照的法律、法规、规章和相关应急预案。

1.4　适用范围

明确安全监管部门负责处置和参与处置的主要生产安全事故类型。安全监管部门负责处置的生产安全事故主要包括负责直接监督管理职责范围内行业(领域)企业的生产安全事故，参与处置的生产安全事故包括其他行业(领域)的生产安全事故。

2　组织体系及职责

2.1　应急组织机构与职责

明确本部门生产安全事故应急救援领导小组及其职责。按照各处室工作职能和事故应急处置程序，明确各处室应急工作职责。

2.2　事故现场工作(督导)组职责

事故现场工作(督导)组是按照应急救援领导小组要求，成立并派往事发现场的临时工作机构。明确事故现场工作组的组成人员及工作职责。

2.3　应急救援专家职责

明确应急救援专家参加应急救援工作的职责。

3　信息报告与预警

3.1　信息报告

明确24小时应急值守电话、本部门和相关部门之间、上下级之间、部门和企业之间常规信息、预警信息、重大事故信息接收和报告内容、方式、传输渠道和要求，以及信息分析、会商评估和共享的方式、方法、报送及反馈程序。

明确预警信息主要来源与内容，一般包括上级部门、省级人民政府有关部门下发的预警信息，生产经营单位上报的事故预警信息等。

3.2　预警行动

明确事故预警信息发布程序、内容、方式和途径等，以及需要采取的预警行动和响应措施，包括应急值守、信息报告、信息跟踪、专家咨询、应急救援队伍集结、应急救援装备调运、派出工作组和应急准备检查等。

4　应急响应

4.1　分级响应

按照国家生产安全事故应急响应分级标准，重大以上生产安全事故发生后，启动应急响应程序，组织力量参加抢险救援。发生较大生产安全事故或有关部门请求、省级政府领导同志批示处置的事故，启动应急响应程序，指导事故现场抢险救援。

4.2　响应程序

应急响应程序应重点描述事故发生后本部门应急响应的工作程序和具体工作内容，包括信息上报与跟踪、专家咨询与决策、应急队伍和装备准备与调动、现场救援与督导等，做到职责明确、反应灵敏、工作有序。

4.3　现场处置措施

按照事故类型，明确现场应急指挥机构工作程序，分门别类制定事故现场应急处置工作要点和具体措施。

4.4　信息发布

明确信息发布原则、内容、单位和格式，以及审查、发布程序等。

4.5　应急结束

明确现场应急救援终止的条件、程序和要求。

5　后期处置

明确负责事故应急处置评估总结的部门和要求。协助有关部门做好现场清理和事后恢复、污染物处置、人员安置补偿、保险赔付、物资征用补偿等工作。

6　保障措施

6.1　通信与信息保障

明确各部门应急值守电话和其他通讯方式，确保信息畅通。

6.2　应急队伍保障

明确可以调用的各类生产安全事故应急救援专业队伍，确保信息有效。

6.3　应急专家保障

明确可以参加生产安全事故应急救援的专家名单，确保信息有效。

6.4　应急装备保障

根据事故类型和应急工作需要，明确生产安全事故处置可以调用的应急装备类型、数量、性能和存放位置等内容。

6.5　应急经费保障

明确应急经费来源、使用范围和管理措施等。

7　预案管理

7.1　预案演练

明确应急预案演练方式和具体要求。

7.2　预案修订

明确预案更新修订部门和具体要求。

7.3　预案实施

明确应急预案管理部门和生效时间。

8　附件

8.1　相关应急机构和人员联系方式

详细列出应急救援相关部门(单位)、应急救援队伍名单和联系方式，并及时更新。

8.2　应急救援专家名单及联系方式

分事故类型详细列出应急救援专家名单和联系方式，并及时更新。

8.3　事故应急处置措施

详细描述针对不同类型事故开展应急处置的技术措施和注意事项等。

8.4　危险性分析

对安全生产状况进行综合分析，明确存在的主要问题和可能发生的较大以上事故类型。

市级安全监管部门应急预案框架指南

1　总则

明确制定目的、依据、适用范围和工作原则等内容。要求简洁明确。

适用范围根据本地区应急管理工作实际，明确安全监管部门负责处置和参与处置的生产安全事故。

2　组织体系及职责

明确本部门生产安全事故应急组织机构及各有关科(处)室的职责。

3　预防与预警

3.1　重大危险源管理

明确职责范围内对重大危险源管理的方式方法，重点防护目标以及采取的预防措施。

3.2　信息报告

明确24小时应急值守电话、本部门和相关部门之间、上下级之间、部门和企业之间常规信息、预警信息、重大事故信息接收和报告内容、方式、传输渠道和要求，以及信息共享的方式、方法、报送及反馈程序。

明确预警信息主要来源与内容，一般包括上级部门、市级人民政府有关部门下发的预警信息，生产经营单位上报的预警信息等。

3.3　预警行动

明确事故预警信息的发布程序、内容、方式、途径和责任人，以及需要采取的应急响应措施，包括应急值守、信息报告、信息跟踪、专家咨询、应急救援队伍集结、应急救援装备调运、派出工作组和应急准备检查等，详细列出预警信息发布专业部门联络方式和信息发送单位。

4　应急响应

4.1　分级响应

按照国家生产安全事故应急响应标准，较大以上生产安全事故发生后，启动应急响应程序，组织力量参加抢险救援。发生一般生产安全事故，启动应急响应程序，指导事故现场抢险救援。

4.2　应急响应程序

明确本部门事故应急响应的工作流程和具体内容，详细规定事故信息报告、事故核实与跟踪、现场指挥协调、事故信息沟通等内容，并落实到各科室和人员，做到职责明确、反应灵敏、工作有序。

4.3　现场处置措施

按照事故类型，明确现场应急指挥机构工作程序，分门别类制定事故现场应急处置工作要点和具体处置方案。

4.4　信息发布

明确信息发布原则、内容、单位和格式，以及审查、发布程序等。

4.5　应急结束

明确现场应急救援终止的条件、程序和要求。

5　后期处置

明确开展事故应急评估总结的牵头部门、程序和要求。协助有关部门做好现场清理和事后恢复、污染物处置、人员安置补偿、保险赔付、物资征用补偿等工作。

6　应急保障

6.1　通信与信息保障

明确各部门应急值守电话和通讯方式，确保信息畅通。

6.2　应急队伍保障

明确可以调用的各类生产安全事故应急救援专业队伍和相关社会应急救援力量，确保信息有效。

6.3　应急专家保障

明确可以参加生产安全事故应急救援的专家名单，确保信息有效。

6.4　应急装备保障

根据事故类型和应急工作需要，明确生产安全事故处置可以调用的应急装备类型、数量、性能和联系方式等内容。

6.5　应急经费保障

明确应急经费来源、使用范围和管理措施等。

7　预案管理

7.1　预案演练

明确应急预案演练方式和具体要求。

7.2　预案修订

明确应急预案更新修订部门和具体要求。

7.3　预案实施

明确应急预案管理部门和生效时间。

8　附件

8.1　相关机构和人员联系方式

详细列出应急救援相关部门(单位)、应急救援队伍及联系方式，并及时更新。

8.2　应急救援专家名单及联系方式

详细列出各类事故应急救援的专家名单和联系方式，并及时更新。

8.3　事故应急处置措施

详细列出针对不同类型事故开展应急处置的技术措施和注意事项等。

8.4　危险性分析

主要阐述职责范围内可能引发较大以上事故的重大危险源分布、主要风险分析以及事故可能对社会造成的影响程度和波及范围。

以上内容可用事故危险性分析图表、重大危险源分布或重要防护目标一览表的形式列出。明确重点行业、事故类型、可能发生的地点、现有应对措施和应急能力等。

县级安全监管部门应急预案编制框架指南

1　总则

明确应急预案编制目的、编制依据、适用范围和工作原则等内容。要求简洁明确。

适用范围应根据本地实际，明确安全监管部门负责处置和参与处置的生产安全事故。

2　组织体系及职责

根据事故类型和应急工作需要，明确本部门负责各类事故应急处置的科室和工作职责。

3　预防与预警

3.1　重大危险源管理

明确职责范围内对重大危险源管理的方式方法，重点防护目标以及采取的预防措施。

3.2　信息报告

明确安全监管部门及其他相关部门24小时值班电话，以及向县级人民政府或上级安全监管部门报告事故信息的内容、时限和要求。

3.3　预警行动

明确预警信息主要来源，包括上级部门、县级人民政府有关部门下发的预警信息，重大危险源监控发现的预警信息，生产经营单位上报的预警信息等。

明确安全监管部门向辖区内可能受事故影响单位或人群传递事故预警信息的方式和责任人。详细列出预警信息发布专业部门联络方式和信息发送单位。

4　应急响应

4.1　应急程序

明确接到事故报告后，县级安全监管部门第一时间赶到事故现场，与企业或相关单位组成现场应急指挥部，展开现场应急处置的工作程序和基本内容。

4.2　应急处置方案

按照事故类型，明确现场应急处置的具体方法和内容。

5　应急资源数据库

针对辖区内可能发生的各类事故建立相应的应急资源数据库。主要包括：应急救援装备(包括各种大型装载、挖掘、运输装备的品种、数量以及调用联系方式)、应急救援队伍(包括应急救援队伍、救援能力和联系方式)、应急救援专家(包括应急救援专家组人员名单和联系方式)。

6 预案管理

明确应急预案演练方式和具体要求，定期对应急预案进行更新，确保相关信息有效。

7 附件

7.1 相关机构和人员联系方式

详细列出应急救援相关部门(单位)及联系方式，并及时更新。

7.2 事故应急处置措施

详细列出针对不同事故开展应急处置的技术措施和注意事项。

7.3 应急救援装备和队伍

详细列出可调用的应急救援队伍和应急救援装备所属单位及联系方式。

7.4 危险性分析

主要阐述职责范围内可能引发事故的重大危险源分布、主要风险分析以及事故可能对社会造成的影响程度和波及范围。

以上内容可用事故危险性分析图表、重大危险源分布或重要防护目标一览表的形式列出。明确事故单位、事故类型、可能发生的地点、现有应对措施和应急能力等。

关于印发《突发事件应急演练指南》的通知

应急办函〔2009〕62号

各省、自治区、直辖市人民政府办公厅，国务院各部委、各直属机构办公厅（室）：

为贯彻落实《中华人民共和国突发事件应对法》和《国家突发公共事件总体应急预案》，加强对应急演练工作的指导，增强应对突发事件的能力，国务院应急办组织有关方面研究编制了《突发事件应急演练指南》，经领导同志批准，现予印发，供你们在组织指导应急演练时参考。

国务院办公厅国务院应急管理办公室

2009年9月25日

突发事件应急演练指南

目　录

1　总则

根据《中华人民共和国突发事件应对法》、《国家突发公共事件总体应急预案》和国务院有关规定，为加强对应急演练工作的指导，促进应急演练规范、安全、节约、有序地开展，制定本指南。

1.1　应急演练定义

应急演练是指各级人民政府及其部门、企事业单位、社会团体等(以下统称演练组织单位)组织相关单位及人员，依据有关应急预案，模拟应对突发事件的活动。

1.2　应急演练目的

（1）检验预案。通过开展应急演练，查找应急预案中存在的问题，进而完善应急预案，提高应急预案的实用性和可操作性。

（2）完善准备。通过开展应急演练，检查应对突发事件所需应急队伍、物资、装备、技术等方面的准备情况，发现不足及时予以调整补充，做好应急准备工作。

（3）锻炼队伍。通过开展应急演练，增强演练组织单位、参与单位和人员等对应急预案的熟悉程度，提高其应急处置能力。

（4）磨合机制。通过开展应急演练，进一步明确相关单位和人员的职责任务，理顺工作关系，完善应急机制。

（5）科普宣教。通过开展应急演练，普及应急知识，提高公众风险防范意识和自救互救等灾害应对能力。

1.3　应急演练原则

（1）结合实际、合理定位。紧密结合应急管理工作实际，明确演练目的，根据资源条件确定演练方式和规模。

（2）着眼实战、讲求实效。以提高应急指挥人员的指挥协调能力、应急队伍的实战能力为着眼点。重视对演练效果及组织工作的评估、考核，总结推广好经验，及时整改存在问题。

（3）精心组织、确保安全。围绕演练目的，精心策划演练内容，科学设计演练方案，周密组织演练活动，制订并严格遵守有关安全措施，确保演练参与人员及演练装备设施的安全。

（4）统筹规划、厉行节约。统筹规划应急演练活动，适当开展跨地区、跨部门、跨行业的综合性演练，充分利用现有资源，努力提高应急演练效益。

1.4　应急演练分类

（1）按组织形式划分，应急演练可分为桌面演练和实战演练。

① 桌面演练。桌面演练是指参演人员利用地图、沙盘、流程图、计算机模

拟、视频会议等辅助手段，针对事先假定的演练情景，讨论和推演应急决策及现场处置的过程，从而促进相关人员掌握应急预案中所规定的职责和程序，提高指挥决策和协同配合能力。桌面演练通常在室内完成。

② 实战演练。实战演练是指参演人员利用应急处置涉及的设备和物资，针对事先设置的突发事件情景及其后续的发展情景，通过实际决策、行动和操作，完成真实应急响应的过程，从而检验和提高相关人员的临场组织指挥、队伍调动、应急处置技能和后勤保障等应急能力。实战演练通常要在特定场所完成。

(2) 按内容划分，应急演练可分为单项演练和综合演练。

① 单项演练。单项演练是指只涉及应急预案中特定应急响应功能或现场处置方案中一系列应急响应功能的演练活动。注重针对一个或少数几个参与单位(岗位)的特定环节和功能进行检验。

② 综合演练。综合演练是指涉及应急预案中多项或全部应急响应功能的演练活动。注重对多个环节和功能进行检验，特别是对不同单位之间应急机制和联合应对能力的检验。

(3) 按目的与作用划分，应急演练可分为检验性演练、示范性演练和研究性演练。

① 检验性演练。检验性演练是指为检验应急预案的可行性、应急准备的充分性、应急机制的协调性及相关人员的应急处置能力而组织的演练。

② 示范性演练。示范性演练是指为向观摩人员展示应急能力或提供示范教学，严格按照应急预案规定开展的表演性演练。

③ 研究性演练。研究性演练是指为研究和解决突发事件应急处置的重点、难点问题，试验新方案、新技术、新装备而组织的演练。

不同类型的演练相互组合，可以形成单项桌面演练、综合桌面演练、单项实战演练、综合实战演练、示范性单项演练、示范性综合演练等。

1.5 应急演练规划

演练组织单位要根据实际情况，并依据相关法律法规和应急预案的规定，制订年度应急演练规划，按照“先单项后综合、先桌面后实战、循序渐进、时空有序”等原则，合理规划应急演练的频次、规模、形式、时间、地点等。

2 应急演练组织机构

演练应在相关预案确定的应急领导机构或指挥机构领导下组织开展。演练组织单位要成立由相关单位领导组成的演练领导小组，通常下设策划部、保障部和评估组；对于不同类型和规模的演练活动，其组织机构和职能可以适当调整。根据需要，可成立现场指挥部。

2.1 演练领导小组

演练领导小组负责应急演练活动全过程的组织领导，审批决定演练的重大事项。演练领导小组组长一般由演练组织单位或其上级单位的负责人担任；副组长一般由演练组织单位或主要协办单位负责人担任；小组其他成员一般由各演练参与单位相关负责人担任。在演练实施阶段，演练领导小组组长、副组长通常分别担任演练总指挥、副总指挥。

2.2　策划部

策划部负责应急演练策划、演练方案设计、演练实施的组织协调、演练评估总结等工作。策划部设总策划，副总策划，下设文案组、协调组、控制组、宣传组等。

(1) 总策划。总策划是演练准备、演练实施、演练总结等阶段各项工作的主要组织者，一般由演练组织单位具有应急演练组织经验和突发事件应急处置经验的人员担任；副总策划协助总策划开展工作，一般由演练组织单位或参与单位的有关人员担任。

(2) 文案组。在总策划的直接领导下，负责制定演练计划、设计演练方案、编写演练总结报告以及演练文档归档与备案等；其成员应具有一定的演练组织经验和突发事件应急处置经验。

(3) 协调组。负责与演练涉及的相关单位以及本单位有关部门之间的沟通协调，其成员一般为演练组织单位及参与单位的行政、外事等部门人员。

(4) 控制组。在演练实施过程中，在总策划的直接指挥下，负责向演练人员传送各类控制消息，引导应急演练进程按计划进行。其成员最好有一定的演练经验，也可以从文案组和协调组抽调，常称为演练控制人员。

(5) 宣传组。负责编制演练宣传方案，整理演练信息、组织新闻媒体和开展新闻发布等。其成员一般是演练组织单位及参与单位宣传部门的人员。

2.3　保障部

保障部负责调集演练所需物资装备，购置和制作演练模型、道具、场景，准备演练场地，维持演练现场秩序，保障运输车辆，保障人员生活和安全保卫等。其成员一般是演练组织单位及参与单位后勤、财务、办公等部门人员，常称为后勤保障人员。

2.4　评估组

评估组负责设计演练评估方案和编写演练评估报告，对演练准备、组织、实施及其安全事项等进行全过程、全方位评估，及时向演练领导小组、策划部和保障部提出意见、建议。其成员一般是应急管理专家、具有一定演练评估经验和突发事件应急处置经验专业人员，常称为演练评估人员。评估组可由上级部门组织，也可由演练组织单位自行组织。

2.5　参演队伍和人员

参演队伍包括应急预案规定的有关应急管理部门（单位）工作人员、各类专兼职应急救援队伍以及志愿者队伍等。

参演人员承担具体演练任务，针对模拟事件场景作出应急响应行动。有时也可使用模拟人员替代未现场参加演练的单位人员，或模拟事故的发生过程，如释放烟雾、模拟泄漏等。

3　应急演练准备

3.1　制定演练计划

演练计划由文案组编制，经策划部审查后报演练领导小组批准。主要内容包括：

（1）确定演练目的，明确举办应急演练的原因、演练要解决的问题和期望达到的效果等。

（2）分析演练需求，在对事先设定事件的风险及应急预案进行认真分析的基础上，确定需调整的演练人员、需锻炼的技能、需检验的设备、需完善的应急处置流程和需进一步明确的职责等。

（3）确定演练范围，根据演练需求、经费、资源和时间等条件的限制，确定演练事件类型、等级、地域、参演机构及人数、演练方式等。演练需求和演练范围往往互为影响。

（4）安排演练准备与实施的日程计划，包括各种演练文件编写与审定的期限、物资器材准备的期限、演练实施的日期等。

（5）编制演练经费预算，明确演练经费筹措渠道。

3.2　设计演练方案

演练方案由文案组编写，通过评审后由演练领导小组批准，必要时还需报有关主管单位同意并备案。主要内容包括：

3.2.1　确定演练目标

演练目标是需完成的主要演练任务及其达到的效果，一般说明“由谁在什么条件下完成什么任务，依据什么标准，取得什么效果”。演练目标应简单、具体、可量化、可实现。一次演练一般有若干项演练目标，每项演练目标都要在演练方案中有相应的事件和演练活动予以实现，并在演练评估中有相应的评估项目判断该目标的实现情况。

3.2.2　设计演练情景与实施步骤

演练情景要为演练活动提供初始条件，还要通过一系列的情景事件引导演练活动继续，直至演练完成。演练情景包括演练场景概述和演练场景清单。

（1）演练场景概述。要对每一处演练场景的概要说明，主要说明事件类别、发生的时间地点、发展速度、强度与危险性、受影响范围、人员和物资分布、已造成的损失、后续发展预测、气象及其他环境条件等。

（2）演练场景清单。要明确演练过程中各场景的时间顺序列表和空间分布情况。演练场景之间的逻辑关联依赖于事件发展规律、控制消息和演练人员收到控制消息后应采取的行动。

3.2.3　设计评估标准与方法

演练评估是通过观察、体验和记录演练活动，比较演练实际效果与目标之间的差异，总结演练成效和不足的过程。演练评估应以演练目标为基础。每项演练目标都要设计合理的评估项目方法、标准。根据演练目标的不同，可以用选择项（如：是/否判断，多项选择）、主观评分（如：1-差、3-合格、5-优秀）、定量测量（如：响应时间、被困人数、获救人数）等方法进行评估。

为便于演练评估操作，通常事先设计好评估表格，包括演练目标、评估方法、评价标准和相关记录项等。有条件时还可以采用专业评估软件等工具。

3.2.4　编写演练方案文件

演练方案文件是指导演练实施的详细工作文件。根据演练类别和规模的不同，演练方案可以编为一个或多个文件。编为多个文件时可包括演练人员手册、演练控制指南、演练评估指南、演练宣传方案、演练脚本等，分别发给相关人员。对涉密应急预案的演练或不宜公开的演练内容，还要制订保密措施。

（1）演练人员手册。内容主要包括演练概述、组织机构、时间、地点、参演单位、演练目的、演练情景概述、演练现场标识、演练后勤保障、演练规则、安全注意事项、通信联系方式等，但不包括演练细节。演练人员手册可发放给所有参加演练的人员。

（2）演练控制指南。内容主要包括演练情景概述、演练事件清单、演练场景说明、参演人员及其位置、演练控制规则、控制人员组织结构与职责、通信联系方式等。演练控制指南主要供演练控制人员使用。

（3）演练评估指南。内容主要包括演练情景概述、演练事件清单、演练目标、演练场景说明、参演人员及其位置、评估人员组织结构与职责、评估人员位置、评估表格及相关工具、通信联系方式等。演练评估指南主要供演练评估人员使用。

（4）演练宣传方案。内容主要包括宣传目标、宣传方式、传播途径、主要任务及分工、技术支持、通信联系方式等。

（5）演练脚本。对于重大综合性示范演练，演练组织单位要编写演练脚本，描述演练事件场景、处置行动、执行人员、指令与对白、视频背景与字幕、解说词等。

3.2.5 演练方案评审

对综合性较强、风险较大的应急演练，评估组要对文案组制订的演练方案进行评审，确保演练方案科学可行，以确保应急演练工作的顺利进行。

3.3 演练动员与培训

在演练开始前要进行演练动员和培训，确保所有演练参与人员掌握演练规则、演练情景和各自在演练中的任务。

所有演练参与人员都要经过应急基本知识、演练基本概念、演练现场规则等方面的培训。对控制人员要进行岗位职责、演练过程控制和管理等方面的培训；对评估人员要进行岗位职责、演练评估方法、工具使用等方面的培训；对参演人员要进行应急预案、应急技能及个体防护装备使用等方面的培训。

3.4 应急演练保障

3.4.1 人员保障

演练参与人员一般包括演练领导小组、演练总指挥、总策划、文案人员、控制人员、评估人员、保障人员、参演人员、模拟人员等，有时还会有观摩人员等其他人员。在演练的准备过程中，演练组织单位和参与单位应合理安排工作，保证相关人员参与演练活动的时间；通过组织观摩学习和培训，提高演练人员素质和技能。

3.4.2 经费保障

演练组织单位每年要根据应急演练规划编制应急演练经费预算，纳入该单位的年度财政(财务)预算，并按照演练需要及时拨付经费。对经费使用情况进行监督检查，确保演练经费专款专用，节约高效。

3.4.3 场地保障

根据演练方式和内容，经现场勘查后选择合适的演练场地。桌面演练一般可选择会议室或应急指挥中心等；实战演练应选择与实际情况相似的地点，并根据需要设置指挥部、集结点、接待站、供应站、救护站、停车场等设施。演练场地应有足够的空间，良好的交通、生活、卫生和安全条件，尽量避免干扰公众生产生活。

3.4.4 物资和器材保障

根据需要，准备必要的演练材料、物资和器材，制作必要的模型设施等，主要包括：

（1）信息材料：主要包括应急预案和演练方案的纸质文本、演示文档、图表、地图、软件等。

（2）物资设备：主要包括各种应急抢险物资、特种设备、办公设备、录音摄像设备、信息显示设备等。

（3）通讯器材：主要包括固定电话、移动电话、对讲机、海事电话、传真机、计算机、无线局域网、视频通信器材和其他配套器材，尽可能使用已有通信器材。

（4）演练情景模型：搭建必要的模拟场景及装置设施。

3.4.5　通信保障

应急演练过程中应急指挥机构、总策划、控制人员、参演人员、模拟人员等之间要有及时可靠的信息传递渠道。根据演练需要，可以采用多种公用或专用通信系统，必要时可组建演练专用通信与信息网络，确保演练控制信息的快速传递。

3.4.6　安全保障

演练组织单位要高度重视演练组织与实施全过程的安全保障工作。大型或高风险演练活动要按规定制定专门应急预案，采取预防措施，并对关键部位和环节可能出现的突发事件进行针对性演练。根据需要为演练人员配备个体防护装备，购买商业保险。对可能影响公众生活、易于引起公众误解和恐慌的应急演练，应提前向社会发布公告，告示演练内容、时间、地点和组织单位，并做好应对方案，避免造成负面影响。

演练现场要有必要的安保措施，必要时对演练现场进行封闭或管制，保证演练安全进行。演练出现意外情况时，演练总指挥与其他领导小组成员会商后可提前终止演练。

4　应急演练实施

4.1　演练启动

演练正式启动前一般要举行简短仪式，由演练总指挥宣布演练开始并启动演练活动。

4.2　演练执行

4.2.1　演练指挥与行动

（1）演练总指挥负责演练实施全过程的指挥控制。当演练总指挥不兼任总策划时，一般由总指挥授权总策划对演练过程进行控制。

（2）按照演练方案要求，应急指挥机构指挥各参演队伍和人员，开展对模拟演练事件的应急处置行动，完成各项演练活动。

（3）演练控制人员应充分掌握演练方案，按总策划的要求，熟练发布控制信息，协调参演人员完成各项演练任务。

（4）参演人员根据控制消息和指令，按照演练方案规定的程序开展应急处置行动，完成各项演练活动。

（5）模拟人员按照演练方案要求，模拟未参加演练的单位或人员的行动，并作出信息反馈。

4.2.2　演练过程控制

总策划负责按演练方案控制演练过程。

(1) 桌面演练过程控制

在讨论式桌面演练中，演练活动主要是围绕对所提出问题进行讨论。由总策划以口头或书面形式，部署引入一个或若干个问题。参演人员根据应急预案及有关规定，讨论应采取的行动。

在角色扮演或推演式桌面演练中，由总策划按照演练方案发出控制消息，参演人员接收到事件信息后，通过角色扮演或模拟操作，完成应急处置活动。

(2) 实战演练过程控制

在实战演练中，要通过传递控制消息来控制演练进程。总策划按照演练方案发出控制消息，控制人员向参演人员和模拟人员传递控制消息。参演人员和模拟人员接收到信息后，按照发生真实事件时的应急处置程序，或根据应急行动方案，采取相应的应急处置行动。

控制消息可由人工传递，也可以用对讲机、电话、手机、传真机、网络等方式传送，或者通过特定的声音、标志、视频等呈现。演练过程中，控制人员应随时掌握演练进展情况，并向总策划报告演练中出现的各种问题。

4.2.3　演练解说

在演练实施过程中，演练组织单位可以安排专人对演练过程进行解说。解说内容一般包括演练背景描述、进程讲解、案例介绍、环境渲染等。对于有演练脚本的大型综合性示范演练，可按照脚本中的解说词进行讲解。

4.2.4　演练记录

演练实施过程中，一般要安排专门人员，采用文字、照片和音像等手段记录演练过程。文字记录一般可由评估人员完成，主要包括演练实际开始与结束时间、演练过程控制情况、各项演练活动中参演人员的表现、意外情况及其处置等内容，尤其要详细记录可能出现的人员“伤亡”(如进入“危险”场所而无安全防护，在规定的时间内不能完成疏散等)及财产“损失”等情况。

照片和音像记录可安排专业人员和宣传人员在不同现场、不同角度进行拍摄，尽可能全方位反映演练实施过程。

4.2.5　演练宣传报道

演练宣传组按照演练宣传方案作好演练宣传报道工作。认真做好信息采集。媒体组织、广播电视节目现场采编和播报等工作，扩大演练的宣传教育效果。对涉密应急演练要做好相关保密工作。

4.3　演练结束与终止

演练完毕，由总策划发出结束信号，演练总指挥宣布演练结束。演练结束后所有人员停止演练活动，按预定方案集合进行现场总结讲评或者组织疏散。保障部负责组织人员对演练场地进行清理和恢复。

演练实施过程中出现下列情况，经演练领导小组决定，由演练总指挥按照事先规定的程序和指令终止演练：(1)出现真实突发事件，需要参演人员参与应急处置时，要终止演练，使参演人员迅速回归其工作岗位，履行应急处置职责；(2)出现特殊或意外情况，短时间内不能妥善处理或解决时，可提前终止演练。

5　应急演练评估与总结

5.1　演练评估

演练评估是在全面分析演练记录及相关资料的基础上，对比参演人员表现与演练目标要求，对演练活动及其组织过程作出客观评价，并编写演练评估报告的过程。所有应急演练活动都应进行演练评估。

演练结束后可通过组织评估会议、填写演练评价表和对参演人员进行访谈等方式，也可要求参演单位提供自我评估总结材料，进一步收集演练组织实施的情况。

演练评估报告的主要内容一般包括演练执行情况、预案的合理性与可操作性、应急指挥人员的指挥协调能力、参演人员的处置能力、演练所用设备装备的适用性、演练目标的实现情况、演练的成本效益分析、对完善预案的建议等。

5.2　演练总结

演练总结可分为现场总结和事后总结。

(1) 现场总结。在演练的一个或所有阶段结束后，由演练总指挥、总策划、专家评估组长等在演练现场有针对性地进行讲评和总结。内容主要包括本阶段的演练目标、参演队伍及人员的表现、演练中暴露的问题、解决问题的办法等。

(2) 事后总结。在演练结束后，由文案组根据演练记录、演练评估报告、应急预案、现场总结等材料，对演练进行系统和全面的总结，并形成演练总结报告。演练参与单位也可对本单位的演练情况进行总结。

演练总结报告的内容包括：演练目的，时间和地点，参演单位和人员，演练方案概要，发现的问题与原因，经验和教训，以及改进有关工作的建议等。

5.3　成果运用

对演练中暴露出来的问题，演练单位应当及时采取措施予以改进，包括修改完善应急预案、有针对性地加强应急人员的教育和培训、对应急物资装备有计划地更新等，并建立改进任务表，按规定时间对改进情况进行监督检查。

5.4　文件归档与备案

演练组织单位在演练结束后应将演练计划、演练方案、演练评估报告、演练总结报告等资料归档保存。

对于由上级有关部门布置或参与组织的演练，或者法律、法规、规章要求备案的演练，演练组织单位应当将相关资料报有关部门备案。

5.5 考核与奖惩

演练组织单位要注重对演练参与单位及人员进行考核。对在演练中表现突出的单位及个人，可给予表彰和奖励；对不按要求参加演练，或影响演练正常开展的，可给予相应批评。

6 附则

6.1 名词解释

(1) 演练情景。指根据应急演练的目标要求，根据突发事件发生与演变的规律，事先假设的事件发生发展过程，一般从事件发生的时间、地点、状态特征、波及范围、周边环境、可能的后果以及随时间的演变进程等方面进行描述。

(2) 应急响应功能。突发事件应急响应过程中需要完成的某些任务的集合，这些任务之间联系紧密，共同构成应急响应的一个功能模块。比较核心的应急响应功能包括：接警与信息报送、指挥与调度、警报与信息公告、应急通信、公共关系、事态监测与评估、警戒与治安、人群疏散与安置、人员搜救、医疗救护、生活救助、工程抢险、紧急运输、应急资源调配等。

(3) 应急指挥机构。应急预案所规定的应急指挥协调机构，如现场指挥部等。

(4) 演练参与人员。参与演练活动的各类人员的总称，主要分为以下几类：

演练领导小组：负责演练活动组织领导的临时性机构，一般包括组长、副组长、成员。

演练总指挥：负责演练实施过程的指挥控制，一般由演练领导小组组长或上级领导担任；副总指挥协助演练总指挥对演练实施过程进行控制。

总策划：负责组织演练准备与演练实施各项活动，在演练实施过程中在演练总指挥的授权下对演练过程进行控制；副总策划是总策划的助手，协助总策划开展工作。

文案人员：指负责演练计划和方案设计等文案工作的人员。

评估人员：指负责观察和记录演练进展情况，对演练进行评估的专家或专业人员。

控制人员：指根据演练方案和现场情况，通过发布控制消息和指令，引导和控制应急演练进程的人员。

参演人员：指在应急演练活动中承担具体演练任务，需针对模拟事件场景作出应急响应行动的人员。

模拟人员：指演练过程中扮演、代替某些应急响应机构和服务部门，或模拟事件受害者的人员。

后勤保障人员：指在演练过程中提供安全警戒、物资装备、生活用品等后勤保障工作的人员。

观摩人员：指在观摩演练过程的其他各类人员。

（5）演练控制消息。指演练过程中向演练人员传递的事件信息，一般用于提示事件情景的出现和引导和控制演练进程。

（6）演练规划。指演练组织单位根据实际情况，依据相关法律法规和应急预案的规定，对一定时期内各类应急演练活动做出的总体计划安排，通常包括应急演练的频次、规模、形式、时间、地点等。

（7）演练计划。指对拟举行演练的基本构想和准备活动的初步安排，一般包括演练的目的、方式、时间、地点、日程安排、经费预算和保障措施等。

（8）演练方案。内容一般包括演练目标、演练情景、演练实施步骤、评估标准与方法、后勤保障、安全注意事项等。

（9）演练评估。由专业人员在全面分析演练记录及相关资料的基础上，对比参演人员表现与演练目标要求，对演练活动及其组织过程做出客观评价，并编写演练评估报告。

6.2　适用范围

本指南适用于各级、各类应急管理领导机构组织开展突发事件应急演练时参考。并可结合本地区、本部门、本行业、本单位的实际情况制定具体的应急演练操作细则。

国家安全监管总局办公厅关于印发生产经营单位生产安全事故应急预案评审指南(试行)的通知

安监总厅应急〔2009〕73号

各省、自治区、直辖市及新疆生产建设兵团安全生产监督管理局，各省级煤矿安全监察机构，各中央企业：

为贯彻实施《生产安全事故应急预案管理办法》(国家安全监管总局令第17号)，规范应急预案评审工作，现将《生产经营单位生产安全事故应急预案评审指南(试行)》印发给你们，请参照执行。

国家安全生产监督管理总局办公厅

2009年4月29日

生产经营单位生产安全事故应急预案评审指南(试行)

为了贯彻实施《生产安全事故应急预案管理办法》(国家安全监管总局令第17号)，指导生产经营单位做好生产安全事故应急预案(以下简称应急预案)评审工作，提高应急预案的科学性、针对性和实效性，依据《生产经营单位安全生产事故应急预案编制导则》(以下简称《导则》)，编制本指南。

一、评审方法

应急预案评审采取形式评审和要素评审两种方法。形式评审主要用于应急预案备案时的评审，要素评审用于生产经营单位组织的应急预案评审工作。应急预案评审采用符合、基本符合、不符合三种意见进行判定。对于基本符合和不符合的项目，应给出具体修改意见或建议。

(一) 形式评审。依据《导则》和有关行业规范，对应急预案的层次结构、内容格式、语言文字、附件项目以及编制程序等内容进行审查，重点审查应急预案的规范性和编制程序。应急预案形式评审的具体内容及要求，见附件1。

(二) 要素评审。依据国家有关法律法规、《导则》和有关行业规范，从合法性、完整性、针对性、实用性、科学性、操作性和衔接性等方面对应急预案进行评审。为细化评审，采用列表方式分别对应急预案的要素进行评审。评审时，将应急预案的要素内容与评审表中所列要素的内容进行对照，判断是否符合有关要求，指出存在问题及不足。应急预案要素分为关键要素和一般要素。应急预案要素评审的具体内容及要求，见附件2、附件3、附件4、附件5。

关键要素是指应急预案构成要素中必须规范的内容。这些要素涉及生产经营单位日常应急管理及应急救援的关键环节，具体包括危险源辨识与风险分析、组织机构及职责、信息报告与处置和应急响应程序与处置技术等要素。关键要素必须符合生产经营单位实际和有关规定要求。

一般要素是指应急预案构成要素中可简写或省略的内容。这些要素不涉及生产经营单位日常应急管理及应急救援的关键环节，具体包括应急预案中的编制目的、编制依据、适用范围、工作原则、单位概况等要素。

二、评审程序

应急预案编制完成后，生产经营单位应在广泛征求意见的基础上，对应急预案进行评审。

（一）评审准备。成立应急预案评审工作组，落实参加评审的单位或人员，将应急预案及有关资料在评审前送达参加评审的单位或人员。

（二）组织评审。评审工作应由生产经营单位主要负责人或主管安全生产工作的负责人主持，参加应急预案评审人员应符合《生产安全事故应急预案管理办法》要求。生产经营规模小、人员少的单位，可以采取演练的方式对应急预案进行论证，必要时应邀请相关主管部门或安全管理人员参加。应急预案评审工作组讨论并提出会议评审意见。

（三）修订完善。生产经营单位应认真分析研究评审意见，按照评审意见对应急预案进行修订和完善。评审意见要求重新组织评审的，生产经营单位应组织有关部门对应急预案重新进行评审。

（四）批准印发。生产经营单位的应急预案经评审或论证，符合要求的，由生产经营单位主要负责人签发。

三、评审要点

应急预案评审应坚持实事求是的工作原则，结合生产经营单位工作实际，按照《导则》和有关行业规范，从以下七个方面进行评审。

（一）合法性。符合有关法律、法规、规章和标准，以及有关部门和上级单位规范性文件要求。

（二）完整性。具备《导则》所规定的各项要素。

（三）针对性。紧密结合本单位危险源辨识与风险分析。

（四）实用性。切合本单位工作实际，与生产安全事故应急处置能力相适应。

（五）科学性。组织体系、信息报送和处置方案等内容科学合理。

（六）操作性。应急响应程序和保障措施等内容切实可行。

（七）衔接性。综合、专项应急预案和现场处置方案形成体系，并与相关部门或单位应急预案相互衔接。

有关部门应急预案的评审工作可参照本指南。

附件：1. 应急预案形式评审表

2. 综合应急预案要素评审表

3. 专项应急预案要素评审表

4. 现场处置方案要素评审表

5. 应急预案附件要素评审表

附件 1

应急预案形式评审表

评审项目	评审内容及要求	评审意见
封　面	应急预案版本号、应急预案名称、生产经营单位名称、发布日期等内容。	
批准页	1. 对应急预案实施提出具体要求。 2. 发布单位主要负责人签字或单位盖章。	
目　录	1. 页码标注准确(预案简单时目录可省略)。 2. 层次清晰，编号和标题编排合理。	
正　文	1. 文字通顺、语言精炼、通俗易懂。 2. 结构层次清晰，内容格式规范。 3. 图表、文字清楚，编排合理(名称、顺序、大小等)。 4. 无错别字，同类文字的字体、字号统一。	
附　件	1. 附件项目齐全，编排有序合理。 2. 多个附件应标明附件的对应序号。 3. 需要时，附件可以独立装订。	
编制过程	1. 成立应急预案编制工作组。 2. 全面分析本单位危险因素，确定可能发生的事故类型及危害程度。 3. 针对危险源和事故危害程度，制定相应的防范措施。 4. 客观评价本单位应急能力，掌握可利用的社会应急资源情况。 5. 制定相关专项预案和现场处置方案，建立应急预案体系。 6. 充分征求相关部门和单位意见，并对意见及采纳情况进行记录。 7. 必要时与相关专业应急救援单位签订应急救援协议。 8. 应急预案经过评审或论证。 9. 重新修订后评审的，一并注明。	

附件 2

综合应急预案要素评审表

<table>
<tr><th colspan="2">评审项目</th><th>评审内容及要求</th><th>评审意见</th></tr>
<tr><td rowspan="4">总　则</td><td>编制目的</td><td>目的明确，简明扼要</td><td></td></tr>
<tr><td>编制依据</td><td>1. 引用的法规标准合法有效。
2. 明确相衔接的上级预案，不得越级引用应急预案。</td><td></td></tr>
<tr><td>应急预案体系*</td><td>1. 能够清晰表述本单位及所属单位应急预案组成和衔接关系(推荐使用图表)。
2. 能够覆盖本单位及所属单位可能发生的事故类型。</td><td></td></tr>
<tr><td>应急工作原则</td><td>1. 符合国家有关规定和要求。
2. 结合本单位应急工作实际。</td><td></td></tr>
<tr><td colspan="2">适用范围*</td><td>范围明确，适用的事故类型和响应级别合理。</td><td></td></tr>
<tr><td rowspan="2">危险性分析</td><td>生产经营单位概况</td><td>1. 明确有关设施、装置、设备以及重要目标场所的布局等情况。
2. 需要各方应急力量(包括外部应急力量)事先熟悉的有关基本情况和内容。</td><td></td></tr>
<tr><td>危险源辨识与风险分析*</td><td>1. 能够客观分析本单位存在的危险源及危险程度。
2. 能够客观分析可能引发事故的诱因、影响范围及后果。</td><td></td></tr>
<tr><td rowspan="2">组织机构及职责*</td><td>应急组织体系</td><td>1. 能够清晰描述本单位的应急组织体系(推荐使用图表)。
2. 明确应急组织成员日常及应急状态下的工作职责。</td><td></td></tr>
<tr><td>指挥机构及职责</td><td>1. 清晰表述本单位应急指挥体系。
2. 应急指挥部门职责明确。
3. 各应急救援小组设置合理，应急工作明确。</td><td></td></tr>
<tr><td rowspan="3">预防与预警</td><td>危险源管理</td><td>1. 明确技术性预防和管理措施。
2. 明确相应的应急处置措施。</td><td></td></tr>
<tr><td>预警行动</td><td>1. 明确预警信息发布的方式、内容和流程。
2. 预警级别与采取的预警措施科学合理。</td><td></td></tr>
<tr><td>信息报告与处置*</td><td>1. 明确本单位 24 小时应急值守电话。
2. 明确本单位内部信息报告的方式、要求与处置流程。
3. 明确事故信息上报的部门、通信方式和内容时限。
4. 明确向事故相关单位通告、报警的方式和内容。
5. 明确向有关单位发出请求支援的方式和内容。
6. 明确与外界新闻舆论信息沟通的责任人以及具体方式。</td><td></td></tr>
</table>

续表

评审项目		评审内容及要求	评审意见
应急响应	响应分级＊	1. 分级清晰，且与上级应急预案响应分级衔接。 2. 能够体现事故紧急和危害程度。 3. 明确紧急情况下应急响应决策的原则。	
	响应程序＊	1. 立足于控制事态发展，减少事故损失。 2. 明确救援过程中各专项应急功能的实施程序。 3. 明确扩大应急的基本条件及原则。 4. 能够辅以图表直观表述应急响应程序。	
	应急结束	1. 明确应急救援行动结束的条件和相关后续事宜。 2. 明确发布应急终止命令的组织机构和程序。 3. 明确事故应急救援结束后负责工作总结部门。	
后期处置		1. 明确事故发生后，污染物处理、生产恢复、善后赔偿等内容。 2. 明确应急处置能力评估及应急预案的修订等要求。	
保障措施＊		1. 明确相关单位或人员的通信方式，确保应急期间信息通畅。 2. 明确应急装备、设施和器材及其存放位置清单，以及保证其有效性的措施。 3. 明确各类应急资源，包括专业应急救援队伍、兼职应急队伍的组织机构以及联系方式。 4. 明确应急工作经费保障方案。	
培训与演练＊		1. 明确本单位开展应急管理培训的计划和方式方法。 2. 如果应急预案涉及周边社区和居民，应明确相应的应急宣传教育工作。 3. 明确应急演练的方式、频次、范围、内容、组织、评估、总结等内容。	
附　则	应急预案备案	1. 明确本预案应报备的有关部门(上级主管部门及地方政府有关部门)和有关抄送单位。 2. 符合国家关于预案备案的相关要求。	
	制定与修订	1. 明确负责制定与解释应急预案的部门。 2. 明确应急预案修订的具体条件和时限。	

注：“＊”代表应急预案的关键要素。

附件 3

专项应急预案要素评审表

<table>
<tr><th colspan="2">评审项目</th><th>评审内容及要求</th><th>评审意见</th></tr>
<tr><td colspan="2">事故类型和危险程度分析*</td><td>1. 能够客观分析本单位存在的危险源及危险程度。
2. 能够客观分析可能引发事故的诱因、影响范围及后果。
3. 能够提出相应的事故预防和应急措施。</td><td></td></tr>
<tr><td rowspan="2">组织机构及职责*</td><td>应急组织体系</td><td>1. 能够清晰描述本单位的应急组织体系(推荐使用图表)。
2. 明确应急组织成员日常及应急状态下的工作职责。</td><td></td></tr>
<tr><td>指挥机构及职责</td><td>1. 清晰表述本单位应急指挥体系。
2. 应急指挥部门职责明确。
3. 各应急救援小组设置合理，应急工作明确。</td><td></td></tr>
<tr><td rowspan="2">预防与预警</td><td>危险源监控</td><td>1. 明确危险源的监测监控方式、方法。
2. 明确技术性预防和管理措施。
3. 明确采取的应急处置措施。</td><td></td></tr>
<tr><td>预警行动</td><td>1. 明确预警信息发布的方式及流程。
2. 预警级别与采取的预警措施科学合理。</td><td></td></tr>
<tr><td colspan="2">信息报告程序*</td><td>1. 明确 24 小时应急值守电话。
2. 明确本单位内部信息报告的方式、要求与处置流程。
3. 明确事故信息上报的部门、通信方式和内容时限。
4. 明确向事故相关单位通告、报警的方式和内容。
5. 明确向有关单位发出请求支援的方式和内容。</td><td></td></tr>
<tr><td rowspan="3">应急响应*</td><td>响应分级</td><td>1. 分级清晰合理，且与上级应急预案响应分级衔接。
2. 能够体现事故紧急和危害程度。
3. 明确紧急情况下应急响应决策的原则。</td><td></td></tr>
<tr><td>响应程序</td><td>1. 明确具体的应急响应程序和保障措施。
2. 明确救援过程中各专项应急功能的实施程序。
3. 明确扩大应急的基本条件及原则。
4. 能够辅以图表直观表述应急响应程序。</td><td></td></tr>
<tr><td>处置措施</td><td>1. 针对事故种类制定相应的应急处置措施。
2. 符合实际，科学合理。
3. 程序清晰，简单易行。</td><td></td></tr>
<tr><td colspan="2">应急物资与装备保障*</td><td>1. 明确对应急救援所需的物资和装备的要求。
2. 应急物资与装备保障符合单位实际，满足应急要求。</td><td></td></tr>
</table>

注：“*”代表应急预案的关键要素。如果专项应急预案作为综合应急预案的附件，综合应急预案已经明确的要素，专项应急预案可省略。

附件 4

现场处置方案要素评审表

评审项目	评审内容及要求	评审意见
事故特征 *	1. 明确可能发生事故的类型和危险程度，清晰描述作业现场风险。 2. 明确事故判断的基本征兆及条件。	
应急组织及职责 *	1. 明确现场应急组织形式及人员。 2. 应急职责与工作职责紧密结合。	
应急处置 *	1. 明确第一发现者进行事故初步判定的要点及报警时的必要信息。 2. 明确报警、应急措施启动、应急救护人员引导、扩大应急等程序。 3. 针对操作程序、工艺流程、现场处置、事故控制和人员救护等方面制定应急处置措施。 4. 明确报警方式、报告单位、基本内容和有关要求。	
注意事项	1. 佩带个人防护器具方面的注意事项。 2. 使用抢险救援器材方面的注意事项。 3. 有关救援措施实施方面的注意事项。 4. 现场自救与互救方面的注意事项。 5. 现场应急处置能力确认方面的注意事项。 6. 应急救援结束后续处置方面的注意事项。 7. 其他需要特别警示方面的注意事项。	

注：“ * ”代表应急预案的关键要素。现场处置方案落实到岗位每个人，可以只保留应急处置。

附件 5

应急预案附件要素评审表

评审项目	评审内容及要求	评审意见
有关部门、机构或人员的联系方式	1. 列出应急工作需要联系的部门、机构或人员至少两种以上联系方式，并保证准确有效。 2. 列出所有参与应急指挥、协调人员姓名、所在部门、职务和联系电话，并保证准确有效。	
重要物资装备名录或清单	1. 以表格形式列出应急装备、设施和器材清单，清单应当包括种类、名称、数量以及存放位置、规格、性能、用途和用法等信息。 2. 定期检查和维护应急装备，保证准确有效。	
规范化格式文本	给出信息接报、处理、上报等规范化格式文本，要求规范、清晰、简洁。	
关键的路线、标识和图纸	1. 警报系统分布及覆盖范围。 2. 重要防护目标一览表、分布图。 3. 应急救援指挥位置及救援队伍行动路线。 4. 疏散路线、重要地点等标识。 5. 相关平面布置图纸、救援力量分布图等。	
相关应急预案名录、协议或备忘录	列出与本应急预案相关的或相衔接的应急预案名称、以及与相关应急救援部门签订的应急支援协议或备忘录。	

注：附件根据应急工作需要而设置，部分项目可省略。

公安部　劳动部　国家统计局
关于重新印发《火灾统计管理规定》的通知

公通字〔1996〕82号

各省、自治区、直辖市公安厅、局，劳动(劳动人事)厅(局)，统计局：

公安部、劳动部、国家统计局《关于颁布〈火灾统计管理规定〉的通知》(〔89〕公发26号文件)下发以来，对加强火灾统计工作发挥了重要作用。但随着改革开放的不断深入和市场经济的逐步建立，该规定中的部分条款弹性较大，在执行中难以操作。为了进一步深化火灾统计改革，健全火灾统计制度，公安部、劳动部、国家统计局决定对规定中的部分条款进行修改，并将修改后的《火灾统计管理规定》印发，请你们结合本地实际，认真贯彻执行。

1996年11月11日

火灾统计管理规定

第一条　为了加强火灾统计管理工作，保障火灾统计资料的准确性和及时性，充分发挥火灾统计在消防工作中的作用，根据《中华人民共和国统计法》和有关消防法规，制定本规定。

第二条　国家机关、社会团体、企业事业组织和个体工商户等火灾统计调查对象，必须依照《统计法》以及其他有关法规，如实提供火灾统计资料，不得虚报、瞒报、拒报、迟报，不得伪造、篡改。

第三条　火灾统计的基本任务是对火灾进行统计调查、统计分析，提供统计资料，实行统计监督。

第四条　凡在时间或空间上失去控制的燃烧所造成的灾害，都为火灾。

第五条　所有火灾不论损害大小，都列入火灾统计范围。

以下情况也列入火灾统计范围：

(一) 易燃易爆化学物品燃烧爆炸引起的火灾；

(二) 破坏性试验中引起非实验体的燃烧；

(三) 机电设备因内部故障导致外部明火燃烧或者由此引起其他物件的燃烧；

(四) 车辆、船舶、飞机以及其他交通工具的燃烧(飞机因飞行事故而导致本身燃烧的除外），或者由此引起其他物件的燃烧。

第六条 按照一次火灾事故所造成的人员伤亡、受灾户数和直接财产损失，火灾等级划分为三类：

（一）具有下列情形之一的火灾，为特大火灾：死亡十人以上（含本数，下同）；重伤二十人以上；死亡、重伤二十人以上；受灾五十户以上；直接财产损失一百万元以上。

（二）具有下列情形之一的火灾，为重大火灾：死亡三人以上；重伤十人以上；死亡、重伤十人以上；受灾三十户以上；直接财产损失三十万元以上。

（三）不具有前列两项情形的火灾，为一般火灾。

第七条 凡在火灾和火灾扑救过程中因烧、摔、砸、炸、窒息、中毒、触电、高温、辐射等原因所致的人员伤亡列入火灾伤亡统计范围。其中死亡以火灾发生后七天内死亡为限，伤残统计标准按劳动部的有关规定认定。

第八条 火灾损失分直接财产损失和间接财产损失两项统计。

火灾直接财产损失是指被烧毁、烧损、烟熏和灭火中破拆、水渍以及因火灾引起的污染等所造成的损失。

火灾间接财产损失是指因火灾而停工、停产、停业所造成的损失，以及现场施救、善后处理费用（包括清理火场、人身伤亡之后所支出医疗、丧葬、抚恤、补助救济、歇工工资等费用）。

火灾直接财产损失和火灾间接财产损失的计算方法按公安部有关规定执行。

第九条 火灾统计管理，按照“谁监督、谁统计”的原则，实行统一领导，分级、分部门管理。

（一）全国火灾统计工作，由公安部统一归口管理，负责掌握火灾情况，汇总和公布火灾统计资料，实施火灾统计监督。

（二）省（自治区、直辖市）、市（地、盟）、县（区、旗）、乡镇的火灾统计工作，分别由各级公安部门负责，行使相应的管理监督职能。

（三）火灾统计表式、内容、计算方法和统计编码，由公安部负责制定并报国家统计局备案。

（四）接受地方公安部门监督的单位发生火灾，由所在地公安部门负责统计。

（五）跨区域的油田、管道、交通工具等发生火灾，由起火地公安部门负责统计。

（六）由铁道、交通、民航公安部门实施消防监督的单位，其火灾统计分别由铁道、交通、民航公安部门负责。

（七）军队、矿井地下部分、森林发生的火灾，分别由其主管部门负责统计。

（八）一起火灾如涉及到几个独立的统计调查单位，其火灾统计由主管起火单位监督工作的公安部门负责。

第十条 发生火灾后，受灾单位及其主管部门必须如实提供统计资料，报当地公安部门审核。

各省、自治区、直辖市公安厅、局，铁道、交通、民航公安局须在每月十二日以前将上月火灾数据报公安部消防局。全年的火灾数据（含补报）在次年的一月十二日以前上报。

军队、矿井地下部分的主管部门，于当年七月和次年一月，向公安部消防局报半年和全年的火灾数据。

第十一条 发生特大火灾，省、自治区、直辖市公安厅、局消防局和铁道、交通、民航公安局须在二十四小时内向公安部消防局报告火灾基本情况，并及时续报、补报，火灾发生后一个月内上报特大火灾专题报告。

军队、矿井地下部分发生特大火灾，其主管部门应当及时将有关情况报公安部消防局。

国家重点文物保护单位、国家重点建设项目发生火灾，直接财产损失虽不足一百万元，但政治、经济影响较大的，也按本条规定执行。

发生重大火灾，市（地）公安消防部门要及时上报省、自治区、直辖市公安消防部门。

第十二条 企业和个体经济组织发生火灾伤亡事故的，要按照《国务院关于特别重大事故调查程序暂行规定》、国务院《企业职工伤亡事故报告和处理规定》及劳动部、国家统计局《企业职工伤亡事故统计报表制度》等规定执行，将伤亡事故情况在上报公安消防部门的同时，上报劳动部门。

第十三条 各级公安消防监督机构应当根据火灾统计工作的实际需要配备专职或兼职统计人员，建立健全火灾统计管理制度，加强统计计算和数据传输技术的现代化建设，保障统计资料的准确性和及时性。

第十四条 火灾统计资料应当建立档案。

第十五条 火灾统计资料由公安、统计部门负责向有关部门通报或公布。全国和各地的火灾统计资料在尚未公布前，任何单位和个人不得擅自向外界提供和公布。

第十六条 负责火灾统计监督的公安消防部门，应当依法履行下列火灾统计监督、管理职责：

（一）监督有关单位和个人如实提供火灾统计资料；

（二）调查、收集和核实有关火灾统计资料，检查各种原始记录和台账，监督改正不实的火灾统计资料；

（三）如实向上级公安消防部门报告火灾统计调查和分析的资料；

（四）检查、监督火灾统计法规和火灾统计工作制度的执行情况，提出改进工作的意见和建议；

（五）控告和检举火灾统计工作的弄虚作假行为。

第十七条　火灾发生后隐瞒不报，故意拖延报告期限，故意伪造、篡改统计账目，干扰阻碍火灾统计调查，或者无正当理由拒绝提供有关情况和资料的，公安、统计部门依照《统计法》的有关规定追究法律责任。

第十八条　本规定自 1997 年 1 月 1 日起施行。

第十九条　本规定由公安部负责解释和修改。过去有关规定与本规定有抵触的，按本规定执行。

六、事故管理

中华人民共和国国务院令
第 493 号

《生产安全事故报告和调查处理条例》已经 2007 年 3 月 28 日国务院第 172 次常务会议通过，现予公布，自 2007 年 6 月 1 日起施行。

总理　温家宝

2007 年 4 月 9 日

生产安全事故报告和调查处理条例

目　　录

第一章　总　　则

第一条　为了规范生产安全事故的报告和调查处理，落实生产安全事故责任追究制度，防止和减少生产安全事故，根据《中华人民共和国安全生产法》和有关法律，制定本条例。

第二条　生产经营活动中发生的造成人身伤亡或者直接经济损失的生产安全事故的报告和调查处理，适用本条例；环境污染事故、核设施事故、国防科研生产事故的报告和调查处理不适用本条例。

第三条　根据生产安全事故（以下简称事故）造成的人员伤亡或者直接经济

损失，事故一般分为以下等级：

（一）特别重大事故，是指造成30人以上死亡，或者100人以上重伤（包括急性工业中毒，下同），或者1亿元以上直接经济损失的事故；

（二）重大事故，是指造成10人以上30人以下死亡，或者50人以上100人以下重伤，或者5000万元以上1亿元以下直接经济损失的事故；

（三）较大事故，是指造成3人以上10人以下死亡，或者10人以上50人以下重伤，或者1000万元以上5000万元以下直接经济损失的事故；

（四）一般事故，是指造成3人以下死亡，或者10人以下重伤，或者1000万元以下直接经济损失的事故。

国务院安全生产监督管理部门可以会同国务院有关部门，制定事故等级划分的补充性规定。

本条第一款所称的“以上”包括本数，所称的“以下”不包括本数。

第四条　事故报告应当及时、准确、完整，任何单位和个人对事故不得迟报、漏报、谎报或者瞒报。

事故调查处理应当坚持实事求是、尊重科学的原则，及时、准确地查清事故经过、事故原因和事故损失，查明事故性质，认定事故责任，总结事故教训，提出整改措施，并对事故责任者依法追究责任。

第五条　县级以上人民政府应当依照本条例的规定，严格履行职责，及时、准确地完成事故调查处理工作。

事故发生地有关地方人民政府应当支持、配合上级人民政府或者有关部门的事故调查处理工作，并提供必要的便利条件。

参加事故调查处理的部门和单位应当互相配合，提高事故调查处理工作的效率。

第六条　工会依法参加事故调查处理，有权向有关部门提出处理意见。

第七条　任何单位和个人不得阻挠和干涉对事故的报告和依法调查处理。

第八条　对事故报告和调查处理中的违法行为，任何单位和个人有权向安全生产监督管理部门、监察机关或者其他有关部门举报，接到举报的部门应当依法及时处理。

第二章　事故报告

第九条　事故发生后，事故现场有关人员应当立即向本单位负责人报告；单位负责人接到报告后，应当于1小时内向事故发生地县级以上人民政府安全生产监督管理部门和负有安全生产监督管理职责的有关部门报告。

情况紧急时，事故现场有关人员可以直接向事故发生地县级以上人民政府安全生产监督管理部门和负有安全生产监督管理职责的有关部门报告。

第十条 安全生产监督管理部门和负有安全生产监督管理职责的有关部门接到事故报告后，应当依照下列规定上报事故情况，并通知公安机关、劳动保障行政部门、工会和人民检察院：

（一）特别重大事故、重大事故逐级上报至国务院安全生产监督管理部门和负有安全生产监督管理职责的有关部门；

（二）较大事故逐级上报至省、自治区、直辖市人民政府安全生产监督管理部门和负有安全生产监督管理职责的有关部门；

（三）一般事故上报至设区的市级人民政府安全生产监督管理部门和负有安全生产监督管理职责的有关部门。

安全生产监督管理部门和负有安全生产监督管理职责的有关部门依照前款规定上报事故情况，应当同时报告本级人民政府。国务院安全生产监督管理部门和负有安全生产监督管理职责的有关部门以及省级人民政府接到发生特别重大事故、重大事故的报告后，应当立即报告国务院。

必要时，安全生产监督管理部门和负有安全生产监督管理职责的有关部门可以越级上报事故情况。

第十一条 安全生产监督管理部门和负有安全生产监督管理职责的有关部门逐级上报事故情况，每级上报的时间不得超过 2 小时。

第十二条 报告事故应当包括下列内容：

（一）事故发生单位概况；

（二）事故发生的时间、地点以及事故现场情况；

（三）事故的简要经过；

（四）事故已经造成或者可能造成的伤亡人数（包括下落不明的人数）和初步估计的直接经济损失；

（五）已经采取的措施；

（六）其他应当报告的情况。

第十三条 事故报告后出现新情况的，应当及时补报。

自事故发生之日起 30 日内，事故造成的伤亡人数发生变化的，应当及时补报。道路交通事故、火灾事故自发生之日起 7 日内，事故造成的伤亡人数发生变化的，应当及时补报。

第十四条 事故发生单位负责人接到事故报告后，应当立即启动事故相应应急预案，或者采取有效措施，组织抢救，防止事故扩大，减少人员伤亡和财产损失。

第十五条 事故发生地有关地方人民政府、安全生产监督管理部门和负有安全生产监督管理职责的有关部门接到事故报告后，其负责人应当立即赶赴事故现场，组织事故救援。

第十六条 事故发生后，有关单位和人员应当妥善保护事故现场以及相关证据，任何单位和个人不得破坏事故现场、毁灭相关证据。

因抢救人员、防止事故扩大以及疏通交通等原因，需要移动事故现场物件的，应当做出标志，绘制现场简图并做出书面记录，妥善保存现场重要痕迹、物证。

第十七条 事故发生地公安机关根据事故的情况，对涉嫌犯罪的，应当依法立案侦查，采取强制措施和侦查措施。犯罪嫌疑人逃匿的，公安机关应当迅速追捕归案。

第十八条 安全生产监督管理部门和负有安全生产监督管理职责的有关部门应当建立值班制度，并向社会公布值班电话，受理事故报告和举报。

第三章 事故调查

第十九条 特别重大事故由国务院或者国务院授权有关部门组织事故调查组进行调查。

重大事故、较大事故、一般事故分别由事故发生地省级人民政府、设区的市级人民政府、县级人民政府负责调查。省级人民政府、设区的市级人民政府、县级人民政府可以直接组织事故调查组进行调查，也可以授权或者委托有关部门组织事故调查组进行调查。

未造成人员伤亡的一般事故，县级人民政府也可以委托事故发生单位组织事故调查组进行调查。

第二十条 上级人民政府认为必要时，可以调查由下级人民政府负责调查的事故。

自事故发生之日起 30 日内(道路交通事故、火灾事故自发生之日起 7 日内)，因事故伤亡人数变化导致事故等级发生变化，依照本条例规定应当由上级人民政府负责调查的，上级人民政府可以另行组织事故调查组进行调查。

第二十一条 特别重大事故以下等级事故，事故发生地与事故发生单位不在同一个县级以上行政区域的，由事故发生地人民政府负责调查，事故发生单位所在地人民政府应当派人参加。

第二十二条 事故调查组的组成应当遵循精简、效能的原则。

根据事故的具体情况，事故调查组由有关人民政府、安全生产监督管理部门、负有安全生产监督管理职责的有关部门、监察机关、公安机关以及工会派人组成，并应当邀请人民检察院派人参加。

事故调查组可以聘请有关专家参与调查。

第二十三条 事故调查组成员应当具有事故调查所需要的知识和专长，并与所调查的事故没有直接利害关系。

第二十四条 事故调查组组长由负责事故调查的人民政府指定。事故调查组组长主持事故调查组的工作。

第二十五条 事故调查组履行下列职责：

（一）查明事故发生的经过、原因、人员伤亡情况及直接经济损失；

（二）认定事故的性质和事故责任；

（三）提出对事故责任者的处理建议；

（四）总结事故教训，提出防范和整改措施；

（五）提交事故调查报告。

第二十六条 事故调查组有权向有关单位和个人了解与事故有关的情况，并要求其提供相关文件、资料，有关单位和个人不得拒绝。

事故发生单位的负责人和有关人员在事故调查期间不得擅离职守，并应当随时接受事故调查组的询问，如实提供有关情况。

事故调查中发现涉嫌犯罪的，事故调查组应当及时将有关材料或者其复印件移交司法机关处理。

第二十七条 事故调查中需要进行技术鉴定的，事故调查组应当委托具有国家规定资质的单位进行技术鉴定。必要时，事故调查组可以直接组织专家进行技术鉴定。技术鉴定所需时间不计入事故调查期限。

第二十八条 事故调查组成员在事故调查工作中应当诚信公正、恪尽职守，遵守事故调查组的纪律，保守事故调查的秘密。

未经事故调查组组长允许，事故调查组成员不得擅自发布有关事故的信息。

第二十九条 事故调查组应当自事故发生之日起60日内提交事故调查报告；特殊情况下，经负责事故调查的人民政府批准，提交事故调查报告的期限可以适当延长，但延长的期限最长不超过60日。

第三十条 事故调查报告应当包括下列内容：

（一）事故发生单位概况；

（二）事故发生经过和事故救援情况；

（三）事故造成的人员伤亡和直接经济损失；

（四）事故发生的原因和事故性质；

（五）事故责任的认定以及对事故责任者的处理建议；

（六）事故防范和整改措施。

事故调查报告应当附具有关证据材料。事故调查组成员应当在事故调查报告上签名。

第三十一条 事故调查报告报送负责事故调查的人民政府后，事故调查工作即告结束。事故调查的有关资料应当归档保存。

第四章 事故处理

第三十二条 重大事故、较大事故、一般事故，负责事故调查的人民政府应当自收到事故调查报告之日起 15 日内做出批复；特别重大事故，30 日内做出批复，特殊情况下，批复时间可以适当延长，但延长的时间最长不超过 30 日。

有关机关应当按照人民政府的批复，依照法律、行政法规规定的权限和程序，对事故发生单位和有关人员进行行政处罚，对负有事故责任的国家工作人员进行处分。

事故发生单位应当按照负责事故调查的人民政府的批复，对本单位负有事故责任的人员进行处理。

负有事故责任的人员涉嫌犯罪的，依法追究刑事责任。

第三十三条 事故发生单位应当认真吸取事故教训，落实防范和整改措施，防止事故再次发生。防范和整改措施的落实情况应当接受工会和职工的监督。

安全生产监督管理部门和负有安全生产监督管理职责的有关部门应当对事故发生单位落实防范和整改措施的情况进行监督检查。

第三十四条 事故处理的情况由负责事故调查的人民政府或者其授权的有关部门、机构向社会公布，依法应当保密的除外。

第五章 法律责任

第三十五条 事故发生单位主要负责人有下列行为之一的，处上一年年收入 40%至 80%的罚款；属于国家工作人员的，并依法给予处分；构成犯罪的，依法追究刑事责任：

（一）不立即组织事故抢救的；

（二）迟报或者漏报事故的；

（三）在事故调查处理期间擅离职守的。

第三十六条 事故发生单位及其有关人员有下列行为之一的，对事故发生单位处 100 万元以上 500 万元以下的罚款；对主要负责人、直接负责的主管人员和其他直接责任人员处上一年年收入 60%至 100%的罚款；属于国家工作人员的，并依法给予处分；构成违反治安管理行为的，由公安机关依法给予治安管理处罚；构成犯罪的，依法追究刑事责任：

（一）谎报或者瞒报事故的；

（二）伪造或者故意破坏事故现场的；

（三）转移、隐匿资金、财产，或者销毁有关证据、资料的；

（四）拒绝接受调查或者拒绝提供有关情况和资料的；

（五）在事故调查中作伪证或者指使他人作伪证的；

（六）事故发生后逃匿的。

第三十七条 事故发生单位对事故发生负有责任的，依照下列规定处以罚款：

（一）发生一般事故的，处 10 万元以上 20 万元以下的罚款；

（二）发生较大事故的，处 20 万元以上 50 万元以下的罚款；

（三）发生重大事故的，处 50 万元以上 200 万元以下的罚款；

（四）发生特别重大事故的，处 200 万元以上 500 万元以下的罚款。

第三十八条 事故发生单位主要负责人未依法履行安全生产管理职责，导致事故发生的，依照下列规定处以罚款；属于国家工作人员的，并依法给予处分；构成犯罪的，依法追究刑事责任：

（一）发生一般事故的，处上一年年收入 30%的罚款；

（二）发生较大事故的，处上一年年收入 40%的罚款；

（三）发生重大事故的，处上一年年收入 60%的罚款；

（四）发生特别重大事故的，处上一年年收入 80%的罚款。

第三十九条 有关地方人民政府、安全生产监督管理部门和负有安全生产监督管理职责的有关部门有下列行为之一的，对直接负责的主管人员和其他直接责任人员依法给予处分；构成犯罪的，依法追究刑事责任：

（一）不立即组织事故抢救的；

（二）迟报、漏报、谎报或者瞒报事故的；

（三）阻碍、干涉事故调查工作的；

（四）在事故调查中作伪证或者指使他人作伪证的。

第四十条 事故发生单位对事故发生负有责任的，由有关部门依法暂扣或者吊销其有关证照；对事故发生单位负有事故责任的有关人员，依法暂停或者撤销其与安全生产有关的执业资格、岗位证书；事故发生单位主要负责人受到刑事处罚或者撤职处分的，自刑罚执行完毕或者受处分之日起，5 年内不得担任任何生产经营单位的主要负责人。

为发生事故的单位提供虚假证明的中介机构，由有关部门依法暂扣或者吊销其有关证照及其相关人员的执业资格；构成犯罪的，依法追究刑事责任。

第四十一条 参与事故调查的人员在事故调查中有下列行为之一的，依法给予处分；构成犯罪的，依法追究刑事责任：

（一）对事故调查工作不负责任，致使事故调查工作有重大疏漏的；

（二）包庇、袒护负有事故责任的人员或者借机打击报复的。

第四十二条 违反本条例规定，有关地方人民政府或者有关部门故意拖延或者拒绝落实经批复的对事故责任人的处理意见的，由监察机关对有关责任人员依法给予处分。

第四十三条 本条例规定的罚款的行政处罚，由安全生产监督管理部门决定。

法律、行政法规对行政处罚的种类、幅度和决定机关另有规定的，依照其规定。

第六章 附 则

第四十四条 没有造成人员伤亡，但是社会影响恶劣的事故，国务院或者有关地方人民政府认为需要调查处理的，依照本条例的有关规定执行。

国家机关、事业单位、人民团体发生的事故的报告和调查处理，参照本条例的规定执行。

第四十五条 特别重大事故以下等级事故的报告和调查处理，有关法律、行政法规或者国务院另有规定的，依照其规定。

第四十六条 本条例自2007年6月1日起施行。国务院1989年3月29日公布的《特别重大事故调查程序暂行规定》和1991年2月22日公布的《企业职工伤亡事故报告和处理规定》同时废止。

中华人民共和国国务院令

第 302 号

现公布《国务院关于特大安全事故行政责任追究的规定》，自公布之日起施行。

总理　朱镕基

2001 年 4 月 21 日

国务院关于特大安全事故行政责任追究的规定

第一条　为了有效地防范特大安全事故的发生，严肃追究特大安全事故的行政责任，保障人民群众生命、财产安全，制定本规定。

第二条　地方人民政府主要领导人和政府有关部门正职负责人对下列特大安全事故的防范、发生，依照法律、行政法规和本规定的规定有失职、渎职情形或者负有领导责任的，依照本规定给予行政处分；构成玩忽职守罪或者其他罪的，依法追究刑事责任：

（一）特大火灾事故；

（二）特大交通安全事故；

（三）特大建筑质量安全事故；

（四）民用爆炸物品和化学危险品特大安全事故；

（五）煤矿和其他矿山特大安全事故；

（六）锅炉、压力容器、压力管道和特种设备特大安全事故；

（七）其他特大安全事故。

地方人民政府和政府有关部门对特大安全事故的防范、发生直接负责的主管人员和其他直接责任人员，比照本规定给予行政处分；构成玩忽职守罪或者其他罪的，依法追究刑事责任。

特大安全事故肇事单位和个人的刑事处罚、行政处罚和民事责任，依照有关法律、法规和规章的规定执行。

第三条　特大安全事故的具体标准，按照国家有关规定执行。

第四条　地方各级人民政府及政府有关部门应当依照有关法律、法规和规章的规定，采取行政措施，对本地区实施安全监督管理，保障本地区人民群众生命、财产安全，对本地区或者职责范围内防范特大安全事故的发生、特大安全事故发生后的迅速和妥善处理负责。

第五条 地方各级人民政府应当每个季度至少召开一次防范特大安全事故工作会议，由政府主要领导人或者政府主要领导人委托政府分管领导人召集有关部门正职负责人参加，分析、布置、督促、检查本地区防范特大安全事故的工作。会议应当作出决定并形成纪要，会议确定的各项防范措施必须严格实施。

第六条 市(地、州)、县(市、区)人民政府应当组织有关部门按照职责分工对本地区容易发生特大安全事故的单位、设施和场所安全事故的防范明确责任、采取措施，并组织有关部门对上述单位、设施和场所进行严格检查。

第七条 市(地、州)、县(市、区)人民政府必须制定本地区特大安全事故应急处理预案。本地区特大安全事故应急处理预案经政府主要领导人签署后，报上一级人民政府备案。

第八条 市(地、州)、县(市、区)人民政府应当组织有关部门对本规定第二条所列各类特大安全事故的隐患进行查处；发现特大安全事故隐患的，责令立即排除；特大安全事故隐患排除前或者排除过程中，无法保证安全的，责令暂时停产、停业或者停止使用。法律、行政法规对查处机关另有规定的，依照其规定。

第九条 市(地、州)、县(市、区)人民政府及其有关部门对本地区存在的特大安全事故隐患，超出其管辖或者职责范围的，应当立即向有管辖权或者负有职责的上级人民政府或者政府有关部门报告；情况紧急的，可以立即采取包括责令暂时停产、停业在内的紧急措施，同时报告；有关上级人民政府或者政府有关部门接到报告后，应当立即组织查处。

第十条 中小学校对学生进行劳动技能教育以及组织学生参加公益劳动等社会实践活动，必须确保学生安全。严禁以任何形式、名义组织学生从事接触易燃、易爆、有毒、有害等危险品的劳动或者其他危险性劳动。严禁将学校场地出租作为从事易燃、易爆、有毒、有害等危险品的生产、经营场所。

中小学校违反前款规定的，按照学校隶属关系，对县(市、区)、乡(镇)人民政府主要领导人和县(市、区)人民政府教育行政部门正职负责人，根据情节轻重，给予记过、降级直至撤职的行政处分；构成玩忽职守罪或者其他罪的，依法追究刑事责任。

中小学校违反本条第一款规定的，对校长给予撤职的行政处分，对直接组织者给予开除公职的行政处分；构成非法制造爆炸物罪或者其他罪的，依法追究刑事责任。

第十一条 依法对涉及安全生产事项负责行政审批(包括批准、核准、许可、注册、认证、颁发证照、竣工验收等，下同）的政府部门或者机构，必须严格依照法律、法规和规章规定的安全条件和程序进行审查；不符合法律、法规和规章规定的安全条件的，不得批准；不符合法律、法规和规章规定的安全条件，弄虚作假，骗取批准或者勾结串通行政审批工作人员取得批准的，负责行政审批的政府部门或者机构除必须立即撤销原批准外，应当对弄虚作假骗取批准或者勾结串通行政审批工作人员的当事人依法给予行政处罚；构成行贿罪或者其他罪的，依法追究刑事责任。

负责行政审批的政府部门或者机构违反前款规定，对不符合法律、法规和规章规定的安全条件予以批准的，对部门或者机构的正职负责人，根据情节轻重，给予降级、撤职直至开除公职的行政处分；与当事人勾结串通的，应当开除公职；构成受贿罪、玩忽职守罪或者其他罪的，依法追究刑事责任。

第十二条 对依照本规定第十一条第一款的规定取得批准的单位和个人，负责行政审批的政府部门或者机构必须对其实施严格监督检查；发现其不再具备安全条件的，必须立即撤销原批准。

负责行政审批的政府部门或者机构违反前款规定，不对取得批准的单位和个人实施严格监督检查，或者发现其不再具备安全条件而不立即撤销原批准的，对部门或者机构的正职负责人，根据情节轻重，给予降级或者撤职的行政处分；构成受贿罪、玩忽职守罪或者其他罪的，依法追究刑事责任。

第十三条 对未依法取得批准，擅自从事有关活动的，负责行政审批的政府部门或者机构发现或者接到举报后，应当立即予以查封、取缔，并依法给予行政处罚；属于经营单位的，由工商行政管理部门依法相应吊销营业执照。

负责行政审批的政府部门或者机构违反前款规定，对发现或者举报的未依法取得批准而擅自从事有关活动的，不予查封、取缔、不依法给予行政处罚，工商行政管理部门不予吊销营业执照的，对部门或者机构的正职负责人，根据情节轻重，给予降级或者撤职的行政处分；构成受贿罪、玩忽职守罪或者其他罪的，依法追究刑事责任。

第十四条 市（地、州）、县（市、区）人民政府依照本规定应当履行职责而未履行，或者未按照规定的职责和程序履行，本地区发生特大安全事故的，对政府主要领导人，根据情节轻重，给予降级或者撤职的行政处分；构成玩忽职守罪的，依法追究刑事责任。

负责行政审批的政府部门或者机构、负责安全监督管理的政府有关部门，未依照本规定履行职责，发生特大安全事故的，对部门或者机构的正职负责人，根据情节轻重，给予撤职或者开除公职的行政处分；构成玩忽职守罪或者其他罪的，依法追究刑事责任。

第十五条 发生特大安全事故，社会影响特别恶劣或者性质特别严重的，由国务院对负有领导责任的省长、自治区主席、直辖市市长和国务院有关部门正职负责人给予行政处分。

第十六条 特大安全事故发生后，有关县(市、区)、市(地、州)和省、自治区、直辖市人民政府及政府有关部门应当按照国家规定的程序和时限立即上报，不得隐瞒不报、谎报或者拖延报告，并应当配合、协助事故调查，不得以任何方式阻碍、干涉事故调查。

特大安全事故发生后，有关地方人民政府及政府有关部门违反前款规定的，对政府主要领导人和政府部门正职负责人给予降级的行政处分。

第十七条 特大安全事故发生后，有关地方人民政府应当迅速组织救助，有关部门应当服从指挥、调度，参加或者配合救助，将事故损失降到最低限度。

第十八条 特大安全事故发生后，省、自治区、直辖市人民政府应当按照国家有关规定迅速、如实发布事故消息。

第十九条 特大安全事故发生后，按照国家有关规定组织调查组对事故进行调查。事故调查工作应当自事故发生之日起 60 日内完成，并由调查组提出调查报告；遇有特殊情况的，经调查组提出并报国家安全生产监督管理机构批准后，可以适当延长时间。调查报告应当包括依照本规定对有关责任人员追究行政责任或者其他法律责任的意见。

省、自治区、直辖市人民政府应当自调查报告提交之日起 30 日内，对有关责任人员作出处理决定；必要时，国务院可以对特大安全事故的有关责任人员作出处理决定。

第二十条 地方人民政府或者政府部门阻挠、干涉对特大安全事故有关责任人员追究行政责任的，对该地方人民政府主要领导人或者政府部门正职负责人，根据情节轻重，给予降级或者撤职的行政处分。

第二十一条 任何单位和个人均有权向有关地方人民政府或者政府部门报告特大安全事故隐患，有权向上级人民政府或者政府部门举报地方人民政府或者政府部门不履行安全监督管理职责或者不按照规定履行职责的情况。接到报告或者举报的有关人民政府或者政府部门，应当立即组织对事故隐患进行查处，或者对举报的不履行、不按照规定履行安全监督管理职责的情况进行调查处理。

第二十二条 监察机关依照行政监察法的规定，对地方各级人民政府和政府部门及其工作人员履行安全监督管理职责实施监察。

第二十三条 对特大安全事故以外的其他安全事故的防范、发生追究行政责任的办法，由省、自治区、直辖市人民政府参照本规定制定。

第二十四条 本规定自公布之日起施行。

国家安全生产监督管理总局令
第 24 号

《安全生产监管监察职责和行政执法责任追究的暂行规定》已经 2009 年 5 月 27 日国家安全生产监督管理总局局长办公会议审议通过，现予公布，自 2009 年 10 月 1 日起施行。

局长　骆琳

2009 年 7 月 25 日

安全生产监管监察职责和行政执法责任追究的规定

(2009 年 7 月 25 日国家安全监管总局令第 24 号公布　根据 2013 年 8 月 29 日国家安全监管总局令第 63 号第一次修正　根据 2015 年 4 月 2 日国家安全监管总局令第 77 号第二次修正)

目　　录

第一章　总　　则

第一条　为促进安全生产监督管理部门、煤矿安全监察机构及其行政执法人员依法履行职责，落实行政执法责任，保障公民、法人和其他组织合法权益，根据《公务员法》、《安全生产法》、《安全生产许可证条例》等法律法规和国务院有关规定，制定本规定。

第二条　县级以上人民政府安全生产监督管理部门、煤矿安全监察机构(以下统称安全监管监察部门)及其内设机构、行政执法人员履行安全生产监管监察职责和实施行政执法责任追究，适用本规定；法律、法规对行政执法责任追究或者党政领导干部问责另有规定的，依照其规定。

本规定所称行政执法责任追究，是指对作出违法、不当的安全监管监察行政执法行为(以下简称行政执法行为)，或者未履行法定职责的安全监管监察部门及其内设机构、行政执法人员，实施行政责任追究(以下简称责任追究)。

第三条 责任追究应当遵循公正公平、有错必纠、责罚相当、惩教结合的原则，做到事实清楚、证据确凿、定性准确、处理适当、程序合法、手续完备。

第四条 责任追究实行回避制度。与违法、不当行政执法行为或者责任人有利害关系，或者有其他特殊关系，可能影响公正处理的人员，实施责任追究时应当回避。

安全监管监察部门负责人的回避由该部门负责人集体讨论决定，其他人员的回避由该部门负责人决定。

第二章　安全生产监管监察和行政执法职责

第五条 县级以上人民政府安全生产监督管理部门依法对本行政区域内安全生产工作实施综合监督管理，指导协调和监督检查本级人民政府有关部门依法履行安全生产监督管理职责；对本行政区域内没有其他行政主管部门负责安全生产监督管理的生产经营单位实施安全生产监督管理；对下级人民政府安全生产工作进行监督检查。

煤矿安全监察机构依法履行国家煤矿安全监察职责，实施煤矿安全监察行政执法，对煤矿安全进行重点监察、专项监察和定期监察，对地方人民政府依法履行煤矿安全生产监督管理职责的情况进行监督检查。

第六条 安全监管监察部门应当依照《安全生产法》和其他有关法律、法规、规章和本级人民政府、上级安全监管监察部门规定的安全监管监察职责，根据各自的监管监察权限、行政执法人员数量、监管监察的生产经营单位状况、技术装备和经费保障等实际情况，制定本部门年度安全监管或者煤矿安全监察执法工作计划，并按照执法工作计划进行监管监察，发现事故隐患，应当依法及时处理。

安全监管执法工作计划应当报本级人民政府批准后实施，并报上一级安全监管部门备案；煤矿安全监察执法工作计划应当报上一级煤矿安全监察机构批准后实施。安全监管和煤矿安全监察执法工作计划因特殊情况需要作出重大调整或者变更的，应当及时报原批准单位批准，并按照批准后的计划执行。

安全监管和煤矿安全监察执法工作计划应当包括监管监察的对象、时间、次数、主要事项、方式和职责分工等内容。根据安全监管监察工作需要，安全监管监察部门可以按照安全监管和煤矿安全监察执法工作计划编制现场检查方案，对作业现场的安全生产实施监督检查。

第七条 安全监管监察部门应当按照各自权限，依照法律、法规、规章和国家标准或者行业标准规定的安全生产条件和程序，履行下列行政审批或者考核职责：

（一）矿山、金属冶炼建设项目和用于生产、储存危险物品的建设项目安全设施的设计审查；

（二）矿山企业、危险化学品和烟花爆竹生产企业的安全生产许可；

（三）危险化学品经营许可；

（四）非药品类易制毒化学品生产、经营许可；

（五）烟花爆竹经营（批发、零售）许可；

（六）矿山、危险化学品、烟花爆竹生产经营单位和金属冶炼单位主要负责人、安全生产管理人员的安全资格认定，特种作业人员（特种设备作业人员除外）操作资格认定；

（七）涉及人身安全、危险性较大的海洋石油开采特种设备和矿山井下特种设备安全使用证或者安全标志的核发；

（八）安全生产检测检验、安全评价机构资质的认可；

（九）注册助理安全工程师资格、注册安全工程师执业资格的考试和注册；

（十）法律、行政法规和国务院设定的其他行政审批或者考核职责。

行政许可申请人对其申请材料实质内容的真实性负责。安全监管监察部门对符合法定条件的申请，应当依法予以受理，并作出准予或者不予行政许可的决定。根据法定条件和程序，需要对申请材料的实质内容进行核实的，应当指派两名以上行政执法人员进行核查。

对未依法取得行政许可或者验收合格擅自从事有关活动的生产经营单位，安全监管监察部门发现或者接到举报后，属于本部门行政许可职责范围的，应当及时依法查处；属于其他部门行政许可职责范围的，应当及时移送相关部门。对已经依法取得本部门行政许可的生产经营单位，发现其不再具备安全生产条件的，安全监管监察部门应当依法暂扣或者吊销原行政许可证件。

第八条 安全监管监察部门应当按照年度安全监管和煤矿安全监察执法工作计划、现场检查方案，对生产经营单位是否具备有关法律、法规、规章和国家标准或者行业标准规定的安全生产条件进行监督检查，重点监督检查下列事项：

（一）依法通过有关安全生产行政审批的情况；

（二）有关人员的安全生产教育和培训、考核情况；

（三）建立和落实安全生产责任制、安全生产规章制度和操作规程、作业规程的情况；

（四）按照国家规定提取和使用安全生产费用，安排用于配备劳动防护用品、进行安全生产教育和培训的经费，以及其他安全生产投入的情况；

（五）依法设置安全生产管理机构和配备安全生产管理人员的情况；

（六）危险物品的生产、储存单位以及矿山、金属冶炼单位配备或者聘用注册安全工程师的情况；

（七）从业人员、被派遣劳动者和实习学生受到安全生产教育、培训及其教育培训档案的情况；

（八）新建、改建、扩建工程项目的安全设施与主体工程同时设计、同时施工、同时投入生产和使用，以及按规定办理设计审查和竣工验收的情况；

（九）在有较大危险因素的生产经营场所和有关设施、设备上，设置安全警示标志的情况；

（十）对安全设备的维护、保养、定期检测的情况；

（十一）重大危险源登记建档、定期检测、评估、监控和制定应急预案的情况；

（十二）教育和督促从业人员严格执行本单位的安全生产规章制度和安全操作规程，并向从业人员如实告知作业场所和工作岗位存在的危险因素、防范措施以及事故应急措施的情况；

（十三）为从业人员提供符合国家标准或者行业标准的劳动防护用品，并监督、教育从业人员按照使用规则正确佩戴和使用的情况；

（十四）在同一作业区域内进行生产经营活动，可能危及对方生产安全的，与对方签订安全生产管理协议，明确各自的安全生产管理职责和应当采取的安全措施，并指定专职安全生产管理人员进行安全检查与协调的情况；

（十五）对承包单位、承租单位的安全生产工作实行统一协调、管理，定期进行安全检查，督促整改安全问题的情况；

（十六）建立健全生产安全事故隐患排查治理制度，及时发现并消除事故隐患，如实记录事故隐患治理，以及向从业人员通报的情况；

（十七）制定、实施生产安全事故应急预案，定期组织应急预案演练，以及有关应急预案备案的情况；

（十八）危险物品的生产、经营、储存单位以及矿山、金属冶炼单位建立应急救援组织或者兼职救援队伍、签订应急救援协议，以及应急救援器材、设备和物资的配备、维护、保养的情况；

（十九）按照规定报告生产安全事故的情况；

（二十）依法应当监督检查的其他情况。

第九条 安全监管监察部门在监督检查中，发现生产经营单位存在安全生产违法行为或者事故隐患的，应当依法采取下列现场处理措施：

（一）当场予以纠正；

（二）责令限期改正、责令限期达到要求；

（三）责令立即停止作业（施工）、责令立即停止使用、责令立即排除事故隐患；

（四）责令从危险区域撤出作业人员；

（五）责令暂时停产停业、停止建设、停止施工或者停止使用相关设备、设施；

（六）依法应当采取的其他现场处理措施。

第十条 被责令限期改正、限期达到要求、暂时停产停业、停止建设、停止施工或者停止使用的生产经营单位提出复查申请或者整改、治理限期届满的，安全监管监察部门应当自收到申请或者限期届满之日起10日内进行复查，并填写复查意见书，由被复查单位和安全监管监察部门复查人员签名后存档。

煤矿安全监察机构依照有关规定将复查工作移交给县级以上地方人民政府负责煤矿安全生产监督管理的部门的，应当及时将相应的执法文书抄送该部门并备案。县级以上地方人民政府负责煤矿安全生产监督管理的部门应当自收到煤矿申请或者限期届满之日起10日内进行复查，并填写复查意见书，由被复查煤矿和复查人员签名后存档，并将复查意见书及时抄送移交复查的煤矿安全监察机构。

对逾期未整改、治理或者整改、治理不合格的生产经营单位，安全监管监察部门应当依法给予行政处罚，并依法提请县级以上地方人民政府按照规定的权限决定关闭。

第十一条 安全监管监察部门在监督检查中，发现生产经营单位存在安全生产非法、违法行为的，有权依法采取下列行政强制措施：

（一）对有根据认为不符合安全生产的国家标准或者行业标准的在用设施、设备、器材，违法生产、储存、使用、经营、运输的危险物品，以及违法生产、储存、使用、经营危险物品的作业场所予以查封或者扣押，并依法作出处理决定；

（二）扣押相关的证据材料和违法物品，临时查封有关场所；

（三）法律、法规规定的其他行政强制措施。

实施查封、扣押的，应当制作并当场交付查封、扣押决定书和清单。

第十二条 安全监管监察部门依法对存在重大事故隐患的生产经营单位作

出停产停业、停止施工、停止使用相关设施、设备的决定，生产经营单位应当依法执行，及时消除事故隐患。生产经营单位拒不执行，有发生生产安全事故的现实危险的，在保证安全的前提下，经本部门主要负责人批准，安全监管监察部门可以采取通知有关单位停止供电、停止供应民用爆炸物品等措施，强制生产经营单位履行决定。通知应当采用书面形式，有关单位应当予以配合。

安全监管监察部门依照前款规定采取停止供电措施，除有危及生产安全的紧急情形外，应当提前二十四小时通知生产经营单位。生产经营单位依法履行行政决定、采取相应措施消除事故隐患的，安全监管监察部门应当及时解除前款规定的措施。

第十三条 安全监管监察部门在监督检查中，发现生产经营单位存在的安全问题涉及有关地方人民政府或其有关部门的，应当及时向有关地方人民政府报告或其有关部门通报。

第十四条 安全监管监察部门应当严格依照法律、法规和规章规定的行政处罚的行为、种类、幅度和程序，按照各自的管辖权限，对监督检查中发现的生产经营单位及有关人员的安全生产非法、违法行为实施行政处罚。

对到期不缴纳罚款的，安全监管监察部门可以每日按罚款数额的百分之三加处罚款。

生产经营单位拒不执行安全监管监察部门行政处罚决定的，作出行政处罚决定的安全监管监察部门可以依法申请人民法院强制执行；拒不执行处罚决定可能导致生产安全事故的，应当及时向有关地方人民政府报告或其有关部门通报。

第十五条 安全监管监察部门对生产经营单位及其从业人员作出现场处理措施、行政强制措施和行政处罚决定等行政执法行为前，应当充分听取当事人的陈述、申辩，对其提出的事实、理由和证据，应当进行复核。当事人提出的事实、理由和证据成立的，应当予以采纳。

安全监管监察部门对生产经营单位及其从业人员作出现场处理措施、行政强制措施和行政处罚决定等行政执法行为时，应当依法制作有关法律文书，并按照规定送达当事人。

第十六条 安全监管监察部门应当依法履行下列生产安全事故报告和调查处理职责：

（一）建立值班制度，并向社会公布值班电话，受理事故报告和举报；

（二）按照法定的时限、内容和程序逐级上报和补报事故；

（三）接到事故报告后，按照规定派人立即赶赴事故现场，组织或者指导协调事故救援；

（四）按照规定组织或者参加事故调查处理；

（五）对事故发生单位落实事故防范和整改措施的情况进行监督检查；

（六）依法对事故责任单位和有关责任人员实施行政处罚；

（七）依法应当履行的其他职责。

第十七条 安全监管监察部门应当依法受理、调查和处理本部门法定职责范围内的举报事项，并形成书面材料。调查处理情况应当答复举报人，但举报人的姓名、名称、住址不清的除外。对不属于本部门职责范围的举报事项，应当依法予以登记，并告知举报人向有权机关提出。

第十八条 安全监管监察部门应当依法受理行政复议申请，审理行政复议案件，并作出处理或者决定。

第三章 责任追究的范围与承担责任的主体

第十九条 安全监管监察部门及其内设机构、行政执法人员履行本规定第二章规定的行政执法职责，有下列违法或者不当的情形之一，致使行政执法行为被撤销、变更、确认违法，或者被责令履行法定职责、承担行政赔偿责任的，应当实施责任追究：

（一）超越、滥用法定职权的；

（二）主要事实不清、证据不足的；

（三）适用依据错误的；

（四）行政裁量明显不当的；

（五）违反法定程序的；

（六）未按照年度安全监管或者煤矿安全监察执法工作计划、现场检查方案履行法定职责的；

（七）其他违法或者不当的情形。

前款所称的行政执法行为被撤销、变更、确认违法，或者被责令履行法定职责、承担行政赔偿责任，是指行政执法行为被人民法院生效的判决、裁定，或者行政复议机关等有权机关的决定予以撤销、变更、确认违法或者被责令履行法定职责、承担行政赔偿责任的情形。

第二十条 有下列情形之一的，安全监管监察部门及其内设机构、行政执法人员不承担责任：

（一）因生产经营单位、中介机构等行政管理相对人的行为，致使安全监管监察部门及其内设机构、行政执法人员无法作出正确行政执法行为的；

（二）因有关行政执法依据规定不一致，致使行政执法行为适用法律、法规和规章依据不当的；

（三）因不能预见、不能避免并不能克服的不可抗力致使行政执法行为违法、不当或者未履行法定职责的；

（四）违法、不当的行政执法行为情节轻微并及时纠正，没有造成不良后果或者不良后果被及时消除的；

（五）按照批准、备案的安全监管或者煤矿安全监察执法工作计划、现场检查方案和法律、法规、规章规定的方式、程序已经履行安全生产监管监察职责的；

（六）对发现的安全生产非法、违法行为和事故隐患已经依法查处，因生产经营单位及其从业人员拒不执行安全生产监管监察指令导致生产安全事故的；

（七）生产经营单位非法生产或者经责令停产停业整顿后仍不具备安全生产条件，安全监管监察部门已经依法提请县级以上地方人民政府决定取缔或者关闭的；

（八）对拒不执行行政处罚决定的生产经营单位，安全监管监察部门已经依法申请人民法院强制执行的；

（九）安全监管监察部门已经依法向县级以上地方人民政府提出加强和改善安全生产监督管理建议的；

（十）依法不承担责任的其他情形。

第二十一条 承办人直接作出违法或者不当行政执法行为的，由承办人承担责任。

第二十二条 对安全监管监察部门应当经审核、批准作出的行政执法行为，分别按照下列情形区分并承担责任：

（一）承办人未经审核人、批准人审批擅自作出行政执法行为，或者不按审核、批准的内容实施，致使行政执法行为违法或者不当的，由承办人承担责任；

（二）承办人弄虚作假、徇私舞弊，或者承办人提出的意见错误，审核人、批准人没有发现或者发现后未予以纠正，致使行政执法行为违法或者不当的，由承办人承担主要责任，审核人、批准人承担次要责任；

（三）审核人改变或者不采纳承办人的正确意见，批准人批准该审核意见，致使行政执法行为违法或者不当的，由审核人承担主要责任，批准人承担次要责任；

（四）审核人未报请批准人批准而擅自作出决定，致使行政执法行为违法或者不当的，由审核人承担责任；

（五）审核人弄虚作假、徇私舞弊，致使批准人作出错误决定的，由审核人承担责任；

（六）批准人改变或者不采纳承办人、审核人的正确意见，致使行政执法行为违法或者不当的，由批准人承担责任；

（七）未经承办人拟办、审核人审核，批准人直接作出违法或者不当的行政执法行为的，由批准人承担责任。

第二十三条 因安全监管监察部门指派不具有行政执法资格的单位或者人员执法，致使行政执法行为违法或者不当的，由指派部门及其负责人承担责任。

第二十四条 因安全监管监察部门负责人集体研究决定，致使行政执法行为违法或者不当的，主要负责人应当承担主要责任，参与作出决定的其他负责人应当分别承担相应的责任。

安全监管监察部门负责人擅自改变集体决定，致使行政执法行为违法或者不当的，由该负责人承担全部责任。

第二十五条 两名以上行政执法人员共同作出违法或者不当行政执法行为的，由主办人员承担主要责任，其他人员承担次要责任；不能区分主要、次要责任人的，共同承担责任。

因安全监管监察部门内设机构单独决定，致使行政执法行为违法或者不当的，由该机构承担全部责任；因两个以上内设机构共同决定，致使行政执法行为违法或者不当的，由有关内设机构共同承担责任。

第二十六条 经安全监管监察部门内设机构会签作出的行政执法行为，分别按照下列情形区分并承担责任：

（一）主办机构提供的有关事实、证据不真实、不准确或者不完整，会签机构通过审查能够提出正确意见但没有提出，致使行政执法行为违法或者不当的，由主办机构承担主要责任，会签机构承担次要责任；

（二）主办机构没有采纳会签机构提出的正确意见，致使行政执法行为违法或者不当的，由主办机构承担责任。

第二十七条 因执行上级安全监管监察部门的指示、批复，致使行政执法行为违法或者不当的，由作出指示、批复的上级安全监管监察部门承担责任。

因请示、报告单位隐瞒事实或者未完整提供真实情况等原因，致使上级安全监管监察部门作出错误指示、批复的，由请示、报告单位承担责任。

第二十八条 下级安全监管监察部门认为上级的决定或者命令有错误的，可以向上级提出改正、撤销该决定或者命令的意见；上级不改变该决定或者命令，或者要求立即执行的，下级安全监管监察部门应当执行该决定或者命令，其不当或者违法责任由上级安全监管监察部门承担。

第二十九条 上级安全监管监察部门改变、撤销下级安全监管监察部门作出的行政执法行为，致使行政执法行为违法或者不当的，由上级安全监管监察部门及其有关内设机构、行政执法人员依照本章规定分别承担相应责任。

第三十条 安全监管监察部门及其内设机构、行政执法人员不履行法定职责的，应当根据各自的职责分工，依照本章规定区分并承担责任。

第四章 责任追究的方式与适用

第三十一条 对安全监管监察部门及其内设机构的责任追究包括下列方式：

（一）责令限期改正；

（二）通报批评；

（三）取消当年评优评先资格；

（四）法律、法规和规章规定的其他方式。

对行政执法人员的责任追究包括下列方式：

（一）批评教育；

（二）离岗培训；

（三）取消当年评优评先资格；

（四）暂扣行政执法证件；

（五）调离执法岗位；

（六）法律、法规和规章规定的其他方式。

本条第一款和第二款规定的责任追究方式，可以单独或者合并适用。

第三十二条 对安全监管监察部门及其内设机构、行政执法人员实施责任追究的时候，应当根据违法、不当行政执法行为的事实、性质、情节和对于社会的危害程度，依照本规定的有关条款决定。

第三十三条 违法或者不当行政执法行为的情节较轻、危害较小的，对安全监管监察部门责令限期改正，对行政执法人员予以批评教育或者离岗培训，并取消当年评优评先资格。

违法或者不当行政执法行为的情节较重、危害较大的，对安全监管监察部门责令限期改正，予以通报批评，并取消当年评优评先资格；对行政执法人员予以调离执法岗位或者暂扣行政执法证件，并取消当年评优评先资格。

第三十四条 安全监管监察部门及其内设机构在年度行政执法评议考核中被确定为不合格的，责令限期改正，并予以通报批评、取消当年评优评先资格。

行政执法人员在年度行政执法评议考核中被确定为不称职的，予以离岗培训、暂扣行政执法证件，并取消当年评优评先资格。

第三十五条 一年内被申请行政复议或者被提起行政诉讼的行政执法行为中，被撤销、变更、确认违法的比例占20%以上（含本数，下同）的，应当责令有关安全监管监察部门限期改正，并取消当年评优评先资格。

第三十六条 安全监管监察部门承担行政赔偿责任的，应当依照《国家赔偿法》第十四条的规定，责令有故意或者重大过失的行政执法人员承担全部或者部分行政赔偿费用。

第三十七条 对实施违法或者不当的行政执法行为，或者未履行法定职责的行政执法人员，依照《公务员法》、《行政机关公务员处分条例》等的规定应当给予行政处分或者辞退处理的，依照其规定。

第三十八条 行政执法人员的行政执法行为涉嫌犯罪的，移交司法机关处理。

第三十九条 有下列情形之一的，可以从轻或者减轻追究责任：

（一）违反本规定第十一条至第十四条所规定的职责，未造成严重后果的；

（二）主动采取措施，有效避免损失或者挽回影响的；

（三）积极配合责任追究，并且主动承担责任的；

（四）依法可以从轻的其他情形。

第四十条 有下列情形之一的，应当从重追究责任：

（一）因违法、不当行政执法行为或者不履行法定职责，严重损害国家声誉，或者造成恶劣社会影响，或者致使公共财产、国家和人民利益遭受重大损失的；

（二）滥用职权、玩忽职守、徇私舞弊，致使行政执法行为违法、不当的；

（三）弄虚作假、隐瞒真相，干扰、阻碍责任追究的；

（四）对检举人、控告人、申诉人和实施责任追究的人员打击、报复、陷害的；

（五）一年内出现两次以上应当追究责任的情形的；

（六）依法应当从重追究责任的其他情形。

第五章 责任追究的机关与程序

第四十一条 安全生产监督管理部门及其负责人的责任，按照干部管理权限，由其上级安全生产监督管理部门或者本级人民政府行政监察机关追究；所属内设机构和其他行政执法人员的责任，由所在安全生产监督管理部门追究。

煤矿安全监察机构及其负责人的责任，按照干部管理权限，由其上级煤矿安全监察机构追究；所属内设机构及其行政执法人员的责任，由所在煤矿安全监察机构追究。

第四十二条 安全监管监察部门进行责任追究，按照下列程序办理：

（一）负责法制工作的机构自行政执法行为被确认违法、不当之日起 15 日内，将有关当事人的情况书面通报本部门负责行政监察工作的机构；

（二）负责行政监察工作的机构自收到法制工作机构通报或者直接收到有关

行政执法行为违法、不当的举报之日起60日内调查核实有关情况，提出责任追究的建议，报本部门领导班子集体讨论决定；

（三）负责人事工作的机构自责任追究决定作出之日起15日内落实决定事项。

法律、法规对责任追究的程序另有规定的，依照其规定。

第四十三条 安全监管监察部门实施责任追究应当制作《行政执法责任追究决定书》。《行政执法责任追究决定书》由负责行政监察工作的机构草拟，安全监管监察部门作出决定。

《行政执法责任追究决定书》应当写明责任追究的事实、依据、方式、批准机关、生效时间、当事人的申诉期限及受理机关等。离岗培训和暂扣行政执法证件的，还应当写明培训和暂扣的期限等。

第四十四条 安全监管监察部门作出责任追究决定前，负责行政监察工作的机构应当将追究责任的有关事实、理由和依据告知当事人，并听取其陈述和申辩。对其合理意见，应当予以采纳。

《行政执法责任追究决定书》应当送到当事人，以及当事人所在的单位和内设机构。责任追究决定作出后，作出决定的安全监管监察部门应当派人与当事人谈话，做好思想工作，督促其做好工作交接等后续工作。

当事人对责任追究决定不服的，可以依照《公务员法》等规定申请复核和提出申诉。申诉期间，不停止责任追究决定的执行。

第四十五条 对当事人的责任追究情况应当作为其考核、奖惩、任免的重要依据。安全监管监察部门负责人事工作的机构应当将责任追究的有关材料记入当事人个人档案。

第六章　附　　则

第四十六条 本规定所称的安全生产非法行为，是指公民、法人或者其他组织未依法取得安全监管监察部门的行政许可，擅自从事生产经营活动的行为，或者该行政许可已经失效，继续从事生产经营活动的行为。

本规定所称的安全生产违法行为，是指公民、法人或者其他组织违反有关安全生产的法律、法规、规章、国家标准、行业标准的规定，从事生产经营活动的行为。

本规定所称的违法的行政执法行为，是指违反法律、法规、规章规定的职责、程序所作出的具体行政行为。

本规定所称的不当的行政执法行为，是指违反客观、适度、公平、公正、合理等适用法律的一般原则所作出的具体行政行为。

第四十七条 依法授权或者委托行使安全生产行政执法职责的单位及其行政执法人员的责任追究，参照本规定执行。

第四十八条 本规定自 2009 年 10 月 1 日起施行。省、自治区、直辖市人民代表大会及其常务委员会或者省、自治区、直辖市人民政府对地方安全生产监督管理部门及其内设机构、行政执法人员的责任追究另有规定的，依照其规定。

国家安全生产监督管理总局令

第 21 号

《生产安全事故信息报告和处置办法》已经 2009 年 5 月 27 日国家安全生产监督管理总局局长办公会议审议通过，现予公布，自 2009 年 7 月 1 日起施行。

局长　骆琳

2009 年 6 月 16 日

生产安全事故信息报告和处置办法

目　　录

第一章　总　　则

第一条　为了规范生产安全事故信息的报告和处置工作，根据《安全生产法》、《生产安全事故报告和调查处理条例》等有关法律、行政法规，制定本办法。

第二条　生产经营单位报告生产安全事故信息和安全生产监督管理部门、煤矿安全监察机构对生产安全事故信息的报告和处置工作，适用本办法。

第三条　本办法规定的应当报告和处置的生产安全事故信息(以下简称事故信息)，是指已经发生的生产安全事故和较大涉险事故的信息。

第四条　事故信息的报告应当及时、准确和完整，信息的处置应当遵循快速高效、协同配合、分级负责的原则。

安全生产监督管理部门负责各类生产经营单位的事故信息报告和处置工作。煤矿安全监察机构负责煤矿的事故信息报告和处置工作。

第五条　安全生产监督管理部门、煤矿安全监察机构应当建立事故信息报告和处置制度，设立事故信息调度机构，实行 24 小时不间断调度值班，并向社会公布值班电话，受理事故信息报告和举报。

第二章　事故信息的报告

第六条　生产经营单位发生生产安全事故或者较大涉险事故，其单位负责人接到事故信息报告后应当于1小时内报告事故发生地县级安全生产监督管理部门、煤矿安全监察分局。

发生较大以上生产安全事故的，事故发生单位在依照第一款规定报告的同时，应当在1小时内报告省级安全生产监督管理部门、省级煤矿安全监察机构。

发生重大、特别重大生产安全事故的，事故发生单位在依照本条第一款、第二款规定报告的同时，可以立即报告国家安全生产监督管理总局、国家煤矿安全监察局。

第七条　安全生产监督管理部门、煤矿安全监察机构接到事故发生单位的事故信息报告后，应当按照下列规定上报事故情况，同时书面通知同级公安机关、劳动保障部门、工会、人民检察院和有关部门：

（一）一般事故和较大涉险事故逐级上报至设区的市级安全生产监督管理部门、省级煤矿安全监察机构；

（二）较大事故逐级上报至省级安全生产监督管理部门、省级煤矿安全监察机构；

（三）重大事故、特别重大事故逐级上报至国家安全生产监督管理总局、国家煤矿安全监察局。

前款规定的逐级上报，每一级上报时间不得超过2小时。安全生产监督管理部门依照前款规定上报事故情况时，应当同时报告本级人民政府。

第八条　发生较大生产安全事故或者社会影响重大的事故的，县级、市级安全生产监督管理部门或者煤矿安全监察分局接到事故报告后，在依照本办法第七条规定逐级上报的同时，应当在1小时内先用电话快报省级安全生产监督管理部门、省级煤矿安全监察机构，随后补报文字报告；乡镇安监站(办)可以根据事故情况越级直接报告省级安全生产监督管理部门、省级煤矿安全监察机构。

第九条　发生重大、特别重大生产安全事故或者社会影响恶劣的事故的，县级、市级安全生产监督管理部门或者煤矿安全监察分局接到事故报告后，在依照本办法第七条规定逐级上报的同时，应当在1小时内先用电话快报省级安全生产监督管理部门、省级煤矿安全监察机构，随后补报文字报告；必要时，可以直接用电话报告国家安全生产监督管理总局、国家煤矿安全监察局。

省级安全生产监督管理部门、省级煤矿安全监察机构接到事故报告后，应当在1小时内先用电话快报国家安全生产监督管理总局、国家煤矿安全监察局，随后补报文字报告。

国家安全生产监督管理总局、国家煤矿安全监察局接到事故报告后，应当在1小时内先用电话快报国务院总值班室，随后补报文字报告。

第十条 报告事故信息，应当包括下列内容：

（一）事故发生单位的名称、地址、性质、产能等基本情况；

（二）事故发生的时间、地点以及事故现场情况；

（三）事故的简要经过（包括应急救援情况）；

（四）事故已经造成或者可能造成的伤亡人数（包括下落不明、涉险的人数）和初步估计的直接经济损失；

（五）已经采取的措施；

（六）其他应当报告的情况。

使用电话快报，应当包括下列内容：

（一）事故发生单位的名称、地址、性质；

（二）事故发生的时间、地点；

（三）事故已经造成或者可能造成的伤亡人数（包括下落不明、涉险的人数）。

第十一条 事故具体情况暂时不清楚的，负责事故报告的单位可以先报事故概况，随后补报事故全面情况。

事故信息报告后出现新情况的，负责事故报告的单位应当依照本办法第六条、第七条、第八条、第九条的规定及时续报。较大涉险事故、一般事故、较大事故每日至少续报1次；重大事故、特别重大事故每日至少续报2次。

自事故发生之日起30日内（道路交通、火灾事故自发生之日起7日内），事故造成的伤亡人数发生变化的，应于当日续报。

第十二条 安全生产监督管理部门、煤矿安全监察机构接到任何单位或者个人的事故信息举报后，应当立即与事故单位或者下一级安全生产监督管理部门、煤矿安全监察机构联系，并进行调查核实。

下一级安全生产监督管理部门、煤矿安全监察机构接到上级安全生产监督管理部门、煤矿安全监察机构的事故信息举报核查通知后，应当立即组织查证核实，并在2个月内向上一级安全生产监督管理部门、煤矿安全监察机构报告核实结果。

对发生较大涉险事故的，安全生产监督管理部门、煤矿安全监察机构依照本条第二款规定向上一级安全生产监督管理部门、煤矿安全监察机构报告核实结果；对发生生产安全事故的，安全生产监督管理部门、煤矿安全监察机构应当在5日内对事故情况进行初步查证，并将事故初步查证的简要情况报告上一级安全生产监督管理部门、煤矿安全监察机构，详细核实结果在2个月内报告。

第十三条 事故信息经初步查证后，负责查证的安全生产监督管理部门、煤矿安全监察机构应当立即报告本级人民政府和上一级安全生产监督管理部门、煤矿安全监察机构，并书面通知公安机关、劳动保障部门、工会、人民检察院和有关部门。

第十四条 安全生产监督管理部门与煤矿安全监察机构之间，安全生产监督管理部门、煤矿安全监察机构与其他负有安全生产监督管理职责的部门之间，应当建立有关事故信息的通报制度，及时沟通事故信息。

第十五条 对于事故信息的每周、每月、每年的统计报告，按照有关规定执行。

第三章 事故信息的处置

第十六条 安全生产监督管理部门、煤矿安全监察机构应当建立事故信息处置责任制，做好事故信息的核实、跟踪、分析、统计工作。

第十七条 发生生产安全事故或者较大涉险事故后，安全生产监督管理部门、煤矿安全监察机构应当立即研究、确定并组织实施相关处置措施。安全生产监督管理部门、煤矿安全监察机构负责人按照职责分工负责相关工作。

第十八条 安全生产监督管理部门、煤矿安全监察机构接到生产安全事故报告后，应当按照下列规定派员立即赶赴事故现场：

（一）发生一般事故的，县级安全生产监督管理部门、煤矿安全监察分局负责人立即赶赴事故现场；

（二）发生较大事故的，设区的市级安全生产监督管理部门、省级煤矿安全监察局负责人应当立即赶赴事故现场；

（三）发生重大事故的，省级安全监督管理部门、省级煤矿安全监察局负责人立即赶赴事故现场；

（四）发生特别重大事故的，国家安全生产监督管理总局、国家煤矿安全监察局负责人立即赶赴事故现场。

上级安全生产监督管理部门、煤矿安全监察机构认为必要的，可以派员赶赴事故现场。

第十九条 安全生产监督管理部门、煤矿安全监察机构负责人及其有关人员赶赴事故现场后，应当随时保持与本单位的联系。有关事故信息发生重大变化的，应当依照本办法有关规定及时向本单位或者上级安全生产监督管理部门、煤矿安全监察机构报告。

第二十条 安全生产监督管理部门、煤矿安全监察机构应当依照有关规定定期向社会公布事故信息。

任何单位和个人不得擅自发布事故信息。

第二十一条 安全生产监督管理部门、煤矿安全监察机构应当根据事故信息报告的情况，启动相应的应急救援预案，或者组织有关应急救援队伍协助地方人民政府开展应急救援工作。

第二十二条 安全生产监督管理部门、煤矿安全监察机构按照有关规定组织或者参加事故调查处理工作。

第四章 罚 则

第二十三条 安全生产监督管理部门、煤矿安全监察机构及其工作人员未依法履行事故信息报告和处置职责的，依照有关规定予以处理。

第二十四条 生产经营单位及其有关人员对生产安全事故迟报、漏报、谎报或者瞒报的，依照有关规定予以处罚。

第二十五条 生产经营单位对较大涉险事故迟报、漏报、谎报或者瞒报的，给予警告，并处3万元以下的罚款。

第五章 附 则

第二十六条 本办法所称的较大涉险事故是指：

（一）涉险10人以上的事故；

（二）造成3人以上被困或者下落不明的事故；

（三）紧急疏散人员500人以上的事故；

（四）因生产安全事故对环境造成严重污染（人员密集场所、生活水源、农田、河流、水库、湖泊等）的事故；

（五）危及重要场所和设施安全（电站、重要水利设施、危化品库、油气站和车站、码头、港口、机场及其他人员密集场所等）的事故；

（六）其他较大涉险事故。

第二十七条 省级安全生产监督管理部门、省级煤矿安全监察机构可以根据本办法的规定，制定具体的实施办法。

第二十八条 本办法自2009年7月1日起施行。

生产安全事故罚款处罚规定(试行)

(2007 年 7 月 12 日国家安全监管总局令第 13 号公布　根据 2011 年 9 月 1 日国家安全监管总局令第 42 号第一次修正　根据 2015 年 4 月 2 日国家安全监管总局令第 77 号第二次修正)

第一条　为防止和减少生产安全事故，严格追究生产安全事故发生单位及其有关责任人员的法律责任，正确适用事故罚款的行政处罚，依照《安全生产法》、《生产安全事故报告和调查处理条例》(以下简称《条例》)的规定，制定本规定。

第二条　安全生产监督管理部门和煤矿安全监察机构对生产安全事故发生单位(以下简称事故发生单位)及其主要负责人、直接负责的主管人员和其他责任人员等有关责任人员依照《安全生产法》和《条例》实施罚款的行政处罚，适用本规定。

第三条　本规定所称事故发生单位是指对事故发生负有责任的生产经营单位。

本规定所称主要负责人是指有限责任公司、股份有限公司的董事长或者总经理或者个人经营的投资人，其他生产经营单位的厂长、经理、局长、矿长(含实际控制人)等人员。

第四条　本规定所称事故发生单位主要负责人、直接负责的主管人员和其他直接责任人员的上一年年收入，属于国有生产经营单位的，是指该单位上级主管部门所确定的上一年年收入总额；属于非国有生产经营单位的，是指经财务、税务部门核定的上一年年收入总额。

生产经营单位提供虚假资料或者由于财务、税务部门无法核定等原因致使有关人员的上一年年收入难以确定的，按照下列办法确定：

(一) 主要负责人的上一年年收入，按照本省、自治区、直辖市上一年度职工平均工资的 5 倍以上 10 倍以下计算；

(二) 直接负责的主管人员和其他直接责任人员的上一年年收入，按照本省、自治区、直辖市上一年度职工平均工资的 1 倍以上 5 倍以下计算。

第五条　《条例》所称的迟报、漏报、谎报和瞒报，依照下列情形认定：

(一) 报告事故的时间超过规定时限的，属于迟报；

(二) 因过失对应当上报的事故或者事故发生的时间、地点、类别、伤亡人数、直接经济损失等内容遗漏未报的，属于漏报；

(三) 故意不如实报告事故发生的时间、地点、初步原因、性质、伤亡人数和涉险人数、直接经济损失等有关内容的，属于谎报；

（四）隐瞒已经发生的事故，超过规定时限未向安全监管监察部门和有关部门报告，经查证属实的，属于瞒报。

第六条 对事故发生单位及其有关责任人员处以罚款的行政处罚，依照下列规定决定：

（一）对发生特别重大事故的单位及其有关责任人员罚款的行政处罚，由国家安全生产监督管理总局决定；

（二）对发生重大事故的单位及其有关责任人员罚款的行政处罚，由省级人民政府安全生产监督管理部门决定；

（三）对发生较大事故的单位及其有关责任人员罚款的行政处罚，由设区的市级人民政府安全生产监督管理部门决定；

（四）对发生一般事故的单位及其有关责任人员罚款的行政处罚，由县级人民政府安全生产监督管理部门决定。

上级安全生产监督管理部门可以指定下一级安全生产监督管理部门对事故发生单位及其有关责任人员实施行政处罚。

第七条 对煤矿事故发生单位及其有关责任人员处以罚款的行政处罚，依照下列规定执行：

（一）对发生特别重大事故的煤矿及其有关责任人员罚款的行政处罚，由国家煤矿安全监察局决定；

（二）对发生重大事故和较大事故的煤矿及其有关责任人员罚款的行政处罚，由省级煤矿安全监察机构决定；

（三）对发生一般事故的煤矿及其有关责任人员罚款的行政处罚，由省级煤矿安全监察机构所属分局决定。

上级煤矿安全监察机构可以指定下一级煤矿安全监察机构对事故发生单位及其有关责任人员实施行政处罚。

第八条 特别重大事故以下等级事故，事故发生地与事故发生单位所在地不在同一个县级以上行政区域的，由事故发生地的安全生产监督管理部门或者煤矿安全监察机构依照本规定第六条或者第七条规定的权限实施行政处罚。

第九条 安全生产监督管理部门和煤矿安全监察机构对事故发生单位及其有关责任人员实施罚款的行政处罚，依照《安全生产违法行为行政处罚办法》规定的程序执行。

第十条 事故发生单位及其有关责任人员对安全生产监督管理部门和煤矿安全监察机构给予的行政处罚，享有陈述、申辩的权利；对行政处罚不服的，有权依法申请行政复议或者提起行政诉讼。

第十一条 事故发生单位主要负责人有《安全生产法》第一百零六条、《条例》第三十五条规定的下列行为之一的，依照下列规定处以罚款：

（一）事故发生单位主要负责人在事故发生后不立即组织事故抢救的，处上一年年收入100%的罚款；

（二）事故发生单位主要负责人迟报事故的，处上一年年收入60%至80%的罚款；漏报事故的，处上一年年收入40%至60%的罚款；

（三）事故发生单位主要负责人在事故调查处理期间擅离职守的，处上一年年收入80%至100%的罚款。

第十二条 事故发生单位有《条例》第三十六条规定行为之一的，依照《国家安全监管总局关于印发<安全生产行政处罚自由裁量标准>的通知》(安监总政法〔2010〕137号)等规定给予罚款。

第十三条 事故发生单位的主要负责人、直接负责的主管人员和其他直接责任人员有《安全生产法》第一百零六条、《条例》第三十六条规定的下列行为之一的，依照下列规定处以罚款：

（一）伪造、故意破坏事故现场，或者转移、隐匿资金、财产、销毁有关证据、资料，或者拒绝接受调查，或者拒绝提供有关情况和资料，或者在事故调查中作伪证，或者指使他人作伪证的，处上一年年收入80%至90%的罚款；

（二）谎报、瞒报事故或者事故发生后逃匿的，处上一年年收入100%的罚款。

第十四条 事故发生单位对造成3人以下死亡，或者3人以上10人以下重伤(包括急性工业中毒，下同)，或者300万元以上1000万元以下直接经济损失的一般事故负有责任的，处20万元以上50万元以下的罚款。

事故发生单位有本条第一款规定的行为且有谎报或者瞒报事故情节的，处50万元的罚款。

第十五条 事故发生单位对较大事故发生负有责任的，依照下列规定处以罚款：

（一）造成3人以上6人以下死亡，或者10人以上30人以下重伤，或者1000万元以上3000万元以下直接经济损失的，处50万元以上70万元以下的罚款；

（二）造成6人以上10人以下死亡，或者30人以上50人以下重伤，或者3000万元以上5000万元以下直接经济损失的，处70万元以上100万元以下的罚款。

事故发生单位对较大事故发生负有责任且有谎报或者瞒报情节的，处100万元的罚款。

第十六条　事故发生单位对重大事故发生负有责任的，依照下列规定处以罚款：

（一）造成10人以上15人以下死亡，或者50人以上70人以下重伤，或者5000万元以上7000万元以下直接经济损失的，处100万元以上300万元以下的罚款；

（二）造成15人以上30人以下死亡，或者70人以上100人以下重伤，或者7000万元以上1亿元以下直接经济损失的，处300万元以上500万元以下的罚款。

事故发生单位对重大事故发生负有责任且有谎报或者瞒报情节的，处500万元的罚款。

第十七条　事故发生单位对特别重大事故发生负有责任的，依照下列规定处以罚款：

（一）造成30人以上40人以下死亡，或者100人以上120人以下重伤，或者1亿元以上1.2亿元以下直接经济损失的，处500万元以上1000万元以下的罚款；

（二）造成40人以上50人以下死亡，或者120人以上150人以下重伤，或者1.2亿元以上1.5亿元以下直接经济损失的，处1000万元以上1500万元以下的罚款；

（三）造成50人以上死亡，或者150人以上重伤，或者1.5亿元以上直接经济损失的，处1500万元以上2000万元以下的罚款。

事故发生单位对特别重大事故发生负有责任且有下列情形之一的，处2000万元的罚款：

（一）谎报特别重大事故的；

（二）瞒报特别重大事故的；

（三）未依法取得有关行政审批或者证照擅自从事生产经营活动的；

（四）拒绝、阻碍行政执法的；

（五）拒不执行有关停产停业、停止施工、停止使用相关设备或者设施的行政执法指令的；

（六）明知存在事故隐患，仍然进行生产经营活动的；

（七）一年内已经发生2起以上较大事故，或者1起重大以上事故，再次发生特别重大事故的；

（八）地下矿山负责人未按照规定带班下井的。

第十八条　事故发生单位主要负责人未依法履行安全生产管理职责，导致事故发生的，依照下列规定处以罚款：

（一）发生一般事故的，处上一年年收入 30%的罚款；

（二）发生较大事故的，处上一年年收入 40%的罚款；

（三）发生重大事故的，处上一年年收入 60%的罚款；

（四）发生特别重大事故的，处上一年年收入 80%的罚款。

第十九条 个人经营的投资人未依照《安全生产法》的规定保证安全生产所必需的资金投入，致使生产经营单位不具备安全生产条件，导致发生生产安全事故的，依照下列规定对个人经营的投资人处以罚款：

（一）发生一般事故的，处 2 万元以上 5 万元以下的罚款；

（二）发生较大事故的，处 5 万元以上 10 万元以下的罚款；

（三）发生重大事故的，处 10 万元以上 15 万元以下的罚款；

（四）发生特别重大事故的，处 15 万元以上 20 万元以下的罚款。

第二十条 违反《条例》和本规定，事故发生单位及其有关责任人员有两种以上应当处以罚款的行为的，安全生产监督管理部门或者煤矿安全监察机构应当分别裁量，合并作出处罚决定。

第二十一条 对事故发生负有责任的其他单位及其有关责任人员处以罚款的行政处罚，依照相关法律、法规和规章的规定实施。

第二十二条 本规定自公布之日起施行。

国家安全监管总局办公厅关于印发特别重大生产安全事故调查处理工作程序的通知

安监总厅统计〔2015〕64号

总局和煤矿安监局机关各司局、应急指挥中心：

《国家安全监管总局特别重大生产安全事故调查处理工作程序》已经国家安全监管总局2015年第8次局长办公会议审议通过。现印发给你们，请认真遵照执行。

安全监管总局办公厅

2015年7月13日

国家安全监管总局特别重大生产安全事故调查处理工作程序

国务院授权或委托安全监管总局组织的特别重大生产安全事故(以下简称特别重大事故)调查工作适用本程序。

一、事故调查准备

(一) 信息接报及处置。

1. 办公厅(总值班室)接到特别重大事故信息报告后，立即报告办公厅负责人；按照响应程序通知相关司局及应急指挥中心做好赴现场准备工作。

办公厅(总值班室)负责起草《安全监管总局值班信息》，经总局领导审签后，报中央办公厅、国务院办公厅，通报公安部、监察部、全国总工会、相关业务主管部门及最高人民检察院。

(二) 工作组赶赴现场。

2. 办公厅(总值班室)根据总局领导指示，组织、联系赴事故现场有关事宜；通知相关司局、应急指挥中心和相关技术支持单位有关人员组成工作组，由总局领导率队赴事故现场。如需专家参与，由相关业务司局、应急指挥中心提出邀请专家名单并负责通知专家赶赴现场。

(三) 提出立案调查建议。

3. 工作组根据事故情况，初步确定为生产安全事故的，提出立案调查建议和事故调查组组成建议。办公厅起草建议国务院成立事故调查组立案调查的请示，附事故调查组建议名单，经总局主要领导审签后上报国务院。

二、事故调查和结案

（四）成立事故调查组。

4. 国务院批复同意后，召开事故调查组第一次全体会议，宣布国务院事故调查组成立，部署事故调查工作，提出工作要求（包括工作纪律）。同时，研究制定事故调查工作方案。

5. 事故调查有关新闻发布和报道工作，由事故调查组组长直接负责；相关业务司局或事故调查组综合组负责草拟新闻通稿，报事故调查组组长审核后由人事司（宣教办）组织发布。

（五）开展事故调查。

6. 事故调查组可设技术组、应急评估组、管理组、责任追究组和综合组。

技术组负责查明事故发生的直接原因和技术方面的间接原因（技术组内可设专家组）；应急评估组负责对事故发生单位和事发地人民政府的事故应急处置工作进行评估（可与技术组或管理组合并工作）；管理组负责事故管理方面的原因调查和对相关单位（人员）的初步责任认定，提出责任追究建议；责任追究组负责事故责任追究工作，提出事故责任追究意见，报事故调查组审议；综合组负责事故调查工作的综合协调、后勤保障和资料证据管理等工作，负责起草事故调查报告。

7. 召开事故调查组全体会议，讨论通过事故调查报告并经事故调查组成员签字确认。相关业务司局起草请示，以总局文件向国务院提交事故调查报告。

（六）结案。

8. 国务院批复事故调查报告后，事故调查结案。相关业务司局负责起草结案通知，并公布事故调查报告。结案通知中要对责任追究和整改措施落实提出具体要求，并明确结案一年后开展责任追究和整改措施落实情况评估的要求。结案通知以总局文件发至事故发生地省级人民政府，抄报中央办公厅、国务院办公厅，抄送参加事故调查的有关单位；总局内部送有关司局。

9. 相关业务司局负责起草事故调查报告有关事故防范和整改措施建议的督办通知书，以国务院安委会办公室名义，分别通知有关地方政府、相关部门（单位）和事故发生单位，同时抄报国务院，并具体负责跟踪督办工作。

三、评估和归档

（七）评估。

10. 国务院批复结案之日起近一年时，统计司负责及时起草文件，请示国务院成立事故整改措施落实情况评估组。

11. 评估组由安全监管总局和参加事故调查的有关部门派人组成。评估组要在评估组成立60日内向国务院提交评估报告。评估报告的内容包括：责任追究落实情况、整改措施落实情况，评估结论。

评估组具体工作由统计司会同相关业务司局和应急指挥中心组织。

（八）归档。

12. 统计司会同相关业务司局和应急指挥中心负责事故调查处理资料归档工作。

四、国务院授权或委托安全监管总局组织的重大生产安全事故调查处理工作参照本程序执行。

国家安全监管总局
关于印发生产安全事故统计报表制度的通知

安监总统计〔2014〕103号

各省、自治区、直辖市及新疆生产建设兵团安全生产监督管理局，各省级煤矿安全监察局，国务院有关部门安全监管机构：

《生产安全事故统计报表制度》已经国家统计局同意，现予印发，即日起实施。有效期至2016年8月31日。2012年7月16日印发的《生产安全事故统计报表制度》同时废止。

附件：生产安全事故统计报表制度(略)。

国家安全监管总局

2014年9月18日

国家安全监管总局关于印发生产经营单位瞒报谎报事故行为查处办法的通知

安监总政法〔2011〕91 号

各省、自治区、直辖市及新疆生产建设兵团安全生产监督管理局，各省级煤矿安全监察机构：

为严肃查处瞒报谎报生产安全事故的行为，促进生产经营单位及其人员依法依规报告生产安全事故，根据《生产安全事故报告和调查处理条例》(国务院令第 493 号)和《国务院关于进一步加强企业安全生产工作的通知》(国发〔2010〕23 号)等有关规定，国家安全监管总局制定了《生产经营单位瞒报谎报事故行为查处办法》，现印发给你们，请遵照执行。

2011 年 6 月 15 日

生产经营单位瞒报谎报事故行为查处办法

第一条 为了促进生产经营单位依法依规报告生产安全事故(以下简称事故)，严肃查处瞒报、谎报事故行为，根据《安全生产法》、《生产安全事故报告和调查处理条例》(国务院令第 493 号)等法律、行政法规和《国务院关于进一步加强企业安全生产工作的通知》(国发〔2010〕23 号)等有关规定，制定本办法。

第二条 对生产经营单位及其人员瞒报、谎报事故(包括涉险事故，下同)行为的举报、受理和查处，适用本办法。

国家机关工作人员参与瞒报、谎报事故的，依照有关法律、行政法规和纪律处分规定由监察机关或者任免机关按照干部管理权限给予处理。

第三条 本规定所称的瞒报、谎报事故行为，依照下列情形认定：

(一) 隐瞒已经发生的事故，超过规定时限未向安全监管监察部门和有关部门报告，并经查证属实的，属于瞒报；

(二) 故意不如实报告事故发生的时间、地点、初步原因、性质、伤亡人数和涉险人数、直接经济损失等有关内容的，属于谎报。

第四条 事故发生单位应当依法依规、报告事故情况，符合《生产安全事故报告和调查处理条例》和《生产安全事故信息报告和处置办法》(国家安全监管总局令第 21 号)的有关规定。

事故发生后，事故现场有关人员应当立即报告本单位负责人；单位负责人接到报告后，应当在1小时内向事故发生地安全监管监察部门和有关部门报告。情况紧急时，事故现场有关人员可以直接向安全监管监察部门和有关部门报告。

单位主要负责人对事故报告负总责，并对瞒报、谎报事故行为承担法律责任。

第五条 对瞒报、谎报事故的行为，任何单位和个人均有权向县级以上安全监管监察部门举报。

举报人应当实事求是、客观公正地反映有关事故情况，故意捏造或者歪曲事实、诬告或者陷害他人的，应当承担相应的法律责任。

第六条 安全监管监察部门应当向社会公布举报电话、电子信箱、通信地址及邮政编码，设立举报箱，畅通社会公众和职工群众的举报渠道。

严禁将举报人的有关信息和举报事项透露给被举报人或者有可能对举报人产生不利后果的其他人员、单位以及与案件查处无关的人员。

第七条 对已经受理的举报，安全监管监察部门应当按照下列规定处理：

（一）对实名举报的，立即组织查证。查证结束后，及时将查证及处理情况反馈举报人；

（二）对匿名举报的，根据举报具体情况决定是否进行查证。有具体的事故单位和伤亡人员姓名、联系方式等线索的，立即组织查证；

（三）举报事项经查证属实的，依照有关规定对举报有功人员给予奖励；

（四）举报事项经查证不属实的，以适当方式在一定范围内予以澄清，并依法保护被举报人的合法权益。

安全监管监察部门对查证瞒报、谎报事故确有困难的，可以提请本级人民政府组织查证。

第八条 对瞒报、谎报事故的查处，地方各级安全生产委员会应当实行挂牌督办。

第九条 调查瞒报、谎报事故行为，应当重点查明瞒报、谎报事故的原因、过程，是否贻误事故抢救造成人员伤亡扩大和严重社会危害，参与瞒报、谎报事故的单位和有关人员等情况。

瞒报、谎报事故涉嫌犯罪的，负责事故调查的部门应当及时移送司法机关处理。

第十条 事故发生单位主要负责人瞒报或者谎报事故的，处上一年年收入100%的罚款，并由公安机关依照《安全生产法》第九十一条的规定处十五日以下拘留；属于国家工作人员的，并依照法律、行政法规和纪律处分规定由监察机关或者任免机关按照干部管理权限给予处理；构成犯罪的，依法追究刑事责任。

第十一条 事故发生单位直接负责的主管人员和其他直接责任人员瞒报或

者谎报事故的，处上一年年收入100%的罚款；属于国家工作人员的，并依照法律、行政法规和纪律处分规定由监察机关或者任免机关按照干部管理权限给予处理；构成犯罪的，依法追究刑事责任。

第十二条 事故发生单位瞒报或者谎报事故的，依照下列规定处以罚款：

（一）没有贻误事故抢救的，处200万元的罚款；

（二）贻误事故抢救或者造成事故扩大或者影响事故调查的，处300万元的罚款；

（三）贻误事故抢救或者造成事故扩大或者影响事故调查的，手段恶劣，情节严重的，处500万元的罚款。

第十三条 事故发生单位对事故发生负有责任且存在瞒报、谎报情形的，依照下列规定处以罚款：

（一）发生一般事故的，处20万元的罚款；

（二）发生较大事故的，处50万元的罚款；

（三）发生重大事故的，处200万元的罚款；

（四）发生特别重大事故的，处500万元的罚款。

第十四条 事故发生单位瞒报、谎报事故的，由有关部门依法暂扣或者吊销有关证照；负有事故责任的事故发生单位有关人员瞒报、谎报事故的，依法暂停或者撤销其与安全生产有关的执业资格、岗位证书。

对重大、特别重大事故负有主要责任的生产经营单位，其主要负责人终身不得担任本行业生产经营单位的矿长、厂长、经理。

第十五条 因瞒报、谎报事故，事故发生单位及其有关责任人员违反不同的法律规定，有两个以上应当给予行政处罚的违法行为的，应当适用不同的法律规定，分别裁量，合并处罚。

第十六条 瞒报、谎报事故行为调查处理结案后，承办事故调查处理的安全监管监察部门应当向上级安全监管监察部门报告事故的查处情况，并将查处结果在当地主要新闻媒体和本级政府网站、安全监管监察部门网站上予以公告，接受社会监督。

第十七条 本办法由国家安全监管总局负责解释。

国家安全监管总局　国家档案局
关于印发《生产安全事故档案管理办法》的通知

安监总办〔2008〕202号

各省、自治区、直辖市及新疆生产建设兵团安全生产监督管理局、档案局，各省级煤矿安全监察机构，国务院有关部门、全国总工会档案管理部门，有关中央企业：

为加强生产安全事故档案管理工作，根据《中华人民共和国档案法》等有关法律法规，制定《生产安全事故档案管理办法》，现印发给你们，请认真遵照执行。

国家安全生产监督管理总局

国家档案局

2008年11月17日

生产安全事故档案管理办法

第一条　为规范和加强生产安全事故档案管理，根据《中华人民共和国安全生产法》、《中华人民共和国档案法》和《生产安全事故报告和调查处理条例》的有关规定，制定本办法。

第二条　本办法所称的生产安全事故档案(以下简称事故档案)，是指生产安全事故报告、事故调查和处理过程中形成的具有保存价值的各种文字、图表、声像、电子等不同形式的历史记录。

第三条　事故档案管理工作在国家档案行政管理部门统筹规划、组织协调下，按照《生产安全事故报告和调查处理条例》规定的事故等级处理程序，实行分系统、分级管理。

第四条　国务院安全生产监督管理部门或负有安全生产监督管理职责的有关部门负责本系统内事故档案的管理、监督、指导。

地方人民政府安全生产监督管理部门或负有安全生产监督管理职责的有关部门负责本地区所辖范围内事故档案的管理、监督、指导。

各级安全生产监督管理部门或负有安全生产监督管理职责的有关部门、各事故发生单位及其他有关单位的事故档案管理，同时接受上级主管部门和同级地方档案行政管理部门的监督、指导。

第五条 事故档案管理是参与事故调查处理单位档案工作的组成部分。

事故档案的管理应与事故报告、事故调查和处理同步进行。参加事故调查处理的有关单位及个人都有维护事故档案完整、准确、系统、安全的义务。任何单位和个人都不得将事故档案据为己有或拒绝归档。

第六条 事故文件材料的收集归档是事故报告和调查处理工作的重要环节。

事故调查组组长或组长单位应指定人员负责收集、整理事故调查和处理期间形成的文件材料。事故调查组成员应在所承担的工作结束后 10 日内，将工作中形成的事故调查文件材料收集齐全，移交指定人员。

负责事故处理的部门在事故处理结束后 30 日内向本单位档案部门移交事故档案。

参加事故调查的其他单位可保存与其职能相关的事故调查文件材料的副本或复制件。

事故文件材料的收集归档，有关法律、行政法规或我国参加的国际公约、协定、条约另有规定的，依照其规定办理。

第七条 事故调查及处理工作中应归档的文件材料主要有：

（一）事故报告及领导批示；

（二）事故调查组织工作的有关材料，包括事故调查组成立批准文件、内部分工、调查组成员名单及签字等；

（三）事故抢险救援报告；

（四）现场勘查报告及事故现场勘查材料，包括事故现场图、照片、录像，勘查过程中形成的其他材料等；

（五）事故技术分析、取证、鉴定等材料，包括技术鉴定报告，专家鉴定意见，设备、仪器等现场提取物的技术检测或鉴定报告以及物证材料或物证材料的影像材料，物证材料的事后处理情况报告等；

（六）安全生产管理情况调查报告；

（七）伤亡人员名单，尸检报告或死亡证明，受伤人员伤害程度鉴定或医疗证明；

（八）调查取证、谈话、询问笔录等；

（九）其他有关认定事故原因、管理责任的调查取证材料，包括事故责任单位营业执照及有关资质证书复印件、作业规程及矿井采掘、通风图纸等；

（十）关于事故经济损失的材料；

（十一）事故调查组工作简报；

（十二）与事故调查工作有关的会议记录；

（十三）其他与事故调查有关的文件材料；

（十四）关于事故调查处理意见的请示（附有调查报告）；

（十五）事故处理决定、批复或结案通知；

（十六）关于事故责任认定和对责任人进行处理的相关单位的意见函；

（十七）关于事故责任单位和责任人的责任追究落实情况的文件材料；

（十八）其他与事故处理有关的文件材料。

第八条 事故档案整理应当以事故为单位进行分类组卷，组卷时应保持文件之间的有机联系。

同一事故的非纸质载体文件材料应与纸质文件材料分别整理存放，并标注互见号。

第九条 归档文件质量要求：纸质文件材料应齐全完整，字迹清晰，签认手续完备；数字照片应打印纸质拷贝；录音、录像文件（包括数字文件）、电子文件应按要求确保内容真实可靠、长期可读。

第十条 文件材料向档案部门归档时，交接双方应按照归档文件材料移交目录对全部文件材料进行清点、核对，对需要说明的事项应编写归档说明。移交清册一式二份，双方责任人签字后各保留一份。

第十一条 事故档案的保管期限分为永久、30 年两种。

凡是造成人员死亡或重伤，或 1000 万元以上（含 1000 万元）直接经济损失的事故档案，列为永久保管。

未造成人员死亡或重伤，且直接经济损失在 1000 万元以下的事故档案，结案通知或处理决定以及事故责任追究落实情况的材料列为永久保管，其他材料列为 30 年保管。

第十二条 事故档案保管单位应对保管期限已满的事故档案进行鉴定。仍有保存价值的事故档案，可以延长保管期限。对于需要销毁的事故档案，要严格履行销毁程序。

事故档案在保管一定时期后随同其他档案按时向同级国家档案馆移交。

第十三条 事故档案保管单位应提供必要的保管保护条件，确保事故档案的安全。

第十四条 事故档案保管单位应依据《政府信息公开条例》以及知识产权保护等规定要求，建立健全事故档案借阅制度，明确相应的借阅范围和审批程序。要确保涉密档案的安全，维护涉及事故各方的合法权益。

第十五条 擅自销毁事故文件材料、未及时归档，或违反本办法，造成事故档案损毁、丢失或泄密的，将依照安全生产法律法规、档案法律法规追究直接责任单位或个人的法律责任。

第十六条 本办法由国家安全生产监督管理总局负责解释。

第十七条 本办法自发布之日起施行。

七、交通运输

中华人民共和国主席令

第 47 号

《全国人民代表大会常务委员会关于修改〈中华人民共和国道路交通安全法〉的决定》已由中华人民共和国第十一届全国人民代表大会常务委员会第二十次会议于 2011 年 4 月 22 日通过，现予公布，自 2011 年 5 月 1 日起施行。

中华人民共和国主席　胡锦涛

2011 年 4 月 22 日

中华人民共和国道路交通安全法

（2003 年 10 月 28 日第十届全国人民代表大会常务委员会第五次会议通过　根据 2007 年 12 月 29 日第十届全国人民代表大会常务委员会第三十一次会议《关于修改〈中华人民共和国道路交通安全法〉的决定》第一次修正　根据 2011 年 4 月 22 日第十一届全国人民代表大会常务委员会第二十次会议《关于修改〈中华人民共和国道路交通安全法〉的决定》第二次修正）

目　　录

第一章　总　　则

第一条　为了维护道路交通秩序，预防和减少交通事故，保护人身安全，保护公民、法人和其他组织的财产安全及其他合法权益，提高通行效率，制定本法。

第二条　中华人民共和国境内的车辆驾驶人、行人、乘车人以及与道路交通活动有关的单位和个人，都应当遵守本法。

第三条　道路交通安全工作，应当遵循依法管理、方便群众的原则，保障道路交通有序、安全、畅通。

第四条　各级人民政府应当保障道路交通安全管理工作与经济建设和社会发展相适应。

县级以上地方各级人民政府应当适应道路交通发展的需要，依据道路交通安全法律、法规和国家有关政策，制定道路交通安全管理规划，并组织实施。

第五条　国务院公安部门负责全国道路交通安全管理工作。县级以上地方各级人民政府公安机关交通管理部门负责本行政区域内的道路交通安全管理工作。

县级以上各级人民政府交通、建设管理部门依据各自职责，负责有关的道路交通工作。

第六条　各级人民政府应当经常进行道路交通安全教育，提高公民的道路交通安全意识。

公安机关交通管理部门及其交通警察执行职务时，应当加强道路交通安全法律、法规的宣传，并模范遵守道路交通安全法律、法规。

机关、部队、企业事业单位、社会团体以及其他组织，应当对本单位的人员进行道路交通安全教育。

教育行政部门、学校应当将道路交通安全教育纳入法制教育的内容。

新闻、出版、广播、电视等有关单位，有进行道路交通安全教育的义务。

第七条　对道路交通安全管理工作，应当加强科学研究，推广、使用先进的管理方法、技术、设备。

第二章　车辆和驾驶人

第一节　机动车、非机动车

第八条　国家对机动车实行登记制度。机动车经公安机关交通管理部门登记后，方可上道路行驶。尚未登记的机动车，需要临时上道路行驶的，应当取得临时通行牌证。

第九条　申请机动车登记，应当提交以下证明、凭证：

（一）机动车所有人的身份证明；

（二）机动车来历证明；

（三）机动车整车出厂合格证明或者进口机动车进口凭证；

（四）车辆购置税的完税证明或者免税凭证；

（五）法律、行政法规规定应当在机动车登记时提交的其他证明、凭证。

公安机关交通管理部门应当自受理申请之日起五个工作日内完成机动车登记审查工作，对符合前款规定条件的，应当发放机动车登记证书、号牌和行驶证；对不符合前款规定条件的，应当向申请人说明不予登记的理由。

公安机关交通管理部门以外的任何单位或者个人不得发放机动车号牌或者要求机动车悬挂其他号牌，本法另有规定的除外。

机动车登记证书、号牌、行驶证的式样由国务院公安部门规定并监制。

第十条　准予登记的机动车应当符合机动车国家安全技术标准。申请机动车登记时，应当接受对该机动车的安全技术检验。但是，经国家机动车产品主管部门依据机动车国家安全技术标准认定的企业生产的机动车型，该车型的新车在出厂时经检验符合机动车国家安全技术标准，获得检验合格证的，免予安全技术检验。

第十一条　驾驶机动车上道路行驶，应当悬挂机动车号牌，放置检验合格标志、保险标志，并随车携带机动车行驶证。

机动车号牌应当按照规定悬挂并保持清晰、完整，不得故意遮挡、污损。

任何单位和个人不得收缴、扣留机动车号牌。

第十二条　有下列情形之一的，应当办理相应的登记：

（一）机动车所有权发生转移的；

（二）机动车登记内容变更的；

（三）机动车用作抵押的；

（四）机动车报废的。

第十三条　对登记后上道路行驶的机动车，应当依照法律、行政法规的规定，根据车辆用途、载客载货数量、使用年限等不同情况，定期进行安全技术检验。对提供机动车行驶证和机动车第三者责任强制保险单的，机动车安全技术检验机构应当予以检验，任何单位不得附加其他条件。对符合机动车国家安全技术标准的，公安机关交通管理部门应当发给检验合格标志。

对机动车的安全技术检验实行社会化。具体办法由国务院规定。

机动车安全技术检验实行社会化的地方，任何单位不得要求机动车到指定的场所进行检验。

公安机关交通管理部门、机动车安全技术检验机构不得要求机动车到指定的场所进行维修、保养。

机动车安全技术检验机构对机动车检验收取费用，应当严格执行国务院价格主管部门核定的收费标准。

第十四条 国家实行机动车强制报废制度，根据机动车的安全技术状况和不同用途，规定不同的报废标准。

应当报废的机动车必须及时办理注销登记。

达到报废标准的机动车不得上道路行驶。报废的大型客、货车及其他营运车辆应当在公安机关交通管理部门的监督下解体。

第十五条 警车、消防车、救护车、工程救险车应当按照规定喷涂标志图案，安装警报器、标志灯具。其他机动车不得喷涂、安装、使用上述车辆专用的或者与其相类似的标志图案、警报器或者标志灯具。

警车、消防车、救护车、工程救险车应当严格按照规定的用途和条件使用。

公路监督检查的专用车辆，应当依照公路法的规定，设置统一的标志和示警灯。

第十六条 任何单位或者个人不得有下列行为：

（一）拼装机动车或者擅自改变机动车已登记的结构、构造或者特征；

（二）改变机动车型号、发动机号、车架号或者车辆识别代号；

（三）伪造、变造或者使用伪造、变造的机动车登记证书、号牌、行驶证、检验合格标志、保险标志；

（四）使用其他机动车的登记证书、号牌、行驶证、检验合格标志、保险标志。

第十七条 国家实行机动车第三者责任强制保险制度，设立道路交通事故社会救助基金。具体办法由国务院规定。

第十八条 依法应当登记的非机动车，经公安机关交通管理部门登记后，方可上道路行驶。

依法应当登记的非机动车的种类，由省、自治区、直辖市人民政府根据当地实际情况规定。

非机动车的外形尺寸、质量、制动器、车铃和夜间反光装置，应当符合非机动车安全技术标准。

第二节　机动车驾驶人

第十九条　驾驶机动车，应当依法取得机动车驾驶证。

申请机动车驾驶证，应当符合国务院公安部门规定的驾驶许可条件；经考试合格后，由公安机关交通管理部门发给相应类别的机动车驾驶证。

持有境外机动车驾驶证的人，符合国务院公安部门规定的驾驶许可条件，经公安机关交通管理部门考核合格的，可以发给中国的机动车驾驶证。

驾驶人应当按照驾驶证载明的准驾车型驾驶机动车；驾驶机动车时，应当随身携带机动车驾驶证。

公安机关交通管理部门以外的任何单位或者个人，不得收缴、扣留机动车驾驶证。

第二十条　机动车的驾驶培训实行社会化，由交通主管部门对驾驶培训学校、驾驶培训班实行资格管理，其中专门的拖拉机驾驶培训学校、驾驶培训班由农业(农业机械)主管部门实行资格管理。

驾驶培训学校、驾驶培训班应当严格按照国家有关规定，对学员进行道路交通安全法律、法规、驾驶技能的培训，确保培训质量。

任何国家机关以及驾驶培训和考试主管部门不得举办或者参与举办驾驶培训学校、驾驶培训班。

第二十一条　驾驶人驾驶机动车上道路行驶前，应当对机动车的安全技术性能进行认真检查；不得驾驶安全设施不全或者机件不符合技术标准等具有安全隐患的机动车。

第二十二条　机动车驾驶人应当遵守道路交通安全法律、法规的规定，按照操作规范安全驾驶、文明驾驶。

饮酒、服用国家管制的精神药品或者麻醉药品，或者患有妨碍安全驾驶机动车的疾病，或者过度疲劳影响安全驾驶的，不得驾驶机动车。

任何人不得强迫、指使、纵容驾驶人违反道路交通安全法律、法规和机动车安全驾驶要求驾驶机动车。

第二十三条　公安机关交通管理部门依照法律、行政法规的规定，定期对机动车驾驶证实施审验。

第二十四条　公安机关交通管理部门对机动车驾驶人违反道路交通安全法律、法规的行为，除依法给予行政处罚外，实行累积记分制度。公安机关交通管理部门对累积记分达到规定分值的机动车驾驶人，扣留机动车驾驶证，对其进行道路交通安全法律、法规教育，重新考试；考试合格的，发还其机动车驾驶证。

对遵守道路交通安全法律、法规，在一年内无累积记分的机动车驾驶人，可以延长机动车驾驶证的审验期。具体办法由国务院公安部门规定。

第三章　道路通行条件

第二十五条　全国实行统一的道路交通信号。

交通信号包括交通信号灯、交通标志、交通标线和交通警察的指挥。

交通信号灯、交通标志、交通标线的设置应当符合道路交通安全、畅通的要求和国家标准，并保持清晰、醒目、准确、完好。

根据通行需要，应当及时增设、调换、更新道路交通信号。增设、调换、更新限制性的道路交通信号，应当提前向社会公告，广泛进行宣传。

第二十六条　交通信号灯由红灯、绿灯、黄灯组成。红灯表示禁止通行，绿灯表示准许通行，黄灯表示警示。

第二十七条　铁路与道路平面交叉的道口，应当设置警示灯、警示标志或者安全防护设施。无人看守的铁路道口，应当在距道口一定距离处设置警示标志。

第二十八条　任何单位和个人不得擅自设置、移动、占用、损毁交通信号灯、交通标志、交通标线。

道路两侧及隔离带上种植的树木或者其他植物，设置的广告牌、管线等，应当与交通设施保持必要的距离，不得遮挡路灯、交通信号灯、交通标志，不得妨碍安全视距，不得影响通行。

第二十九条　道路、停车场和道路配套设施的规划、设计、建设，应当符合道路交通安全、畅通的要求，并根据交通需求及时调整。

公安机关交通管理部门发现已经投入使用的道路存在交通事故频发路段，或者停车场、道路配套设施存在交通安全严重隐患的，应当及时向当地人民政府报告，并提出防范交通事故、消除隐患的建议，当地人民政府应当及时作出处理决定。

第三十条　道路出现坍塌、坑漕、水毁、隆起等损毁或者交通信号灯、交通标志、交通标线等交通设施损毁、灭失的，道路、交通设施的养护部门或者管理部门应当设置警示标志并及时修复。

公安机关交通管理部门发现前款情形，危及交通安全，尚未设置警示标志的，应当及时采取安全措施，疏导交通，并通知道路、交通设施的养护部门或者管理部门。

第三十一条 未经许可，任何单位和个人不得占用道路从事非交通活动。

第三十二条 因工程建设需要占用、挖掘道路，或者跨越、穿越道路架设、增设管线设施，应当事先征得道路主管部门的同意；影响交通安全的，还应当征得公安机关交通管理部门的同意。

施工作业单位应当在经批准的路段和时间内施工作业，并在距离施工作业地点来车方向安全距离处设置明显的安全警示标志，采取防护措施；施工作业完毕，应当迅速清除道路上的障碍物，消除安全隐患，经道路主管部门和公安机关交通管理部门验收合格，符合通行要求后，方可恢复通行。

对未中断交通的施工作业道路，公安机关交通管理部门应当加强交通安全监督检查，维护道路交通秩序。

第三十三条 新建、改建、扩建的公共建筑、商业街区、居住区、大(中)型建筑等，应当配建、增建停车场；停车泊位不足的，应当及时改建或者扩建；投入使用的停车场不得擅自停止使用或者改作他用。

在城市道路范围内，在不影响行人、车辆通行的情况下，政府有关部门可以施划停车泊位。

第三十四条 学校、幼儿园、医院、养老院门前的道路没有行人过街设施的，应当施划人行横道线，设置提示标志。

城市主要道路的人行道，应当按照规划设置盲道。盲道的设置应当符合国家标准。

第四章 道路通行规定

第一节 一般规定

第三十五条 机动车、非机动车实行右侧通行。

第三十六条 根据道路条件和通行需要，道路划分为机动车道、非机动车道和人行道的，机动车、非机动车、行人实行分道通行。没有划分机动车道、非机动车道和人行道的，机动车在道路中间通行，非机动车和行人在道路两侧通行。

第三十七条 道路划设专用车道的，在专用车道内，只准许规定的车辆通行，其他车辆不得进入专用车道内行驶。

第三十八条 车辆、行人应当按照交通信号通行；遇有交通警察现场指挥时，应当按照交通警察的指挥通行；在没有交通信号的道路上，应当在确保安全、畅通的原则下通行。

第三十九条 公安机关交通管理部门根据道路和交通流量的具体情况，可以对机动车、非机动车、行人采取疏导、限制通行、禁止通行等措施。遇有大型群众性活动、大范围施工等情况，需要采取限制交通的措施，或者作出与公众的道路交通活动直接有关的决定，应当提前向社会公告。

第四十条 遇有自然灾害、恶劣气象条件或者重大交通事故等严重影响交通安全的情形，采取其他措施难以保证交通安全时，公安机关交通管理部门可以实行交通管制。

第四十一条 有关道路通行的其他具体规定，由国务院规定。

第二节 机动车通行规定

第四十二条 机动车上道路行驶，不得超过限速标志标明的最高时速。在没有限速标志的路段，应当保持安全车速。

夜间行驶或者在容易发生危险的路段行驶，以及遇有沙尘、冰雹、雨、雪、雾、结冰等气象条件时，应当降低行驶速度。

第四十三条 同车道行驶的机动车，后车应当与前车保持足以采取紧急制动措施的安全距离。有下列情形之一的，不得超车：

（一）前车正在左转弯、掉头、超车的；

（二）与对面来车有会车可能的；

（三）前车为执行紧急任务的警车、消防车、救护车、工程救险车的；

（四）行经铁路道口、交叉路口、窄桥、弯道、陡坡、隧道、人行横道、市区交通流量大的路段等没有超车条件的。

第四十四条 机动车通过交叉路口，应当按照交通信号灯、交通标志、交通标线或者交通警察的指挥通过；通过没有交通信号灯、交通标志、交通标线或者交通警察指挥的交叉路口时，应当减速慢行，并让行人和优先通行的车辆先行。

第四十五条 机动车遇有前方车辆停车排队等候或者缓慢行驶时，不得借道超车或者占用对面车道，不得穿插等候的车辆。

在车道减少的路段、路口，或者在没有交通信号灯、交通标志、交通标线或者交通警察指挥的交叉路口遇到停车排队等候或者缓慢行驶时，机动车应当依次交替通行。

第四十六条 机动车通过铁路道口时，应当按照交通信号或者管理人员的指挥通行；没有交通信号或者管理人员的，应当减速或者停车，在确认安全后通过。

第四十七条 机动车行经人行横道时，应当减速行驶；遇行人正在通过人行横道，应当停车让行。

机动车行经没有交通信号的道路时，遇行人横过道路，应当避让。

第四十八条 机动车载物应当符合核定的载质量，严禁超载；载物的长、宽、高不得违反装载要求，不得遗洒、飘散载运物。

机动车运载超限的不可解体的物品，影响交通安全的，应当按照公安机关交通管理部门指定的时间、路线、速度行驶，悬挂明显标志。在公路上运载超限的不可解体的物品，并应当依照公路法的规定执行。

机动车载运爆炸物品、易燃易爆化学物品以及剧毒、放射性等危险物品，应当经公安机关批准后，按指定的时间、路线、速度行驶，悬挂警示标志并采取必要的安全措施。

第四十九条 机动车载人不得超过核定的人数，客运机动车不得违反规定载货。

第五十条 禁止货运机动车载客。

货运机动车需要附载作业人员的，应当设置保护作业人员的安全措施。

第五十一条 机动车行驶时，驾驶人、乘坐人员应当按规定使用安全带，摩托车驾驶人及乘坐人员应当按规定戴安全头盔。

第五十二条 机动车在道路上发生故障，需要停车排除故障时，驾驶人应当立即开启危险报警闪光灯，将机动车移至不妨碍交通的地方停放；难以移动的，应当持续开启危险报警闪光灯，并在来车方向设置警告标志等措施扩大示警距离，必要时迅速报警。

第五十三条 警车、消防车、救护车、工程救险车执行紧急任务时，可以使用警报器、标志灯具；在确保安全的前提下，不受行驶路线、行驶方向、行驶速度和信号灯的限制，其他车辆和行人应当让行。

警车、消防车、救护车、工程救险车非执行紧急任务时，不得使用警报器、标志灯具，不享有前款规定的道路优先通行权。

第五十四条 道路养护车辆、工程作业车进行作业时，在不影响过往车辆通行的前提下，其行驶路线和方向不受交通标志、标线限制，过往车辆和人员应当注意避让。

洒水车、清扫车等机动车应当按照安全作业标准作业；在不影响其他车辆通行的情况下，可以不受车辆分道行驶的限制，但是不得逆向行驶。

第五十五条 高速公路、大中城市中心城区内的道路，禁止拖拉机通行。其他禁止拖拉机通行的道路，由省、自治区、直辖市人民政府根据当地实际情况规定。

在允许拖拉机通行的道路上，拖拉机可以从事货运，但是不得用于载人。

第五十六条 机动车应当在规定地点停放。禁止在人行道上停放机动车；但是，依照本法第三十三条规定施划的停车泊位除外。

在道路上临时停车的，不得妨碍其他车辆和行人通行。

第三节　非机动车通行规定

第五十七条　驾驶非机动车在道路上行驶应当遵守有关交通安全的规定。非机动车应当在非机动车道内行驶；在没有非机动车道的道路上，应当靠车行道的右侧行驶。

第五十八条　残疾人机动轮椅车、电动自行车在非机动车道内行驶时，最高时速不得超过十五公里。

第五十九条　非机动车应当在规定地点停放。未设停放地点的，非机动车停放不得妨碍其他车辆和行人通行。

第六十条　驾驭畜力车，应当使用驯服的牲畜；驾驭畜力车横过道路时，驾驭人应当下车牵引牲畜；驾驭人离开车辆时，应当拴系牲畜。

第四节　行人和乘车人通行规定

第六十一条　行人应当在人行道内行走，没有人行道的靠路边行走。

第六十二条　行人通过路口或者横过道路，应当走人行横道或者过街设施；通过有交通信号灯的人行横道，应当按照交通信号灯指示通行；通过没有交通信号灯、人行横道的路口，或者在没有过街设施的路段横过道路，应当在确认安全后通过。

第六十三条　行人不得跨越、倚坐道路隔离设施，不得扒车、强行拦车或者实施妨碍道路交通安全的其他行为。

第六十四条　学龄前儿童以及不能辨认或者不能控制自己行为的精神疾病患者、智力障碍者在道路上通行，应当由其监护人、监护人委托的人或者对其负有管理、保护职责的人带领。

盲人在道路上通行，应当使用盲杖或者采取其他导盲手段，车辆应当避让盲人。

第六十五条　行人通过铁路道口时，应当按照交通信号或者管理人员的指挥通行；没有交通信号和管理人员的，应当在确认无火车驶临后，迅速通过。

第六十六条　乘车人不得携带易燃易爆等危险物品，不得向车外抛洒物品，不得有影响驾驶人安全驾驶的行为。

第五节　高速公路的特别规定

第六十七条　行人、非机动车、拖拉机、轮式专用机械车、铰接式客车、全挂拖斗车以及其他设计最高时速低于七十公里的机动车，不得进入高速公路。高速公路限速标志标明的最高时速不得超过一百二十公里。

第六十八条　机动车在高速公路上发生故障时，应当依照本法第五十二条的有关规定办理；但是，警告标志应当设置在故障车来车方向一百五十米以外，车上人员应当迅速转移到右侧路肩上或者应急车道内，并且迅速报警。

机动车在高速公路上发生故障或者交通事故，无法正常行驶的，应当由救援车、清障车拖拽、牵引。

第六十九条 任何单位、个人不得在高速公路上拦截检查行驶的车辆，公安机关的人民警察依法执行紧急公务除外。

第五章 交通事故处理

第七十条 在道路上发生交通事故，车辆驾驶人应当立即停车，保护现场；造成人身伤亡的，车辆驾驶人应当立即抢救受伤人员，并迅速报告执勤的交通警察或者公安机关交通管理部门。因抢救受伤人员变动现场的，应当标明位置。乘车人、过往车辆驾驶人、过往行人应当予以协助。

在道路上发生交通事故，未造成人身伤亡，当事人对事实及成因无争议的，可以即行撤离现场，恢复交通，自行协商处理损害赔偿事宜；不即行撤离现场的，应当迅速报告执勤的交通警察或者公安机关交通管理部门。

在道路上发生交通事故，仅造成轻微财产损失，并且基本事实清楚的，当事人应当先撤离现场再进行协商处理。

第七十一条 车辆发生交通事故后逃逸的，事故现场目击人员和其他知情人员应当向公安机关交通管理部门或者交通警察举报。举报属实的，公安机关交通管理部门应当给予奖励。

第七十二条 公安机关交通管理部门接到交通事故报警后，应当立即派交通警察赶赴现场，先组织抢救受伤人员，并采取措施，尽快恢复交通。

交通警察应当对交通事故现场进行勘验、检查，收集证据；因收集证据的需要，可以扣留事故车辆，但是应当妥善保管，以备核查。

对当事人的生理、精神状况等专业性较强的检验，公安机关交通管理部门应当委托专门机构进行鉴定。鉴定结论应当由鉴定人签名。

第七十三条 公安机关交通管理部门应当根据交通事故现场勘验、检查、调查情况和有关的检验、鉴定结论，及时制作交通事故认定书，作为处理交通事故的证据。交通事故认定书应当载明交通事故的基本事实、成因和当事人的责任，并送达当事人。

第七十四条 对交通事故损害赔偿的争议，当事人可以请求公安机关交通管理部门调解，也可以直接向人民法院提起民事诉讼。

经公安机关交通管理部门调解，当事人未达成协议或者调解书生效后不履行的，当事人可以向人民法院提起民事诉讼。

第七十五条 医疗机构对交通事故中的受伤人员应当及时抢救，不得因抢救费用未及时支付而拖延救治。肇事车辆参加机动车第三者责任强制保险的，由保险公司在责任限额范围内支付抢救费用；抢救费用超过责任限额的，未参加机动车第三者责任强制保险或者肇事后逃逸的，由道路交通事故社会救助基金先行垫付部分或者全部抢救费用，道路交通事故社会救助基金管理机构有权向交通事故责任人追偿。

第七十六条 机动车发生交通事故造成人身伤亡、财产损失的，由保险公司在机动车第三者责任强制保险责任限额范围内予以赔偿；不足的部分，按照下列规定承担赔偿责任：

（一）机动车之间发生交通事故的，由有过错的一方承担赔偿责任；双方都有过错的，按照各自过错的比例分担责任。

（二）机动车与非机动车驾驶人、行人之间发生交通事故，非机动车驾驶人、行人没有过错的，由机动车一方承担赔偿责任；有证据证明非机动车驾驶人、行人有过错的，根据过错程度适当减轻机动车一方的赔偿责任；机动车一方没有过错的，承担不超过百分之十的赔偿责任。

交通事故的损失是由非机动车驾驶人、行人故意碰撞机动车造成的，机动车一方不承担赔偿责任。

第七十七条 车辆在道路以外通行时发生的事故，公安机关交通管理部门接到报案的，参照本法有关规定办理。

第六章 执法监督

第七十八条 公安机关交通管理部门应当加强对交通警察的管理，提高交通警察的素质和管理道路交通的水平。

公安机关交通管理部门应当对交通警察进行法制和交通安全管理业务培训、考核。交通警察经考核不合格的，不得上岗执行职务。

第七十九条 公安机关交通管理部门及其交通警察实施道路交通安全管理，应当依据法定的职权和程序，简化办事手续，做到公正、严格、文明、高效。

第八十条 交通警察执行职务时，应当按照规定着装，佩带人民警察标志，持有人民警察证件，保持警容严整，举止端庄，指挥规范。

第八十一条 依照本法发放牌证等收取工本费，应当严格执行国务院价格主管部门核定的收费标准，并全部上缴国库。

第八十二条 公安机关交通管理部门依法实施罚款的行政处罚，应当依照有关法律、行政法规的规定，实施罚款决定与罚款收缴分离；收缴的罚款以及依法没收的违法所得，应当全部上缴国库。

第八十三条 交通警察调查处理道路交通安全违法行为和交通事故，有下列情形之一的，应当回避：

（一）是本案的当事人或者当事人的近亲属；

（二）本人或者其近亲属与本案有利害关系；

（三）与本案当事人有其他关系，可能影响案件的公正处理。

第八十四条 公安机关交通管理部门及其交通警察的行政执法活动，应当接受行政监察机关依法实施的监督。

公安机关督察部门应当对公安机关交通管理部门及其交通警察执行法律、法规和遵守纪律的情况依法进行监督。

上级公安机关交通管理部门应当对下级公安机关交通管理部门的执法活动进行监督。

第八十五条 公安机关交通管理部门及其交通警察执行职务，应当自觉接受社会和公民的监督。

任何单位和个人都有权对公安机关交通管理部门及其交通警察不严格执法以及违法违纪行为进行检举、控告。收到检举、控告的机关，应当依据职责及时查处。

第八十六条 任何单位不得给公安机关交通管理部门下达或者变相下达罚款指标；公安机关交通管理部门不得以罚款数额作为考核交通警察的标准。

公安机关交通管理部门及其交通警察对超越法律、法规规定的指令，有权拒绝执行，并同时向上级机关报告。

第七章 法律责任

第八十七条 公安机关交通管理部门及其交通警察对道路交通安全违法行为，应当及时纠正。

公安机关交通管理部门及其交通警察应当依据事实和本法的有关规定对道路交通安全违法行为予以处罚。对于情节轻微，未影响道路通行的，指出违法行为，给予口头警告后放行。

第八十八条 对道路交通安全违法行为的处罚种类包括：警告、罚款、暂扣或者吊销机动车驾驶证、拘留。

第八十九条 行人、乘车人、非机动车驾驶人违反道路交通安全法律、法规关于道路通行规定的，处警告或者五元以上五十元以下罚款；非机动车驾驶人拒绝接受罚款处罚的，可以扣留其非机动车。

第九十条 机动车驾驶人违反道路交通安全法律、法规关于道路通行规定的，处警告或者二十元以上二百元以下罚款。本法另有规定的，依照规定处罚。

第九十一条 饮酒后驾驶机动车的，处暂扣六个月机动车驾驶证，并处一千元以上二千元以下罚款。因饮酒后驾驶机动车被处罚，再次饮酒后驾驶机动车的，处十日以下拘留，并处一千元以上二千元以下罚款，吊销机动车驾驶证。

醉酒驾驶机动车的，由公安机关交通管理部门约束至酒醒，吊销机动车驾驶证，依法追究刑事责任；五年内不得重新取得机动车驾驶证。

饮酒后驾驶营运机动车的，处十五日拘留，并处五千元罚款，吊销机动车驾驶证，五年内不得重新取得机动车驾驶证。

醉酒驾驶营运机动车的，由公安机关交通管理部门约束至酒醒，吊销机动车驾驶证，依法追究刑事责任；十年内不得重新取得机动车驾驶证，重新取得机动车驾驶证后，不得驾驶营运机动车。

饮酒后或者醉酒驾驶机动车发生重大交通事故，构成犯罪的，依法追究刑事责任，并由公安机关交通管理部门吊销机动车驾驶证，终生不得重新取得机动车驾驶证。

第九十二条 公路客运车辆载客超过额定乘员的，处二百元以上五百元以下罚款；超过额定乘员百分之二十或者违反规定载货的，处五百元以上二千元以下罚款。

货运机动车超过核定载质量的，处二百元以上五百元以下罚款；超过核定载质量百分之三十或者违反规定载客的，处五百元以上二千元以下罚款。

有前两款行为的，由公安机关交通管理部门扣留机动车至违法状态消除。

运输单位的车辆有本条第一款、第二款规定的情形，经处罚不改的，对直接负责的主管人员处二千元以上五千元以下罚款。

第九十三条 对违反道路交通安全法律、法规关于机动车停放、临时停车规定的，可以指出违法行为，并予以口头警告，令其立即驶离。

机动车驾驶人不在现场或者虽在现场但拒绝立即驶离，妨碍其他车辆、行人通行的，处二十元以上二百元以下罚款，并可以将该机动车拖移至不妨碍交通的地点或者公安机关交通管理部门指定的地点停放。公安机关交通管理部门拖车不得向当事人收取费用，并应当及时告知当事人停放地点。

因采取不正确的方法拖车造成机动车损坏的，应当依法承担补偿责任。

第九十四条 机动车安全技术检验机构实施机动车安全技术检验超过国务院价格主管部门核定的收费标准收取费用的，退还多收取的费用，并由价格主管部门依照《中华人民共和国价格法》的有关规定给予处罚。

机动车安全技术检验机构不按照机动车国家安全技术标准进行检验，出具虚假检验结果的，由公安机关交通管理部门处所收检验费用五倍以上十倍以下罚款，并依法撤销其检验资格；构成犯罪的，依法追究刑事责任。

第九十五条 上道路行驶的机动车未悬挂机动车号牌，未放置检验合格标志、保险标志，或者未随车携带行驶证、驾驶证的，公安机关交通管理部门应当扣留机动车，通知当事人提供相应的牌证、标志或者补办相应手续，并可以依照本法第九十条的规定予以处罚。当事人提供相应的牌证、标志或者补办相应手续的，应当及时退还机动车。

故意遮挡、污损或者不按规定安装机动车号牌的，依照本法第九十条的规定予以处罚。

第九十六条 伪造、变造或者使用伪造、变造的机动车登记证书、号牌、行驶证、驾驶证的，由公安机关交通管理部门予以收缴，扣留该机动车，处十五日以下拘留，并处二千元以上五千元以下罚款；构成犯罪的，依法追究刑事责任。

伪造、变造或者使用伪造、变造的检验合格标志、保险标志的，由公安机关交通管理部门予以收缴，扣留该机动车，处十日以下拘留，并处一千元以上三千元以下罚款；构成犯罪的，依法追究刑事责任。

使用其他车辆的机动车登记证书、号牌、行驶证、检验合格标志、保险标志的，由公安机关交通管理部门予以收缴，扣留该机动车，处二千元以上五千元以下罚款。

当事人提供相应的合法证明或者补办相应手续的，应当及时退还机动车。

第九十七条 非法安装警报器、标志灯具的，由公安机关交通管理部门强制拆除，予以收缴，并处二百元以上二千元以下罚款。

第九十八条 机动车所有人、管理人未按照国家规定投保机动车第三者责任强制保险的，由公安机关交通管理部门扣留车辆至依照规定投保后，并处依照规定投保最低责任限额应缴纳的保险费的二倍罚款。

依照前款缴纳的罚款全部纳入道路交通事故社会救助基金。具体办法由国务院规定。

第九十九条 有下列行为之一的，由公安机关交通管理部门处二百元以上二千元以下罚款：

（一）未取得机动车驾驶证、机动车驾驶证被吊销或者机动车驾驶证被暂扣期间驾驶机动车的；

（二）将机动车交由未取得机动车驾驶证或者机动车驾驶证被吊销、暂扣的人驾驶的；

（三）造成交通事故后逃逸，尚不构成犯罪的；

（四）机动车行驶超过规定时速百分之五十的；

（五）强迫机动车驾驶人违反道路交通安全法律、法规和机动车安全驾驶要求驾驶机动车，造成交通事故，尚不构成犯罪的；

（六）违反交通管制的规定强行通行，不听劝阻的；

（七）故意损毁、移动、涂改交通设施，造成危害后果，尚不构成犯罪的；

（八）非法拦截、扣留机动车辆，不听劝阻，造成交通严重阻塞或者较大财产损失的。

行为人有前款第二项、第四项情形之一的，可以并处吊销机动车驾驶证；有第一项、第三项、第五项至第八项情形之一的，可以并处十五日以下拘留。

第一百条 驾驶拼装的机动车或者已达到报废标准的机动车上道路行驶的，公安机关交通管理部门应当予以收缴，强制报废。

对驾驶前款所列机动车上道路行驶的驾驶人，处二百元以上二千元以下罚款，并吊销机动车驾驶证。

出售已达到报废标准的机动车的，没收违法所得，处销售金额等额的罚款，对该机动车依照本条第一款的规定处理。

第一百零一条 违反道路交通安全法律、法规的规定，发生重大交通事故，构成犯罪的，依法追究刑事责任，并由公安机关交通管理部门吊销机动车驾驶证。

造成交通事故后逃逸的，由公安机关交通管理部门吊销机动车驾驶证，且终生不得重新取得机动车驾驶证。

第一百零二条 对六个月内发生二次以上特大交通事故负有主要责任或者全部责任的专业运输单位，由公安机关交通管理部门责令消除安全隐患，未消除安全隐患的机动车，禁止上道路行驶。

第一百零三条 国家机动车产品主管部门未按照机动车国家安全技术标准严格审查，许可不合格机动车型投入生产的，对负有责任的主管人员和其他直接责任人员给予降级或者撤职的行政处分。

机动车生产企业经国家机动车产品主管部门许可生产的机动车型，不执行机动车国家安全技术标准或者不严格进行机动车成品质量检验，致使质量不合格的机动车出厂销售的，由质量技术监督部门依照《中华人民共和国产品质量法》的有关规定给予处罚。

擅自生产、销售未经国家机动车产品主管部门许可生产的机动车型的，没收非法生产、销售的机动车成品及配件，可以并处非法产品价值三倍以上五倍以下罚款；有营业执照的，由工商行政管理部门吊销营业执照，没有营业执照的，予以查封。

生产、销售拼装的机动车或者生产、销售擅自改装的机动车的，依照本条第三款的规定处罚。

有本条第二款、第三款、第四款所列违法行为，生产或者销售不符合机动车国家安全技术标准的机动车，构成犯罪的，依法追究刑事责任。

第一百零四条 未经批准，擅自挖掘道路、占用道路施工或者从事其他影响道路交通安全活动的，由道路主管部门责令停止违法行为，并恢复原状，可以依法给予罚款；致使通行的人员、车辆及其他财产遭受损失的，依法承担赔偿责任。

有前款行为，影响道路交通安全活动的，公安机关交通管理部门可以责令停止违法行为，迅速恢复交通。

第一百零五条 道路施工作业或者道路出现损毁，未及时设置警示标志、未采取防护措施，或者应当设置交通信号灯、交通标志、交通标线而没有设置或者应当及时变更交通信号灯、交通标志、交通标线而没有及时变更，致使通行的人员、车辆及其他财产遭受损失的，负有相关职责的单位应当依法承担赔偿责任。

第一百零六条 在道路两侧及隔离带上种植树木、其他植物或者设置广告牌、管线等，遮挡路灯、交通信号灯、交通标志，妨碍安全视距的，由公安机关交通管理部门责令行为人排除妨碍；拒不执行的，处二百元以上二千元以下罚款，并强制排除妨碍，所需费用由行为人负担。

第一百零七条 对道路交通违法行为人予以警告、二百元以下罚款，交通警察可以当场作出行政处罚决定，并出具行政处罚决定书。

行政处罚决定书应当载明当事人的违法事实、行政处罚的依据、处罚内容、时间、地点以及处罚机关名称，并由执法人员签名或者盖章。

第一百零八条 当事人应当自收到罚款的行政处罚决定书之日起十五日内，到指定的银行缴纳罚款。

对行人、乘车人和非机动车驾驶人的罚款，当事人无异议的，可以当场予以收缴罚款。

罚款应当开具省、自治区、直辖市财政部门统一制发的罚款收据；不出具财政部门统一制发的罚款收据的，当事人有权拒绝缴纳罚款。

第一百零九条 当事人逾期不履行行政处罚决定的，作出行政处罚决定的行政机关可以采取下列措施：

（一）到期不缴纳罚款的，每日按罚款数额的百分之三加处罚款；

（二）申请人民法院强制执行。

第一百一十条 执行职务的交通警察认为应当对道路交通违法行为人给予暂扣或者吊销机动车驾驶证处罚的，可以先予扣留机动车驾驶证，并在二十四小时内将案件移交公安机关交通管理部门处理。

道路交通违法行为人应当在十五日内到公安机关交通管理部门接受处理。无正当理由逾期未接受处理的，吊销机动车驾驶证。

公安机关交通管理部门暂扣或者吊销机动车驾驶证的，应当出具行政处罚决定书。

第一百一十一条 对违反本法规定予以拘留的行政处罚，由县、市公安局、公安分局或者相当于县一级的公安机关裁决。

第一百一十二条 公安机关交通管理部门扣留机动车、非机动车，应当当场出具凭证，并告知当事人在规定期限内到公安机关交通管理部门接受处理。

公安机关交通管理部门对被扣留的车辆应当妥善保管，不得使用。

逾期不来接受处理，并且经公告三个月仍不来接受处理的，对扣留的车辆依法处理。

第一百一十三条 暂扣机动车驾驶证的期限从处罚决定生效之日起计算；处罚决定生效前先予扣留机动车驾驶证的，扣留一日折抵暂扣期限一日。

吊销机动车驾驶证后重新申请领取机动车驾驶证的期限，按照机动车驾驶证管理规定办理。

第一百一十四条 公安机关交通管理部门根据交通技术监控记录资料，可以对违法的机动车所有人或者管理人依法予以处罚。对能够确定驾驶人的，可以依照本法的规定依法予以处罚。

第一百一十五条 交通警察有下列行为之一的，依法给予行政处分：

（一）为不符合法定条件的机动车发放机动车登记证书、号牌、行驶证、检验合格标志的；

（二）批准不符合法定条件的机动车安装、使用警车、消防车、救护车、工程救险车的警报器、标志灯具，喷涂标志图案的；

（三）为不符合驾驶许可条件、未经考试或者考试不合格人员发放机动车驾驶证的；

（四）不执行罚款决定与罚款收缴分离制度或者不按规定将依法收取的费用、收缴的罚款及没收的违法所得全部上缴国库的；

（五）举办或者参与举办驾驶学校或者驾驶培训班、机动车修理厂或者收费停车场等经营活动的；

（六）利用职务上的便利收受他人财物或者谋取其他利益的；

（七）违法扣留车辆、机动车行驶证、驾驶证、车辆号牌的；

（八）使用依法扣留的车辆的；

（九）当场收取罚款不开具罚款收据或者不如实填写罚款额的；

（十）徇私舞弊，不公正处理交通事故的；

（十一）故意刁难，拖延办理机动车牌证的；

（十二）非执行紧急任务时使用警报器、标志灯具的；

（十三）违反规定拦截、检查正常行驶的车辆的；

（十四）非执行紧急公务时拦截搭乘机动车的；

（十五）不履行法定职责的。

公安机关交通管理部门有前款所列行为之一的，对直接负责的主管人员和其他直接责任人员给予相应的行政处分。

第一百一十六条 依照本法第一百一十五条的规定，给予交通警察行政处分的，在作出行政处分决定前，可以停止其执行职务；必要时，可以予以禁闭。

依照本法第一百一十五条的规定，交通警察受到降级或者撤职行政处分的，可以予以辞退。

交通警察受到开除处分或者被辞退的，应当取消警衔；受到撤职以下行政处分的交通警察，应当降低警衔。

第一百一十七条 交通警察利用职权非法占有公共财物，索取、收受贿赂，或者滥用职权、玩忽职守，构成犯罪的，依法追究刑事责任。

第一百一十八条 公安机关交通管理部门及其交通警察有本法第一百一十五条所列行为之一，给当事人造成损失的，应当依法承担赔偿责任。

第八章　附　　则

第一百一十九条 本法中下列用语的含义：

（一）“道路”，是指公路、城市道路和虽在单位管辖范围但允许社会机动车通行的地方，包括广场、公共停车场等用于公众通行的场所。

（二）“车辆”，是指机动车和非机动车。

（三）“机动车”，是指以动力装置驱动或者牵引，上道路行驶的供人员乘用或者用于运送物品以及进行工程专项作业的轮式车辆。

（四）“非机动车”，是指以人力或者畜力驱动，上道路行驶的交通工具，以及虽有动力装置驱动但设计最高时速、空车质量、外形尺寸符合有关国家标准的残疾人机动轮椅车、电动自行车等交通工具。

（五）“交通事故”，是指车辆在道路上因过错或者意外造成的人身伤亡或者财产损失的事件。

第一百二十条 中国人民解放军和中国人民武装警察部队在编机动车牌证、在编机动车检验以及机动车驾驶人考核工作，由中国人民解放军、中国人民武装警察部队有关部门负责。

第一百二十一条 对上道路行驶的拖拉机，由农业（农业机械）主管部门行使本法第八条、第九条、第十三条、第十九条、第二十三条规定的公安机关交通管理部门的管理职权。

农业（农业机械）主管部门依照前款规定行使职权，应当遵守本法有关规定，并接受公安机关交通管理部门的监督；对违反规定的，依照本法有关规定追究法律责任。

本法施行前由农业（农业机械）主管部门发放的机动车牌证，在本法施行后继续有效。

第一百二十二条 国家对入境的境外机动车的道路交通安全实施统一管理。

第一百二十三条 省、自治区、直辖市人民代表大会常务委员会可以根据本地区的实际情况，在本法规定的罚款幅度内，规定具体的执行标准。

第一百二十四条 本法自 2004 年 5 月 1 日起施行。

中华人民共和国海上交通安全法

（1983年9月2日第六届全国人民代表大会常务委员会第二次会议通过，1983年9月2日中华人民共和国主席令第7号公布，自1984年1月1日起施行）

目　录

第一章　总　则

第一条　为加强海上交通管理，保障船舶、设施和人命财产的安全，维护国家权益，特制定本法。

第二条　本法适用于在中华人民共和国沿海水域航行、停泊和作业的一切船舶、设施和人员以及船舶、设施的所有人、经营人。

第三条　中华人民共和国港务监督机构，是对沿海水域的交通安全实施统一监督管理的主管机关。

第二章　船舶检验和登记

第四条　船舶和船上有关航行安全的重要设备必须具有船舶检验部门签发的有效技术证书。

第五条　船舶必须持有船舶国籍证书，或船舶登记证书，或船舶执照。

第三章　船舶、设施上的人员

第六条　船舶应当按照标准定额配备足以保证船舶安全的合格船员。

第七条　船长、轮机长、驾驶员、轮机员、无线电报务员话务员以及水上飞机、潜水器的相应人员，必须持有合格的职务证书。

其他船员必须经过相应的专业技术训练。

第八条　设施应当按照国家规定，配备掌握避碰、信号、通信、消防、救生等专业技能的人员。

第九条　船舶、设施上的人员必须遵守有关海上交通安全的规章制度和操作规程，保障船舶、设施航行、停泊和作业的安全。

第四章　航行、停泊和作业

第十条　船舶、设施航行、停泊和作业，必须遵守中华人民共和国的有关法律、行政法规和规章。

第十一条　外国籍非军用船舶，未经主管机关批准，不得进入中华人民共和国的内水和港口。但是，因人员病急、机件故障、遇难、避风等意外情况，未及获得批准，可以在进入的同时向主管机关紧急报告，并听从指挥。

外国籍军用船舶，未经中华人民共和国政府批准，不得进入中华人民共和国领海。

第十二条　国际航行船舶进出中华人民共和国港口，必须接受主管机关的检查。本国籍国内航行船舶进出港口，必须办理进出港签证。

第十三条　外国籍船舶进出中华人民共和国港口或者在港内航行、移泊以及靠离港外系泊点、装卸站等，必须由主管机关指派引航员引航。

第十四条　船舶进出港口或者通过交通管制区、通航密集区和航行条件受到限制的区域时，必须遵守中华人民共和国政府或主管机关公布的特别规定。

第十五条　除经主管机关特别许可外，禁止船舶进入或穿越禁航区。

第十六条　大型设施和移动式平台的海上拖带，必须经船舶检验部门进行拖航检验，并报主管机关核准。

第十七条　主管机关发现船舶的实际状况同证书所载不相符合时，有权责成其申请重新检验或者通知其所有人、经营人采取有效的安全措施。

第十八条　主管机关认为船舶对港口安全具有威胁时，有权禁止其进港或令其离港。

第十九条　船舶、设施有下列情况之一的，主管机关有权禁止其离港，或令其停航、改航、停止作业：

一、违反中华人民共和国有关的法律、行政法规或规章；

二、处于不适航或不适拖状态；

三、发生交通事故，手续未清；

四、未向主管机关或有关部门交付应承担的费用，也未提供适当的担保；

五、主管机关认为有其他妨害或者可能妨害海上交通安全的情况。

第五章　安全保障

第二十条　在沿海水域进行水上水下施工以及划定相应的安全作业区，必须报经主管机关核准公告。无关的船舶不得进入安全作业区。施工单位不得擅自扩大安全作业区的范围。

在港区内使用岸线或者进行水上水下施工包括架空施工，还必须附图报经主管机关审核同意。

第二十一条　在沿海水域划定禁航区，必须经国务院或主管机关批准。但是，为军事需要划定禁航区，可以由国家军事主管部门批准。

禁航区由主管机关公布。

第二十二条　未经主管机关批准，不得在港区、锚地、航道、通航密集区以及主管机关公布的航路内设置、构筑设施或者进行其他有碍航行安全的活动。

对在上述区域内擅自设置、构筑的设施，主管机关有权责令其所有人限期搬迁或拆除。

第二十三条　禁止损坏助航标志和导航设施。损坏助航标志或导航设施的，应当立即向主管机关报告，并承担赔偿责任。

第二十四条　船舶、设施发现下列情况，应当迅速报告主管机关：

一、助航标志或导航设施变异、失常；

二、有妨碍航行安全的障碍物、漂流物；

三、其他有碍航行安全的异常情况。

第二十五条　航标周围不得建造或设置影响其工作效能的障碍物。航标和航道附近有碍航行安全的灯光，应当妥善遮蔽。

第二十六条　设施的搬迁、拆除，沉船沉物的打捞清除，水下工程的善后处理，都不得遗留有碍航行和作业安全的隐患。在未妥善处理前，其所有人或经营人必须负责设置规定的标志，并将碍航物的名称、形状、尺寸、位置和深度准确地报告主管机关。

第二十七条　港口码头、港外系泊点、装卸站和船闸，应当加强安全管理，保持良好状态。

第二十八条 主管机关根据海上交通安全的需要，确定、调整交通管制区和港口锚地。港外锚地的划定，由主管机关报上级机关批准后公告。

第二十九条 主管机关按照国家规定，负责统一发布航行警告和航行通告。

第三十条 为保障航行、停泊和作业的安全，有关部门应当保持通信联络畅通，保持助航标志、导航设施明显有效，及时提供海洋气象预报和必要的航海图书资料。

第三十一条 船舶、设施发生事故，对交通安全造成或者可能造成危害时，主管机关有权采取必要的强制性处置措施。

第六章 危险货物运输

第三十二条 船舶、设施储存、装卸、运输危险货物，必须具备安全可靠的设备和条件，遵守国家关于危险货物管理和运输的规定。

第三十三条 船舶装运危险货物，必须向主管机关办理申报手续，经批准后，方可进出港口或装卸。

第七章 海难救助

第三十四条 船舶、设施或飞机遇难时，除发出呼救信号外，还应当以最迅速的方式将出事时间、地点、受损情况、救助要求以及发生事故的原因，向主管机关报告。

第三十五条 遇难船舶、设施或飞机及其所有人、经营人应当采取一切有效措施组织自救。

第三十六条 事故现场附近的船舶、设施，收到求救信号或发现有人遭遇生命危险时，在不严重危及自身安全的情况下，应当尽力救助遇难人员，并迅速向主管机关报告现场情况和本船舶、设施的名称、呼号和位置。

第三十七条 发生碰撞事故的船舶、设施，应当互通名称、国籍和登记港，并尽一切可能救助遇难人员。在不严重危及自身安全的情况下，当事船舶不得擅自离开事故现场。

第三十八条 主管机关接到求救报告后，应当立即组织救助。有关单位和在事故现场附近的船舶、设施，必须听从主管机关的统一指挥。

第三十九条 外国派遣船舶或飞机进入中华人民共和国领海或领海上空搜寻救助遇难的船舶或人员，必须经主管机关批准。

第八章 打捞清除

第四十条 对影响安全航行、航道整治以及有潜在爆炸危险的沉没物、漂浮物，其所有人、经营人应当在主管机关限定的时间内打捞清除。否则，主管机关有权采取措施强制打捞清除，其全部费用由沉没物、漂浮物的所有人、经营人承担。

本条规定不影响沉没物、漂浮物的所有人、经营人向第三方索赔的权利。

第四十一条 未经主管机关批准，不得擅自打捞或拆除沿海水域内的沉船沉物。

第九章 交通事故的调查处理

第四十二条 船舶、设施发生交通事故，应当向主管机关递交事故报告书和有关资料，并接受调查处理。

事故的当事人和有关人员，在接受主管机关调查时，必须如实提供现场情况和与事故有关的情节。

第四十三条 船舶、设施发生的交通事故，由主管机关查明原因，判明责任。

第十章 法律责任

第四十四条 对违反本法的，主管机关可视情节，给予下列一种或几种处罚：

一、警告；

二、扣留或吊销职务证书；

三、罚款。

第四十五条 当事人对主管机关给予的罚款、吊销职务证书处罚不服的，可以在接到处罚通知之日起十五天内，向人民法院起诉；期满不起诉又不履行的，由主管机关申请人民法院强制执行。

第四十六条 因海上交通事故引起的民事纠纷，可以由主管机关调解处理，不愿意调解或调解不成的，当事人可以向人民法院起诉；涉外案件的当事人，还可以根据书面协议提交仲裁机构仲裁。

第四十七条 对违反本法构成犯罪的人员，由司法机关依法追究刑事责任。

第十一章 特别规定

第四十八条 国家渔政渔港监督管理机构，在以渔业为主的渔港水域内，行使本法规定的主管机关的职权，负责交通安全的监督管理，并负责沿海水域渔业船舶之间的交通事故的调查处理。具体实施办法由国务院另行规定。

第四十九条 海上军事管辖区和军用船舶、设施的内部管理，为军事目的进行水上水下作业的管理，以及公安船舶的检验登记、人员配备、进出港签证，由国家有关主管部门依据本法另行规定。

第十二章　附　　则

第五十条　本法下列用语的含义是：

“沿海水域”是指中华人民共和国沿海的港口、内水和领海以及国家管辖的一切其他海域。

“船舶”是指各类排水或非排水船、筏、水上飞机、潜水器和移动式平台。

“设施”是指水上水下各种固定或浮动建筑、装置和固定平台。

“作业”是指在沿海水域调查、勘探、开采、测量、建筑、疏浚、爆破、救助、打捞、拖带、捕捞、养殖、装卸、科学试验和其他水上水下施工。

第五十一条　国务院主管部门依据本法，制定实施细则，报国务院批准施行。

第五十二条　过去颁布的海上交通安全法规与本法相抵触的，以本法为准。

第五十三条　本法自 1984 年 1 月 1 日起施行。

中华人民共和国国务院令

第 639 号

《铁路安全管理条例》已经 2013 年 7 月 24 日国务院第 18 次常务会议通过，现予公布，自 2014 年 1 月 1 日起施行。

总理　李克强

2013 年 8 月 17 日

铁路安全管理条例

目　录

第一章　总　则

第一条　为了加强铁路安全管理，保障铁路运输安全和畅通，保护人身安全和财产安全，制定本条例。

第二条　铁路安全管理坚持安全第一、预防为主、综合治理的方针。

第三条　国务院铁路行业监督管理部门负责全国铁路安全监督管理工作，国务院铁路行业监督管理部门设立的铁路监督管理机构负责辖区内的铁路安全监督管理工作。国务院铁路行业监督管理部门和铁路监督管理机构统称铁路监管部门。

国务院有关部门依照法律和国务院规定的职责，负责铁路安全管理的有关工作。

第四条　铁路沿线地方各级人民政府和县级以上地方人民政府有关部门应

当按照各自职责，加强保障铁路安全的教育，落实护路联防责任制，防范和制止危害铁路安全的行为，协调和处理保障铁路安全的有关事项，做好保障铁路安全的有关工作。

第五条 从事铁路建设、运输、设备制造维修的单位应当加强安全管理，建立健全安全生产管理制度，落实企业安全生产主体责任，设置安全管理机构或者配备安全管理人员，执行保障生产安全和产品质量安全的国家标准、行业标准，加强对从业人员的安全教育培训，保证安全生产所必需的资金投入。

铁路建设、运输、设备制造维修单位的工作人员应当严格执行规章制度，实行标准化作业，保证铁路安全。

第六条 铁路监管部门、铁路运输企业等单位应当按照国家有关规定制定突发事件应急预案，并组织应急演练。

第七条 禁止扰乱铁路建设、运输秩序。禁止损坏或者非法占用铁路设施设备、铁路标志和铁路用地。

任何单位或者个人发现损坏或者非法占用铁路设施设备、铁路标志、铁路用地以及其他影响铁路安全的行为，有权报告铁路运输企业，或者向铁路监管部门、公安机关或者其他有关部门举报。接到报告的铁路运输企业、接到举报的部门应当根据各自职责及时处理。

对维护铁路安全作出突出贡献的单位或者个人，按照国家有关规定给予表彰奖励。

第二章 铁路建设质量安全

第八条 铁路建设工程的勘察、设计、施工、监理以及建设物资、设备的采购，应当依法进行招标。

第九条 从事铁路建设工程勘察、设计、施工、监理活动的单位应当依法取得相应资质，并在其资质等级许可的范围内从事铁路工程建设活动。

第十条 铁路建设单位应当选择具备相应资质等级的勘察、设计、施工、监理单位进行工程建设，并对建设工程的质量安全进行监督检查，制作检查记录留存备查。

第十一条 铁路建设工程的勘察、设计、施工、监理应当遵守法律、行政法规关于建设工程质量和安全管理的规定，执行国家标准、行业标准和技术规范。

铁路建设工程的勘察、设计、施工单位依法对勘察、设计、施工的质量负责，监理单位依法对施工质量承担监理责任。

高速铁路和地质构造复杂的铁路建设工程实行工程地质勘察监理制度。

第十二条 铁路建设工程的安全设施应当与主体工程同时设计、同时施工、同时投入使用。安全设施投资应当纳入建设项目概算。

第十三条 铁路建设工程使用的材料、构件、设备等产品，应当符合有关产品质量的强制性国家标准、行业标准。

第十四条 铁路建设工程的建设工期，应当根据工程地质条件、技术复杂程度等因素，按照国家标准、行业标准和技术规范合理确定、调整。

任何单位和个人不得违反前款规定要求铁路建设、设计、施工单位压缩建设工期。

第十五条 铁路建设工程竣工，应当按照国家有关规定组织验收，并由铁路运输企业进行运营安全评估。经验收、评估合格，符合运营安全要求的，方可投入运营。

第十六条 在铁路线路及其邻近区域进行铁路建设工程施工，应当执行铁路营业线施工安全管理规定。铁路建设单位应当会同相关铁路运输企业和工程设计、施工单位制定安全施工方案，按照方案进行施工。施工完毕应当及时清理现场，不得影响铁路运营安全。

第十七条 新建、改建设计开行时速 120 公里以上列车的铁路或者设计运输量达到国务院铁路行业监督管理部门规定的较大运输量标准的铁路，需要与道路交叉的，应当设置立体交叉设施。

新建、改建高速公路、一级公路或者城市道路中的快速路，需要与铁路交叉的，应当设置立体交叉设施，并优先选择下穿铁路的方案。

已建成的属于前两款规定情形的铁路、道路为平面交叉的，应当逐步改造为立体交叉。

新建、改建高速铁路需要与普通铁路、道路、渡槽、管线等设施交叉的，应当优先选择高速铁路上跨方案。

第十八条 设置铁路与道路立体交叉设施及其附属安全设施所需费用的承担，按照下列原则确定：

（一）新建、改建铁路与既有道路交叉的，由铁路方承担建设费用；道路方要求超过既有道路建设标准建设所增加的费用，由道路方承担；

（二）新建、改建道路与既有铁路交叉的，由道路方承担建设费用；铁路方要求超过既有铁路线路建设标准建设所增加的费用，由铁路方承担；

（三）同步建设的铁路和道路需要设置立体交叉设施以及既有铁路道口改造为立体交叉的，由铁路方和道路方按照公平合理的原则分担建设费用。

第十九条 铁路与道路立体交叉设施及其附属安全设施竣工验收合格后，应当按照国家有关规定移交有关单位管理、维护。

第二十条 专用铁路、铁路专用线需要与公用铁路网接轨的，应当符合国家有关铁路建设、运输的安全管理规定。

第三章 铁路专用设备质量安全

第二十一条 设计、制造、维修或者进口新型铁路机车车辆，应当符合国家标准、行业标准，并分别向国务院铁路行业监督管理部门申请领取型号合格证、制造许可证、维修许可证或者进口许可证，具体办法由国务院铁路行业监督管理部门制定。

铁路机车车辆的制造、维修、使用单位应当遵守有关产品质量的法律、行政法规以及国家其他有关规定，确保投入使用的机车车辆符合安全运营要求。

第二十二条 生产铁路道岔及其转辙设备、铁路信号控制软件和控制设备、铁路通信设备、铁路牵引供电设备的企业，应当符合下列条件并经国务院铁路行业监督管理部门依法审查批准：

（一）有按照国家标准、行业标准检测、检验合格的专业生产设备；

（二）有相应的专业技术人员；

（三）有完善的产品质量保证体系和安全管理制度；

（四）法律、行政法规规定的其他条件。

第二十三条 铁路机车车辆以外的直接影响铁路运输安全的铁路专用设备，依法应当进行产品认证的，经认证合格方可出厂、销售、进口、使用。

第二十四条 用于危险化学品和放射性物品运输的铁路罐车、专用车辆以及其他容器的生产和检测、检验，依照有关法律、行政法规的规定执行。

第二十五条 用于铁路运输的安全检测、监控、防护设施设备，集装箱和集装化用具等运输器具，专用装卸机械、索具、篷布、装载加固材料或者装置，以及运输包装、货物装载加固等，应当符合国家标准、行业标准和技术规范。

第二十六条 铁路机车车辆以及其他铁路专用设备存在缺陷，即由于设计、制造、标识等原因导致同一批次、型号或者类别的铁路专用设备普遍存在不符合保障人身、财产安全的国家标准、行业标准的情形或者其他危及人身、财产安全的不合理危险的，应当立即停止生产、销售、进口、使用；设备制造者应当召回缺陷产品，采取措施消除缺陷。具体办法由国务院铁路行业监督管理部门制定。

第四章　铁路线路安全

第二十七条　铁路线路两侧应当设立铁路线路安全保护区。铁路线路安全保护区的范围，从铁路线路路堤坡脚、路堑坡顶或者铁路桥梁(含铁路、道路两用桥，下同)外侧起向外的距离分别为：

(一) 城市市区高速铁路为10米，其他铁路为8米；

(二) 城市郊区居民居住区高速铁路为12米，其他铁路为10米；

(三) 村镇居民居住区高速铁路为15米，其他铁路为12米；

(四) 其他地区高速铁路为20米，其他铁路为15米。

前款规定距离不能满足铁路运输安全保护需要的，由铁路建设单位或者铁路运输企业提出方案，铁路监督管理机构或者县级以上地方人民政府依照本条第三款规定程序划定。

在铁路用地范围内划定铁路线路安全保护区的，由铁路监督管理机构组织铁路建设单位或者铁路运输企业划定并公告。在铁路用地范围外划定铁路线路安全保护区的，由县级以上地方人民政府根据保障铁路运输安全和节约用地的原则，组织有关铁路监督管理机构、县级以上地方人民政府国土资源等部门划定并公告。

铁路线路安全保护区与公路建筑控制区、河道管理范围、水利工程管理和保护范围、航道保护范围或者石油、电力以及其他重要设施保护区重叠的，由县级以上地方人民政府组织有关部门依照法律、行政法规的规定协商划定并公告。

新建、改建铁路的铁路线路安全保护区范围，应当自铁路建设工程初步设计批准之日起30日内，由县级以上地方人民政府依照本条例的规定划定并公告。铁路建设单位或者铁路运输企业应当根据工程竣工资料进行勘界，绘制铁路线路安全保护区平面图，并根据平面图设立标桩。

第二十八条　设计开行时速120公里以上列车的铁路应当实行全封闭管理。铁路建设单位或者铁路运输企业应当按照国务院铁路行业监督管理部门的规定在铁路用地范围内设置封闭设施和警示标志。

第二十九条　禁止在铁路线路安全保护区内烧荒、放养牲畜、种植影响铁路线路安全和行车瞭望的树木等植物。

禁止向铁路线路安全保护区排污、倾倒垃圾以及其他危害铁路安全的物质。

第三十条　在铁路线路安全保护区内建造建筑物、构筑物等设施，取土、挖砂、挖沟、采空作业或者堆放、悬挂物品，应当征得铁路运输企业同意并签订安全协议，遵守保证铁路安全的国家标准、行业标准和施工安全规范，采取措施防止影响铁路运输安全。铁路运输企业应当派员对施工现场实行安全监督。

第三十一条 铁路线路安全保护区内既有的建筑物、构筑物危及铁路运输安全的，应当采取必要的安全防护措施；采取安全防护措施后仍不能保证安全的，依照有关法律的规定拆除。

拆除铁路线路安全保护区内的建筑物、构筑物，清理铁路线路安全保护区内的植物，或者对他人在铁路线路安全保护区内已依法取得的采矿权等合法权利予以限制，给他人造成损失的，应当依法给予补偿或者采取必要的补救措施。但是，拆除非法建设的建筑物、构筑物的除外。

第三十二条 在铁路线路安全保护区及其邻近区域建造或者设置的建筑物、构筑物、设备等，不得进入国家规定的铁路建筑限界。

第三十三条 在铁路线路两侧建造、设立生产、加工、储存或者销售易燃、易爆或者放射性物品等危险物品的场所、仓库，应当符合国家标准、行业标准规定的安全防护距离。

第三十四条 在铁路线路两侧从事采矿、采石或者爆破作业，应当遵守有关采矿和民用爆破的法律法规，符合国家标准、行业标准和铁路安全保护要求。

在铁路线路路堤坡脚、路堑坡顶、铁路桥梁外侧起向外各 1000 米范围内，以及在铁路隧道上方中心线两侧各 1000 米范围内，确需从事露天采矿、采石或者爆破作业的，应当与铁路运输企业协商一致，依照有关法律法规的规定报县级以上地方人民政府有关部门批准，采取安全防护措施后方可进行。

第三十五条 高速铁路线路路堤坡脚、路堑坡顶或者铁路桥梁外侧起向外各 200 米范围内禁止抽取地下水。

在前款规定范围外，高速铁路线路经过的区域属于地面沉降区域，抽取地下水危及高速铁路安全的，应当设置地下水禁止开采区或者限制开采区，具体范围由铁路监督管理机构会同县级以上地方人民政府水行政主管部门提出方案，报省、自治区、直辖市人民政府批准并公告。

第三十六条 在电气化铁路附近从事排放粉尘、烟尘及腐蚀性气体的生产活动，超过国家规定的排放标准，危及铁路运输安全的，由县级以上地方人民政府有关部门依法责令整改，消除安全隐患。

第三十七条 任何单位和个人不得擅自在铁路桥梁跨越处河道上下游各 1000 米范围内围垦造田、拦河筑坝、架设浮桥或者修建其他影响铁路桥梁安全的设施。

因特殊原因确需在前款规定的范围内进行围垦造田、拦河筑坝、架设浮桥等活动的，应当进行安全论证，负责审批的机关在批准前应当征求有关铁路运输企业的意见。

第三十八条 禁止在铁路桥梁跨越处河道上下游的下列范围内采砂、淘金：

（一）跨河桥长500米以上的铁路桥梁，河道上游500米，下游3000米；

（二）跨河桥长100米以上不足500米的铁路桥梁，河道上游500米，下游2000米；

（三）跨河桥长不足100米的铁路桥梁，河道上游500米，下游1000米。

有关部门依法在铁路桥梁跨越处河道上下游划定的禁采范围大于前款规定的禁采范围的，按照划定的禁采范围执行。

县级以上地方人民政府水行政主管部门、国土资源主管部门应当按照各自职责划定禁采区域、设置禁采标志，制止非法采砂、淘金行为。

第三十九条 在铁路桥梁跨越处河道上下游各500米范围内进行疏浚作业，应当进行安全技术评价，有关河道、航道管理部门应当征求铁路运输企业的意见，确认安全或者采取安全技术措施后，方可批准进行疏浚作业。但是，依法进行河道、航道日常养护、疏浚作业的除外。

第四十条 铁路、道路两用桥由所在地铁路运输企业和道路管理部门或者道路经营企业定期检查、共同维护，保证桥梁处于安全的技术状态。

铁路、道路两用桥的墩、梁等共用部分的检测、维修由铁路运输企业和道路管理部门或者道路经营企业共同负责，所需费用按照公平合理的原则分担。

第四十一条 铁路的重要桥梁和隧道按照国家有关规定由中国人民武装警察部队负责守卫。

第四十二条 船舶通过铁路桥梁应当符合桥梁的通航净空高度并遵守航行规则。

桥区航标中的桥梁航标、桥柱标、桥梁水尺标由铁路运输企业负责设置、维护，水面航标由铁路运输企业负责设置，航道管理部门负责维护。

第四十三条 下穿铁路桥梁、涵洞的道路应当按照国家标准设置车辆通过限高、限宽标志和限高防护架。城市道路的限高、限宽标志由当地人民政府指定的部门设置并维护，公路的限高、限宽标志由公路管理部门设置并维护。限高防护架在铁路桥梁、涵洞、道路建设时设置，由铁路运输企业负责维护。

机动车通过下穿铁路桥梁、涵洞的道路，应当遵守限高、限宽规定。

下穿铁路涵洞的管理单位负责涵洞的日常管理、维护，防止淤塞、积水。

第四十四条 铁路线路安全保护区内的道路和铁路线路路堑上的道路、跨越铁路线路的道路桥梁，应当按照国家有关规定设置防止车辆以及其他物体进入、坠入铁路线路的安全防护设施和警示标志，并由道路管理部门或者道路经营企业维护、管理。

第四十五条 架设、铺设铁路信号和通信线路、杆塔应当符合国家标准、行业标准和铁路安全防护要求。铁路运输企业、为铁路运输提供服务的电信企业应当加强对铁路信号和通信线路、杆塔的维护和管理。

第四十六条 设置或者拓宽铁路道口、铁路人行过道，应当征得铁路运输企业的同意。

第四十七条 铁路与道路交叉的无人看守道口应当按照国家标准设置警示标志；有人看守道口应当设置移动栏杆、列车接近报警装置、警示灯、警示标志、铁路道口路段标线等安全防护设施。

道口移动栏杆、列车接近报警装置、警示灯等安全防护设施由铁路运输企业设置、维护；警示标志、铁路道口路段标线由铁路道口所在地的道路管理部门设置、维护。

第四十八条 机动车或者非机动车在铁路道口内发生故障或者装载物掉落的，应当立即将故障车辆或者掉落的装载物移至铁路道口停止线以外或者铁路线路最外侧钢轨5米以外的安全地点。无法立即移至安全地点的，应当立即报告铁路道口看守人员；在无人看守道口，应当立即在道口两端采取措施拦停列车，并就近通知铁路车站或者公安机关。

第四十九条 履带车辆等可能损坏铁路设施设备的车辆、物体通过铁路道口，应当提前通知铁路道口管理单位，在其协助、指导下通过，并采取相应的安全防护措施。

第五十条 在下列地点，铁路运输企业应当按照国家标准、行业标准设置易于识别的警示、保护标志：

（一）铁路桥梁、隧道的两端；

（二）铁路信号、通信光（电）缆的埋设、铺设地点；

（三）电气化铁路接触网、自动闭塞供电线路和电力贯通线路等电力设施附近易发生危险的地点。

第五十一条 禁止毁坏铁路线路、站台等设施设备和铁路路基、护坡、排水沟、防护林木、护坡草坪、铁路线路封闭网及其他铁路防护设施。

第五十二条 禁止实施下列危及铁路通信、信号设施安全的行为：

（一）在埋有地下光（电）缆设施的地面上方进行钻探，堆放重物、垃圾，焚烧物品，倾倒腐蚀性物质；

（二）在地下光（电）缆两侧各1米的范围内建造、搭建建筑物、构筑物等设施；

（三）在地下光（电）缆两侧各1米的范围内挖砂、取土；

（四）在过河光（电）缆两侧各100米的范围内挖砂、抛锚或者进行其他危及光（电）缆安全的作业。

第五十三条 禁止实施下列危害电气化铁路设施的行为：

（一）向电气化铁路接触网抛掷物品；

（二）在铁路电力线路导线两侧各500米的范围内升放风筝、气球等低空飘浮物体；

（三）攀登铁路电力线路杆塔或者在杆塔上架设、安装其他设施设备；

（四）在铁路电力线路杆塔、拉线周围20米范围内取土、打桩、钻探或者倾倒有害化学物品；

（五）触碰电气化铁路接触网。

第五十四条 县级以上各级人民政府及其有关部门、铁路运输企业应当依照地质灾害防治法律法规的规定，加强铁路沿线地质灾害的预防、治理和应急处理等工作。

第五十五条 铁路运输企业应当对铁路线路、铁路防护设施和警示标志进行经常性巡查和维护；对巡查中发现的安全问题应当立即处理，不能立即处理的应当及时报告铁路监督管理机构。巡查和处理情况应当记录留存。

第五章 铁路运营安全

第五十六条 铁路运输企业应当依照法律、行政法规和国务院铁路行业监督管理部门的规定，制定铁路运输安全管理制度，完善相关作业程序，保障铁路旅客和货物运输安全。

第五十七条 铁路机车车辆的驾驶人员应当参加国务院铁路行业监督管理部门组织的考试，考试合格方可上岗。具体办法由国务院铁路行业监督管理部门制定。

第五十八条 铁路运输企业应当加强铁路专业技术岗位和主要行车工种岗位从业人员的业务培训和安全培训，提高从业人员的业务技能和安全意识。

第五十九条 铁路运输企业应当加强运输过程中的安全防护，使用的运输工具、装载加固设备以及其他专用设施设备应当符合国家标准、行业标准和安全要求。

第六十条 铁路运输企业应当建立健全铁路设施设备的检查防护制度，加强对铁路设施设备的日常维护检修，确保铁路设施设备性能完好和安全运行。

铁路运输企业的从业人员应当按照操作规程使用、管理铁路设施设备。

第六十一条 在法定假日和传统节日等铁路运输高峰期或者恶劣气象条件下，铁路运输企业应当采取必要的安全应急管理措施，加强铁路运输安全检查，确保运输安全。

第六十二条 铁路运输企业应当在列车、车站等场所公告旅客、列车工作人员以及其他进站人员遵守的安全管理规定。

第六十三条 公安机关应当按照职责分工，维护车站、列车等铁路场所和铁路沿线的治安秩序。

第六十四条 铁路运输企业应当按照国务院铁路行业监督管理部门的规定实施火车票实名购买、查验制度。

实施火车票实名购买、查验制度的，旅客应当凭有效身份证件购票乘车；对车票所记载身份信息与所持身份证件或者真实身份不符的持票人，铁路运输企业有权拒绝其进站乘车。

铁路运输企业应当采取有效措施为旅客实名购票、乘车提供便利，并加强对旅客身份信息的保护。铁路运输企业工作人员不得窃取、泄漏旅客身份信息。

第六十五条 铁路运输企业应当依照法律、行政法规和国务院铁路行业监督管理部门的规定，对旅客及其随身携带、托运的行李物品进行安全检查。

从事安全检查的工作人员应当佩戴安全检查标志，依法履行安全检查职责，并有权拒绝不接受安全检查的旅客进站乘车和托运行李物品。

第六十六条 旅客应当接受并配合铁路运输企业在车站、列车实施的安全检查，不得违法携带、夹带管制器具，不得违法携带、托运烟花爆竹、枪支弹药等危险物品或者其他违禁物品。

禁止或者限制携带的物品种类及其数量由国务院铁路行业监督管理部门会同公安机关规定，并在车站、列车等场所公布。

第六十七条 铁路运输托运人托运货物、行李、包裹，不得有下列行为：

（一）匿报、谎报货物品名、性质、重量；

（二）在普通货物中夹带危险货物，或者在危险货物中夹带禁止配装的货物；

（三）装车、装箱超过规定重量。

第六十八条 铁路运输企业应当对承运的货物进行安全检查，并不得有下列行为：

（一）在非危险货物办理站办理危险货物承运手续；

（二）承运未接受安全检查的货物；

（三）承运不符合安全规定、可能危害铁路运输安全的货物。

第六十九条 运输危险货物应当依照法律法规和国家其他有关规定使用专用的设施设备，托运人应当配备必要的押运人员和应急处理器材、设备以及防护用品，并使危险货物始终处于押运人员的监管之下；危险货物发生被盗、丢失、泄漏等情况，应当按照国家有关规定及时报告。

第七十条 办理危险货物运输业务的工作人员和装卸人员、押运人员，应当掌握危险货物的性质、危害特性、包装容器的使用特性和发生意外的应急措施。

第七十一条 铁路运输企业和托运人应当按照操作规程包装、装卸、运输危险货物，防止危险货物泄漏、爆炸。

第七十二条 铁路运输企业和托运人应当依照法律法规和国家其他有关规定包装、装载、押运特殊药品，防止特殊药品在运输过程中被盗、被劫或者发生丢失。

第七十三条 铁路管理信息系统及其设施的建设和使用，应当符合法律法规和国家其他有关规定的安全技术要求。

铁路运输企业应当建立网络与信息安全应急保障体系，并配备相应的专业技术人员负责网络和信息系统的安全管理工作。

第七十四条 禁止使用无线电台(站)以及其他仪器、装置干扰铁路运营指挥调度无线电频率的正常使用。

铁路运营指挥调度无线电频率受到干扰的，铁路运输企业应当立即采取排查措施并报告无线电管理机构、铁路监管部门；无线电管理机构、铁路监管部门应当依法排除干扰。

第七十五条 电力企业应当依法保障铁路运输所需电力的持续供应，并保证供电质量。

铁路运输企业应当加强用电安全管理，合理配置供电电源和应急自备电源。

遇有特殊情况影响铁路电力供应的，电力企业和铁路运输企业应当按照各自职责及时组织抢修，尽快恢复正常供电。

第七十六条 铁路运输企业应当加强铁路运营食品安全管理，遵守有关食品安全管理的法律法规和国家其他有关规定，保证食品安全。

第七十七条 禁止实施下列危害铁路安全的行为：

（一）非法拦截列车、阻断铁路运输；

（二）扰乱铁路运输指挥调度机构以及车站、列车的正常秩序；

（三）在铁路线路上放置、遗弃障碍物；

（四）击打列车；

（五）擅自移动铁路线路上的机车车辆，或者擅自开启列车车门、违规操纵列车紧急制动设备；

（六）拆盗、损毁或者擅自移动铁路设施设备、机车车辆配件、标桩、防护设施和安全标志；

（七）在铁路线路上行走、坐卧或者在未设道口、人行过道的铁路线路上通过；

（八）擅自进入铁路线路封闭区域或者在未设置行人通道的铁路桥梁、隧道通行；

（九）擅自开启、关闭列车的货车阀、盖或者破坏施封状态；

（十）擅自开启列车中的集装箱箱门，破坏箱体、阀、盖或者施封状态；

（十一）擅自松动、拆解、移动列车中的货物装载加固材料、装置和设备；

（十二）钻车、扒车、跳车；

（十三）从列车上抛扔杂物；

（十四）在动车组列车上吸烟或者在其他列车的禁烟区域吸烟；

（十五）强行登乘或者以拒绝下车等方式强占列车；

（十六）冲击、堵塞、占用进出站通道或者候车区、站台。

第六章　监督检查

第七十八条　铁路监管部门应当对从事铁路建设、运输、设备制造维修的企业执行本条例的情况实施监督检查，依法查处违反本条例规定的行为，依法组织或者参与铁路安全事故的调查处理。

铁路监管部门应当建立企业违法行为记录和公告制度，对违反本条例被依法追究法律责任的从事铁路建设、运输、设备制造维修的企业予以公布。

第七十九条　铁路监管部门应当加强对铁路运输高峰期和恶劣气象条件下运输安全的监督管理，加强对铁路运输的关键环节、重要设施设备的安全状况以及铁路运输突发事件应急预案的建立和落实情况的监督检查。

第八十条　铁路监管部门和县级以上人民政府安全生产监督管理部门应当建立信息通报制度和运输安全生产协调机制。发现重大安全隐患，铁路运输企业难以自行排除的，应当及时向铁路监管部门和有关地方人民政府报告。地方人民政府获悉铁路沿线有危及铁路运输安全的重要情况，应当及时通报有关的铁路运输企业和铁路监管部门。

第八十一条　铁路监管部门发现安全隐患，应当责令有关单位立即排除。

重大安全隐患排除前或者排除过程中无法保证安全的，应当责令从危险区域内撤出人员、设备，停止作业；重大安全隐患排除后方可恢复作业。

第八十二条 实施铁路安全监督检查的人员执行监督检查任务时，应当佩戴标志或者出示证件。任何单位和个人不得阻碍、干扰安全监督检查人员依法履行安全检查职责。

第七章 法律责任

第八十三条 铁路建设单位和铁路建设的勘察、设计、施工、监理单位违反本条例关于铁路建设质量安全管理的规定的，由铁路监管部门依照有关工程建设、招标投标管理的法律、行政法规的规定处罚。

第八十四条 铁路建设单位未对高速铁路和地质构造复杂的铁路建设工程实行工程地质勘察监理，或者在铁路线路及其邻近区域进行铁路建设工程施工不执行铁路营业线施工安全管理规定，影响铁路运营安全的，由铁路监管部门责令改正，处10万元以上50万元以下的罚款。

第八十五条 依法应当进行产品认证的铁路专用设备未经认证合格，擅自出厂、销售、进口、使用的，依照《中华人民共和国认证认可条例》的规定处罚。

第八十六条 铁路机车车辆以及其他专用设备制造者未按规定召回缺陷产品，采取措施消除缺陷的，由国务院铁路行业监督管理部门责令改正；拒不改正的，处缺陷产品货值金额1%以上10%以下的罚款；情节严重的，由国务院铁路行业监督管理部门吊销相应的许可证件。

第八十七条 有下列情形之一的，由铁路监督管理机构责令改正，处2万元以上10万元以下的罚款：

（一）用于铁路运输的安全检测、监控、防护设施设备，集装箱和集装化用具等运输器具、专用装卸机械、索具、篷布、装载加固材料或者装置、运输包装、货物装载加固等，不符合国家标准、行业标准和技术规范；

（二）不按照国家有关规定和标准设置、维护铁路封闭设施、安全防护设施；

（三）架设、铺设铁路信号和通信线路、杆塔不符合国家标准、行业标准和铁路安全防护要求，或者未对铁路信号和通信线路、杆塔进行维护和管理；

（四）运输危险货物不依照法律法规和国家其他有关规定使用专用的设施设备。

第八十八条 在铁路线路安全保护区内烧荒、放养牲畜、种植影响铁路线路安全和行车瞭望的树木等植物，或者向铁路线路安全保护区排污、倾倒垃圾以及其他危害铁路安全的物质的，由铁路监督管理机构责令改正，对单位可以处 5 万元以下的罚款，对个人可以处 2000 元以下的罚款。

第八十九条 未经铁路运输企业同意或者未签订安全协议，在铁路线路安全保护区内建造建筑物、构筑物等设施，取土、挖砂、挖沟、采空作业或者堆放、悬挂物品，或者违反保证铁路安全的国家标准、行业标准和施工安全规范，影响铁路运输安全的，由铁路监督管理机构责令改正，可以处 10 万元以下的罚款。

铁路运输企业未派员对铁路线路安全保护区内施工现场进行安全监督的，由铁路监督管理机构责令改正，可以处 3 万元以下的罚款。

第九十条 在铁路线路安全保护区及其邻近区域建造或者设置的建筑物、构筑物、设备等进入国家规定的铁路建筑限界，或者在铁路线路两侧建造、设立生产、加工、储存或者销售易燃、易爆或者放射性物品等危险物品的场所、仓库不符合国家标准、行业标准规定的安全防护距离的，由铁路监督管理机构责令改正，对单位处 5 万元以上 20 万元以下的罚款，对个人处 1 万元以上 5 万元以下的罚款。

第九十一条 有下列行为之一的，分别由铁路沿线所在地县级以上地方人民政府水行政主管部门、国土资源主管部门或者无线电管理机构等依照有关水资源管理、矿产资源管理、无线电管理等法律、行政法规的规定处罚：

（一）未经批准在铁路线路两侧各 1000 米范围内从事露天采矿、采石或者爆破作业；

（二）在地下水禁止开采区或者限制开采区抽取地下水；

（三）在铁路桥梁跨越处河道上下游各 1000 米范围内围垦造田、拦河筑坝、架设浮桥或者修建其他影响铁路桥梁安全的设施；

（四）在铁路桥梁跨越处河道上下游禁止采砂、淘金的范围内采砂、淘金；

（五）干扰铁路运营指挥调度无线电频率正常使用。

第九十二条 铁路运输企业、道路管理部门或者道路经营企业未履行铁路、道路两用桥检查、维护职责的，由铁路监督管理机构或者上级道路管理部门责令改正；拒不改正的，由铁路监督管理机构或者上级道路管理部门指定其他单位进行养护和维修，养护和维修费用由拒不履行义务的铁路运输企业、道路管理部门或者道路经营企业承担。

第九十三条 机动车通过下穿铁路桥梁、涵洞的道路未遵守限高、限宽规定的，由公安机关依照道路交通安全管理法律、行政法规的规定处罚。

第九十四条 违反本条例第四十八条、第四十九条关于铁路道口安全管理的规定的，由铁路监督管理机构责令改正，处 1000 元以上 5000 元以下的罚款。

第九十五条 违反本条例第五十一条、第五十二条、第五十三条、第七十七条规定的，由公安机关责令改正，对单位处 1 万元以上 5 万元以下的罚款，对个人处 500 元以上 2000 元以下的罚款。

第九十六条 铁路运输托运人托运货物、行李、包裹时匿报、谎报货物品名、性质、重量，或者装车、装箱超过规定重量的，由铁路监督管理机构责令改正，可以处 2000 元以下的罚款；情节较重的，处 2000 元以上 2 万元以下的罚款；将危险化学品谎报或者匿报为普通货物托运的，处 10 万元以上 20 万元以下的罚款。

铁路运输托运人在普通货物中夹带危险货物，或者在危险货物中夹带禁止配装的货物的，由铁路监督管理机构责令改正，处 3 万元以上 20 万元以下的罚款。

第九十七条 铁路运输托运人运输危险货物未配备必要的应急处理器材、设备、防护用品，或者未按照操作规程包装、装卸、运输危险货物的，由铁路监督管理机构责令改正，处 1 万元以上 5 万元以下的罚款。

第九十八条 铁路运输托运人运输危险货物不按照规定配备必要的押运人员，或者发生危险货物被盗、丢失、泄漏等情况不按照规定及时报告的，由公安机关责令改正，处 1 万元以上 5 万元以下的罚款。

第九十九条 旅客违法携带、夹带管制器具或者违法携带、托运烟花爆竹、枪支弹药等危险物品或者其他违禁物品的，由公安机关依法给予治安管理处罚。

第一百条 铁路运输企业有下列情形之一的，由铁路监管部门责令改正，处 2 万元以上 10 万元以下的罚款：

（一）在非危险货物办理站办理危险货物承运手续；

（二）承运未接受安全检查的货物；

（三）承运不符合安全规定、可能危害铁路运输安全的货物；

（四）未按照操作规程包装、装卸、运输危险货物。

第一百零一条 铁路监管部门及其工作人员应当严格按照本条例规定的处罚种类和幅度，根据违法行为的性质和具体情节行使行政处罚权，具体办法由国务院铁路行业监督管理部门制定。

第一百零二条 铁路运输企业工作人员窃取、泄漏旅客身份信息的，由公安机关依法处罚。

第一百零三条 从事铁路建设、运输、设备制造维修的单位违反本条例规定，对直接负责的主管人员和其他直接责任人员依法给予处分。

第一百零四条 铁路监管部门及其工作人员不依照本条例规定履行职责的，对负有责任的领导人员和直接责任人员依法给予处分。

第一百零五条 违反本条例规定，给铁路运输企业或者其他单位、个人财产造成损失的，依法承担民事责任。

违反本条例规定，构成违反治安管理行为的，由公安机关依法给予治安管理处罚；构成犯罪的，依法追究刑事责任。

第八章　附　　则

第一百零六条　专用铁路、铁路专用线的安全管理参照本条例的规定执行。

第一百零七条　本条例所称高速铁路，是指设计开行时速250公里以上(含预留)，并且初期运营时速200公里以上的客运列车专线铁路。

第一百零八条　本条例自2014年1月1日起施行。2004年12月27日国务院公布的《铁路运输安全保护条例》同时废止。

中华人民共和国国务院令

第 625 号

《国内水路运输管理条例》已经 2012 年 9 月 26 日国务院第 218 次常务会议通过，现予公布，自 2013 年 1 月 1 日起施行。

总理　温家宝

2012 年 10 月 13 日

国内水路运输管理条例

（中华人民共和国国务院令第 625 号 2012 年 10 月 13 日发布　根据 2016 年 2 月 6 日《国务院关于修改部分行政法规的决定》国务院令第 666 号修正）

目　　录

第一章　总　　则

第一条　为了规范国内水路运输经营行为，维护国内水路运输市场秩序，保障国内水路运输安全，促进国内水路运输业健康发展，制定本条例。

第二条　经营国内水路运输以及水路运输辅助业务，应当遵守本条例。

本条例所称国内水路运输（以下简称水路运输），是指始发港、挂靠港和目的港均在中华人民共和国管辖的通航水域内的经营性旅客运输和货物运输。

本条例所称水路运输辅助业务，是指直接为水路运输提供服务的船舶管理、船舶代理、水路旅客运输代理和水路货物运输代理等经营活动。

第三条　国家鼓励和保护水路运输市场的公平竞争，禁止垄断和不正当竞争行为。

国家运用经济、技术政策等措施，支持和鼓励水路运输经营者实行规模化、集约化经营，促进水路运输行业结构调整；支持和鼓励水路运输经营者采用先进适用的水路运输设备和技术，保障运输安全，促进节约能源，减少污染物排放。

国家保护水路运输经营者、旅客和货主的合法权益。

第四条 国务院交通运输主管部门主管全国水路运输管理工作。

县级以上地方人民政府交通运输主管部门主管本行政区域的水路运输管理工作。县级以上地方人民政府负责水路运输管理的部门或者机构(以下统称负责水路运输管理的部门)承担本条例规定的水路运输管理工作。

第五条 经营水路运输及其辅助业务，应当遵守法律、法规，诚实守信。

国务院交通运输主管部门和负责水路运输管理的部门应当依法对水路运输市场实施监督管理，对水路运输及其辅助业务的违法经营活动实施处罚，并建立经营者诚信管理制度，及时向社会公告监督检查情况。

第二章 水路运输经营者

第六条 申请经营水路运输业务，除本条例第七条规定的情形外，申请人应当符合下列条件：

(一) 取得企业法人资格；

(二) 有符合本条例第十三条规定的船舶，并且自有船舶运力符合国务院交通运输主管部门的规定；

(三) 有明确的经营范围，其中申请经营水路旅客班轮运输业务的，还应当有可行的航线营运计划；

(四) 有与其申请的经营范围和船舶运力相适应的海务、机务管理人员；

(五) 与其直接订立劳动合同的高级船员占全部船员的比例符合国务院交通运输主管部门的规定；

(六) 有健全的安全管理制度；

(七) 法律、行政法规规定的其他条件。

第七条 个人可以申请经营内河普通货物运输业务。

申请经营内河普通货物运输业务的个人，应当有符合本条例第十三条规定且船舶吨位不超过国务院交通运输主管部门规定的自有船舶，并应当符合本条例第六条第六项、第七项规定的条件。

第八条 经营水路运输业务，应当按照国务院交通运输主管部门的规定，经国务院交通运输主管部门或者设区的市级以上地方人民政府负责水路运输管理的部门批准。

申请经营水路运输业务，应当向前款规定的负责审批的部门提交申请书和证明申请人符合本条例第六条或者第七条规定条件的相关材料。

负责审批的部门应当自受理申请之日起 30 个工作日内审查完毕，作出准予许可或者不予许可的决定。予以许可的，发给水路运输业务经营许可证件，并为申请人投入运营的船舶配发船舶营运证件；不予许可的，应当书面通知申请人并说明理由。

第九条 各级交通运输主管部门应当做好水路运输市场统计和调查分析工作，定期向社会公布水路运输市场运力供需状况。

第十条 为保障水路运输安全，维护水路运输市场的公平竞争秩序，国务院交通运输主管部门可以根据水路运输市场监测情况，决定在特定的旅客班轮运输和散装液体危险货物运输航线、水域暂停新增运力许可。

采取前款规定的运力调控措施，应当符合公开、公平、公正的原则，在开始实施的 60 日前向社会公告，说明采取措施的理由以及采取措施的范围、期限等事项。

第十一条 外国的企业、其他经济组织和个人不得经营水路运输业务，也不得以租用中国籍船舶或者舱位等方式变相经营水路运输业务。

香港特别行政区、澳门特别行政区和台湾地区的企业、其他经济组织以及个人参照适用前款规定，国务院另有规定的除外。

第十二条 依照本条例取得许可的水路运输经营者终止经营的，应当自终止经营之日起 15 个工作日内向原许可机关办理注销许可手续，交回水路运输业务经营许可证件。

第十三条 水路运输经营者投入运营的船舶应当符合下列条件：

（一）与经营者的经营范围相适应；

（二）取得有效的船舶登记证书和检验证书；

（三）符合国务院交通运输主管部门关于船型技术标准和船龄的要求；

（四）法律、行政法规规定的其他条件。

第十四条 水路运输经营者新增船舶投入运营的，应当凭水路运输业务经营许可证件、船舶登记证书和检验证书向国务院交通运输主管部门或者设区的市级以上地方人民政府负责水路运输管理的部门领取船舶营运证件。

从事水路运输经营的船舶应当随船携带船舶营运证件。

海事管理机构办理船舶进出港签证，应当检查船舶的营运证件。对不能提供有效的船舶营运证件的，不得为其办理签证，并应当同时通知港口所在地人民政府负责水路运输管理的部门。港口所在地人民政府负责水路运输管理的部门收到上述通知后，应当在 24 小时内作出处理并将处理情况书面通知有关海事管理机构。

第十五条 国家根据保障运输安全、保护水环境、节约能源、提高航道和通航设施利用效率的需求，制定并实施新的船型技术标准时，对正在使用的不符合新标准但符合原有标准且未达到规定报废船龄的船舶，可以采取资金补贴等措施，引导、鼓励水路运输经营者进行更新、改造；需要强制提前报废的，应当对船舶所有人给予补偿。具体办法由国务院交通运输主管部门会同国务院财政部门制定。

第十六条 水路运输经营者不得使用外国籍船舶经营水路运输业务。但是，在国内没有能够满足所申请运输要求的中国籍船舶，并且船舶停靠的港口或者水域为对外开放的港口或者水域的情况下，经国务院交通运输主管部门许可，水路运输经营者可以在国务院交通运输主管部门规定的期限或者航次内，临时使用外国籍船舶运输。

在香港特别行政区、澳门特别行政区、台湾地区进行船籍登记的船舶，参照适用本条例关于外国籍船舶的规定，国务院另有规定的除外。

第三章 水路运输经营活动

第十七条 水路运输经营者应当在依法取得许可的经营范围内从事水路运输经营。

第十八条 水路运输经营者应当使用符合本条例规定条件、配备合格船员的船舶，并保证船舶处于适航状态。

水路运输经营者应当按照船舶核定载客定额或者载重量载运旅客、货物，不得超载或者使用货船载运旅客。

第十九条 水路运输经营者应当依照法律、行政法规和国务院交通运输主管部门关于水路旅客、货物运输的规定、质量标准以及合同的约定，为旅客、货主提供安全、便捷、优质的服务，保证旅客、货物运输安全。

水路旅客运输业务经营者应当为其客运船舶投保承运人责任保险或者取得相应的财务担保。

第二十条 水路运输经营者运输危险货物，应当遵守法律、行政法规以及国务院交通运输主管部门关于危险货物运输的规定，使用依法取得危险货物适装证书的船舶，按照规定的安全技术规范进行配载和运输，保证运输安全。

第二十一条 旅客班轮运输业务经营者应当自取得班轮航线经营许可之日起60日内开航，并在开航15日前公布所使用的船舶、班期、班次、运价等信息。

旅客班轮运输应当按照公布的班期、班次运行；变更班期、班次、运价的，应当在15日前向社会公布；停止经营部分或者全部班轮航线的，应当在30日前向社会公布并报原许可机关备案。

第二十二条 货物班轮运输业务经营者应当在班轮航线开航的7日前，公布所使用的船舶以及班期、班次和运价。

货物班轮运输应当按照公布的班期、班次运行；变更班期、班次、运价或者停止经营部分或者全部班轮航线的，应当在7日前向社会公布。

第二十三条 水路运输经营者应当依照法律、行政法规和国家有关规定，优先运送处置突发事件所需的物资、设备、工具、应急救援人员和受到突发事件危害的人员，重点保障紧急、重要的军事运输。

出现关系国计民生的紧急运输需求时，国务院交通运输主管部门按照国务院的部署，可以要求水路运输经营者优先运输需要紧急运输的物资。水路运输经营者应当按照要求及时运输。

第二十四条 水路运输经营者应当按照统计法律、行政法规的规定报送统计信息。

第四章 水路运输辅助业务

第二十五条 运输船舶的所有人、经营人可以委托船舶管理业务经营者为其提供船舶海务、机务管理等服务。

第二十六条 申请经营船舶管理业务，申请人应当符合下列条件：

（一）取得企业法人资格；

（二）有健全的安全管理制度；

（三）有与其申请管理的船舶运力相适应的海务、机务管理人员；

（四）法律、行政法规规定的其他条件。

第二十七条 经营船舶管理业务，应当经设区的市级以上地方人民政府负责水路运输管理的部门批准。

申请经营船舶管理业务，应当向前款规定的部门提交申请书和证明申请人符合本条例第二十六条规定条件的相关材料。

受理申请的部门应当自受理申请之日起30个工作日内审查完毕，作出准予许可或者不予许可的决定。予以许可的，发给船舶管理业务经营许可证件，并向国务院交通运输主管部门备案；不予许可的，应当书面通知申请人并说明理由。

第二十八条 船舶管理业务经营者接受委托提供船舶管理服务，应当与委托人订立书面合同，并将合同报所在地海事管理机构备案。

船舶管理业务经营者应当按照国家有关规定和合同约定履行有关船舶安全和防止污染的管理义务。

第二十九条 水路运输经营者可以委托船舶代理、水路旅客运输代理、水路货物运输代理业务的经营者，代办船舶进出港手续等港口业务，代为签订运输合同，代办旅客、货物承揽业务以及其他水路运输代理业务。

第三十条 船舶代理、水路旅客运输代理业务的经营者应当自企业设立登记之日起15个工作日内，向所在地设区的市级人民政府负责水路运输管理的部门备案。

第三十一条 船舶代理、水路旅客运输代理、水路货物运输代理业务的经营者接受委托提供代理服务，应当与委托人订立书面合同，按照国家有关规定和合同约定办理代理业务，不得强行代理，不得为未依法取得水路运输业务经营许可或者超越许可范围的经营者办理代理业务。

第三十二条 本条例第十二条、第十七条的规定适用于船舶管理业务经营者。本条例第十一条、第二十四条的规定适用于船舶管理、船舶代理、水路旅客运输代理和水路货物运输代理业务经营活动。

国务院交通运输主管部门应当依照本条例的规定制定水路运输辅助业务的具体管理办法。

第五章　法律责任

第三十三条 未经许可擅自经营或者超越许可范围经营水路运输业务或者国内船舶管理业务的，由负责水路运输管理的部门责令停止经营，没收违法所得，并处违法所得1倍以上5倍以下的罚款；没有违法所得或者违法所得不足3万元的，处3万元以上15万元以下的罚款。

第三十四条 水路运输经营者使用未取得船舶营运证件的船舶从事水路运输的，由负责水路运输管理的部门责令该船停止经营，没收违法所得，并处违法所得1倍以上5倍以下的罚款；没有违法所得或者违法所得不足2万元的，处2万元以上10万元以下的罚款。

从事水路运输经营的船舶未随船携带船舶营运证件的，责令改正，可以处1000元以下的罚款。

第三十五条 水路运输经营者未经国务院交通运输主管部门许可或者超越许可范围使用外国籍船舶经营水路运输业务，或者外国的企业、其他经济组织和个人经营或者以租用中国籍船舶或者舱位等方式变相经营水路运输业务的，由负责水路运输管理的部门责令停止经营，没收违法所得，并处违法所得1倍以上5倍以下的罚款；没有违法所得或者违法所得不足20万元的，处20万元以上100万元以下的罚款。

第三十六条 以欺骗或者贿赂等不正当手段取得本条例规定的行政许可的，由原许可机关撤销许可，处2万元以上20万元以下的罚款；有违法所得的，没收违法所得；国务院交通运输主管部门或者负责水路运输管理的部门自撤销许可之日起3年内不受理其对该项许可的申请。

第三十七条 出租、出借、倒卖本条例规定的行政许可证件或者以其他方式非法转让本条例规定的行政许可的，由负责水路运输管理的部门责令改正，没收违法所得，并处违法所得1倍以上5倍以下的罚款；没有违法所得或者违法所得不足3万元的，处3万元以上15万元以下的罚款；情节严重的，由原许可机关吊销相应的许可证件。

伪造、变造、涂改本条例规定的行政许可证件的，由负责水路运输管理的部门没收伪造、变造、涂改的许可证件，处3万元以上15万元以下的罚款；有违法所得的，没收违法所得。

第三十八条 水路运输经营者有下列情形之一的，由海事管理机构依法予以处罚：

（一）未按照规定配备船员或者未使船舶处于适航状态；

（二）超越船舶核定载客定额或者核定载重量载运旅客或者货物；

（三）使用货船载运旅客；

（四）使用未取得危险货物适装证书的船舶运输危险货物。

第三十九条 水路旅客运输业务经营者未为其经营的客运船舶投保承运人责任保险或者取得相应的财务担保的，由负责水路运输管理的部门责令限期改正，处2万元以上10万元以下的罚款；逾期不改正的，由原许可机关吊销该客运船舶的船舶营运许可证件。

第四十条 班轮运输业务经营者未提前向社会公布所使用的船舶、班期、班次和运价或者其变更信息的，由负责水路运输管理的部门责令改正，处2000元以上2万元以下的罚款。

第四十一条 旅客班轮运输业务经营者自取得班轮航线经营许可之日起60日内未开航的，由负责水路运输管理的部门责令改正；拒不改正的，由原许可机关撤销该项经营许可。

第四十二条 水路运输、船舶管理业务经营者取得许可后，不再具备本条例规定的许可条件的，由负责水路运输管理的部门责令限期整改；在规定期限内整改仍不合格的，由原许可机关撤销其经营许可。

第四十三条 负责水路运输管理的国家工作人员在水路运输管理活动中滥用职权、玩忽职守、徇私舞弊，不依法履行职责的，依法给予处分。

第四十四条 违反本条例规定，构成违反治安管理行为的，依法给予治安管理处罚；构成犯罪的，依法追究刑事责任。

第六章 附 则

第四十五条 载客12人以下的客运船舶以及乡、镇客运渡船运输的管理办法，由省、自治区、直辖市人民政府另行制定。

第四十六条 本条例自2013年1月1日起施行。1987年5月12日国务院发布的《中华人民共和国水路运输管理条例》同时废止。

中华人民共和国国务院令

第 593 号

《公路安全保护条例》已经 2011 年 2 月 16 日国务院第 144 次常务会议通过，现予公布，自 2011 年 7 月 1 日起施行。

总理　温家宝

2011 年 3 月 7 日

公路安全保护条例

目　录

第一章　总　则

第一条　为了加强公路保护，保障公路完好、安全和畅通，根据《中华人民共和国公路法》，制定本条例。

第二条　各级人民政府应当加强对公路保护工作的领导，依法履行公路保护职责。

第三条　国务院交通运输主管部门主管全国公路保护工作。

县级以上地方人民政府交通运输主管部门主管本行政区域的公路保护工作；但是，县级以上地方人民政府交通运输主管部门对国道、省道的保护职责，由省、自治区、直辖市人民政府确定。

公路管理机构依照本条例的规定具体负责公路保护的监督管理工作。

第四条　县级以上各级人民政府发展改革、工业和信息化、公安、工商、质检等部门按照职责分工，依法开展公路保护的相关工作。

第五条　县级以上各级人民政府应当将政府及其有关部门从事公路管理、

养护所需经费以及公路管理机构行使公路行政管理职能所需经费纳入本级人民政府财政预算。但是，专用公路的公路保护经费除外。

第六条 县级以上各级人民政府交通运输主管部门应当综合考虑国家有关车辆技术标准、公路使用状况等因素，逐步提高公路建设、管理和养护水平，努力满足国民经济和社会发展以及人民群众生产、生活需要。

第七条 县级以上各级人民政府交通运输主管部门应当依照《中华人民共和国突发事件应对法》的规定，制定地震、泥石流、雨雪冰冻灾害等损毁公路的突发事件(以下简称公路突发事件)应急预案，报本级人民政府批准后实施。

公路管理机构、公路经营企业应当根据交通运输主管部门制定的公路突发事件应急预案，组建应急队伍，并定期组织应急演练。

第八条 国家建立健全公路突发事件应急物资储备保障制度，完善应急物资储备、调配体系，确保发生公路突发事件时能够满足应急处置工作的需要。

第九条 任何单位和个人不得破坏、损坏、非法占用或者非法利用公路、公路用地和公路附属设施。

第二章 公路线路

第十条 公路管理机构应当建立健全公路管理档案，对公路、公路用地和公路附属设施调查核实、登记造册。

第十一条 县级以上地方人民政府应当根据保障公路运行安全和节约用地的原则以及公路发展的需要，组织交通运输、国土资源等部门划定公路建筑控制区的范围。

公路建筑控制区的范围，从公路用地外缘起向外的距离标准为：

(一) 国道不少于 20 米；

(二) 省道不少于 15 米；

(三) 县道不少于 10 米；

(四) 乡道不少于 5 米。

属于高速公路的，公路建筑控制区的范围从公路用地外缘起向外的距离标准不少于 30 米。

公路弯道内侧、互通立交以及平面交叉道口的建筑控制区范围根据安全视距等要求确定。

第十二条 新建、改建公路的建筑控制区的范围，应当自公路初步设计批准之日起 30 日内，由公路沿线县级以上地方人民政府依照本条例划定并公告。

公路建筑控制区与铁路线路安全保护区、航道保护范围、河道管理范围或者水工程管理和保护范围重叠的，经公路管理机构和铁路管理机构、航道管理机构、水行政主管部门或者流域管理机构协商后划定。

第十三条 在公路建筑控制区内，除公路保护需要外，禁止修建建筑物和地面构筑物；公路建筑控制区划定前已经合法修建的不得扩建，因公路建设或者保障公路运行安全等原因需要拆除的应当依法给予补偿。

在公路建筑控制区外修建的建筑物、地面构筑物以及其他设施不得遮挡公路标志，不得妨碍安全视距。

第十四条 新建村镇、开发区、学校和货物集散地、大型商业网点、农贸市场等公共场所，与公路建筑控制区边界外缘的距离应当符合下列标准，并尽可能在公路一侧建设：

（一）国道、省道不少于50米；

（二）县道、乡道不少于20米。

第十五条 新建、改建公路与既有城市道路、铁路、通信等线路交叉或者新建、改建城市道路、铁路、通信等线路与既有公路交叉的，建设费用由新建、改建单位承担；城市道路、铁路、通信等线路的管理部门、单位或者公路管理机构要求提高既有建设标准而增加的费用，由提出要求的部门或者单位承担。

需要改变既有公路与城市道路、铁路、通信等线路交叉方式的，按照公平合理的原则分担建设费用。

第十六条 禁止将公路作为检验车辆制动性能的试车场地。

禁止在公路、公路用地范围内摆摊设点、堆放物品、倾倒垃圾、设置障碍、挖沟引水、打场晒粮、种植作物、放养牲畜、采石、取土、采空作业、焚烧物品、利用公路边沟排放污物或者进行其他损坏、污染公路和影响公路畅通的行为。

第十七条 禁止在下列范围内从事采矿、采石、取土、爆破作业等危及公路、公路桥梁、公路隧道、公路渡口安全的活动：

（一）国道、省道、县道的公路用地外缘起向外100米，乡道的公路用地外缘起向外50米；

（二）公路渡口和中型以上公路桥梁周围200米；

（三）公路隧道上方和洞口外100米。

在前款规定的范围内，因抢险、防汛需要修筑堤坝、压缩或者拓宽河床的，应当经省、自治区、直辖市人民政府交通运输主管部门会同水行政主管部门或者流域管理机构批准，并采取安全防护措施方可进行。

第十八条 除按照国家有关规定设立的为车辆补充燃料的场所、设施外，禁止在下列范围内设立生产、储存、销售易燃、易爆、剧毒、放射性等危险物品的场所、设施：

（一）公路用地外缘起向外 100 米；

（二）公路渡口和中型以上公路桥梁周围 200 米；

（三）公路隧道上方和洞口外 100 米。

第十九条 禁止擅自在中型以上公路桥梁跨越的河道上下游各 1000 米范围内抽取地下水、架设浮桥以及修建其他危及公路桥梁安全的设施。

在前款规定的范围内，确需进行抽取地下水、架设浮桥等活动的，应当经水行政主管部门、流域管理机构等有关单位会同公路管理机构批准，并采取安全防护措施方可进行。

第二十条 禁止在公路桥梁跨越的河道上下游的下列范围内采砂：

（一）特大型公路桥梁跨越的河道上游 500 米，下游 3000 米；

（二）大型公路桥梁跨越的河道上游 500 米，下游 2000 米；

（三）中小型公路桥梁跨越的河道上游 500 米，下游 1000 米。

第二十一条 在公路桥梁跨越的河道上下游各 500 米范围内依法进行疏浚作业的，应当符合公路桥梁安全要求，经公路管理机构确认安全方可作业。

第二十二条 禁止利用公路桥梁进行牵拉、吊装等危及公路桥梁安全的施工作业。

禁止利用公路桥梁（含桥下空间）、公路隧道、涵洞堆放物品，搭建设施以及铺设高压电线和输送易燃、易爆或者其他有毒有害气体、液体的管道。

第二十三条 公路桥梁跨越航道的，建设单位应当按照国家有关规定设置桥梁航标、桥柱标、桥梁水尺标，并按照国家标准、行业标准设置桥区水上航标和桥墩防撞装置。桥区水上航标由航标管理机构负责维护。

通过公路桥梁的船舶应当符合公路桥梁通航净空要求，严格遵守航行规则，不得在公路桥梁下停泊或者系缆。

第二十四条 重要的公路桥梁和公路隧道按照《中华人民共和国人民武装警察法》和国务院、中央军委的有关规定由中国人民武装警察部队守护。

第二十五条 禁止损坏、擅自移动、涂改、遮挡公路附属设施或者利用公路附属设施架设管道、悬挂物品。

第二十六条 禁止破坏公路、公路用地范围内的绿化物。需要更新采伐护路林的，应当向公路管理机构提出申请，经批准方可更新采伐，并及时补种；不能及时补种的，应当交纳补种所需费用，由公路管理机构代为补种。

第二十七条 进行下列涉路施工活动，建设单位应当向公路管理机构提出申请：

（一）因修建铁路、机场、供电、水利、通信等建设工程需要占用、挖掘公路、公路用地或者使公路改线；

（二）跨越、穿越公路修建桥梁、渡槽或者架设、埋设管道、电缆等设施；

（三）在公路用地范围内架设、埋设管道、电缆等设施；

（四）利用公路桥梁、公路隧道、涵洞铺设电缆等设施；

（五）利用跨越公路的设施悬挂非公路标志；

（六）在公路上增设或者改造平面交叉道口；

（七）在公路建筑控制区内埋设管道、电缆等设施。

第二十八条 申请进行涉路施工活动的建设单位应当向公路管理机构提交下列材料：

（一）符合有关技术标准、规范要求的设计和施工方案；

（二）保障公路、公路附属设施质量和安全的技术评价报告；

（三）处置施工险情和意外事故的应急方案。

公路管理机构应当自受理申请之日起20日内作出许可或者不予许可的决定；影响交通安全的，应当征得公安机关交通管理部门的同意；涉及经营性公路的，应当征求公路经营企业的意见；不予许可的，公路管理机构应当书面通知申请人并说明理由。

第二十九条 建设单位应当按照许可的设计和施工方案进行施工作业，并落实保障公路、公路附属设施质量和安全的防护措施。

涉路施工完毕，公路管理机构应当对公路、公路附属设施是否达到规定的技术标准以及施工是否符合保障公路、公路附属设施质量和安全的要求进行验收；影响交通安全的，还应当经公安机关交通管理部门验收。

涉路工程设施的所有人、管理人应当加强维护和管理，确保工程设施不影响公路的完好、安全和畅通。

第三章　公路通行

第三十条 车辆的外廓尺寸、轴荷和总质量应当符合国家有关车辆外廓尺寸、轴荷、质量限值等机动车安全技术标准，不符合标准的不得生产、销售。

第三十一条 公安机关交通管理部门办理车辆登记，应当当场查验，对不符合机动车国家安全技术标准的车辆不予登记。

第三十二条 运输不可解体物品需要改装车辆的，应当由具有相应资质的车辆生产企业按照规定的车型和技术参数进行改装。

第三十三条 超过公路、公路桥梁、公路隧道限载、限高、限宽、限长标准的车辆，不得在公路、公路桥梁或者公路隧道行驶；超过汽车渡船限载、限高、限宽、限长标准的车辆，不得使用汽车渡船。

公路、公路桥梁、公路隧道限载、限高、限宽、限长标准调整的，公路管理机构、公路经营企业应当及时变更限载、限高、限宽、限长标志；需要绕行的，还应当标明绕行路线。

第三十四条 县级人民政府交通运输主管部门或者乡级人民政府可以根据保护乡道、村道的需要，在乡道、村道的出入口设置必要的限高、限宽设施，但是不得影响消防和卫生急救等应急通行需要，不得向通行车辆收费。

第三十五条 车辆载运不可解体物品，车货总体的外廓尺寸或者总质量超过公路、公路桥梁、公路隧道的限载、限高、限宽、限长标准，确需在公路、公路桥梁、公路隧道行驶的，从事运输的单位和个人应当向公路管理机构申请公路超限运输许可。

第三十六条 申请公路超限运输许可按照下列规定办理：

（一）跨省、自治区、直辖市进行超限运输的，向公路沿线各省、自治区、直辖市公路管理机构提出申请，由起运地省、自治区、直辖市公路管理机构统一受理，并协调公路沿线各省、自治区、直辖市公路管理机构对超限运输申请进行审批，必要时可以由国务院交通运输主管部门统一协调处理；

（二）在省、自治区范围内跨设区的市进行超限运输，或者在直辖市范围内跨区、县进行超限运输的，向省、自治区、直辖市公路管理机构提出申请，由省、自治区、直辖市公路管理机构受理并审批；

（三）在设区的市范围内跨区、县进行超限运输的，向设区的市公路管理机构提出申请，由设区的市公路管理机构受理并审批；

（四）在区、县范围内进行超限运输的，向区、县公路管理机构提出申请，由区、县公路管理机构受理并审批。

公路超限运输影响交通安全的，公路管理机构在审批超限运输申请时，应当征求公安机关交通管理部门意见。

第三十七条 公路管理机构审批超限运输申请，应当根据实际情况勘测通行路线，需要采取加固、改造措施的，可以与申请人签订有关协议，制定相应的加固、改造方案。

公路管理机构应当根据其制定的加固、改造方案，对通行的公路桥梁、涵洞等设施进行加固、改造；必要时应当对超限运输车辆进行监管。

第三十八条 公路管理机构批准超限运输申请的，应当为超限运输车辆配发国务院交通运输主管部门规定式样的超限运输车辆通行证。

经批准进行超限运输的车辆，应当随车携带超限运输车辆通行证，按照指定的时间、路线和速度行驶，并悬挂明显标志。

禁止租借、转让超限运输车辆通行证。禁止使用伪造、变造的超限运输车辆通行证。

第三十九条 经省、自治区、直辖市人民政府批准，有关交通运输主管部门可以设立固定超限检测站点，配备必要的设备和人员。

固定超限检测站点应当规范执法，并公布监督电话。公路管理机构应当加强对固定超限检测站点的管理。

第四十条 公路管理机构在监督检查中发现车辆超过公路、公路桥梁、公路隧道或者汽车渡船的限载、限高、限宽、限长标准的，应当就近引导至固定超限检测站点进行处理。

车辆应当按照超限检测指示标志或者公路管理机构监督检查人员的指挥接受超限检测，不得故意堵塞固定超限检测站点通行车道、强行通过固定超限检测站点或者以其他方式扰乱超限检测秩序，不得采取短途驳载等方式逃避超限检测。

禁止通过引路绕行等方式为不符合国家有关载运标准的车辆逃避超限检测提供便利。

第四十一条 煤炭、水泥等货物集散地以及货运站等场所的经营人、管理人应当采取有效措施，防止不符合国家有关载运标准的车辆出场(站)。

道路运输管理机构应当加强对煤炭、水泥等货物集散地以及货运站等场所的监督检查，制止不符合国家有关载运标准的车辆出场(站)。

任何单位和个人不得指使、强令车辆驾驶人超限运输货物，不得阻碍道路运输管理机构依法进行监督检查。

第四十二条 载运易燃、易爆、剧毒、放射性等危险物品的车辆，应当符合国家有关安全管理规定，并避免通过特大型公路桥梁或者特长公路隧道；确需通过特大型公路桥梁或者特长公路隧道的，负责审批易燃、易爆、剧毒、放射性等危险物品运输许可的机关应当提前将行驶时间、路线通知特大型公路桥梁或者特长公路隧道的管理单位，并对在特大型公路桥梁或者特长公路隧道行驶的车辆进行现场监管。

第四十三条 车辆应当规范装载，装载物不得触地拖行。车辆装载物易掉落、遗洒或者飘散的，应当采取厢式密闭等有效防护措施方可在公路上行驶。

公路上行驶车辆的装载物掉落、遗洒或者飘散的，车辆驾驶人、押运人员应当及时采取措施处理；无法处理的，应当在掉落、遗洒或者飘散物来车方向适当距离外设置警示标志，并迅速报告公路管理机构或者公安机关交通管理部门。其他人员发现公路上有影响交通安全的障碍物的，也应当及时报告公路管理机构或者公安机关交通管理部门。公安机关交通管理部门应当责令改正车辆装载物掉落、遗洒、飘散等违法行为；公路管理机构、公路经营企业应当及时清除掉落、遗洒、飘散在公路上的障碍物。

车辆装载物掉落、遗洒、飘散后，车辆驾驶人、押运人员未及时采取措施处理，造成他人人身、财产损害的，道路运输企业、车辆驾驶人应当依法承担赔偿责任。

第四章　公路养护

第四十四条　公路管理机构、公路经营企业应当加强公路养护，保证公路经常处于良好技术状态。

前款所称良好技术状态，是指公路自身的物理状态符合有关技术标准的要求，包括路面平整，路肩、边坡平顺，有关设施完好。

第四十五条　公路养护应当按照国务院交通运输主管部门规定的技术规范和操作规程实施作业。

第四十六条　从事公路养护作业的单位应当具备下列资质条件：

（一）有一定数量的符合要求的技术人员；

（二）有与公路养护作业相适应的技术设备；

（三）有与公路养护作业相适应的作业经历；

（四）国务院交通运输主管部门规定的其他条件。

公路养护作业单位资质管理办法由国务院交通运输主管部门另行制定。

第四十七条　公路管理机构、公路经营企业应当按照国务院交通运输主管部门的规定对公路进行巡查，并制作巡查记录；发现公路坍塌、坑槽、隆起等损毁的，应当及时设置警示标志，并采取措施修复。

公安机关交通管理部门发现公路坍塌、坑槽、隆起等损毁，危及交通安全的，应当及时采取措施，疏导交通，并通知公路管理机构或者公路经营企业。

其他人员发现公路坍塌、坑槽、隆起等损毁的，应当及时向公路管理机构、公安机关交通管理部门报告。

第四十八条　公路管理机构、公路经营企业应当定期对公路、公路桥梁、公路隧道进行检测和评定，保证其技术状态符合有关技术标准；对经检测发现不符合车辆通行安全要求的，应当进行维修，及时向社会公告，并通知公安机关交通管理部门。

第四十九条　公路管理机构、公路经营企业应当定期检查公路隧道的排水、通风、照明、监控、报警、消防、救助等设施，保持设施处于完好状态。

第五十条　公路管理机构应当统筹安排公路养护作业计划，避免集中进行公路养护作业造成交通堵塞。

在省、自治区、直辖市交界区域进行公路养护作业，可能造成交通堵塞的，有关公路管理机构、公安机关交通管理部门应当事先书面通报相邻的省、自治区、直辖市公路管理机构、公安机关交通管理部门，共同制定疏导预案，确定分流路线。

第五十一条　公路养护作业需要封闭公路的，或者占用半幅公路进行作业，作业路段长度在2公里以上，并且作业期限超过30日的，除紧急情况外，公路养护作业单位应当在作业开始之日前5日向社会公告，明确绕行路线，并在绕行处设置标志；不能绕行的，应当修建临时道路。

第五十二条　公路养护作业人员作业时，应当穿着统一的安全标志服。公路养护车辆、机械设备作业时，应当设置明显的作业标志，开启危险报警闪光灯。

第五十三条　发生公路突发事件影响通行的，公路管理机构、公路经营企业应当及时修复公路、恢复通行。设区的市级以上人民政府交通运输主管部门应当根据修复公路、恢复通行的需要，及时调集抢修力量，统筹安排有关作业计划，下达路网调度指令，配合有关部门组织绕行、分流。

设区的市级以上公路管理机构应当按照国务院交通运输主管部门的规定收集、汇总公路损毁、公路交通流量等信息，开展公路突发事件的监测、预报和预警工作，并利用多种方式及时向社会发布有关公路运行信息。

第五十四条　中国人民武装警察交通部队按照国家有关规定承担公路、公路桥梁、公路隧道等设施的抢修任务。

第五十五条　公路永久性停止使用的，应当按照国务院交通运输主管部门规定的程序核准后作报废处理，并向社会公告。

公路报废后的土地使用管理依照有关土地管理的法律、行政法规执行。

第五章　法律责任

第五十六条　违反本条例的规定，有下列情形之一的，由公路管理机构责令限期拆除，可以处5万元以下的罚款。逾期不拆除的，由公路管理机构拆除，有关费用由违法行为人承担：

（一）在公路建筑控制区内修建、扩建建筑物、地面构筑物或者未经许可埋设管道、电缆等设施的；

（二）在公路建筑控制区外修建的建筑物、地面构筑物以及其他设施遮挡公路标志或者妨碍安全视距的。

第五十七条　违反本条例第十八条、第十九条、第二十三条规定的，由安全生产监督管理部门、水行政主管部门、流域管理机构、海事管理机构等有关单位依法处理。

第五十八条　违反本条例第二十条规定的，由水行政主管部门或者流域管理机构责令改正，可以处3万元以下的罚款。

第五十九条 违反本条例第二十二条规定的，由公路管理机构责令改正，处2万元以上10万元以下的罚款。

第六十条 违反本条例的规定，有下列行为之一的，由公路管理机构责令改正，可以处3万元以下的罚款：

（一）损坏、擅自移动、涂改、遮挡公路附属设施或者利用公路附属设施架设管道、悬挂物品，可能危及公路安全的；

（二）涉路工程设施影响公路完好、安全和畅通的。

第六十一条 违反本条例的规定，未经批准更新采伐护路林的，由公路管理机构责令补种，没收违法所得，并处采伐林木价值3倍以上5倍以下的罚款。

第六十二条 违反本条例的规定，未经许可进行本条例第二十七条第一项至第五项规定的涉路施工活动的，由公路管理机构责令改正，可以处3万元以下的罚款；未经许可进行本条例第二十七条第六项规定的涉路施工活动的，由公路管理机构责令改正，处5万元以下的罚款。

第六十三条 违反本条例的规定，非法生产、销售外廓尺寸、轴荷、总质量不符合国家有关车辆外廓尺寸、轴荷、质量限值等机动车安全技术标准的车辆的，依照《中华人民共和国道路交通安全法》的有关规定处罚。

具有国家规定资质的车辆生产企业未按照规定车型和技术参数改装车辆的，由原发证机关责令改正，处4万元以上20万元以下的罚款；拒不改正的，吊销其资质证书。

第六十四条 违反本条例的规定，在公路上行驶的车辆，车货总体的外廓尺寸、轴荷或者总质量超过公路、公路桥梁、公路隧道、汽车渡船限定标准的，由公路管理机构责令改正，可以处3万元以下的罚款。

第六十五条 违反本条例的规定，经批准进行超限运输的车辆，未按照指定时间、路线和速度行驶的，由公路管理机构或者公安机关交通管理部门责令改正；拒不改正的，公路管理机构或者公安机关交通管理部门可以扣留车辆。

未随车携带超限运输车辆通行证的，由公路管理机构扣留车辆，责令车辆驾驶人提供超限运输车辆通行证或者相应的证明。

租借、转让超限运输车辆通行证的，由公路管理机构没收超限运输车辆通行证，处1000元以上5000元以下的罚款。使用伪造、变造的超限运输车辆通行证的，由公路管理机构没收伪造、变造的超限运输车辆通行证，处3万元以下的罚款。

第六十六条 对1年内违法超限运输超过3次的货运车辆，由道路运输管理机构吊销其车辆营运证；对1年内违法超限运输超过3次的货运车辆驾驶人，由道路运输管理机构责令其停止从事营业性运输；道路运输企业 1 年内违法超限运输的货运车辆超过本单位货运车辆总数 10% 的，由道路运输管理机构责令道路运输企业停业整顿；情节严重的，吊销其道路运输经营许可证，并向社会公告。

第六十七条 违反本条例的规定，有下列行为之一的，由公路管理机构强制拖离或者扣留车辆，处 3 万元以下的罚款：

（一）采取故意堵塞固定超限检测站点通行车道、强行通过固定超限检测站点等方式扰乱超限检测秩序的；

（二）采取短途驳载等方式逃避超限检测的。

第六十八条 违反本条例的规定，指使、强令车辆驾驶人超限运输货物的，由道路运输管理机构责令改正，处 3 万元以下的罚款。

第六十九条 车辆装载物触地拖行、掉落、遗洒或者飘散，造成公路路面损坏、污染的，由公路管理机构责令改正，处 5000 元以下的罚款。

第七十条 违反本条例的规定，公路养护作业单位未按照国务院交通运输主管部门规定的技术规范和操作规程进行公路养护作业的，由公路管理机构责令改正，处 1 万元以上 5 万元以下的罚款；拒不改正的，吊销其资质证书。

第七十一条 造成公路、公路附属设施损坏的单位和个人应当立即报告公路管理机构，接受公路管理机构的现场调查处理；危及交通安全的，还应当设置警示标志或者采取其他安全防护措施，并迅速报告公安机关交通管理部门。

发生交通事故造成公路、公路附属设施损坏的，公安机关交通管理部门在处理交通事故时应当及时通知有关公路管理机构到场调查处理。

第七十二条 造成公路、公路附属设施损坏，拒不接受公路管理机构现场调查处理的，公路管理机构可以扣留车辆、工具。

公路管理机构扣留车辆、工具的，应当当场出具凭证，并告知当事人在规定期限内到公路管理机构接受处理。逾期不接受处理，并且经公告 3 个月仍不来接受处理的，对扣留的车辆、工具，由公路管理机构依法处理。

公路管理机构对被扣留的车辆、工具应当妥善保管，不得使用。

第七十三条 违反本条例的规定，公路管理机构工作人员有下列行为之一的，依法给予处分：

（一）违法实施行政许可的；

（二）违反规定拦截、检查正常行驶的车辆的；

（三）未及时采取措施处理公路坍塌、坑槽、隆起等损毁的；

（四）违法扣留车辆、工具或者使用依法扣留的车辆、工具的；

（五）有其他玩忽职守、徇私舞弊、滥用职权行为的。

公路管理机构有前款所列行为之一的，对负有直接责任的主管人员和其他直接责任人员依法给予处分。

第七十四条　违反本条例的规定，构成违反治安管理行为的，由公安机关依法给予治安管理处罚；构成犯罪的，依法追究刑事责任。

第六章　附　　则

第七十五条　村道的管理和养护工作，由乡级人民政府参照本条例的规定执行。

专用公路的保护不适用本条例。

第七十六条　军事运输使用公路按照国务院、中央军事委员会的有关规定执行。

第七十七条　本条例自 2011 年 7 月 1 日起施行。1987 年 10 月 13 日国务院发布的《中华人民共和国公路管理条例》同时废止。

中华人民共和国国务院令

第 562 号

《放射性物品运输安全管理条例》已经 2009 年 9 月 7 日国务院第 80 次常务会议通过，现予公布，自 2010 年 1 月 1 日起施行。

总理　温家宝

2009 年 9 月 14 日

放射性物品运输安全管理条例

目　　录

第一章　总　　则

第一条　为了加强对放射性物品运输的安全管理，保障人体健康，保护环境，促进核能、核技术的开发与和平利用，根据《中华人民共和国放射性污染防治法》，制定本条例。

第二条　放射性物品的运输和放射性物品运输容器的设计、制造等活动，适用本条例。

本条例所称放射性物品，是指含有放射性核素，并且其活度和比活度均高于国家规定的豁免值的物品。

第三条　根据放射性物品的特性及其对人体健康和环境的潜在危害程度，将放射性物品分为一类、二类和三类。

一类放射性物品，是指 I 类放射源、高水平放射性废物、乏燃料等释放到环境后对人体健康和环境产生重大辐射影响的放射性物品。

二类放射性物品，是指Ⅱ类和Ⅲ类放射源、中等水平放射性废物等释放到环境后对人体健康和环境产生一般辐射影响的放射性物品。

三类放射性物品，是指Ⅳ类和Ⅴ类放射源、低水平放射性废物、放射性药品等释放到环境后对人体健康和环境产生较小辐射影响的放射性物品。

放射性物品的具体分类和名录，由国务院核安全监管部门会同国务院公安、卫生、海关、交通运输、铁路、民航、核工业行业主管部门制定。

第四条 国务院核安全监管部门对放射性物品运输的核与辐射安全实施监督管理。

国务院公安、交通运输、铁路、民航等有关主管部门依照本条例规定和各自的职责，负责放射性物品运输安全的有关监督管理工作。

县级以上地方人民政府环境保护主管部门和公安、交通运输等有关主管部门，依照本条例规定和各自的职责，负责本行政区域放射性物品运输安全的有关监督管理工作。

第五条 运输放射性物品，应当使用专用的放射性物品运输包装容器(以下简称运输容器)。

放射性物品的运输和放射性物品运输容器的设计、制造，应当符合国家放射性物品运输安全标准。

国家放射性物品运输安全标准，由国务院核安全监管部门制定，由国务院核安全监管部门和国务院标准化主管部门联合发布。国务院核安全监管部门制定国家放射性物品运输安全标准，应当征求国务院公安、卫生、交通运输、铁路、民航、核工业行业主管部门的意见。

第六条 放射性物品运输容器的设计、制造单位应当建立健全责任制度，加强质量管理，并对所从事的放射性物品运输容器的设计、制造活动负责。

放射性物品的托运人(以下简称托运人)应当制定核与辐射事故应急方案，在放射性物品运输中采取有效的辐射防护和安全保卫措施，并对放射性物品运输中的核与辐射安全负责。

第七条 任何单位和个人对违反本条例规定的行为，有权向国务院核安全监管部门或者其他依法履行放射性物品运输安全监督管理职责的部门举报。

接到举报的部门应当依法调查处理，并为举报人保密。

第二章 放射性物品运输容器的设计

第八条 放射性物品运输容器设计单位应当建立健全和有效实施质量保证体系，按照国家放射性物品运输安全标准进行设计，并通过试验验证或者分析论证等方式，对设计的放射性物品运输容器的安全性能进行评价。

第九条 放射性物品运输容器设计单位应当建立健全档案制度，按照质量保证体系的要求，如实记录放射性物品运输容器的设计和安全性能评价过程。

进行一类放射性物品运输容器设计，应当编制设计安全评价报告书；进行二类放射性物品运输容器设计，应当编制设计安全评价报告表。

第十条 一类放射性物品运输容器的设计，应当在首次用于制造前报国务院核安全监管部门审查批准。

申请批准一类放射性物品运输容器的设计，设计单位应当向国务院核安全监管部门提出书面申请，并提交下列材料：

（一）设计总图及其设计说明书；

（二）设计安全评价报告书；

（三）质量保证大纲。

第十一条 国务院核安全监管部门应当自受理申请之日起45个工作日内完成审查，对符合国家放射性物品运输安全标准的，颁发一类放射性物品运输容器设计批准书，并公告批准文号；对不符合国家放射性物品运输安全标准的，书面通知申请单位并说明理由。

第十二条 设计单位修改已批准的一类放射性物品运输容器设计中有关安全内容的，应当按照原申请程序向国务院核安全监管部门重新申请领取一类放射性物品运输容器设计批准书。

第十三条 二类放射性物品运输容器的设计，设计单位应当在首次用于制造前，将设计总图及其设计说明书、设计安全评价报告表报国务院核安全监管部门备案。

第十四条 三类放射性物品运输容器的设计，设计单位应当编制设计符合国家放射性物品运输安全标准的证明文件并存档备查。

第三章 放射性物品运输容器的制造与使用

第十五条 放射性物品运输容器制造单位，应当按照设计要求和国家放射性物品运输安全标准，对制造的放射性物品运输容器进行质量检验，编制质量检验报告。

未经质量检验或者经检验不合格的放射性物品运输容器，不得交付使用。

第十六条 从事一类放射性物品运输容器制造活动的单位，应当具备下列条件：

（一）有与所从事的制造活动相适应的专业技术人员；

（二）有与所从事的制造活动相适应的生产条件和检测手段；

（三）有健全的管理制度和完善的质量保证体系。

第十七条 从事一类放射性物品运输容器制造活动的单位，应当申请领取一类放射性物品运输容器制造许可证(以下简称制造许可证)。

申请领取制造许可证的单位，应当向国务院核安全监管部门提出书面申请，并提交其符合本条例第十六条规定条件的证明材料和申请制造的运输容器型号。

禁止无制造许可证或者超出制造许可证规定的范围从事一类放射性物品运输容器的制造活动。

第十八条 国务院核安全监管部门应当自受理申请之日起 45 个工作日内完成审查，对符合条件的，颁发制造许可证，并予以公告；对不符合条件的，书面通知申请单位并说明理由。

第十九条 制造许可证应当载明下列内容：

(一) 制造单位名称、住所和法定代表人；

(二) 许可制造的运输容器的型号；

(三) 有效期限；

(四) 发证机关、发证日期和证书编号。

第二十条 一类放射性物品运输容器制造单位变更单位名称、住所或者法定代表人的，应当自工商变更登记之日起 20 日内，向国务院核安全监管部门办理制造许可证变更手续。

一类放射性物品运输容器制造单位变更制造的运输容器型号的，应当按照原申请程序向国务院核安全监管部门重新申请领取制造许可证。

第二十一条 制造许可证有效期为 5 年。

制造许可证有效期届满，需要延续的，一类放射性物品运输容器制造单位应当于制造许可证有效期届满 6 个月前，向国务院核安全监管部门提出延续申请。

国务院核安全监管部门应当在制造许可证有效期届满前作出是否准予延续的决定。

第二十二条 从事二类放射性物品运输容器制造活动的单位，应当在首次制造活动开始 30 日前，将其具备与所从事的制造活动相适应的专业技术人员、生产条件、检测手段，以及具有健全的管理制度和完善的质量保证体系的证明材料，报国务院核安全监管部门备案。

第二十三条 一类、二类放射性物品运输容器制造单位，应当按照国务院核安全监管部门制定的编码规则，对其制造的一类、二类放射性物品运输容器统一编码，并于每年 1 月 31 日前将上一年度的运输容器编码清单报国务院核安全监管部门备案。

第二十四条 从事三类放射性物品运输容器制造活动的单位，应当于每年

1 月 31 日前将上一年度制造的运输容器的型号和数量报国务院核安全监管部门备案。

第二十五条 放射性物品运输容器使用单位应当对其使用的放射性物品运输容器定期进行保养和维护，并建立保养和维护档案；放射性物品运输容器达到设计使用年限，或者发现放射性物品运输容器存在安全隐患的，应当停止使用，进行处理。

一类放射性物品运输容器使用单位还应当对其使用的一类放射性物品运输容器每两年进行一次安全性能评价，并将评价结果报国务院核安全监管部门备案。

第二十六条 使用境外单位制造的一类放射性物品运输容器的，应当在首次使用前报国务院核安全监管部门审查批准。

申请使用境外单位制造的一类放射性物品运输容器的单位，应当向国务院核安全监管部门提出书面申请，并提交下列材料：

（一）设计单位所在国核安全监管部门颁发的设计批准文件的复印件；

（二）设计安全评价报告书；

（三）制造单位相关业绩的证明材料；

（四）质量合格证明；

（五）符合中华人民共和国法律、行政法规规定，以及国家放射性物品运输安全标准或者经国务院核安全监管部门认可的标准的说明材料。

国务院核安全监管部门应当自受理申请之日起 45 个工作日内完成审查，对符合国家放射性物品运输安全标准的，颁发使用批准书；对不符合国家放射性物品运输安全标准的，书面通知申请单位并说明理由。

第二十七条 使用境外单位制造的二类放射性物品运输容器的，应当在首次使用前将运输容器质量合格证明和符合中华人民共和国法律、行政法规规定，以及国家放射性物品运输安全标准或者经国务院核安全监管部门认可的标准的说明材料，报国务院核安全监管部门备案。

第二十八条 国务院核安全监管部门办理使用境外单位制造的一类、二类放射性物品运输容器审查批准和备案手续，应当同时为运输容器确定编码。

第四章 放射性物品的运输

第二十九条 托运放射性物品的，托运人应当持有生产、销售、使用或者处置放射性物品的有效证明，使用与所托运的放射性物品类别相适应的运输容器进行包装，配备必要的辐射监测设备、防护用品和防盗、防破坏设备，并编制运输说明书、核与辐射事故应急响应指南、装卸作业方法、安全防护指南。

运输说明书应当包括放射性物品的品名、数量、物理化学形态、危害风险等内容。

第三十条 托运一类放射性物品的，托运人应当委托有资质的辐射监测机构对其表面污染和辐射水平实施监测，辐射监测机构应当出具辐射监测报告。

托运二类、三类放射性物品的，托运人应当对其表面污染和辐射水平实施监测，并编制辐射监测报告。

监测结果不符合国家放射性物品运输安全标准的，不得托运。

第三十一条 承运放射性物品应当取得国家规定的运输资质。承运人的资质管理，依照有关法律、行政法规和国务院交通运输、铁路、民航、邮政主管部门的规定执行。

第三十二条 托运人和承运人应当对直接从事放射性物品运输的工作人员进行运输安全和应急响应知识的培训，并进行考核；考核不合格的，不得从事相关工作。

托运人和承运人应当按照国家放射性物品运输安全标准和国家有关规定，在放射性物品运输容器和运输工具上设置警示标志。

国家利用卫星定位系统对一类、二类放射性物品运输工具的运输过程实行在线监控。具体办法由国务院核安全监管部门会同国务院有关部门制定。

第三十三条 托运人和承运人应当按照国家职业病防治的有关规定，对直接从事放射性物品运输的工作人员进行个人剂量监测，建立个人剂量档案和职业健康监护档案。

第三十四条 托运人应当向承运人提交运输说明书、辐射监测报告、核与辐射事故应急响应指南、装卸作业方法、安全防护指南，承运人应当查验、收存。托运人提交文件不齐全的，承运人不得承运。

第三十五条 托运一类放射性物品的，托运人应当编制放射性物品运输的核与辐射安全分析报告书，报国务院核安全监管部门审查批准。

放射性物品运输的核与辐射安全分析报告书应当包括放射性物品的品名、数量、运输容器型号、运输方式、辐射防护措施、应急措施等内容。

国务院核安全监管部门应当自受理申请之日起45个工作日内完成审查，对符合国家放射性物品运输安全标准的，颁发核与辐射安全分析报告批准书；对不符合国家放射性物品运输安全标准的，书面通知申请单位并说明理由。

第三十六条 放射性物品运输的核与辐射安全分析报告批准书应当载明下列主要内容：

（一）托运人的名称、地址、法定代表人；

（二）运输放射性物品的品名、数量；

（三）运输放射性物品的运输容器型号和运输方式；

（四）批准日期和有效期限。

第三十七条 一类放射性物品启运前，托运人应当将放射性物品运输的核与辐射安全分析报告批准书、辐射监测报告，报启运地的省、自治区、直辖市人民政府环境保护主管部门备案。

收到备案材料的环境保护主管部门应当及时将有关情况通报放射性物品运输的途经地和抵达地的省、自治区、直辖市人民政府环境保护主管部门。

第三十八条 通过道路运输放射性物品的，应当经公安机关批准，按照指定的时间、路线、速度行驶，并悬挂警示标志，配备押运人员，使放射性物品处于押运人员的监管之下。

通过道路运输核反应堆乏燃料的，托运人应当报国务院公安部门批准。通过道路运输其他放射性物品的，托运人应当报启运地县级以上人民政府公安机关批准。具体办法由国务院公安部门商国务院核安全监管部门制定。

第三十九条 通过水路运输放射性物品的，按照水路危险货物运输的法律、行政法规和规章的有关规定执行。

通过铁路、航空运输放射性物品的，按照国务院铁路、民航主管部门的有关规定执行。

禁止邮寄一类、二类放射性物品。邮寄三类放射性物品的，按照国务院邮政管理部门的有关规定执行。

第四十条 生产、销售、使用或者处置放射性物品的单位，可以依照《中华人民共和国道路运输条例》的规定，向设区的市级人民政府道路运输管理机构申请非营业性道路危险货物运输资质，运输本单位的放射性物品，并承担本条例规定的托运人和承运人的义务。

申请放射性物品非营业性道路危险货物运输资质的单位，应当具备下列条件：

（一）持有生产、销售、使用或者处置放射性物品的有效证明；

（二）有符合本条例规定要求的放射性物品运输容器；

（三）有具备辐射防护与安全防护知识的专业技术人员和经考试合格的驾驶人员；

（四）有符合放射性物品运输安全防护要求，并经检测合格的运输工具、设施和设备；

（五）配备必要的防护用品和依法经定期检定合格的监测仪器；

（六）有运输安全和辐射防护管理规章制度以及核与辐射事故应急措施。

放射性物品非营业性道路危险货物运输资质的具体条件，由国务院交通运输主管部门会同国务院核安全监管部门制定。

第四十一条 一类放射性物品从境外运抵中华人民共和国境内，或者途经中华人民共和国境内运输的，托运人应当编制放射性物品运输的核与辐射安全分析报告书，报国务院核安全监管部门审查批准。审查批准程序依照本条例第三十五条第三款的规定执行。

二类、三类放射性物品从境外运抵中华人民共和国境内，或者途经中华人民共和国境内运输的，托运人应当编制放射性物品运输的辐射监测报告，报国务院核安全监管部门备案。

托运人、承运人或者其代理人向海关办理有关手续，应当提交国务院核安全监管部门颁发的放射性物品运输的核与辐射安全分析报告批准书或者放射性物品运输的辐射监测报告备案证明。

第四十二条 县级以上人民政府组织编制的突发环境事件应急预案，应当包括放射性物品运输中可能发生的核与辐射事故应急响应的内容。

第四十三条 放射性物品运输中发生核与辐射事故的，承运人、托运人应当按照核与辐射事故应急响应指南的要求，做好事故应急工作，并立即报告事故发生地的县级以上人民政府环境保护主管部门。接到报告的环境保护主管部门应当立即派人赶赴现场，进行现场调查，采取有效措施控制事故影响，并及时向本级人民政府报告，通报同级公安、卫生、交通运输等有关主管部门。

接到报告的县级以上人民政府及其有关主管部门应当按照应急预案做好应急工作，并按照国家突发事件分级报告的规定及时上报核与辐射事故信息。

核反应堆乏燃料运输的核事故应急准备与响应，还应当遵守国家核应急的有关规定。

第五章 监督检查

第四十四条 国务院核安全监管部门和其他依法履行放射性物品运输安全监督管理职责的部门，应当依据各自职责对放射性物品运输安全实施监督检查。

国务院核安全监管部门应当将其已批准或者备案的一类、二类、三类放射性物品运输容器的设计、制造情况和放射性物品运输情况通报设计、制造单位所在地和运输途经地的省、自治区、直辖市人民政府环境保护主管部门。省、自治区、直辖市人民政府环境保护主管部门应当加强对本行政区域放射性物品运输安全的监督检查和监督性监测。

被检查单位应当予以配合，如实反映情况，提供必要的资料，不得拒绝和阻碍。

第四十五条 国务院核安全监管部门和省、自治区、直辖市人民政府环境保护主管部门以及其他依法履行放射性物品运输安全监督管理职责的部门进行监督检查，监督检查人员不得少于 2 人，并应当出示有效的行政执法证件。

国务院核安全监管部门和省、自治区、直辖市人民政府环境保护主管部门以及其他依法履行放射性物品运输安全监督管理职责的部门的工作人员，对监督检查中知悉的商业秘密负有保密义务。

第四十六条 监督检查中发现经批准的一类放射性物品运输容器设计确有重大设计安全缺陷的，由国务院核安全监管部门责令停止该型号运输容器的制造或者使用，撤销一类放射性物品运输容器设计批准书。

第四十七条 监督检查中发现放射性物品运输活动有不符合国家放射性物品运输安全标准情形的，或者一类放射性物品运输容器制造单位有不符合制造许可证规定条件情形的，应当责令限期整改；发现放射性物品运输活动可能对人体健康和环境造成核与辐射危害的，应当责令停止运输。

第四十八条 国务院核安全监管部门和省、自治区、直辖市人民政府环境保护主管部门以及其他依法履行放射性物品运输安全监督管理职责的部门，对放射性物品运输活动实施监测，不得收取监测费用。

国务院核安全监管部门和省、自治区、直辖市人民政府环境保护主管部门以及其他依法履行放射性物品运输安全监督管理职责的部门，应当加强对监督管理人员辐射防护与安全防护知识的培训。

第六章　法律责任

第四十九条 国务院核安全监管部门和省、自治区、直辖市人民政府环境保护主管部门或者其他依法履行放射性物品运输安全监督管理职责的部门有下列行为之一的，对直接负责的主管人员和其他直接责任人员依法给予处分；直接负责的主管人员和其他直接责任人员构成犯罪的，依法追究刑事责任：

（一）未依照本条例规定作出行政许可或者办理批准文件的；

（二）发现违反本条例规定的行为不予查处，或者接到举报不依法处理的；

（三）未依法履行放射性物品运输核与辐射事故应急职责的；

（四）对放射性物品运输活动实施监测收取监测费用的；

（五）其他不依法履行监督管理职责的行为。

第五十条 放射性物品运输容器设计、制造单位有下列行为之一的，由国务院核安全监管部门责令停止违法行为，处 50 万元以上 100 万元以下的罚款；有违法所得的，没收违法所得：

（一）将未取得设计批准书的一类放射性物品运输容器设计用于制造的；

（二）修改已批准的一类放射性物品运输容器设计中有关安全内容，未重新取得设计批准书即用于制造的。

第五十一条 放射性物品运输容器设计、制造单位有下列行为之一的，由国务院核安全监管部门责令停止违法行为，处5万元以上10万元以下的罚款；有违法所得的，没收违法所得：

（一）将不符合国家放射性物品运输安全标准的二类、三类放射性物品运输容器设计用于制造的；

（二）将未备案的二类放射性物品运输容器设计用于制造的。

第五十二条 放射性物品运输容器设计单位有下列行为之一的，由国务院核安全监管部门责令限期改正；逾期不改正的，处1万元以上5万元以下的罚款：

（一）未对二类、三类放射性物品运输容器的设计进行安全性能评价的；

（二）未如实记录二类、三类放射性物品运输容器设计和安全性能评价过程的；

（三）未编制三类放射性物品运输容器设计符合国家放射性物品运输安全标准的证明文件并存档备查的。

第五十三条 放射性物品运输容器制造单位有下列行为之一的，由国务院核安全监管部门责令停止违法行为，处50万元以上100万元以下的罚款；有违法所得的，没收违法所得：

（一）未取得制造许可证从事一类放射性物品运输容器制造活动的；

（二）制造许可证有效期届满，未按照规定办理延续手续，继续从事一类放射性物品运输容器制造活动的；

（三）超出制造许可证规定的范围从事一类放射性物品运输容器制造活动的；

（四）变更制造的一类放射性物品运输容器型号，未按照规定重新领取制造许可证的；

（五）将未经质量检验或者经检验不合格的一类放射性物品运输容器交付使用的。

有前款第（三）项、第（四）项和第（五）项行为之一，情节严重的，吊销制造许可证。

第五十四条 一类放射性物品运输容器制造单位变更单位名称、住所或者法定代表人，未依法办理制造许可证变更手续的，由国务院核安全监管部门责令限期改正；逾期不改正的，处2万元的罚款。

第五十五条 放射性物品运输容器制造单位有下列行为之一的，由国务院核安全监管部门责令停止违法行为，处5万元以上10万元以下的罚款；有违法所得的，没收违法所得：

（一）在二类放射性物品运输容器首次制造活动开始前，未按照规定将有关证明材料报国务院核安全监管部门备案的；

（二）将未经质量检验或者经检验不合格的二类、三类放射性物品运输容器交付使用的。

第五十六条 放射性物品运输容器制造单位有下列行为之一的，由国务院核安全监管部门责令限期改正；逾期不改正的，处1万元以上5万元以下的罚款：

（一）未按照规定对制造的一类、二类放射性物品运输容器统一编码的；

（二）未按照规定将制造的一类、二类放射性物品运输容器编码清单报国务院核安全监管部门备案的；

（三）未按照规定将制造的三类放射性物品运输容器的型号和数量报国务院核安全监管部门备案的。

第五十七条 放射性物品运输容器使用单位未按照规定对使用的一类放射性物品运输容器进行安全性能评价，或者未将评价结果报国务院核安全监管部门备案的，由国务院核安全监管部门责令限期改正；逾期不改正的，处1万元以上5万元以下的罚款。

第五十八条 未按照规定取得使用批准书使用境外单位制造的一类放射性物品运输容器的，由国务院核安全监管部门责令停止违法行为，处50万元以上100万元以下的罚款。

未按照规定办理备案手续使用境外单位制造的二类放射性物品运输容器的，由国务院核安全监管部门责令停止违法行为，处5万元以上10万元以下的罚款。

第五十九条 托运人未按照规定编制放射性物品运输说明书、核与辐射事故应急响应指南、装卸作业方法、安全防护指南的，由国务院核安全监管部门责令限期改正；逾期不改正的，处1万元以上5万元以下的罚款。

托运人未按照规定将放射性物品运输的核与辐射安全分析报告批准书、辐射监测报告备案的，由启运地的省、自治区、直辖市人民政府环境保护主管部门责令限期改正；逾期不改正的，处1万元以上5万元以下的罚款。

第六十条 托运人或者承运人在放射性物品运输活动中，有违反有关法律、行政法规关于危险货物运输管理规定行为的，由交通运输、铁路、民航等有关主管部门依法予以处罚。

违反有关法律、行政法规规定邮寄放射性物品的，由公安机关和邮政管理部门依法予以处罚。在邮寄进境物品中发现放射性物品的，由海关依照有关法律、行政法规的规定处理。

第六十一条 托运人未取得放射性物品运输的核与辐射安全分析报告批准书托运一类放射性物品的，由国务院核安全监管部门责令停止违法行为，处50万元以上100万元以下的罚款。

第六十二条 通过道路运输放射性物品，有下列行为之一的，由公安机关责令限期改正，处2万元以上10万元以下的罚款；构成犯罪的，依法追究刑事责任：

（一）未经公安机关批准通过道路运输放射性物品的；

（二）运输车辆未按照指定的时间、路线、速度行驶或者未悬挂警示标志的；

（三）未配备押运人员或者放射性物品脱离押运人员监管的。

第六十三条 托运人有下列行为之一的，由启运地的省、自治区、直辖市人民政府环境保护主管部门责令停止违法行为，处5万元以上20万元以下的罚款：

（一）未按照规定对托运的放射性物品表面污染和辐射水平实施监测的；

（二）将经监测不符合国家放射性物品运输安全标准的放射性物品交付托运的；

（三）出具虚假辐射监测报告的。

第六十四条 未取得放射性物品运输的核与辐射安全分析报告批准书或者放射性物品运输的辐射监测报告备案证明，将境外的放射性物品运抵中华人民共和国境内，或者途经中华人民共和国境内运输的，由海关责令托运人退运该放射性物品，并依照海关法律、行政法规给予处罚；构成犯罪的，依法追究刑事责任。托运人不明的，由承运人承担退运该放射性物品的责任，或者承担该放射性物品的处置费用。

第六十五条 违反本条例规定，在放射性物品运输中造成核与辐射事故的，由县级以上地方人民政府环境保护主管部门处以罚款，罚款数额按照核与辐射事故造成的直接损失的20%计算；构成犯罪的，依法追究刑事责任。

托运人、承运人未按照核与辐射事故应急响应指南的要求，做好事故应急工作并报告事故的，由县级以上地方人民政府环境保护主管部门处5万元以上20万元以下的罚款。

因核与辐射事故造成他人损害的，依法承担民事责任。

第六十六条 拒绝、阻碍国务院核安全监管部门或者其他依法履行放射性物品运输安全监督管理职责的部门进行监督检查，或者在接受监督检查时弄虚作假的，由监督检查部门责令改正，处1万元以上2万元以下的罚款；构成违反治安管理行为的，由公安机关依法给予治安管理处罚；构成犯罪的，依法追究刑事责任。

第七章　附　　则

第六十七条　军用放射性物品运输安全的监督管理，依照《中华人民共和国放射性污染防治法》第六十条的规定执行。

第六十八条　本条例自 2010 年 1 月 1 日起施行。

中华人民共和国国务院令

第 406 号

《中华人民共和国道路运输条例》已经 2004 年 4 月 14 日国务院第 48 次常务会议通过，现予公布，自 2004 年 7 月 1 日起施行。

总理　温家宝

2004 年 4 月 30 日

中华人民共和国道路运输条例

（2004 年 4 月 14 日国务院第 48 次常务会议通过　2004 年 4 月 30 日中华人民共和国国务院令第 406 号公布　根据 2012 年 11 月 9 日中华人民共和国国务院令第 628 号《国务院关于修改和废止部分行政法规的决定》第一次修正　根据 2016 年 2 月 6 日国务院令第 666 号《国务院关于修改部分行政法规的决定》第二次修正）

目　　录

第一章　总　　则

第一条　为了维护道路运输市场秩序，保障道路运输安全，保护道路运输有关各方当事人的合法权益，促进道路运输业的健康发展，制定本条例。

第二条　从事道路运输经营以及道路运输相关业务的，应当遵守本条例。

前款所称道路运输经营包括道路旅客运输经营（以下简称客运经营）和道路货物运输经营（以下简称货运经营）；道路运输相关业务包括站（场）经营、机动车维修经营、机动车驾驶员培训。

第三条 从事道路运输经营以及道路运输相关业务，应当依法经营，诚实信用，公平竞争。

第四条 道路运输管理，应当公平、公正、公开和便民。

第五条 国家鼓励发展乡村道路运输，并采取必要的措施提高乡镇和行政村的通班车率，满足广大农民的生活和生产需要。

第六条 国家鼓励道路运输企业实行规模化、集约化经营。任何单位和个人不得封锁或者垄断道路运输市场。

第七条 国务院交通主管部门主管全国道路运输管理工作。

县级以上地方人民政府交通主管部门负责组织领导本行政区域的道路运输管理工作。

县级以上道路运输管理机构负责具体实施道路运输管理工作。

第二章 道路运输经营

第一节 客 运

第八条 申请从事客运经营的，应当具备下列条件：

（一）有与其经营业务相适应并经检测合格的车辆；

（二）有符合本条例第九条规定条件的驾驶人员；

（三）有健全的安全生产管理制度。

申请从事班线客运经营的，还应当有明确的线路和站点方案。

第九条 从事客运经营的驾驶人员，应当符合下列条件：

（一）取得相应的机动车驾驶证；

（二）年龄不超过 60 周岁；

（三）3 年内无重大以上交通责任事故记录；

（四）经设区的市级道路运输管理机构对有关客运法律法规、机动车维修和旅客急救基本知识考试合格。

第十条 申请从事客运经营的，应当依法向工商行政管理机关办理有关登记手续后，按照下列规定提出申请并提交符合本条例第八条规定条件的相关材料：

（一）从事县级行政区域内客运经营的，向县级道路运输管理机构提出申请；

（二）从事省、自治区、直辖市行政区域内跨 2 个县级以上行政区域客运经营的，向其共同的上一级道路运输管理机构提出申请；

（三）从事跨省、自治区、直辖市行政区域客运经营的，向所在地的省、自治区、直辖市道路运输管理机构提出申请。

依照前款规定收到申请的道路运输管理机构，应当自受理申请之日起 20 日内审查完毕，作出许可或者不予许可的决定。予以许可的，向申请人颁发道路运输经营许可证，并向申请人投入运输的车辆配发车辆营运证；不予许可的，应当书面通知申请人并说明理由。

对从事跨省、自治区、直辖市行政区域客运经营的申请，有关省、自治区、直辖市道路运输管理机构依照本条第二款规定颁发道路运输经营许可证前，应当与运输线路目的地的省、自治区、直辖市道路运输管理机构协商；协商不成的，应当报国务院交通主管部门决定。

第十一条 取得道路运输经营许可证的客运经营者，需要增加客运班线的，应当依照本条例第十条的规定办理有关手续。

第十二条 县级以上道路运输管理机构在审查客运申请时，应当考虑客运市场的供求状况、普遍服务和方便群众等因素。

同一线路有 3 个以上申请人时，可以通过招标的形式作出许可决定。

第十三条 县级以上道路运输管理机构应当定期公布客运市场供求状况。

第十四条 客运班线的经营期限为 4 年到 8 年。经营期限届满需要延续客运班线经营许可的，应当重新提出申请。

第十五条 客运经营者需要终止客运经营的，应当在终止前 30 日内告知原许可机关。

第十六条 客运经营者应当为旅客提供良好的乘车环境，保持车辆清洁、卫生，并采取必要的措施防止在运输过程中发生侵害旅客人身、财产安全的违法行为。

第十七条 旅客应当持有效客票乘车，遵守乘车秩序，讲究文明卫生，不得携带国家规定的危险物品及其他禁止携带的物品乘车。

第十八条 班线客运经营者取得道路运输经营许可证后，应当向公众连续提供运输服务，不得擅自暂停、终止或者转让班线运输。

第十九条 从事包车客运的，应当按照约定的起始地、目的地和线路运输。

从事旅游客运的，应当在旅游区域按照旅游线路运输。

第二十条 客运经营者不得强迫旅客乘车，不得甩客、敲诈旅客；不得擅自更换运输车辆。

第二节 货　　运

第二十一条 申请从事货运经营的，应当具备下列条件：

（一）有与其经营业务相适应并经检测合格的车辆；

（二）有符合本条例第二十三条规定条件的驾驶人员；

（三）有健全的安全生产管理制度。

第二十二条 从事货运经营的驾驶人员，应当符合下列条件：

（一）取得相应的机动车驾驶证；

（二）年龄不超过60周岁；

（三）经设区的市级道路运输管理机构对有关货运法律法规、机动车维修和货物装载保管基本知识考试合格。

第二十三条 申请从事危险货物运输经营的，还应当具备下列条件：

（一）有5辆以上经检测合格的危险货物运输专用车辆、设备；

（二）有经所在地设区的市级人民政府交通主管部门考试合格，取得上岗资格证的驾驶人员、装卸管理人员、押运人员；

（三）危险货物运输专用车辆配有必要的通讯工具；

（四）有健全的安全生产管理制度。

第二十四条 申请从事货运经营的，应当依法向工商行政管理机关办理有关登记手续后，按照下列规定提出申请并分别提交符合本条例第二十二条、第二十四条规定条件的相关材料：

（一）从事危险货物运输经营以外的货运经营的，向县级道路运输管理机构提出申请；

（二）从事危险货物运输经营的，向设区的市级道路运输管理机构提出申请。

依照前款规定收到申请的道路运输管理机构，应当自受理申请之日起20日内审查完毕，作出许可或者不予许可的决定。予以许可的，向申请人颁发道路运输经营许可证，并向申请人投入运输的车辆配发车辆营运证；不予许可的，应当书面通知申请人并说明理由。

第二十五条 货运经营者不得运输法律、行政法规禁止运输的货物。

法律、行政法规规定必须办理有关手续后方可运输的货物，货运经营者应当查验有关手续。

第二十六条 国家鼓励货运经营者实行封闭式运输，保证环境卫生和货物运输安全。

货运经营者应当采取必要措施，防止货物脱落、扬撒等。

运输危险货物应当采取必要措施，防止危险货物燃烧、爆炸、辐射、泄漏等。

第二十七条 运输危险货物应当配备必要的押运人员，保证危险货物处于押运人员的监管之下，并悬挂明显的危险货物运输标志。

托运危险货物的，应当向货运经营者说明危险货物的品名、性质、应急处置方法等情况，并严格按照国家有关规定包装，设置明显标志。

第三节　客运和货运的共同规定

第二十八条　客运经营者、货运经营者应当加强对从业人员的安全教育、职业道德教育，确保道路运输安全。

道路运输从业人员应当遵守道路运输操作规程，不得违章作业。驾驶人员连续驾驶时间不得超过 4 个小时。

第二十九条　生产(改装)客运车辆、货运车辆的企业应当按照国家规定标定车辆的核定人数或者载重量，严禁多标或者少标车辆的核定人数或者载重量。

客运经营者、货运经营者应当使用符合国家规定标准的车辆从事道路运输经营。

第三十条　客运经营者、货运经营者应当加强对车辆的维护和检测，确保车辆符合国家规定的技术标准；不得使用报废的、擅自改装的和其他不符合国家规定的车辆从事道路运输经营。

第三十一条　客运经营者、货运经营者应当制定有关交通事故、自然灾害以及其他突发事件的道路运输应急预案。应急预案应当包括报告程序、应急指挥、应急车辆和设备的储备以及处置措施等内容。

第三十二条　发生交通事故、自然灾害以及其他突发事件，客运经营者和货运经营者应当服从县级以上人民政府或者有关部门的统一调度、指挥。

第三十三条　道路运输车辆应当随车携带车辆营运证，不得转让、出租。

第三十四条　道路运输车辆运输旅客的，不得超过核定的人数，不得违反规定载货；运输货物的，不得运输旅客，运输的货物应当符合核定的载重量，严禁超载；载物的长、宽、高不得违反装载要求。

违反前款规定的，由公安机关交通管理部门依照《中华人民共和国道路交通安全法》的有关规定进行处罚。

第三十五条　客运经营者、危险货物运输经营者应当分别为旅客或者危险货物投保承运人责任险。

第三章　道路运输相关业务

第三十六条　申请从事道路运输站(场)经营的，应当具备下列条件：

(一) 有经验收合格的运输站(场)；

(二) 有相应的专业人员和管理人员；

(三) 有相应的设备、设施；

(四) 有健全的业务操作规程和安全管理制度。

第三十七条　申请从事机动车维修经营的，应当具备下列条件：

(一) 有相应的机动车维修场地；

（二）有必要的设备、设施和技术人员；

（三）有健全的机动车维修管理制度；

（四）有必要的环境保护措施。

第三十八条 申请从事机动车驾驶员培训的，应当具备下列条件：

（一）取得企业法人资格；

（二）有健全的培训机构和管理制度；

（三）有与培训业务相适应的教学人员、管理人员；

（四）有必要的教学车辆和其他教学设施、设备、场地。

第三十九条 申请从事道路运输站（场）经营、机动车维修经营和机动车驾驶员培训业务的，应当在依法向工商行政管理机关办理有关登记手续后，向所在地县级道路运输管理机构提出申请，并分别附送符合本条例第三十七条、第三十八条、第三十九条规定条件的相关材料。县级道路运输管理机构应当自受理申请之日起15日内审查完毕，作出许可或者不予许可的决定，并书面通知申请人。

第四十条 道路运输站（场）经营者应当对出站的车辆进行安全检查，禁止无证经营的车辆进站从事经营活动，防止超载车辆或者未经安全检查的车辆出站。

道路运输站（场）经营者应当公平对待使用站（场）的客运经营者和货运经营者，无正当理由不得拒绝道路运输车辆进站从事经营活动。

道路运输站（场）经营者应当向旅客和货主提供安全、便捷、优质的服务；保持站（场）卫生、清洁；不得随意改变站（场）用途和服务功能。

第四十一条 道路旅客运输站（场）经营者应当为客运经营者合理安排班次，公布其运输线路、起止经停站点、运输班次、始发时间、票价，调度车辆进站、发车，疏导旅客，维持上下车秩序。

道路旅客运输站（场）经营者应当设置旅客购票、候车、行李寄存和托运等服务设施，按照车辆核定载客限额售票，并采取措施防止携带危险品的人员进站乘车。

第四十二条 道路货物运输站（场）经营者应当按照国务院交通主管部门规定的业务操作规程装卸、储存、保管货物。

第四十三条 机动车维修经营者应当按照国家有关技术规范对机动车进行维修，保证维修质量，不得使用假冒伪劣配件维修机动车。

机动车维修经营者应当公布机动车维修工时定额和收费标准，合理收取费用。

第四十四条 机动车维修经营者对机动车进行二级维护、总成修理或者整车修理的，应当进行维修质量检验。检验合格的，维修质量检验人员应当签发机动车维修合格证。

机动车维修实行质量保证期制度。质量保证期内因维修质量原因造成机动车无法正常使用的，机动车维修经营者应当无偿返修。

机动车维修质量保证期制度的具体办法，由国务院交通主管部门制定。

第四十五条 机动车维修经营者不得承修已报废的机动车，不得擅自改装机动车。

第四十六条 机动车驾驶员培训机构应当按照国务院交通主管部门规定的教学大纲进行培训，确保培训质量。培训结业的，应当向参加培训的人员颁发培训结业证书。

第四章 国际道路运输

第四十七条 国务院交通主管部门应当及时向社会公布中国政府与有关国家政府签署的双边或者多边道路运输协定确定的国际道路运输线路。

第四十八条 申请从事国际道路运输经营的，应当具备下列条件：

（一）依照本条例第十条、第二十五条规定取得道路运输经营许可证的企业法人；

（二）在国内从事道路运输经营满 3 年，且未发生重大以上道路交通责任事故。

第四十九条 申请从事国际道路运输的，应当向省、自治区、直辖市道路运输管理机构提出申请并提交符合本条例第四十九条规定条件的相关材料。省、自治区、直辖市道路运输管理机构应当自受理申请之日起 20 日内审查完毕，作出批准或者不予批准的决定。予以批准的，应当向国务院交通主管部门备案；不予批准的，应当向当事人说明理由。

国际道路运输经营者应当持批准文件依法向有关部门办理相关手续。

第五十条 中国国际道路运输经营者应当在其投入运输车辆的显著位置，标明中国国籍识别标志。

外国国际道路运输经营者的车辆在中国境内运输，应当标明本国国籍识别标志，并按照规定的运输线路行驶；不得擅自改变运输线路，不得从事起止地都在中国境内的道路运输经营。

第五十一条 在口岸设立的国际道路运输管理机构应当加强对出入口岸的国际道路运输的监督管理。

第五十二条 外国国际道路运输经营者依法在中国境内设立的常驻代表机构不得从事经营活动。

第五章　执法监督

第五十三条　县级以上人民政府交通主管部门应当加强对道路运输管理机构实施道路运输管理工作的指导监督。

第五十四条　道路运输管理机构应当加强执法队伍建设，提高其工作人员的法制、业务素质。

道路运输管理机构的工作人员应当接受法制和道路运输管理业务培训、考核，考核不合格的，不得上岗执行职务。

第五十五条　上级道路运输管理机构应当对下级道路运输管理机构的执法活动进行监督。

道路运输管理机构应当建立健全内部监督制度，对其工作人员执法情况进行监督检查。

第五十六条　道路运输管理机构及其工作人员执行职务时，应当自觉接受社会和公民的监督。

第五十七条　道路运输管理机构应当建立道路运输举报制度，公开举报电话号码、通信地址或者电子邮件信箱。

任何单位和个人都有权对道路运输管理机构的工作人员滥用职权、徇私舞弊的行为进行举报。交通主管部门、道路运输管理机构及其他有关部门收到举报后，应当依法及时查处。

第五十八条　道路运输管理机构的工作人员应当严格按照职责权限和程序进行监督检查，不得乱设卡、乱收费、乱罚款。

道路运输管理机构的工作人员应当重点在道路运输及相关业务经营场所、客货集散地进行监督检查。

道路运输管理机构的工作人员在公路路口进行监督检查时，不得随意拦截正常行驶的道路运输车辆。

第五十九条　道路运输管理机构的工作人员实施监督检查时，应当有 2 名以上人员参加，并向当事人出示执法证件。

第六十条　道路运输管理机构的工作人员实施监督检查时，可以向有关单位和个人了解情况，查阅、复制有关资料。但是，应当保守被调查单位和个人的商业秘密。

被监督检查的单位和个人应当接受依法实施的监督检查，如实提供有关资料或者情况。

第六十一条　道路运输管理机构的工作人员在实施道路运输监督检查过程中，发现车辆超载行为的，应当立即予以制止，并采取相应措施安排旅客改乘或者强制卸货。

第六十二条 道路运输管理机构的工作人员在实施道路运输监督检查过程中，对没有车辆营运证又无法当场提供其他有效证明的车辆予以暂扣的，应当妥善保管，不得使用，不得收取或者变相收取保管费用。

第六章 法律责任

第六十三条 违反本条例的规定，未取得道路运输经营许可，擅自从事道路运输经营的，由县级以上道路运输管理机构责令停止经营；有违法所得的，没收违法所得，处违法所得2倍以上10倍以下的罚款；没有违法所得或者违法所得不足2万元的，处3万元以上10万元以下的罚款；构成犯罪的，依法追究刑事责任。

第六十四条 不符合本条例第九条、第二十三条规定条件的人员驾驶道路运输经营车辆的，由县级以上道路运输管理机构责令改正，处200元以上2000元以下的罚款；构成犯罪的，依法追究刑事责任。

第六十五条 违反本条例的规定，未经许可擅自从事道路运输站（场）经营、机动车维修经营、机动车驾驶员培训的，由县级以上道路运输管理机构责令停止经营；有违法所得的，没收违法所得，处违法所得2倍以上10倍以下的罚款；没有违法所得或者违法所得不足1万元的，处2万元以上5万元以下的罚款；构成犯罪的，依法追究刑事责任。

第六十六条 违反本条例的规定，客运经营者、货运经营者、道路运输相关业务经营者非法转让、出租道路运输许可证件的，由县级以上道路运输管理机构责令停止违法行为，收缴有关证件，处2000元以上1万元以下的罚款；有违法所得的，没收违法所得。

第六十七条 违反本条例的规定，客运经营者、危险货物运输经营者未按规定投保承运人责任险的，由县级以上道路运输管理机构责令限期投保；拒不投保的，由原许可机关吊销道路运输经营许可证。

第六十八条 违反本条例的规定，客运经营者、货运经营者不按照规定携带车辆营运证的，由县级以上道路运输管理机构责令改正，处警告或者20元以上200元以下的罚款。

第六十九条 违反本条例的规定，客运经营者、货运经营者有下列情形之一的，由县级以上道路运输管理机构责令改正，处1000元以上3000元以下的罚款；情节严重的，由原许可机关吊销道路运输经营许可证：

（一）不按批准的客运站点停靠或者不按规定的线路、公布的班次行驶的；

（二）强行招揽旅客、货物的；

（三）在旅客运输途中擅自变更运输车辆或者将旅客移交他人运输的；

（四）未报告原许可机关，擅自终止客运经营的；

（五）没有采取必要措施防止货物脱落、扬撒等的。

第七十条 违反本条例的规定，客运经营者、货运经营者不按规定维护和检测运输车辆的，由县级以上道路运输管理机构责令改正，处1000元以上5000元以下的罚款。

违反本条例的规定，客运经营者、货运经营者擅自改装已取得车辆营运证的车辆的，由县级以上道路运输管理机构责令改正，处5000元以上2万元以下的罚款。

第七十一条 违反本条例的规定，道路运输站（场）经营者允许无证经营的车辆进站从事经营活动以及超载车辆、未经安全检查的车辆出站或者无正当理由拒绝道路运输车辆进站从事经营活动的，由县级以上道路运输管理机构责令改正，处1万元以上3万元以下的罚款。

违反本条例的规定，道路运输站（场）经营者擅自改变道路运输站（场）的用途和服务功能，或者不公布运输线路、起止经停站点、运输班次、始发时间、票价的，由县级以上道路运输管理机构责令改正；拒不改正的，处3000元的罚款；有违法所得的，没收违法所得。

第七十二条 违反本条例的规定，机动车维修经营者使用假冒伪劣配件维修机动车，承修已报废的机动车或者擅自改装机动车的，由县级以上道路运输管理机构责令改正；有违法所得的，没收违法所得，处违法所得2倍以上10倍以下的罚款；没有违法所得或者违法所得不足1万元的，处2万元以上5万元以下的罚款，没收假冒伪劣配件及报废车辆；情节严重的，由原许可机关吊销其经营许可；构成犯罪的，依法追究刑事责任。

第七十三条 违反本条例的规定，机动车维修经营者签发虚假的机动车维修合格证，由县级以上道路运输管理机构责令改正；有违法所得的，没收违法所得，处违法所得2倍以上10倍以下的罚款；没有违法所得或者违法所得不足3000元的，处5000元以上2万元以下的罚款；情节严重的，由原许可机关吊销其经营许可；构成犯罪的，依法追究刑事责任。

第七十四条 违反本条例的规定，机动车驾驶员培训机构不严格按照规定进行培训或者在培训结业证书发放时弄虚作假的，由县级以上道路运输管理机构责令改正；拒不改正的，由原许可机关吊销其经营许可。

第七十五条 违反本条例的规定，外国国际道路运输经营者未按照规定的线路运输，擅自从事中国境内道路运输或者未标明国籍识别标志的，由省、自治区、直辖市道路运输管理机构责令停止运输；有违法所得的，没收违法所得，处违法所得2倍以上10倍以下的罚款；没有违法所得或者违法所得不足1万元的，处3万元以上6万元以下的罚款。

第七十六条 违反本条例的规定，道路运输管理机构的工作人员有下列情形之一的，依法给予行政处分；构成犯罪的，依法追究刑事责任：

（一）不依照本条例规定的条件、程序和期限实施行政许可的；

（二）参与或者变相参与道路运输经营以及道路运输相关业务的；

（三）发现违法行为不及时查处的；

（四）违反规定拦截、检查正常行驶的道路运输车辆的；

（五）违法扣留运输车辆、车辆营运证的；

（六）索取、收受他人财物，或者谋取其他利益的；

（七）其他违法行为。

第七章　附　　则

第七十七条 内地与香港特别行政区、澳门特别行政区之间的道路运输，参照本条例的有关规定执行。

第七十八条 外商可以依照有关法律、行政法规和国家有关规定，在中华人民共和国境内采用中外合资、中外合作、独资形式投资有关的道路运输经营以及道路运输相关业务。

第七十九条 从事非经营性危险货物运输的，应当遵守本条例有关规定。

第八十条 道路运输管理机构依照本条例发放经营许可证件和车辆营运证，可以收取工本费。工本费的具体收费标准由省、自治区、直辖市人民政府财政部门、价格主管部门会同同级交通主管部门核定。

第八十一条 出租车客运和城市公共汽车客运的管理办法由国务院另行规定。

第八十二条 本条例自2004年7月1日起施行。

中华人民共和国国务院令

第 405 号

《中华人民共和国道路交通安全法实施条例》已经 2004 年 4 月 28 日国务院第 49 次常务会议通过，现予公布，自 2004 年 5 月 1 日起施行。

总理　温家宝

2004 年 4 月 30 日

中华人民共和国道路交通安全法实施条例

目　　录

第一章　总　　则

第一条　根据《中华人民共和国道路交通安全法》(以下简称道路交通安全法)的规定，制定本条例。

第二条　中华人民共和国境内的车辆驾驶人、行人、乘车人以及与道路交通活动有关的单位和个人，应当遵守道路交通安全法和本条例。

第三条　县级以上地方各级人民政府应当建立、健全道路交通安全工作协调机制，组织有关部门对城市建设项目进行交通影响评价，制定道路交通安全管理规划，确定管理目标，制定实施方案。

第二章　车辆和驾驶人

第一节　机动车

第四条　机动车的登记，分为注册登记、变更登记、转移登记、抵押登记和注销登记。

第五条 初次申领机动车号牌、行驶证的，应当向机动车所有人住所地的公安机关交通管理部门申请注册登记。申请机动车注册登记，应当交验机动车，并提交以下证明、凭证：

（一）机动车所有人的身份证明；

（二）购车发票等机动车来历证明；

（三）机动车整车出厂合格证明或者进口机动车进口凭证；

（四）车辆购置税完税证明或者免税凭证；

（五）机动车第三者责任强制保险凭证；

（六）法律、行政法规规定应当在机动车注册登记时提交的其他证明、凭证。

不属于国务院机动车产品主管部门规定免予安全技术检验的车型的，还应当提供机动车安全技术检验合格证明。

第六条 已注册登记的机动车有下列情形之一的，机动车所有人应当向登记该机动车的公安机关交通管理部门申请变更登记：

（一）改变机动车车身颜色的；

（二）更换发动机的；

（三）更换车身或者车架的；

（四）因质量有问题，制造厂更换整车的；

（五）营运机动车改为非营运机动车或者非营运机动车改为营运机动车的；

（六）机动车所有人的住所迁出或者迁入公安机关交通管理部门管辖区域的。

申请机动车变更登记，应当提交下列证明、凭证，属于前款第（一）项、第（二）项、第（三）项、第（四）项、第（五）项情形之一的，还应当交验机动车；属于前款第（二）项、第（三）项情形之一的，还应当同时提交机动车安全技术检验合格证明：

（一）机动车所有人的身份证明；

（二）机动车登记证书；

（三）机动车行驶证。

机动车所有人的住所在公安机关交通管理部门管辖区域内迁移、机动车所有人的姓名（单位名称）或者联系方式变更的，应当向登记该机动车的公安机关交通管理部门备案。

第七条 已注册登记的机动车所有权发生转移的，应当及时办理转移登记。

申请机动车转移登记，当事人应当向登记该机动车的公安机关交通管理部门交验机动车，并提交以下证明、凭证：

（一）当事人的身份证明；

（二）机动车所有权转移的证明、凭证；

（三）机动车登记证书；

（四）机动车行驶证。

第八条 机动车所有人将机动车作为抵押物抵押的，机动车所有人应当向登记该机动车的公安机关交通管理部门申请抵押登记。

第九条 已注册登记的机动车达到国家规定的强制报废标准的，公安机关交通管理部门应当在报废期满的 2 个月前通知机动车所有人办理注销登记。机动车所有人应当在报废期满前将机动车交售给机动车回收企业，由机动车回收企业将报废的机动车登记证书、号牌、行驶证交公安机关交通管理部门注销。机动车所有人逾期不办理注销登记的，公安机关交通管理部门应当公告该机动车登记证书、号牌、行驶证作废。

因机动车灭失申请注销登记的，机动车所有人应当向公安机关交通管理部门提交本人身份证明，交回机动车登记证书。

第十条 办理机动车登记的申请人提交的证明、凭证齐全、有效的，公安机关交通管理部门应当当场办理登记手续。

人民法院、人民检察院以及行政执法部门依法查封、扣押的机动车，公安机关交通管理部门不予办理机动车登记。

第十一条 机动车登记证书、号牌、行驶证丢失或者损毁，机动车所有人申请补发的，应当向公安机关交通管理部门提交本人身份证明和申请材料。公安机关交通管理部门经与机动车登记档案核实后，在收到申请之日起 15 日内补发。

第十二条 税务部门、保险机构可以在公安机关交通管理部门的办公场所集中办理与机动车有关的税费缴纳、保险合同订立等事项。

第十三条 机动车号牌应当悬挂在车前、车后指定位置，保持清晰、完整。重型、中型载货汽车及其挂车、拖拉机及其挂车的车身或者车厢后部应当喷涂放大的牌号，字样应当端正并保持清晰。

机动车检验合格标志、保险标志应当粘贴在机动车前窗右上角。

机动车喷涂、粘贴标识或者车身广告的，不得影响安全驾驶。

第十四条 用于公路营运的载客汽车、重型载货汽车、半挂牵引车应当安装、使用符合国家标准的行驶记录仪。交通警察可以对机动车行驶速度、连续驾驶时间以及其他行驶状态信息进行检查。安装行驶记录仪可以分步实施，实施步骤由国务院机动车产品主管部门会同有关部门规定。

第十五条 机动车安全技术检验由机动车安全技术检验机构实施。机动车安全技术检验机构应当按照国家机动车安全技术检验标准对机动车进行检验，对检验结果承担法律责任。

质量技术监督部门负责对机动车安全技术检验机构实行资格管理和计量认证管理，对机动车安全技术检验设备进行检定，对执行国家机动车安全技术检验标准的情况进行监督。

机动车安全技术检验项目由国务院公安部门会同国务院质量技术监督部门规定。

第十六条 机动车应当从注册登记之日起，按照下列期限进行安全技术检验：

(一) 营运载客汽车 5 年以内每年检验 1 次；超过 5 年的，每 6 个月检验 1 次；

(二) 载货汽车和大型、中型非营运载客汽车 10 年以内每年检验 1 次；超过 10 年的，每 6 个月检验 1 次；

(三) 小型、微型非营运载客汽车 6 年以内每 2 年检验 1 次；超过 6 年的，每年检验 1 次；超过 15 年的，每 6 个月检验 1 次；

(四) 摩托车 4 年以内每 2 年检验 1 次；超过 4 年的，每年检验 1 次；

(五) 拖拉机和其他机动车每年检验 1 次。

营运机动车在规定检验期限内经安全技术检验合格的，不再重复进行安全技术检验。

第十七条 已注册登记的机动车进行安全技术检验时，机动车行驶证记载的登记内容与该机动车的有关情况不符，或者未按照规定提供机动车第三者责任强制保险凭证的，不予通过检验。

第十八条 警车、消防车、救护车、工程救险车标志图案的喷涂以及警报器、标志灯具的安装、使用规定，由国务院公安部门制定。

第二节 机动车驾驶人

第十九条 符合国务院公安部门规定的驾驶许可条件的人，可以向公安机关交通管理部门申请机动车驾驶证。

机动车驾驶证由国务院公安部门规定式样并监制。

第二十条 学习机动车驾驶，应当先学习道路交通安全法律、法规和相关知识，考试合格后，再学习机动车驾驶技能。

在道路上学习驾驶，应当按照公安机关交通管理部门指定的路线、时间进行。在道路上学习机动车驾驶技能应当使用教练车，在教练员随车指导下进行，与教学无关的人员不得乘坐教练车。学员在学习驾驶中有道路交通安全违法行为或者造成交通事故的，由教练员承担责任。

第二十一条 公安机关交通管理部门应当对申请机动车驾驶证的人进行考试，对考试合格的，在5日内核发机动车驾驶证；对考试不合格的，书面说明理由。

第二十二条 机动车驾驶证的有效期为6年，本条例另有规定的除外。

机动车驾驶人初次申领机动车驾驶证后的12个月为实习期。在实习期内驾驶机动车的，应当在车身后部粘贴或者悬挂统一式样的实习标志。

机动车驾驶人在实习期内不得驾驶公共汽车、营运客车或者执行任务的警车、消防车、救护车、工程救险车以及载有爆炸物品、易燃易爆化学物品、剧毒或者放射性等危险物品的机动车；驾驶的机动车不得牵引挂车。

第二十三条 公安机关交通管理部门对机动车驾驶人的道路交通安全违法行为除给予行政处罚外，实行道路交通安全违法行为累积记分（以下简称记分）制度，记分周期为12个月。对在一个记分周期内记分达到12分的，由公安机关交通管理部门扣留其机动车驾驶证，该机动车驾驶人应当按照规定参加道路交通安全法律、法规的学习并接受考试。考试合格的，记分予以清除，发还机动车驾驶证；考试不合格的，继续参加学习和考试。

应当给予记分的道路交通安全违法行为及其分值，由国务院公安部门根据道路交通安全违法行为的危害程度规定。

公安机关交通管理部门应当提供记分查询方式供机动车驾驶人查询。

第二十四条 机动车驾驶人在一个记分周期内记分未达到12分，所处罚款已经缴纳的，记分予以清除；记分虽未达到12分，但尚有罚款未缴纳的，记分转入下一记分周期。

机动车驾驶人在一个记分周期内记分2次以上达到12分的，除按照第二十三条的规定扣留机动车驾驶证、参加学习、接受考试外，还应当接受驾驶技能考试。考试合格的，记分予以清除，发还机动车驾驶证；考试不合格的，继续参加学习和考试。

接受驾驶技能考试的，按照本人机动车驾驶证载明的最高准驾车型考试。

第二十五条 机动车驾驶人记分达到12分，拒不参加公安机关交通管理部门通知的学习，也不接受考试的，由公安机关交通管理部门公告其机动车驾驶证停止使用。

第二十六条 机动车驾驶人在机动车驾驶证的6年有效期内，每个记分周期均未达到12分的，换发10年有效期的机动车驾驶证；在机动车驾驶证的10年有效期内，每个记分周期均未达到12分的，换发长期有效的机动车驾驶证。

换发机动车驾驶证时，公安机关交通管理部门应当对机动车驾驶证进行审验。

第二十七条 机动车驾驶证丢失、损毁，机动车驾驶人申请补发的，应当向公安机关交通管理部门提交本人身份证明和申请材料。公安机关交通管理部门经与机动车驾驶证档案核实后，在收到申请之日起 3 日内补发。

第二十八条 机动车驾驶人在机动车驾驶证丢失、损毁、超过有效期或者被依法扣留、暂扣期间以及记分达到 12 分的，不得驾驶机动车。

第三章 道路通行条件

第二十九条 交通信号灯分为：机动车信号灯、非机动车信号灯、人行横道信号灯、车道信号灯、方向指示信号灯、闪光警告信号灯、道路与铁路平面交叉道口信号灯。

第三十条 交通标志分为：指示标志、警告标志、禁令标志、指路标志、旅游区标志、道路施工安全标志和辅助标志。

道路交通标线分为：指示标线、警告标线、禁止标线。

第三十一条 交通警察的指挥分为：手势信号和使用器具的交通指挥信号。

第三十二条 道路交叉路口和行人横过道路较为集中的路段应当设置人行横道、过街天桥或者过街地下通道。

在盲人通行较为集中的路段，人行横道信号灯应当设置声响提示装置。

第三十三条 城市人民政府有关部门可以在不影响行人、车辆通行的情况下，在城市道路上施划停车泊位，并规定停车泊位的使用时间。

第三十四条 开辟或者调整公共汽车、长途汽车的行驶路线或者车站，应当符合交通规划和安全、畅通的要求。

第三十五条 道路养护施工单位在道路上进行养护、维修时，应当按照规定设置规范的安全警示标志和安全防护设施。道路养护施工作业车辆、机械应当安装示警灯，喷涂明显的标志图案，作业时应当开启示警灯和危险报警闪光灯。对未中断交通的施工作业道路，公安机关交通管理部门应当加强交通安全监督检查。发生交通阻塞时，及时做好分流、疏导，维护交通秩序。

道路施工需要车辆绕行的，施工单位应当在绕行处设置标志；不能绕行的，应当修建临时通道，保证车辆和行人通行。需要封闭道路中断交通的，除紧急情况外，应当提前 5 日向社会公告。

第三十六条 道路或者交通设施养护部门、管理部门应当在急弯、陡坡、临崖、临水等危险路段，按照国家标准设置警告标志和安全防护设施。

第三十七条 道路交通标志、标线不规范，机动车驾驶人容易发生辨认错误的，交通标志、标线的主管部门应当及时予以改善。

道路照明设施应当符合道路建设技术规范，保持照明功能完好。

第四章　道路通行规定

第一节　一般规定

第三十八条　机动车信号灯和非机动车信号灯表示：

（一）绿灯亮时，准许车辆通行，但转弯的车辆不得妨碍被放行的直行车辆、行人通行；

（二）黄灯亮时，已越过停止线的车辆可以继续通行；

（三）红灯亮时，禁止车辆通行。

在未设置非机动车信号灯和人行横道信号灯的路口，非机动车和行人应当按照机动车信号灯的表示通行。

红灯亮时，右转弯的车辆在不妨碍被放行的车辆、行人通行的情况下，可以通行。

第三十九条　人行横道信号灯表示：

（一）绿灯亮时，准许行人通过人行横道；

（二）红灯亮时，禁止行人进入人行横道，但是已经进入人行横道的，可以继续通过或者在道路中心线处停留等候。

第四十条　车道信号灯表示：

（一）绿色箭头灯亮时，准许本车道车辆按指示方向通行；

（二）红色叉形灯或者箭头灯亮时，禁止本车道车辆通行。

第四十一条　方向指示信号灯的箭头方向向左、向上、向右分别表示左转、直行、右转。

第四十二条　闪光警告信号灯为持续闪烁的黄灯，提示车辆、行人通行时注意瞭望，确认安全后通过。

第四十三条　道路与铁路平面交叉道口有两个红灯交替闪烁或者一个红灯亮时，表示禁止车辆、行人通行；红灯熄灭时，表示允许车辆、行人通行。

第二节　机动车通行规定

第四十四条　在道路同方向划有 2 条以上机动车道的，左侧为快速车道，右侧为慢速车道。在快速车道行驶的机动车应当按照快速车道规定的速度行驶，未达到快速车道规定的行驶速度的，应当在慢速车道行驶。摩托车应当在最右侧车道行驶。有交通标志标明行驶速度的，按照标明的行驶速度行驶。慢速车道内的机动车超越前车时，可以借用快速车道行驶。

在道路同方向划有 2 条以上机动车道的，变更车道的机动车不得影响相关车道内行驶的机动车的正常行驶。

第四十五条 机动车在道路上行驶不得超过限速标志、标线标明的速度。在没有限速标志、标线的道路上，机动车不得超过下列最高行驶速度：

（一）没有道路中心线的道路，城市道路为每小时 30 公里，公路为每小时 40 公里；

（二）同方向只有 1 条机动车道的道路，城市道路为每小时 50 公里，公路为每小时 70 公里。

第四十六条 机动车行驶中遇有下列情形之一的，最高行驶速度不得超过每小时 30 公里，其中拖拉机、电瓶车、轮式专用机械车不得超过每小时 15 公里：

（一）进出非机动车道，通过铁路道口、急弯路、窄路、窄桥时；

（二）掉头、转弯、下陡坡时；

（三）遇雾、雨、雪、沙尘、冰雹，能见度在 50 米以内时；

（四）在冰雪、泥泞的道路上行驶时；

（五）牵引发生故障的机动车时。

第四十七条 机动车超车时，应当提前开启左转向灯、变换使用远、近光灯或者鸣喇叭。在没有道路中心线或者同方向只有 1 条机动车道的道路上，前车遇后车发出超车信号时，在条件许可的情况下，应当降低速度、靠右让路。后车应当在确认有充足的安全距离后，从前车的左侧超越，在与被超车辆拉开必要的安全距离后，开启右转向灯，驶回原车道。

第四十八条 在没有中心隔离设施或者没有中心线的道路上，机动车遇相对方向来车时应当遵守下列规定：

（一）减速靠右行驶，并与其他车辆、行人保持必要的安全距离；

（二）在有障碍的路段，无障碍的一方先行；但有障碍的一方已驶入障碍路段而无障碍的一方未驶入时，有障碍的一方先行；

（三）在狭窄的坡路，上坡的一方先行；但下坡的一方已行至中途而上坡的一方未上坡时，下坡的一方先行；

（四）在狭窄的山路，不靠山体的一方先行；

（五）夜间会车应当在距相对方向来车 150 米以外改用近光灯，在窄路、窄桥与非机动车会车时应当使用近光灯。

第四十九条 机动车在有禁止掉头或者禁止左转弯标志、标线的地点以及在铁路道口、人行横道、桥梁、急弯、陡坡、隧道或者容易发生危险的路段，不得掉头。

机动车在没有禁止掉头或者没有禁止左转弯标志、标线的地点可以掉头，但不得妨碍正常行驶的其他车辆和行人的通行。

第五十条 机动车倒车时，应当察明车后情况，确认安全后倒车。不得在铁路道口、交叉路口、单行路、桥梁、急弯、陡坡或者隧道中倒车。

第五十一条 机动车通过有交通信号灯控制的交叉路口，应当按照下列规定通行：

（一）在划有导向车道的路口，按所需行进方向驶入导向车道；

（二）准备进入环形路口的让已在路口内的机动车先行；

（三）向左转弯时，靠路口中心点左侧转弯。转弯时开启转向灯，夜间行驶开启近光灯；

（四）遇放行信号时，依次通过；

（五）遇停止信号时，依次停在停止线以外。没有停止线的，停在路口以外；

（六）向右转弯遇有同车道前车正在等候放行信号时，依次停车等候；

（七）在没有方向指示信号灯的交叉路口，转弯的机动车让直行的车辆、行人先行。相对方向行驶的右转弯机动车让左转弯车辆先行。

第五十二条 机动车通过没有交通信号灯控制也没有交通警察指挥的交叉路口，除应当遵守第五十一条第（二）项、第（三）项的规定外，还应当遵守下列规定：

（一）有交通标志、标线控制的，让优先通行的一方先行；

（二）没有交通标志、标线控制的，在进入路口前停车瞭望，让右方道路的来车先行；

（三）转弯的机动车让直行的车辆先行；

（四）相对方向行驶的右转弯的机动车让左转弯的车辆先行。

第五十三条 机动车遇有前方交叉路口交通阻塞时，应当依次停在路口以外等候，不得进入路口。

机动车在遇有前方机动车停车排队等候或者缓慢行驶时，应当依次排队，不得从前方车辆两侧穿插或者超越行驶，不得在人行横道、网状线区域内停车等候。

机动车在车道减少的路口、路段，遇有前方机动车停车排队等候或者缓慢行驶的，应当每车道一辆依次交替驶入车道减少后的路口、路段。

第五十四条 机动车载物不得超过机动车行驶证上核定的载质量，装载长度、宽度不得超出车厢，并应当遵守下列规定：

（一）重型、中型载货汽车，半挂车载物，高度从地面起不得超过 4 米，载运集装箱的车辆不得超过 4.2 米；

（二）其他载货的机动车载物，高度从地面起不得超过 2.5 米；

（三）摩托车载物，高度从地面起不得超过 1.5 米，长度不得超出车身 0.2 米。两轮摩托车载物宽度左右各不得超出车把 0.15 米；三轮摩托车载物宽度不得超过车身。

载客汽车除车身外部的行李架和内置的行李箱外，不得载货。载客汽车行李架载货，从车顶起高度不得超过 0.5 米，从地面起高度不得超过 4 米。

第五十五条 机动车载人应当遵守下列规定：

（一）公路载客汽车不得超过核定的载客人数，但按照规定免票的儿童除外，在载客人数已满的情况下，按照规定免票的儿童不得超过核定载客人数的 10%；

（二）载货汽车车厢不得载客。在城市道路上，货运机动车在留有安全位置的情况下，车厢内可以附载临时作业人员 1 人至 5 人；载物高度超过车厢栏板时，货物上不得载人；

（三）摩托车后座不得乘坐未满 12 周岁的未成年人，轻便摩托车不得载人。

第五十六条 机动车牵引挂车应当符合下列规定：

（一）载货汽车、半挂牵引车、拖拉机只允许牵引 1 辆挂车。挂车的灯光信号、制动、连接、安全防护等装置应当符合国家标准；

（二）小型载客汽车只允许牵引旅居挂车或者总质量 700 千克以下的挂车。挂车不得载人；

（三）载货汽车所牵引挂车的载质量不得超过载货汽车本身的载质量。

大型、中型载客汽车，低速载货汽车，三轮汽车以及其他机动车不得牵引挂车。

第五十七条 机动车应当按照下列规定使用转向灯：

（一）向左转弯、向左变更车道、准备超车、驶离停车地点或者掉头时，应当提前开启左转向灯；

（二）向右转弯、向右变更车道、超车完毕驶回原车道、靠路边停车时，应当提前开启右转向灯。

第五十八条 机动车在夜间没有路灯、照明不良或者遇有雾、雨、雪、沙尘、冰雹等低能见度情况下行驶时，应当开启前照灯、示廓灯和后位灯，但同方向行驶的后车与前车近距离行驶时，不得使用远光灯。机动车雾天行驶应当开启雾灯和危险报警闪光灯。

第五十九条 机动车在夜间通过急弯、坡路、拱桥、人行横道或者没有交通信号灯控制的路口时，应当交替使用远近光灯示意。

机动车驶近急弯、坡道顶端等影响安全视距的路段以及超车或者遇有紧急情况时，应当减速慢行，并鸣喇叭示意。

第六十条 机动车在道路上发生故障或者发生交通事故，妨碍交通又难以移动的，应当按照规定开启危险报警闪光灯并在车后50米至100米处设置警告标志，夜间还应当同时开启示廓灯和后位灯。

第六十一条 牵引故障机动车应当遵守下列规定：

（一）被牵引的机动车除驾驶人外不得载人，不得拖带挂车；

（二）被牵引的机动车宽度不得大于牵引机动车的宽度；

（三）使用软连接牵引装置时，牵引车与被牵引车之间的距离应当大于4米小于10米；

（四）对制动失效的被牵引车，应当使用硬连接牵引装置牵引；

（五）牵引车和被牵引车均应当开启危险报警闪光灯。

汽车吊车和轮式专用机械车不得牵引车辆。摩托车不得牵引车辆或者被其他车辆牵引。

转向或者照明、信号装置失效的故障机动车，应当使用专用清障车拖曳。

第六十二条 驾驶机动车不得有下列行为：

（一）在车门、车厢没有关好时行车；

（二）在机动车驾驶室的前后窗范围内悬挂、放置妨碍驾驶人视线的物品；

（三）拨打接听手持电话、观看电视等妨碍安全驾驶的行为；

（四）下陡坡时熄火或者空挡滑行；

（五）向道路上抛撒物品；

（六）驾驶摩托车手离车把或者在车把上悬挂物品；

（七）连续驾驶机动车超过4小时未停车休息或者停车休息时间少于20分钟；

（八）在禁止鸣喇叭的区域或者路段鸣喇叭。

第六十三条 机动车在道路上临时停车，应当遵守下列规定：

（一）在设有禁停标志、标线的路段，在机动车道与非机动车道、人行道之间设有隔离设施的路段以及人行横道、施工地段，不得停车；

（二）交叉路口、铁路道口、急弯路、宽度不足4米的窄路、桥梁、陡坡、隧道以及距离上述地点50米以内的路段，不得停车；

（三）公共汽车站、急救站、加油站、消防栓或者消防队（站）门前以及距离上述地点30米以内的路段，除使用上述设施的以外，不得停车；

（四）车辆停稳前不得开车门和上下人员，开关车门不得妨碍其他车辆和行人通行；

（五）路边停车应当紧靠道路右侧，机动车驾驶人不得离车，上下人员或者装卸物品后，立即驶离；

（六）城市公共汽车不得在站点以外的路段停车上下乘客。

第六十四条 机动车行经漫水路或者漫水桥时，应当停车察明水情，确认安全后，低速通过。

第六十五条 机动车载运超限物品行经铁路道口的，应当按照当地铁路部门指定的铁路道口、时间通过。

机动车行经渡口，应当服从渡口管理人员指挥，按照指定地点依次待渡。机动车上下渡船时，应当低速慢行。

第六十六条 警车、消防车、救护车、工程救险车在执行紧急任务遇交通受阻时，可以断续使用警报器，并遵守下列规定：

（一）不得在禁止使用警报器的区域或者路段使用警报器；

（二）夜间在市区不得使用警报器；

（三）列队行驶时，前车已经使用警报器的，后车不再使用警报器。

第六十七条 在单位院内、居民居住区内，机动车应当低速行驶，避让行人；有限速标志的，按照限速标志行驶。

第三节 非机动车通行规定

第六十八条 非机动车通过有交通信号灯控制的交叉路口，应当按照下列规定通行：

（一）转弯的非机动车让直行的车辆、行人优先通行；

（二）遇有前方路口交通阻塞时，不得进入路口；

（三）向左转弯时，靠路口中心点的右侧转弯；

（四）遇有停止信号时，应当依次停在路口停止线以外。没有停止线的，停在路口以外；

（五）向右转弯遇有同方向前车正在等候放行信号时，在本车道内能够转弯的，可以通行；不能转弯的，依次等候。

第六十九条 非机动车通过没有交通信号灯控制也没有交通警察指挥的交叉路口，除应当遵守第六十八条第（一）项、第（二）项和第（三）项的规定外，还应当遵守下列规定：

（一）有交通标志、标线控制的，让优先通行的一方先行；

（二）没有交通标志、标线控制的，在路口外慢行或者停车瞭望，让右方道路的来车先行；

（三）相对方向行驶的右转弯的非机动车让左转弯的车辆先行。

第七十条 驾驶自行车、电动自行车、三轮车在路段上横过机动车道，应当下车推行，有人行横道或者行人过街设施的，应当从人行横道或者行人过街设施通过；没有人行横道、没有行人过街设施或者不便使用行人过街设施的，在确认安全后直行通过。

因非机动车道被占用无法在本车道内行驶的非机动车，可以在受阻的路段借用相邻的机动车道行驶，并在驶过被占用路段后迅速驶回非机动车道。机动车遇此情况应当减速让行。

第七十一条 非机动车载物，应当遵守下列规定：

（一）自行车、电动自行车、残疾人机动轮椅车载物，高度从地面起不得超过1.5米，宽度左右各不得超出车把0.15米，长度前端不得超出车轮，后端不得超出车身0.3米；

（二）三轮车、人力车载物，高度从地面起不得超过2米，宽度左右各不得超出车身0.2米，长度不得超出车身1米；

（三）畜力车载物，高度从地面起不得超过2.5米，宽度左右各不得超出车身0.2米，长度前端不得超出车辕，后端不得超出车身1米。

自行车载人的规定，由省、自治区、直辖市人民政府根据当地实际情况制定。

第七十二条 在道路上驾驶自行车、三轮车、电动自行车、残疾人机动轮椅车应当遵守下列规定：

（一）驾驶自行车、三轮车必须年满12周岁；

（二）驾驶电动自行车和残疾人机动轮椅车必须年满16周岁；

（三）不得醉酒驾驶；

（四）转弯前应当减速慢行，伸手示意，不得突然猛拐，超越前车时不得妨碍被超越的车辆行驶；

（五）不得牵引、攀扶车辆或者被其他车辆牵引，不得双手离把或者手中持物；

（六）不得扶身并行、互相追逐或者曲折竞驶；

（七）不得在道路上骑独轮自行车或者2人以上骑行的自行车；

（八）非下肢残疾的人不得驾驶残疾人机动轮椅车；

（九）自行车、三轮车不得加装动力装置；

（十）不得在道路上学习驾驶非机动车。

第七十三条 在道路上驾驭畜力车应当年满16周岁，并遵守下列规定：

（一）不得醉酒驾驭；

（二）不得并行，驾驭人不得离开车辆；

（三）行经繁华路段、交叉路口、铁路道口、人行横道、急弯路、宽度不足4米的窄路或者窄桥、陡坡、隧道或者容易发生危险的路段，不得超车。驾驭两轮畜力车应当下车牵引牲畜；

（四）不得使用未经驯服的牲畜驾车，随车幼畜须拴系；

（五）停放车辆应当拉紧车闸，拴系牲畜。

第四节 行人和乘车人通行规定

第七十四条 行人不得有下列行为：

（一）在道路上使用滑板、旱冰鞋等滑行工具；

（二）在车行道内坐卧、停留、嬉闹；

（三）追车、抛物击车等妨碍道路交通安全的行为。

第七十五条 行人横过机动车道，应当从行人过街设施通过；没有行人过街设施的，应当从人行横道通过；没有人行横道的，应当观察来往车辆的情况，确认安全后直行通过，不得在车辆临近时突然加速横穿或者中途倒退、折返。

第七十六条 行人列队在道路上通行，每横列不得超过2人，但在已经实行交通管制的路段不受限制。

第七十七条 乘坐机动车应当遵守下列规定：

（一）不得在机动车道上拦乘机动车；

（二）在机动车道上不得从机动车左侧上下车；

（三）开关车门不得妨碍其他车辆和行人通行；

（四）机动车行驶中，不得干扰驾驶，不得将身体任何部分伸出车外，不得跳车；

（五）乘坐两轮摩托车应当正向骑坐。

第五节 高速公路的特别规定

第七十八条 高速公路应当标明车道的行驶速度，最高车速不得超过每小时120公里，最低车速不得低于每小时60公里。

在高速公路上行驶的小型载客汽车最高车速不得超过每小时120公里，其他机动车不得超过每小时100公里，摩托车不得超过每小时80公里。

同方向有2条车道的，左侧车道的最低车速为每小时100公里；同方向有3条以上车道的，最左侧车道的最低车速为每小时110公里，中间车道的最低车速为每小时90公里。道路限速标志标明的车速与上述车道行驶车速的规定不一致的，按照道路限速标志标明的车速行驶。

第七十九条 机动车从匝道驶入高速公路，应当开启左转向灯，在不妨碍已在高速公路内的机动车正常行驶的情况下驶入车道。

机动车驶离高速公路时，应当开启右转向灯，驶入减速车道，降低车速后驶离。

第八十条 机动车在高速公路上行驶，车速超过每小时100公里时，应当与同车道前车保持 100 米以上的距离，车速低于每小时 100 公里时，与同车道前车距离可以适当缩短，但最小距离不得少于 50 米。

第八十一条 机动车在高速公路上行驶，遇有雾、雨、雪、沙尘、冰雹等低能见度气象条件时，应当遵守下列规定：

（一）能见度小于 200 米时，开启雾灯、近光灯、示廓灯和前后位灯，车速不得超过每小时 60 公里，与同车道前车保持 100 米以上的距离；

（二）能见度小于 100 米时，开启雾灯、近光灯、示廓灯、前后位灯和危险报警闪光灯，车速不得超过每小时 40 公里，与同车道前车保持 50 米以上的距离；

（三）能见度小于 50 米时，开启雾灯、近光灯、示廓灯、前后位灯和危险报警闪光灯，车速不得超过每小时 20 公里，并从最近的出口尽快驶离高速公路。

遇有前款规定情形时，高速公路管理部门应当通过显示屏等方式发布速度限制、保持车距等提示信息。

第八十二条 机动车在高速公路上行驶，不得有下列行为：

（一）倒车、逆行、穿越中央分隔带掉头或者在车道内停车；

（二）在匝道、加速车道或者减速车道上超车；

（三）骑、轧车行道分界线或者在路肩上行驶；

（四）非紧急情况时在应急车道行驶或者停车；

（五）试车或者学习驾驶机动车。

第八十三条 在高速公路上行驶的载货汽车车厢不得载人。两轮摩托车在高速公路行驶时不得载人。

第八十四条 机动车通过施工作业路段时，应当注意警示标志，减速行驶。

第八十五条 城市快速路的道路交通安全管理，参照本节的规定执行。

高速公路、城市快速路的道路交通安全管理工作，省、自治区、直辖市人民政府公安机关交通管理部门可以指定设区的市人民政府公安机关交通管理部门或者相当于同级的公安机关交通管理部门承担。

第五章 交通事故处理

第八十六条 机动车与机动车、机动车与非机动车在道路上发生未造成人身伤亡的交通事故，当事人对事实及成因无争议的，在记录交通事故的时间、地点、对方当事人的姓名和联系方式、机动车牌号、驾驶证号、保险凭证号、碰撞部位，并共同签名后，撤离现场，自行协商损害赔偿事宜。当事人对交通事故事实及成因有争议的，应当迅速报警。

第八十七条 非机动车与非机动车或者行人在道路上发生交通事故，未造成人身伤亡，且基本事实及成因清楚的，当事人应当先撤离现场，再自行协商处理损害赔偿事宜。当事人对交通事故事实及成因有争议的，应当迅速报警。

第八十八条 机动车发生交通事故，造成道路、供电、通讯等设施损毁的，驾驶人应当报警等候处理，不得驶离。机动车可以移动的，应当将机动车移至不妨碍交通的地点。公安机关交通管理部门应当将事故有关情况通知有关部门。

第八十九条 公安机关交通管理部门或者交通警察接到交通事故报警，应当及时赶赴现场，对未造成人身伤亡，事实清楚，并且机动车可以移动的，应当在记录事故情况后责令当事人撤离现场，恢复交通。对拒不撤离现场的，予以强制撤离。

对属于前款规定情况的道路交通事故，交通警察可以适用简易程序处理，并当场出具事故认定书。当事人共同请求调解的，交通警察可以当场对损害赔偿争议进行调解。

对道路交通事故造成人员伤亡和财产损失需要勘验、检查现场的，公安机关交通管理部门应当按照勘查现场工作规范进行。现场勘查完毕，应当组织清理现场，恢复交通。

第九十条 投保机动车第三者责任强制保险的机动车发生交通事故，因抢救受伤人员需要保险公司支付抢救费用的，由公安机关交通管理部门通知保险公司。

抢救受伤人员需要道路交通事故救助基金垫付费用的，由公安机关交通管理部门通知道路交通事故社会救助基金管理机构。

第九十一条 公安机关交通管理部门应当根据交通事故当事人的行为对发生交通事故所起的作用以及过错的严重程度，确定当事人的责任。

第九十二条 发生交通事故后当事人逃逸的，逃逸的当事人承担全部责任。但是，有证据证明对方当事人也有过错的，可以减轻责任。

当事人故意破坏、伪造现场、毁灭证据的，承担全部责任。

第九十三条 公安机关交通管理部门对经过勘验、检查现场的交通事故应当在勘查现场之日起10日内制作交通事故认定书。对需要进行检验、鉴定的，应当在检验、鉴定结果确定之日起5日内制作交通事故认定书。

第九十四条 当事人对交通事故损害赔偿有争议，各方当事人一致请求公安机关交通管理部门调解的，应当在收到交通事故认定书之日起10日内提出书面调解申请。

对交通事故致死的，调解从办理丧葬事宜结束之日起开始；对交通事故致伤的，调解从治疗终结或者定残之日起开始；对交通事故造成财产损失的，调解从确定损失之日起开始。

第九十五条 公安机关交通管理部门调解交通事故损害赔偿争议的期限为10日。调解达成协议的，公安机关交通管理部门应当制作调解书送交各方当事人，调解书经各方当事人共同签字后生效；调解未达成协议的，公安机关交通管理部门应当制作调解终结书送交各方当事人。

交通事故损害赔偿项目和标准依照有关法律的规定执行。

第九十六条 对交通事故损害赔偿的争议，当事人向人民法院提起民事诉讼的，公安机关交通管理部门不再受理调解申请。

公安机关交通管理部门调解期间，当事人向人民法院提起民事诉讼的，调解终止。

第九十七条 车辆在道路以外发生交通事故，公安机关交通管理部门接到报案的，参照道路交通安全法和本条例的规定处理。

车辆、行人与火车发生的交通事故以及在渡口发生的交通事故，依照国家有关规定处理。

第六章 执法监督

第九十八条 公安机关交通管理部门应当公开办事制度、办事程序，建立警风警纪监督员制度，自觉接受社会和群众的监督。

第九十九条 公安机关交通管理部门及其交通警察办理机动车登记，发放号牌，对驾驶人考试、发证，处理道路交通安全违法行为，处理道路交通事故，应当严格遵守有关规定，不得越权执法，不得延迟履行职责，不得擅自改变处罚的种类和幅度。

第一百条 公安机关交通管理部门应当公布举报电话，受理群众举报投诉，并及时调查核实，反馈查处结果。

第一百零一条 公安机关交通管理部门应当建立执法质量考核评议、执法责任制和执法过错追究制度，防止和纠正道路交通安全执法中的错误或者不当行为。

第七章 法律责任

第一百零二条 违反本条例规定的行为，依照道路交通安全法和本条例的规定处罚。

第一百零三条 以欺骗、贿赂等不正当手段取得机动车登记或者驾驶许可的，收缴机动车登记证书、号牌、行驶证或者机动车驾驶证，撤销机动车登记或者机动车驾驶许可；申请人在3年内不得申请机动车登记或者机动车驾驶许可。

第一百零四条 机动车驾驶人有下列行为之一，又无其他机动车驾驶人即时替代驾驶的，公安机关交通管理部门除依法给予处罚外，可以将其驾驶的机动车移至不妨碍交通的地点或者有关部门指定的地点停放：

（一）不能出示本人有效驾驶证的；

（二）驾驶的机动车与驾驶证载明的准驾车型不符的；

（三）饮酒、服用国家管制的精神药品或者麻醉药品、患有妨碍安全驾驶的疾病，或者过度疲劳仍继续驾驶的；

（四）学习驾驶人员没有教练人员随车指导单独驾驶的。

第一百零五条 机动车驾驶人有饮酒、醉酒、服用国家管制的精神药品或者麻醉药品嫌疑的，应当接受测试、检验。

第一百零六条 公路客运载客汽车超过核定乘员、载货汽车超过核定载质量的，公安机关交通管理部门依法扣留机动车后，驾驶人应当将超载的乘车人转运、将超载的货物卸载，费用由超载机动车的驾驶人或者所有人承担。

第一百零七条 依照道路交通安全法第九十二条、第九十五条、第九十六条、第九十八条的规定被扣留的机动车，驾驶人或者所有人、管理人 30 日内没有提供被扣留机动车的合法证明，没有补办相应手续，或者不前来接受处理，经公安机关交通管理部门通知并且经公告 3 个月仍不前来接受处理的，由公安机关交通管理部门将该机动车送交有资格的拍卖机构拍卖，所得价款上缴国库；非法拼装的机动车予以拆除；达到报废标准的机动车予以报废；机动车涉及其他违法犯罪行为的，移交有关部门处理。

第一百零八条 交通警察按照简易程序当场作出行政处罚的，应当告知当事人道路交通安全违法行为的事实、处罚的理由和依据，并将行政处罚决定书当场交付被处罚人。

第一百零九条 对道路交通安全违法行为人处以罚款或者暂扣驾驶证处罚的，由违法行为发生地的县级以上人民政府公安机关交通管理部门或者相当于同级的公安机关交通管理部门作出决定；对处以吊销机动车驾驶证处罚的，由设区的市人民政府公安机关交通管理部门或者相当于同级的公安机关交通管理部门作出决定。

公安机关交通管理部门对非本辖区机动车的道路交通安全违法行为没有当场处罚的，可以由机动车登记地的公安机关交通管理部门处罚。

第一百一十条 当事人对公安机关交通管理部门及其交通警察的处罚有权进行陈述和申辩，交通警察应当充分听取当事人的陈述和申辩，不得因当事人陈述、申辩而加重其处罚。

第八章　附　　则

第一百一十一条　本条例所称上道路行驶的拖拉机，是指手扶拖拉机等最高设计行驶速度不超过每小时20公里的轮式拖拉机和最高设计行驶速度不超过每小时40公里、牵引挂车方可从事道路运输的轮式拖拉机。

第一百一十二条　农业(农业机械)主管部门应当定期向公安机关交通管理部门提供拖拉机登记、安全技术检验以及拖拉机驾驶证发放的资料、数据。公安机关交通管理部门对拖拉机驾驶人作出暂扣、吊销驾驶证处罚或者记分处理的，应当定期将处罚决定书和记分情况通报有关的农业(农业机械)主管部门。吊销驾驶证的，还应当将驾驶证送交有关的农业(农业机械)主管部门。

第一百一十三条　境外机动车入境行驶，应当向入境地的公安机关交通管理部门申请临时通行号牌、行驶证。临时通行号牌、行驶证应当根据行驶需要，载明有效日期和允许行驶的区域。

入境的境外机动车申请临时通行号牌、行驶证以及境外人员申请机动车驾驶许可的条件、考试办法由国务院公安部门规定。

第一百一十四条　机动车驾驶许可考试的收费标准，由国务院价格主管部门规定。

第一百一十五条　本条例自2004年5月1日起施行。1960年2月11日国务院批准、交通部发布的《机动车管理办法》，1988年3月9日国务院发布的《中华人民共和国道路交通管理条例》，1991年9月22日国务院发布的《道路交通事故处理办法》，同时废止。

中华人民共和国国务院令

第 355 号

《中华人民共和国内河交通安全管理条例》已经 2002 年 6 月 19 日国务院第 60 次常务会议通过，现予公布，自 2002 年 8 月 1 日起施行。

总理　朱镕基

2002 年 6 月 28 日

中华人民共和国内河交通安全管理条例

（2002 年 6 月 28 日中华人民共和国国务院令第 355 号公布 根据 2011 年 1 月 8 日《国务院关于废止和修改部分行政法规的决定》修订）

目　　录

第一章　总　　则

第一条　为了加强内河交通安全管理，维护内河交通秩序，保障人民群众生命、财产安全，制定本条例。

第二条　在中华人民共和国内河通航水域从事航行、停泊和作业以及与内河交通安全有关的活动，必须遵守本条例。

第三条　内河交通安全管理遵循安全第一、预防为主、方便群众、依法管理的原则，保障内河交通安全、有序、畅通。

第四条 国务院交通主管部门主管全国内河交通安全管理工作。国家海事管理机构在国务院交通主管部门的领导下，负责全国内河交通安全监督管理工作。

国务院交通主管部门在中央管理水域设立的海事管理机构和省、自治区、直辖市人民政府在中央管理水域以外的其他水域设立的海事管理机构(以下统称海事管理机构)依据各自的职责权限，对所辖内河通航水域实施水上交通安全监督管理。

第五条 县级以上地方各级人民政府应当加强本行政区域内的内河交通安全管理工作，建立、健全内河交通安全管理责任制。

乡(镇)人民政府对本行政区域内的内河交通安全管理履行下列职责：

(一)建立、健全行政村和船主的船舶安全责任制；

(二)落实渡口船舶、船员、旅客定额的安全管理责任制；

(三)落实船舶水上交通安全管理的专门人员；

(四)督促船舶所有人、经营人和船员遵守有关内河交通安全的法律、法规和规章。

第二章　船舶、浮动设施和船员

第六条 船舶具备下列条件，方可航行：

(一)经海事管理机构认可的船舶检验机构依法检验并持有合格的船舶检验证书；

(二)经海事管理机构依法登记并持有船舶登记证书；

(三)配备符合国务院交通主管部门规定的船员；

(四)配备必要的航行资料。

第七条 浮动设施具备下列条件，方可从事有关活动：

(一)经海事管理机构认可的船舶检验机构依法检验并持有合格的检验证书；

(二)经海事管理机构依法登记并持有登记证书；

(三)配备符合国务院交通主管部门规定的掌握水上交通安全技能的船员。

第八条 船舶、浮动设施应当保持适于安全航行、停泊或者从事有关活动的状态。

船舶、浮动设施的配载和系固应当符合国家安全技术规范。

第九条 船员经水上交通安全专业培训，其中客船和载运危险货物船舶的船员还应当经相应的特殊培训，并经海事管理机构考试合格，取得相应的适任证书或者其他适任证件，方可担任船员职务。严禁未取得适任证书或者其他适任证件的船员上岗。

船员应当遵守职业道德，提高业务素质，严格依法履行职责。

第十条 船舶、浮动设施的所有人或者经营人，应当加强对船舶、浮动设施的安全管理，建立、健全相应的交通安全管理制度，并对船舶、浮动设施的交通安全负责；不得聘用无适任证书或者其他适任证件的人员担任船员；不得指使、强令船员违章操作。

第十一条 船舶、浮动设施的所有人或者经营人，应当根据船舶、浮动设施的技术性能、船员状况、水域和水文气象条件，合理调度船舶或者使用浮动设施。

第十二条 按照国家规定必须取得船舶污染损害责任、沉船打捞责任的保险文书或者财务保证书的船舶，其所有人或者经营人必须取得相应的保险文书或者财务担保证明，并随船携带其副本。

第十三条 禁止伪造、变造、买卖、租借、冒用船舶检验证书、船舶登记证书、船员适任证书或者其他适任证件。

第三章　航行、停泊和作业

第十四条 船舶在内河航行，应当悬挂国旗，标明船名、船籍港、载重线。

按照国家规定应当报废的船舶、浮动设施，不得航行或者作业。

第十五条 船舶在内河航行，应当保持瞭望，注意观察，并采用安全航速航行。船舶安全航速应当根据能见度、通航密度、船舶操纵性能和风、浪、水流、航路状况以及周围环境等主要因素决定。使用雷达的船舶，还应当考虑雷达设备的特性、效率和局限性。

船舶在限制航速的区域和汛期高水位期间，应当按照海事管理机构规定的航速航行。

第十六条 船舶在内河航行时，上行船舶应当沿缓流或者航路一侧航行，下行船舶应当沿主流或者航路中间航行；在潮流河段、湖泊、水库、平流区域，应当尽可能沿本船右舷一侧航路航行。

第十七条 船舶在内河航行时，应当谨慎驾驶，保障安全；对来船动态不明、声号不统一或者遇有紧迫情况时，应当减速、停车或者倒车，防止碰撞。

船舶相遇，各方应当注意避让。按照船舶航行规则应当让路的船舶，必须主动避让被让路船舶；被让路船舶应当注意让路船舶的行动，并适时采取措施，协助避让。

船舶避让时，各方避让意图经统一后，任何一方不得擅自改变避让行动。

船舶航行、避让和信号显示的具体规则，由国务院交通主管部门制定。

第十八条 船舶进出内河港口，应当向海事管理机构办理船舶进出港签证手续。

第十九条 下列船舶在内河航行，应当向引航机构申请引航：

（一）外国籍船舶；

（二）1000 总吨以上的海上机动船舶，但船长驾驶同一类型的海上机动船舶在同一内河通航水域航行与上一航次间隔 2 个月以内的除外；

（三）通航条件受限制的船舶；

（四）国务院交通主管部门规定应当申请引航的客船、载运危险货物的船舶。

第二十条 船舶进出港口和通过交通管制区、通航密集区或者航行条件受限制的区域，应当遵守海事管理机构发布的有关通航规定。

任何船舶不得擅自进入或者穿越海事管理机构公布的禁航区。

第二十一条 从事货物或者旅客运输的船舶，必须符合船舶强度、稳性、吃水、消防和救生等安全技术要求和国务院交通主管部门规定的载货或者载客条件。

任何船舶不得超载运输货物或者旅客。

第二十二条 船舶在内河通航水域载运或者拖带超重、超长、超高、超宽、半潜的物体，必须在装船或者拖带前 24 小时报海事管理机构核定拟航行的航路、时间，并采取必要的安全措施，保障船舶载运或者拖带安全。船舶需要护航的，应当向海事管理机构申请护航。

第二十三条 遇有下列情形之一时，海事管理机构可以根据情况采取限时航行、单航、封航等临时性限制、疏导交通的措施，并予公告：

（一）恶劣天气；

（二）大范围水上施工作业；

（三）影响航行的水上交通事故；

（四）水上大型群众性活动或者体育比赛；

（五）对航行安全影响较大的其他情形。

第二十四条 船舶应当在码头、泊位或者依法公布的锚地、停泊区、作业区停泊；遇有紧急情况，需要在其他水域停泊的，应当向海事管理机构报告。

船舶停泊，应当按照规定显示信号，不得妨碍或者危及其他船舶航行、停泊或者作业的安全。

船舶停泊，应当留有足以保证船舶安全的船员值班。

第二十五条 在内河通航水域或者岸线上进行下列可能影响通航安全的作

业或者活动的，应当在进行作业或者活动前报海事管理机构批准：

（一）勘探、采掘、爆破；

（二）构筑、设置、维修、拆除水上水下构筑物或者设施；

（三）架设桥梁、索道；

（四）铺设、检修、拆除水上水下电缆或者管道；

（五）设置系船浮筒、浮趸、缆桩等设施；

（六）航道建设，航道、码头前沿水域疏浚；

（七）举行大型群众性活动、体育比赛。

进行前款所列作业或者活动，需要进行可行性研究的，在进行可行性研究时应当征求海事管理机构的意见；依照法律、行政法规的规定，需经其他有关部门审批的，还应当依法办理有关审批手续。

第二十六条 海事管理机构审批本条例第二十五条规定的作业或者活动，应当自收到申请之日起 30 日内作出批准或者不批准的决定，并书面通知申请人。

遇有紧急情况，需要对航道进行修复或者对航道、码头前沿水域进行疏浚的，作业人可以边申请边施工。

第二十七条 航道内不得养殖、种植植物、水生物和设置永久性固定设施。

划定航道，涉及水产养殖区的，航道主管部门应当征求渔业行政主管部门的意见；设置水产养殖区，涉及航道的，渔业行政主管部门应当征求航道主管部门和海事管理机构的意见。

第二十八条 在内河通航水域进行下列可能影响通航安全的作业，应当在进行作业前向海事管理机构备案：

（一）气象观测、测量、地质调查；

（二）航道日常养护；

（三）大面积清除水面垃圾；

（四）可能影响内河通航水域交通安全的其他行为。

第二十九条 进行本条例第二十五条、第二十八条规定的作业或者活动时，应当在作业或者活动区域设置标志和显示信号，并按照海事管理机构的规定，采取相应的安全措施，保障通航安全。

前款作业或者活动完成后，不得遗留任何妨碍航行的物体。

第四章 危险货物监管

第三十条 从事危险货物装卸的码头、泊位，必须符合国家有关安全规范要求，并征求海事管理机构的意见，经验收合格后，方可投入使用。

禁止在内河运输法律、行政法规以及国务院交通主管部门规定禁止运输的危险货物。

第三十一条 载运危险货物的船舶，必须持有经海事管理机构认可的船舶检验机构依法检验并颁发的危险货物适装证书，并按照国家有关危险货物运输的规定和安全技术规范进行配载和运输。

第三十二条 船舶装卸、过驳危险货物或者载运危险货物进出港口，应当将危险货物的名称、特性、包装、装卸或者过驳的时间、地点以及进出港时间等事项，事先报告海事管理机构和港口管理机构，经其同意后，方可进行装卸、过驳作业或者进出港口；但是，定船、定线、定货的船舶可以定期报告。

第三十三条 载运危险货物的船舶，在航行、装卸或者停泊时，应当按照规定显示信号；其他船舶应当避让。

第三十四条 从事危险货物装卸的码头、泊位和载运危险货物的船舶，必须编制危险货物事故应急预案，并配备相应的应急救援设备和器材。

第五章　渡口管理

第三十五条 设置或者撤销渡口，应当经渡口所在地的县级人民政府审批；县级人民政府审批前，应当征求当地海事管理机构的意见。

第三十六条 渡口的设置应当具备下列条件：

（一）选址应当在水流平缓、水深足够、坡岸稳定、视野开阔、适宜船舶停靠的地点，并远离危险物品生产、堆放场所；

（二）具备货物装卸、旅客上下的安全设施；

（三）配备必要的救生设备和专门管理人员。

第三十七条 渡口经营者应当在渡口设置明显的标志，维护渡运秩序，保障渡运安全。

渡口所在地县级人民政府应当建立、健全渡口安全管理责任制，指定有关部门负责对渡口和渡运安全实施监督检查。

第三十八条 渡口工作人员应当经培训、考试合格，并取得渡口所在地县级人民政府指定的部门颁发的合格证书。

渡口船舶应当持有合格的船舶检验证书和船舶登记证书。

第三十九条 渡口载客船舶应当有符合国家规定的识别标志，并在明显位置标明载客定额、安全注意事项。

渡口船舶应当按照渡口所在地的县级人民政府核定的路线渡运，并不得超载；渡运时，应当注意避让过往船舶，不得抢航或者强行横越。

遇有洪水或者大风、大雾、大雪等恶劣天气，渡口应当停止渡运。

第六章　通航保障

第四十条　内河通航水域的航道、航标和其他标志的规划、建设、设置、维护，应当符合国家规定的通航安全要求。

第四十一条　内河航道发生变迁，水深、宽度发生变化，或者航标发生位移、损坏、灭失，影响通航安全的，航道、航标主管部门必须及时采取措施，使航道、航标保持正常状态。

第四十二条　内河通航水域内可能影响航行安全的沉没物、漂流物、搁浅物，其所有人和经营人，必须按照国家有关规定设置标志，向海事管理机构报告，并在海事管理机构限定的时间内打捞清除；没有所有人或者经营人的，由海事管理机构打捞清除或者采取其他相应措施，保障通航安全。

第四十三条　在内河通航水域中拖放竹、木等物体，应当在拖放前 24 小时报经海事管理机构同意，按照核定的时间、路线拖放，并采取必要的安全措施，保障拖放安全。

第四十四条　任何单位和个人发现下列情况，应当迅速向海事管理机构报告：

（一）航道变迁，航道水深、宽度发生变化；

（二）妨碍通航安全的物体；

（三）航标发生位移、损坏、灭失；

（四）妨碍通航安全的其他情况。

海事管理机构接到报告后，应当根据情况发布航行通告或者航行警告，并通知航道、航标主管部门。

第四十五条　海事管理机构划定或者调整禁航区、交通管制区、港区外锚地、停泊区和安全作业区，以及对进行本条例第二十五条、第二十八条规定的作业或者活动，需要发布航行通告、航行警告的，应当及时发布。

第七章　救　　助

第四十六条　船舶、浮动设施遇险，应当采取一切有效措施进行自救。

船舶、浮动设施发生碰撞等事故，任何一方应当在不危及自身安全的情况下，积极救助遇险的他方，不得逃逸。

船舶、浮动设施遇险，必须迅速将遇险的时间、地点、遇险状况、遇险原因、救助要求，向遇险地海事管理机构以及船舶、浮动设施所有人、经营人报告。

第四十七条　船员、浮动设施上的工作人员或者其他人员发现其他船舶、浮动设施遇险，或者收到求救信号后，必须尽力救助遇险人员，并将有关情况及时向遇险地海事管理机构报告。

第四十八条 海事管理机构收到船舶、浮动设施遇险求救信号或者报告后，必须立即组织力量救助遇险人员，同时向遇险地县级以上地方人民政府和上级海事管理机构报告。

遇险地县级以上地方人民政府收到海事管理机构的报告后，应当对救助工作进行领导和协调，动员各方力量积极参与救助。

第四十九条 船舶、浮动设施遇险时，有关部门和人员必须积极协助海事管理机构做好救助工作。

遇险现场和附近的船舶、人员，必须服从海事管理机构的统一调度和指挥。

第八章 事故调查处理

第五十条 船舶、浮动设施发生交通事故，其所有人或者经营人必须立即向交通事故发生地海事管理机构报告，并做好现场保护工作。

第五十一条 海事管理机构接到内河交通事故报告后，必须立即派员前往现场，进行调查和取证。

海事管理机构进行内河交通事故调查和取证，应当全面、客观、公正。

第五十二条 接受海事管理机构调查、取证的有关人员，应当如实提供有关情况和证据，不得谎报或者隐匿、毁灭证据。

第五十三条 海事管理机构应当在内河交通事故调查、取证结束后30日内，依据调查事实和证据作出调查结论，并书面告知内河交通事故当事人。

第五十四条 海事管理机构在调查处理内河交通事故过程中，应当采取有效措施，保证航路畅通，防止发生其他事故。

第五十五条 地方人民政府应当依照国家有关规定积极做好内河交通事故的善后工作。

第五十六条 特大内河交通事故的报告、调查和处理，按照国务院有关规定执行。

第九章 监督检查

第五十七条 在旅游、交通运输繁忙的湖泊、水库，在气候恶劣的季节，在法定或者传统节日、重大集会、集市、农忙、学生放学放假等交通高峰期间，县级以上地方各级人民政府应当加强对维护内河交通安全的组织、协调工作。

第五十八条 海事管理机构必须建立、健全内河交通安全监督检查制度，并组织落实。

第五十九条 海事管理机构必须依法履行职责，加强对船舶、浮动设施、船员和通航安全环境的监督检查。发现内河交通安全隐患时，应当责令有关单位和个人立即消除或者限期消除；有关单位和个人不立即消除或者逾期不消除的，海事管理机构必须采取责令其临时停航、停止作业，禁止进港、离港等强制性措施。

第六十条 对内河交通密集区域、多发事故水域以及货物装卸、乘客上下比较集中的港口，对客渡船、滚装客船、高速客轮、旅游船和载运危险货物的船舶，海事管理机构必须加强安全巡查。

第六十一条 海事管理机构依照本条例实施监督检查时，可以根据情况对违反本条例有关规定的船舶，采取责令临时停航、驶向指定地点，禁止进港、离港，强制卸载、拆除动力装置、暂扣船舶等保障通航安全的措施。

第六十二条 海事管理机构的工作人员依法在内河通航水域对船舶、浮动设施进行内河交通安全监督检查，任何单位和个人不得拒绝或者阻挠。

有关单位或者个人应当接受海事管理机构依法实施的安全监督检查，并为其提供方便。

海事管理机构的工作人员依照本条例实施监督检查时，应当出示执法证件，表明身份。

第十章　法律责任

第六十三条 违反本条例的规定，应当报废的船舶、浮动设施在内河航行或者作业的，由海事管理机构责令停航或者停止作业，并对船舶、浮动设施予以没收。

第六十四条 违反本条例的规定，船舶、浮动设施未持有合格的检验证书、登记证书或者船舶未持有必要的航行资料，擅自航行或者作业的，由海事管理机构责令停止航行或者作业；拒不停止的，暂扣船舶、浮动设施；情节严重的，予以没收。

第六十五条 违反本条例的规定，船舶未按照国务院交通主管部门的规定配备船员擅自航行，或者浮动设施未按照国务院交通主管部门的规定配备掌握水上交通安全技能的船员擅自作业的，由海事管理机构责令限期改正，对船舶、浮动设施所有人或者经营人处 1 万元以上 10 万元以下的罚款；逾期不改正的，责令停航或者停止作业。

第六十六条 违反本条例的规定，未经考试合格并取得适任证书或者其他适任证件的人员擅自从事船舶航行的，由海事管理机构责令其立即离岗，对直接责任人员处 2000 元以上 2 万元以下的罚款，并对聘用单位处 1 万元以上 10

万元以下的罚款。

第六十七条 违反本条例的规定，按照国家规定必须取得船舶污染损害责任、沉船打捞责任的保险文书或者财务保证书的船舶的所有人或者经营人，未取得船舶污染损害责任、沉船打捞责任保险文书或者财务担保证明的，由海事管理机构责令限期改正；逾期不改正的，责令停航，并处1万元以上10万元以下的罚款。

第六十八条 违反本条例的规定，船舶在内河航行时，有下列情形之一的，由海事管理机构责令改正，处5000元以上5万元以下的罚款；情节严重的，禁止船舶进出港口或者责令停航，并可以对责任船员给予暂扣适任证书或者其他适任证件3个月至6个月的处罚：

（一）未按照规定悬挂国旗，标明船名、船籍港、载重线的；

（二）未向海事管理机构办理船舶进出港签证手续的；

（三）未按照规定申请引航的；

（四）擅自进出内河港口，强行通过交通管制区、通航密集区、航行条件受限制区域或者禁航区的；

（五）载运或者拖带超重、超长、超高、超宽、半潜的物体，未申请或者未按照核定的航路、时间航行的。

第六十九条 违反本条例的规定，船舶未在码头、泊位或者依法公布的锚地、停泊区、作业区停泊的，由海事管理机构责令改正；拒不改正的，予以强行拖离，因拖离发生的费用由船舶所有人或者经营人承担。

第七十条 违反本条例的规定，在内河通航水域或者岸线上进行有关作业或者活动未经批准或者备案，或者未设置标志、显示信号的，由海事管理机构责令改正，处5000元以上5万元以下的罚款。

第七十一条 违反本条例的规定，从事危险货物作业，有下列情形之一的，由海事管理机构责令停止作业或者航行，对负有责任的主管人员或者其他直接责任人员处2万元以上10万元以下的罚款；属于船员的，并给予暂扣适任证书或者其他适任证件6个月以上直至吊销适任证书或者其他适任证件的处罚：

（一）从事危险货物运输的船舶，未编制危险货物事故应急预案或者未配备相应的应急救援设备和器材的；

（二）船舶装卸、过驳危险货物或者载运危险货物进出港口未经海事管理机构、港口管理机构同意的。

未持有危险货物适装证书擅自载运危险货物或者未按照安全技术规范进行配载和运输的，依照《危险化学品安全管理条例》的规定处罚。

第七十二条 违反本条例的规定，未经批准擅自设置或者撤销渡口的，由渡口所在地县级人民政府指定的部门责令限期改正；逾期不改正的，予以强制拆除或者恢复，因强制拆除或者恢复发生的费用分别由设置人、撤销人承担。

第七十三条 违反本条例的规定，渡口船舶未标明识别标志、载客定额、安全注意事项的，由渡口所在地县级人民政府指定的部门责令改正，处2000元以上1万元以下的罚款；逾期不改正的，责令停航。

第七十四条 违反本条例的规定，在内河通航水域的航道内养殖、种植植物、水生物或者设置永久性固定设施的，由海事管理机构责令限期改正；逾期不改正的，予以强制清除，因清除发生的费用由其所有人或者经营人承担。

第七十五条 违反本条例的规定，内河通航水域中的沉没物、漂流物、搁浅物的所有人或者经营人，未按照国家有关规定设置标志或者未在规定的时间内打捞清除的，由海事管理机构责令限期改正；逾期不改正的，海事管理机构强制设置标志或者组织打捞清除；需要立即组织打捞清除的，海事管理机构应当及时组织打捞清除。海事管理机构因设置标志或者打捞清除发生的费用，由沉没物、漂流物、搁浅物的所有人或者经营人承担。

第七十六条 违反本条例的规定，船舶、浮动设施遇险后未履行报告义务或者不积极施救的，由海事管理机构给予警告，并可以对责任船员给予暂扣适任证书或者其他适任证件3个月至6个月直至吊销适任证书或者其他适任证件的处罚。

第七十七条 违反本条例的规定，船舶、浮动设施发生内河交通事故的，除依法承担相应的法律责任外，由海事管理机构根据调查结论，对责任船员给予暂扣适任证书或者其他适任证件6个月以上直至吊销适任证书或者其他适任证件的处罚。

第七十八条 违反本条例的规定，遇险现场和附近的船舶、船员不服从海事管理机构的统一调度和指挥的，由海事管理机构给予警告，并可以对责任船员给予暂扣适任证书或者其他适任证件3个月至6个月直至吊销适任证书或者其他适任证件的处罚。

第七十九条 违反本条例的规定，伪造、变造、买卖、转借、冒用船舶检验证书、船舶登记证书、船员适任证书或者其他适任证件的，由海事管理机构没收有关的证书或者证件；有违法所得的，没收违法所得，并处违法所得2倍以上5倍以下的罚款；没有违法所得或者违法所得不足2万元的，处1万元以上5万元以下的罚款；触犯刑律的，依照刑法关于伪造、变造、买卖国家机关公文、证件罪或者其他罪的规定，依法追究刑事责任。

第八十条 违反本条例的规定，船舶、浮动设施的所有人或者经营人指使、强令船员违章操作的，由海事管理机构给予警告，处1万元以上5万元以下的罚款，并可以责令停航或者停止作业；造成重大伤亡事故或者严重后果的，依照刑法关于重大责任事故罪或者其他罪的规定，依法追究刑事责任。

第八十一条 违反本条例的规定，船舶在内河航行、停泊或者作业，不遵守航行、避让和信号显示规则的，由海事管理机构责令改正，处1000元以上1万元以下的罚款；情节严重的，对责任船员给予暂扣适任证书或者其他适任证件3个月至6个月直至吊销适任证书或者其他适任证件的处罚；造成重大内河交通事故的，依照刑法关于交通肇事罪或者其他罪的规定，依法追究刑事责任。

第八十二条 违反本条例的规定，船舶不具备安全技术条件从事货物、旅客运输，或者超载运输货物、旅客的，由海事管理机构责令改正，处2万元以上10万元以下的罚款，可以对责任船员给予暂扣适任证书或者其他适任证件6个月以上直至吊销适任证书或者其他适任证件的处罚，并对超载运输的船舶强制卸载，因卸载而发生的卸货费、存货费、旅客安置费和船舶监管费由船舶所有人或者经营人承担；发生重大伤亡事故或者造成其他严重后果的，依照刑法关于重大劳动安全事故罪或者其他罪的规定，依法追究刑事责任。

第八十三条 违反本条例的规定，船舶、浮动设施发生内河交通事故后逃逸的，由海事管理机构对责任船员给予吊销适任证书或者其他适任证件的处罚；证书或者证件吊销后，5年内不得重新从业；触犯刑律的，依照刑法关于交通肇事罪或者其他罪的规定，依法追究刑事责任。

第八十四条 违反本条例的规定，阻碍、妨碍内河交通事故调查取证，或者谎报、隐匿、毁灭证据的，由海事管理机构给予警告，并对直接责任人员处1000元以上1万元以下的罚款；属于船员的，并给予暂扣适任证书或者其他适任证件12个月以上直至吊销适任证书或者其他适任证件的处罚；以暴力、威胁方法阻碍内河交通事故调查取证的，依照刑法关于妨害公务罪的规定，依法追究刑事责任。

第八十五条 违反本条例的规定，海事管理机构不依据法定的安全条件进行审批、许可的，对负有责任的主管人员和其他直接责任人员根据不同情节，给予降级或者撤职的行政处分；造成重大内河交通事故或者致使公共财产、国家和人民利益遭受重大损失的，依照刑法关于滥用职权罪、玩忽职守罪或者其他罪的规定，依法追究刑事责任。

第八十六条 违反本条例的规定，海事管理机构对审批、许可的安全事项不实施监督检查的，对负有责任的主管人员和其他直接责任人员根据不同情节，给予记大过、降级或者撤职的行政处分；造成重大内河交通事故或者致使公共财产、国家和人民利益遭受重大损失的，依照刑法关于滥用职权罪、玩忽职守罪或者其他罪的规定，依法追究刑事责任。

第八十七条 违反本条例的规定，海事管理机构发现船舶、浮动设施不再具备安全航行、停泊、作业条件而不及时撤销批准或者许可并予以处理的，对负有责任的主管人员和其他直接责任人员根据不同情节，给予记大过、降级或者撤职的行政处分；造成重大内河交通事故或者致使公共财产、国家和人民利益遭受重大损失的，依照刑法关于滥用职权罪、玩忽职守罪或者其他罪的规定，依法追究刑事责任。

第八十八条 违反本条例的规定，海事管理机构对未经审批、许可擅自从事旅客、危险货物运输的船舶不实施监督检查，或者发现内河交通安全隐患不及时依法处理，或者对违法行为不依法予以处罚的，对负有责任的主管人员和其他直接责任人员根据不同情节，给予降级或者撤职的行政处分；造成重大内河交通事故或者致使公共财产、国家和人民利益遭受重大损失的，依照刑法关于滥用职权罪、玩忽职守罪或者其他罪的规定，依法追究刑事责任。

第八十九条 违反本条例的规定，渡口所在地县级人民政府指定的部门，有下列情形之一的，根据不同情节，对负有责任的主管人员和其他直接责任人员，给予降级或者撤职的行政处分；造成重大内河交通事故或者致使公共财产、国家和人民利益遭受重大损失的，依照刑法关于滥用职权罪、玩忽职守罪或者其他罪的规定，依法追究刑事责任：

（一）对县级人民政府批准的渡口不依法实施监督检查的；

（二）对未经县级人民政府批准擅自设立的渡口不予以查处的；

（三）对渡船超载、人与大牲畜混载、人与爆炸品、压缩气体和液化气体、易燃液体、易燃固体、自燃物品和遇湿易燃物品、氧化剂和有机过氧化物、有毒品和腐蚀品等危险品混载以及其他危及安全的行为不及时纠正并依法处理的。

第九十条 违反本条例的规定，触犯《中华人民共和国治安管理处罚条例》，构成违反治安管理行为的，由公安机关给予治安管理处罚。

第十一章　附　　则

第九十一条 本条例下列用语的含义：

（一）内河通航水域，是指由海事管理机构认定的可供船舶航行的江、河、湖泊、水库、运河等水域。

（二）船舶，是指各类排水或者非排水的船、艇、筏、水上飞行器、潜水器、移动式平台以及其他水上移动装置。

（三）浮动设施，是指采用缆绳或者锚链等非刚性固定方式系固并漂浮或者潜于水中的建筑、装置。

（四）交通事故，是指船舶、浮动设施在内河通航水域发生的碰撞、触碰、触礁、浪损、搁浅、火灾、爆炸、沉没等引起人身伤亡和财产损失的事件。

第九十二条 军事船舶在内河通航水域航行，应当遵守内河航行、避让和信号显示规则。军事船舶的检验、登记和船员的考试、发证等管理办法，按照国家有关规定执行。

第九十三条 渔船的检验、登记以及进出渔港签证，渔船船员的考试、发证，渔船之间交通事故的调查处理，以及渔港水域内渔船的交通安全管理办法，由国务院渔业行政主管部门依据本条例另行规定。

第九十四条 城市园林水域水上交通安全管理的具体办法，由省、自治区、直辖市人民政府制定；但是，有关船舶检验、登记和船员管理，依照国家有关规定执行。

第九十五条 本条例自 2002 年 8 月 1 日起施行。1986 年 12 月 16 日国务院发布的《中华人民共和国内河交通安全管理条例》同时废止。

中华人民共和国交通运输部令

2016年第36号

《交通运输部关于修改〈道路危险货物运输管理规定〉的决定》已于2016年4月7日经第7次部务会议通过，现予公布。

部长　杨传堂

2016年4月11日

道路危险货物运输管理规定

（2013年1月23日交通运输部发布　根据2016年4月11日《交通运输部关于修改〈道路危险货物运输管理规定〉的决定》修正）

目　　录

第一章　总　　则

第一条　为规范道路危险货物运输市场秩序，保障人民生命财产安全，保护环境，维护道路危险货物运输各方当事人的合法权益，根据《中华人民共和国道路运输条例》和《危险化学品安全管理条例》等有关法律、行政法规，制定本规定。

第二条　从事道路危险货物运输活动，应当遵守本规定。军事危险货物运输除外。

法律、行政法规对民用爆炸物品、烟花爆竹、放射性物品等特定种类危险货物的道路运输另有规定的，从其规定。

第三条　本规定所称危险货物，是指具有爆炸、易燃、毒害、感染、腐蚀等危险特性，在生产、经营、运输、储存、使用和处置中，容易造成人身伤亡、财产损毁或者环境污染而需要特别防护的物质和物品。危险货物以列入国家标准《危险货物品名表》(GB 12268)的为准，未列入《危险货物品名表》的，以有关法律、行政法规的规定或者国务院有关部门公布的结果为准。

本规定所称道路危险货物运输，是指使用载货汽车通过道路运输危险货物的作业全过程。

本规定所称道路危险货物运输车辆，是指满足特定技术条件和要求，从事道路危险货物运输的载货汽车(以下简称专用车辆)。

第四条 危险货物的分类、分项、品名和品名编号应当按照国家标准《危险货物分类和品名编号》(GB 6944)、《危险货物品名表》(GB 12268)执行。危险货物的危险程度依据国家标准《危险货物运输包装通用技术条件》(GB 12463)，分为Ⅰ、Ⅱ、Ⅲ等级。

第五条 从事道路危险货物运输应当保障安全，依法运输，诚实信用。

第六条 国家鼓励技术力量雄厚、设备和运输条件好的大型专业危险化学品生产企业从事道路危险货物运输，鼓励道路危险货物运输企业实行集约化、专业化经营，鼓励使用厢式、罐式和集装箱等专用车辆运输危险货物。

第七条 交通运输部主管全国道路危险货物运输管理工作。

县级以上地方人民政府交通运输主管部门负责组织领导本行政区域的道路危险货物运输管理工作。

县级以上道路运输管理机构负责具体实施道路危险货物运输管理工作。

第二章　道路危险货物运输许可

第八条 申请从事道路危险货物运输经营，应当具备下列条件：

(一) 有符合下列要求的专用车辆及设备：

1. 自有专用车辆(挂车除外)5 辆以上；运输剧毒化学品、爆炸品的，自有专用车辆(挂车除外)10 辆以上。

2. 专用车辆的技术要求应当符合《道路运输车辆技术管理规定》有关规定。

3. 配备有效的通讯工具。

4. 专用车辆应当安装具有行驶记录功能的卫星定位装置。

5. 运输剧毒化学品、爆炸品、易制爆危险化学品的，应当配备罐式、厢式专用车辆或者压力容器等专用容器。

6. 罐式专用车辆的罐体应当经质量检验部门检验合格，且罐体载货后总质量与专用车辆核定载质量相匹配。运输爆炸品、强腐蚀性危险货物的罐式专用车辆的罐体容积不得超过 20 立方米，运输剧毒化学品的罐式专用车辆的罐体容积不得超过10立方米，但符合国家有关标准的罐式集装箱除外。

7. 运输剧毒化学品、爆炸品、强腐蚀性危险货物的非罐式专用车辆，核定载质量不得超过10吨，但符合国家有关标准的集装箱运输专用车辆除外。

8. 配备与运输的危险货物性质相适应的安全防护、环境保护和消防设施设备。

（二）有符合下列要求的停车场地：

1. 自有或者租借期限为3年以上，且与经营范围、规模相适应的停车场地，停车场地应当位于企业注册地市级行政区域内。

2. 运输剧毒化学品、爆炸品专用车辆以及罐式专用车辆，数量为20辆（含）以下的，停车场地面积不低于车辆正投影面积的1.5倍，数量为20辆以上的，超过部分，每辆车的停车场地面积不低于车辆正投影面积；运输其他危险货物的，专用车辆数量为10辆（含）以下的，停车场地面积不低于车辆正投影面积的1.5倍；数量为10辆以上的，超过部分，每辆车的停车场地面积不低于车辆正投影面积。

3. 停车场地应当封闭并设立明显标志，不得妨碍居民生活和威胁公共安全。

（三）有符合下列要求的从业人员和安全管理人员：

1. 专用车辆的驾驶人员取得相应机动车驾驶证，年龄不超过60周岁。

2. 从事道路危险货物运输的驾驶人员、装卸管理人员、押运人员应当经所在地设区的市级人民政府交通运输主管部门考试合格，并取得相应的从业资格证；从事剧毒化学品、爆炸品道路运输的驾驶人员、装卸管理人员、押运人员，应当经考试合格，取得注明为“剧毒化学品运输”或者“爆炸品运输”类别的从业资格证。

3. 企业应当配备专职安全管理人员。

（四）有健全的安全生产管理制度：

1. 企业主要负责人、安全管理部门负责人、专职安全管理人员安全生产责任制度。

2. 从业人员安全生产责任制度。

3. 安全生产监督检查制度。

4. 安全生产教育培训制度。

5. 从业人员、专用车辆、设备及停车场地安全管理制度。

6. 应急救援预案制度。

7. 安全生产作业规程。

8. 安全生产考核与奖惩制度。

9. 安全事故报告、统计与处理制度。

第九条 符合下列条件的企事业单位，可以使用自备专用车辆从事为本单位服务的非经营性道路危险货物运输：

（一）属于下列企事业单位之一：

1. 省级以上安全生产监督管理部门批准设立的生产、使用、储存危险化学品的企业。

2. 有特殊需求的科研、军工等企事业单位。

（二）具备第八条规定的条件，但自有专用车辆（挂车除外）的数量可以少于5辆。

第十条 申请从事道路危险货物运输经营的企业，应当依法向工商行政管理机关办理有关登记手续后，向所在地设区的市级道路运输管理机构提出申请，并提交以下材料：

（一）《道路危险货物运输经营申请表》，包括申请人基本信息、申请运输的危险货物范围（类别、项别或品名，如果为剧毒化学品应当标注“剧毒”）等内容。

（二）拟担任企业法定代表人的投资人或者负责人的身份证明及其复印件，经办人身份证明及其复印件和书面委托书。

（三）企业章程文本。

（四）证明专用车辆、设备情况的材料，包括：

1. 未购置专用车辆、设备的，应当提交拟投入专用车辆、设备承诺书。承诺书内容应当包括车辆数量、类型、技术等级、总质量、核定载质量、车轴数以及车辆外廓尺寸；通讯工具和卫星定位装置配备情况；罐式专用车辆的罐体容积；罐式专用车辆罐体载货后的总质量与车辆核定载质量相匹配情况；运输剧毒化学品、爆炸品、易制爆危险化学品的专用车辆核定载质量等有关情况。承诺期限不得超过1年。

2. 已购置专用车辆、设备的，应当提供车辆行驶证、车辆技术等级评定结论；通讯工具和卫星定位装置配备；罐式专用车辆的罐体检测合格证或者检测报告及复印件等有关材料。

（五）拟聘用专职安全管理人员、驾驶人员、装卸管理人员、押运人员的，应当提交拟聘用承诺书，承诺期限不得超过1年；已聘用的应当提交从业资格证及其复印件以及驾驶证及其复印件。

（六）停车场地的土地使用证、租借合同、场地平面图等材料。

（七）相关安全防护、环境保护、消防设施设备的配备情况清单。

（八）有关安全生产管理制度文本。

第十一条 申请从事非经营性道路危险货物运输的单位，向所在地设区的市级道路运输管理机构提出申请时，除提交第十条第(四)项至第(八)项规定的材料外，还应当提交以下材料：

(一)《道路危险货物运输申请表》，包括申请人基本信息、申请运输的物品范围(类别、项别或品名，如果为剧毒化学品应当标注“剧毒”)等内容。

(二) 下列形式之一的单位基本情况证明：

1. 省级以上安全生产监督管理部门颁发的危险化学品生产、使用等证明。

2. 能证明科研、军工等企事业单位性质或者业务范围的有关材料。

(三) 特殊运输需求的说明材料。

(四) 经办人的身份证明及其复印件以及书面委托书。

第十二条 设区的市级道路运输管理机构应当按照《中华人民共和国道路运输条例》和《交通行政许可实施程序规定》，以及本规定所明确的程序和时限实施道路危险货物运输行政许可，并进行实地核查。

决定准予许可的，应当向被许可人出具《道路危险货物运输行政许可决定书》，注明许可事项，具体内容应当包括运输危险货物的范围(类别、项别或品名，如果为剧毒化学品应当标注“剧毒”)，专用车辆数量、要求以及运输性质，并在10日内向道路危险货物运输经营申请人发放《道路运输经营许可证》，向非经营性道路危险货物运输申请人发放《道路危险货物运输许可证》。

市级道路运输管理机构应当将准予许可的企业或单位的许可事项等，及时以书面形式告知县级道路运输管理机构。

决定不予许可的，应当向申请人出具《不予交通行政许可决定书》。

第十三条 被许可人已获得其他道路运输经营许可的，设区的市级道路运输管理机构应当为其换发《道路运输经营许可证》，并在经营范围中加注新许可的事项。如果原《道路运输经营许可证》是由省级道路运输管理机构发放的，由原许可机关按照上述要求予以换发。

第十四条 被许可人应当按照承诺期限落实拟投入的专用车辆、设备。

原许可机关应当对被许可人落实的专用车辆、设备予以核实，对符合许可条件的专用车辆配发《道路运输证》，并在《道路运输证》经营范围栏内注明允许运输的危险货物类别、项别或者品名，如果为剧毒化学品应标注“剧毒”；对从事非经营性道路危险货物运输的车辆，还应当加盖“非经营性危险货物运输专用章”。

被许可人未在承诺期限内落实专用车辆、设备的，原许可机关应当撤销许可决定，并收回已核发的许可证明文件。

第十五条 被许可人应当按照承诺期限落实拟聘用的专职安全管理人员、驾驶人员、装卸管理人员和押运人员。

被许可人未在承诺期限内按照承诺聘用专职安全管理人员、驾驶人员、装卸管理人员和押运人员的，原许可机关应当撤销许可决定，并收回已核发的许可证明文件。

第十六条 道路运输管理机构不得许可一次性、临时性的道路危险货物运输。

第十七条 中外合资、中外合作、外商独资形式投资道路危险货物运输的，应当同时遵守《外商投资道路运输业管理规定》。

第十八条 道路危险货物运输企业设立子公司从事道路危险货物运输的，应当向子公司注册地设区的市级道路运输管理机构申请运输许可。设立分公司的，应当向分公司注册地设区的市级道路运输管理机构备案。

第十九条 道路危险货物运输企业或者单位需要变更许可事项的，应当向原许可机关提出申请，按照本章有关许可的规定办理。

道路危险货物运输企业或者单位变更法定代表人、名称、地址等工商登记事项的，应当在30日内向原许可机关备案。

第二十条 道路危险货物运输企业或者单位终止危险货物运输业务的，应当在终止之日的30日前告知原许可机关，并在停业后10日内将《道路运输经营许可证》或者《道路危险货物运输许可证》以及《道路运输证》交回原许可机关。

第三章 专用车辆、设备管理

第二十一条 道路危险货物运输企业或者单位应当按照《道路运输车辆技术管理规定》中有关车辆管理的规定，维护、检测、使用和管理专用车辆，确保专用车辆技术状况良好。

第二十二条 设区的市级道路运输管理机构应当定期对专用车辆进行审验，每年审验一次。审验按照《道路运输车辆技术管理规定》进行，并增加以下审验项目：

（一）专用车辆投保危险货物承运人责任险情况；

（二）必需的应急处理器材、安全防护设施设备和专用车辆标志的配备情况；

（三）具有行驶记录功能的卫星定位装置的配备情况。

第二十三条 禁止使用报废的、擅自改装的、检测不合格的、车辆技术等级达不到一级的和其他不符合国家规定的车辆从事道路危险货物运输。

除铰接列车、具有特殊装置的大型物件运输专用车辆外，严禁使用货车列车从事危险货物运输；倾卸式车辆只能运输散装硫磺、萘饼、粗蒽、煤焦沥青等危险货物。

禁止使用移动罐体(罐式集装箱除外)从事危险货物运输。

第二十四条 用于装卸危险货物的机械及工具的技术状况应当符合行业标准《汽车运输危险货物规则》(JT617)规定的技术要求。

第二十五条 罐式专用车辆的常压罐体应当符合国家标准《道路运输液体危险货物罐式车辆第1部分:金属常压罐体技术要求》(GB 18564.1)、《道路运输液体危险货物罐式车辆第2部分:非金属常压罐体技术要求》(GB 18564.2)等有关技术要求。

使用压力容器运输危险货物的,应当符合国家特种设备安全监督管理部门制订并公布的《移动式压力容器安全技术监察规程》(TSG R0005)等有关技术要求。

压力容器和罐式专用车辆应当在质量检验部门出具的压力容器或者罐体检验合格的有效期内承运危险货物。

第二十六条 道路危险货物运输企业或者单位对重复使用的危险货物包装物、容器,在重复使用前应当进行检查;发现存在安全隐患的,应当维修或者更换。

道路危险货物运输企业或者单位应当对检查情况作出记录,记录的保存期限不得少于2年。

第二十七条 道路危险货物运输企业或者单位应当到具有污染物处理能力的机构对常压罐体进行清洗(置换)作业,将废气、污水等污染物集中收集,消除污染,不得随意排放,污染环境。

第四章 道路危险货物运输

第二十八条 道路危险货物运输企业或者单位应当严格按照道路运输管理机构决定的许可事项从事道路危险货物运输活动,不得转让、出租道路危险货物运输许可证件。

严禁非经营性道路危险货物运输单位从事道路危险货物运输经营活动。

第二十九条 危险货物托运人应当委托具有道路危险货物运输资质的企业承运。

危险货物托运人应当对托运的危险货物种类、数量和承运人等相关信息予以记录,记录的保存期限不得少于1年。

第三十条 危险货物托运人应当严格按照国家有关规定妥善包装并在外包装设置标志,并向承运人说明危险货物的品名、数量、危害、应急措施等情况。需要添加抑制剂或者稳定剂的,托运人应当按照规定添加,并告知承运人相关注意事项。

危险货物托运人托运危险化学品的，还应当提交与托运的危险化学品完全一致的安全技术说明书和安全标签。

第三十一条 不得使用罐式专用车辆或者运输有毒、感染性、腐蚀性危险货物的专用车辆运输普通货物。

其他专用车辆可以从事食品、生活用品、药品、医疗器具以外的普通货物运输，但应当由运输企业对专用车辆进行消除危害处理，确保不对普通货物造成污染、损害。

不得将危险货物与普通货物混装运输。

第三十二条 专用车辆应当按照国家标准《道路运输危险货物车辆标志》(GB 13392)的要求悬挂标志。

第三十三条 运输剧毒化学品、爆炸品的企业或者单位，应当配备专用停车区域，并设立明显的警示标牌。

第三十四条 专用车辆应当配备符合有关国家标准以及与所载运的危险货物相适应的应急处理器材和安全防护设备。

第三十五条 道路危险货物运输企业或者单位不得运输法律、行政法规禁止运输的货物。

法律、行政法规规定的限运、凭证运输货物，道路危险货物运输企业或者单位应当按照有关规定办理相关运输手续。

法律、行政法规规定托运人必须办理有关手续后方可运输的危险货物，道路危险货物运输企业应当查验有关手续齐全有效后方可承运。

第三十六条 道路危险货物运输企业或者单位应当采取必要措施，防止危险货物脱落、扬散、丢失以及燃烧、爆炸、泄漏等。

第三十七条 驾驶人员应当随车携带《道路运输证》。驾驶人员或者押运人员应当按照《汽车运输危险货物规则》(JT 617)的要求，随车携带《道路运输危险货物安全卡》。

第三十八条 在道路危险货物运输过程中，除驾驶人员外，还应当在专用车辆上配备押运人员，确保危险货物处于押运人员监管之下。

第三十九条 道路危险货物运输途中，驾驶人员不得随意停车。

因住宿或者发生影响正常运输的情况需要较长时间停车的，驾驶人员、押运人员应当设置警戒带，并采取相应的安全防范措施。

运输剧毒化学品或者易制爆危险化学品需要较长时间停车的，驾驶人员或者押运人员应当向当地公安机关报告。

第四十条 危险货物的装卸作业应当遵守安全作业标准、规程和制度，并在装卸管理人员的现场指挥或者监控下进行。

危险货物运输托运人和承运人应当按照合同约定指派装卸管理人员；若合同未予约定，则由负责装卸作业的一方指派装卸管理人员。

第四十一条 驾驶人员、装卸管理人员和押运人员上岗时应当随身携带从业资格证。

第四十二条 严禁专用车辆违反国家有关规定超载、超限运输。

道路危险货物运输企业或者单位使用罐式专用车辆运输货物时，罐体载货后的总质量应当和专用车辆核定载质量相匹配；使用牵引车运输货物时，挂车载货后的总质量应当与牵引车的准牵引总质量相匹配。

第四十三条 道路危险货物运输企业或者单位应当要求驾驶人员和押运人员在运输危险货物时，严格遵守有关部门关于危险货物运输线路、时间、速度方面的有关规定，并遵守有关部门关于剧毒、爆炸危险品道路运输车辆在重大节假日通行高速公路的相关规定。

第四十四条 道路危险货物运输企业或者单位应当通过卫星定位监控平台或者监控终端及时纠正和处理超速行驶、疲劳驾驶、不按规定线路行驶等违法违规驾驶行为。

监控数据应当至少保存 3 个月，违法驾驶信息及处理情况应当至少保存 3 年。

第四十五条 道路危险货物运输从业人员必须熟悉有关安全生产的法规、技术标准和安全生产规章制度、安全操作规程，了解所装运危险货物的性质、危害特性、包装物或者容器的使用要求和发生意外事故时的处置措施，并严格执行《汽车运输危险货物规则》(JT 617)、《汽车运输、装卸危险货物作业规程》(JT 618)等标准，不得违章作业。

第四十六条 道路危险货物运输企业或者单位应当通过岗前培训、例会、定期学习等方式，对从业人员进行经常性安全生产、职业道德、业务知识和操作规程的教育培训。

第四十七条 道路危险货物运输企业或者单位应当加强安全生产管理，制定突发事件应急预案，配备应急救援人员和必要的应急救援器材、设备，并定期组织应急救援演练，严格落实各项安全制度。

第四十八条 道路危险货物运输企业或者单位应当委托具备资质条件的机构，对本企业或单位的安全管理情况每 3 年至少进行一次安全评估，出具安全评估报告。

第四十九条 在危险货物运输过程中发生燃烧、爆炸、污染、中毒或者被盗、丢失、流散、泄漏等事故，驾驶人员、押运人员应当立即根据应急预案和《道路运输危险货物安全卡》的要求采取应急处置措施，并向事故发生地公安部门、交通运输主管部门和本运输企业或者单位报告。运输企业或者单位接到事故报告后，应当按照本单位危险货物应急预案组织救援，并向事故发生地安全生产监督管理部门和环境保护、卫生主管部门报告。

道路危险货物运输管理机构应当公布事故报告电话。

第五十条 在危险货物装卸过程中，应当根据危险货物的性质，轻装轻卸，堆码整齐，防止混杂、撒漏、破损，不得与普通货物混合堆放。

第五十一条 道路危险货物运输企业或者单位应当为其承运的危险货物投保承运人责任险。

第五十二条 道路危险货物运输企业异地经营（运输线路起讫点均不在企业注册地市域内）累计 3 个月以上的，应当向经营地设区的市级道路运输管理机构备案并接受其监管。

第五章 监督检查

第五十三条 道路危险货物运输监督检查按照《道路货物运输及站场管理规定》执行。

道路运输管理机构工作人员应当定期或者不定期对道路危险货物运输企业或者单位进行现场检查。

第五十四条 道路运输管理机构工作人员对在异地取得从业资格的人员监督检查时，可以向原发证机关申请提供相应的从业资格档案资料，原发证机关应当予以配合。

第五十五条 道路运输管理机构在实施监督检查过程中，经本部门主要负责人批准，可以对没有随车携带《道路运输证》又无法当场提供其他有效证明文件的危险货物运输专用车辆予以扣押。

第五十六条 任何单位和个人对违反本规定的行为，有权向道路危险货物运输管理机构举报。

道路危险货物运输管理机构应当公布举报电话，并在接到举报后及时依法处理；对不属于本部门职责的，应当及时移送有关部门处理。

第六章 法律责任

第五十七条 违反本规定，有下列情形之一的，由县级以上道路运输管理机构责令停止运输经营，有违法所得的，没收违法所得，处违法所得 2 倍以上 10 倍以下的罚款；没有违法所得或者违法所得不足 2 万元的，处 3 万元以上 10 万元以下的罚款；构成犯罪的，依法追究刑事责任：

（一）未取得道路危险货物运输许可，擅自从事道路危险货物运输的；

（二）使用失效、伪造、变造、被注销等无效道路危险货物运输许可证件从事道路危险货物运输的；

（三）超越许可事项，从事道路危险货物运输的；

（四）非经营性道路危险货物运输单位从事道路危险货物运输经营的。

第五十八条 违反本规定，道路危险货物运输企业或者单位非法转让、出租道路危险货物运输许可证件的，由县级以上道路运输管理机构责令停止违法行为，收缴有关证件，处2000元以上1万元以下的罚款；有违法所得的，没收违法所得。

第五十九条 违反本规定，道路危险货物运输企业或者单位有下列行为之一，由县级以上道路运输管理机构责令限期投保；拒不投保的，由原许可机关吊销《道路运输经营许可证》或者《道路危险货物运输许可证》，或者吊销相应的经营范围：

（一）未投保危险货物承运人责任险的；

（二）投保的危险货物承运人责任险已过期，未继续投保的。

第六十条 违反本规定，道路危险货物运输企业或者单位不按照规定随车携带《道路运输证》的，由县级以上道路运输管理机构责令改正，处警告或者20元以上200元以下的罚款。

第六十一条 违反本规定，道路危险货物运输企业或者单位以及托运人有下列情形之一的，由县级以上道路运输管理机构责令改正，并处5万元以上10万元以下的罚款，拒不改正的，责令停产停业整顿；构成犯罪的，依法追究刑事责任：

（一）驾驶人员、装卸管理人员、押运人员未取得从业资格上岗作业的；

（二）托运人不向承运人说明所托运的危险化学品的种类、数量、危险特性以及发生危险情况的应急处置措施，或者未按照国家有关规定对所托运的危险化学品妥善包装并在外包装上设置相应标志的；

（三）未根据危险化学品的危险特性采取相应的安全防护措施，或者未配备必要的防护用品和应急救援器材的；

（四）运输危险化学品需要添加抑制剂或者稳定剂，托运人未添加或者未将有关情况告知承运人的。

第六十二条 违反本规定，道路危险货物运输企业或者单位未配备专职安全管理人员的，由县级以上道路运输管理机构责令改正，可以处1万元以下的罚款；拒不改正的，对危险化学品运输企业或单位处1万元以上5万元以下的罚款，对运输危险化学品以外其他危险货物的企业或单位处1万元以上2万元以下的罚款。

第六十三条 违反本规定，道路危险化学品运输托运人有下列行为之一的，由县级以上道路运输管理机构责令改正，处10万元以上20万元以下的罚款，有违法所得的，没收违法所得；拒不改正的，责令停产停业整顿；构成犯罪的，依法追究刑事责任：

（一）委托未依法取得危险货物道路运输许可的企业承运危险化学品的；

（二）在托运的普通货物中夹带危险化学品，或者将危险化学品谎报或者匿报为普通货物托运的。

第六十四条 违反本规定，道路危险货物运输企业擅自改装已取得《道路运输证》的专用车辆及罐式专用车辆罐体的，由县级以上道路运输管理机构责令改正，并处5000元以上2万元以下的罚款。

第七章 附 则

第六十五条 本规定对道路危险货物运输经营未作规定的，按照《道路货物运输及站场管理规定》执行；对非经营性道路危险货物运输未作规定的，参照《道路货物运输及站场管理规定》执行。

第六十六条 道路危险货物运输许可证件和《道路运输证》工本费的具体收费标准由省、自治区、直辖市人民政府财政、价格主管部门会同同级交通运输主管部门核定。

第六十七条 交通运输部可以根据相关行业协会的申请，经组织专家论证后，统一公布可以按照普通货物实施道路运输管理的危险货物。

第六十八条 本规定自2013年7月1日起施行。交通部2005年发布的《道路危险货物运输管理规定》（交通部令2005年第9号）及交通运输部2010年发布的《关于修改〈道路危险货物运输管理规定〉的决定》（交通运输部令2010年第5号）同时废止。

中华人民共和国交通运输部令

2015 年第 5 号

《关于修改〈国内水路运输管理规定〉的决定》已于 2015 年 5 月 8 日经第 6 次部务会议通过，现予公布，自 2015 年 5 月 12 日起施行。

部长　杨传堂

2015 年 5 月 12 日

国内水路运输管理规定

（2014 年 1 月 3 日交通运输部发布　根据 2015 年 5 月 12 日中华人民共和国交通运输部令 2015 年第 5 号《关于修改〈国内水路运输管理规定〉的决定》修正）

目　　录

第一章　总　　则

第一条　为规范国内水路运输市场管理，维护水路运输经营活动各方当事人的合法权益，促进水路运输事业健康发展，依据《国内水路运输管理条例》制定本规定。

第二条　国内水路运输管理适用本规定。

本规定所称水路运输，是指始发港、挂靠港和目的港均在中华人民共和国管辖的通航水域内使用船舶从事的经营性旅客运输和货物运输。

第三条　水路运输按照经营区域分为沿海运输和内河运输，按照业务种类分为货物运输和旅客运输。

货物运输分为普通货物运输和危险货物运输。危险货物运输分为包装、散装固体和散装液体危险货物运输。散装液体危险货物运输包括液化气体船运输、化学品船运输、成品油船运输和原油船运输。普通货物运输包含拖航。

旅客运输包括普通客船运输、客货船运输和滚装客船运输。

第四条 交通运输部主管全国水路运输管理工作，并按照本规定具体实施有关水路运输管理工作。

县级以上地方人民政府交通运输主管部门主管本行政区域的水路运输管理工作。县级以上地方人民政府负责水路运输管理的部门或者机构(以下统称水路运输管理部门)具体实施水路运输管理工作。

第二章 水路运输经营者

第五条 申请经营水路运输业务，除个人申请经营内河普通货物运输业务外，申请人应当符合下列条件：

（一）具备企业法人资格；

（二）有明确的经营范围，包括经营区域和业务种类。经营水路旅客班轮运输业务的，还应当有班期、班次以及拟停靠的码头安排等可行的航线营运计划；

（三）有符合本规定要求的船舶，且自有船舶运力应当符合附件 1 的要求；

（四）有符合本规定要求的海务、机务管理人员；

（五）有符合本规定要求的与其直接订立劳动合同的高级船员；

（六）有健全的安全管理机构及安全管理人员设置制度、安全管理责任制度、安全监督检查制度、事故应急处置制度、岗位安全操作规程等安全管理制度。

第六条 个人只能申请经营内河普通货物运输业务，并应当符合下列条件：

（一）经工商行政管理部门登记的个体工商户；

（二）有符合本规定要求的船舶，且自有船舶运力不超过 600 总吨；

（三）有安全管理责任制度、安全监督检查制度、事故应急处置制度、岗位安全操作规程等安全管理制度。

第七条 水路运输经营者投入运营的船舶应当符合下列条件：

（一）与水路运输经营者的经营范围相适应。从事旅客运输的，应当使用普通客船、客货船和滚装客船(统称为客船)运输；从事散装液体危险货物运输的，应当使用液化气体船、化学品船、成品油船和原油船(统称为危险品船)运输；从事普通货物运输、包装危险货物运输和散装固体危险货物运输的，可以使用普通货船运输；

（二）持有有效的船舶所有权登记证书、船舶国籍证书、船舶检验证书以及按照相关法律、行政法规规定证明船舶符合安全与防污染和入级检验要求的其他证书；

（三）符合交通运输部关于船型技术标准、船龄以及节能减排的要求。

第八条 除个体工商户外，水路运输经营者应当配备满足下列要求的专职海务、机务管理人员：

（一）海务、机务管理人员数量满足附件 2 的要求；

（二）海务、机务管理人员的从业资历与其经营范围相适应：

1. 经营普通货船运输的，应当具有不低于大副、大管轮的从业资历；

2. 经营客船、危险品船运输的，应当具有船长、轮机长的从业资历。

（三）海务、机务管理人员所具备的业务知识和管理能力与其经营范围相适应，身体条件与其职责要求相适应。

第九条 除个体工商户外，水路运输经营者按照有关规定应当配备的高级船员中，与其直接订立一年以上劳动合同的高级船员的比例应当满足下列要求：

（一）经营普通货船运输的，高级船员的比例不低于 25%；

（二）经营客船、危险品船运输的，高级船员的比例不低于 50%。

第十条 交通运输部具体实施下列水路运输经营许可：

（一）省际客船运输、省际危险品船运输的经营许可；

（二）国务院国有资产监督管理机构履行出资人职责的水路运输企业及其控股公司的经营许可。

省级人民政府水路运输管理部门具体实施省际普通货船运输的经营许可。省内水路运输经营许可的具体权限由省级人民政府交通运输主管部门决定，向社会公布。但个人从事内河省际、省内普通货物运输的经营许可由设区的市级人民政府水路运输管理部门具体实施。

第十一条 申请经营水路运输业务或者变更水路运输经营范围，应当向其所在地设区的市级人民政府水路运输管理部门提交申请书和证明申请人符合本规定要求的相关材料。

第十二条 受理申请的水路运输管理部门不具有许可权限的，当场核实申请材料中的原件与复印件的内容一致后，在 5 个工作日内提出初步审查意见并将全部申请材料转报至具有许可权限的部门。

第十三条 具有许可权限的部门，对符合条件的，应当在 20 个工作日内作出许可决定，向申请人颁发《国内水路运输经营许可证》，并向其投入运营的船舶配发《船舶营业运输证》。申请经营水路旅客班轮运输业务的，还应当向申请人颁发该班轮航线运营许可证件。不符合条件的，不予许可，并书面通知申请人不予许可的理由。

《国内水路运输经营许可证》和《船舶营业运输证》应当通过全国水路运政管理信息系统核发，并逐步实现行政许可网上办理。

第十四条 除购置或者光租已取得相应水路运输经营资格的船舶外，水路运输经营者新增客船、危险品船运力，应当经其所在地设区的市级人民政府水路运输管理部门向具有许可权限的部门提出申请。

具有许可权限的部门根据运力运量供求情况对新增运力申请予以审查。根据运力供求情况需要对新增运力予以数量限制时，依据经营者的经营规模、管理水平、安全记录、诚信经营记录等情况，公开竞争择优作出许可决定。

水路运输经营者新增普通货船运力，应当在船舶开工建造后15个工作日内向所在地设区的市级人民政府水路运输管理部门备案。

第十五条 交通运输部在特定的旅客班轮运输和散装液体危险货物运输航线、水域出现运力供大于求状况，可能影响公平竞争和水路运输安全的情形下，可以决定暂停对特定航线、水域的旅客班轮运输和散装液体危险货物运输新增运力许可。

暂停新增运力许可期间，对暂停范围内的新增运力申请不予许可，对申请投入运营的船舶，不予配发《船舶营业运输证》，但暂停决定生效前已取得新增运力批准且已开工建造、购置或者光租的船舶除外。

第十六条 交通运输部对水路运输市场进行监测，分析水路运输市场运力状况，定期公布监测结果。

对特定的旅客班轮运输和散装液体危险货物运输航线、水域暂停新增运力许可的决定，应当依据水路运输市场监测分析结果作出。

采取暂停新增运力许可的运力调控措施，应当符合公开、公平、公正的原则，在开始实施的60日前向社会公告，说明采取措施的理由以及采取措施的范围、期限等事项。

第十七条 《国内水路运输经营许可证》的有效期为5年。《船舶营业运输证》的有效期按照交通运输部的有关规定确定。水路运输经营者应当在证件有效期届满前的30日内向原许可机关提出换证申请。原许可机关应当依照本规定进行审查，符合条件的，予以换发。

第十八条 发生下列情况后，水路运输经营者应当在15个工作日内以书面形式向原许可机关备案，并提供相关证明材料：

（一）法定代表人或者主要股东发生变化；

（二）固定的办公场所发生变化；

（三）海务、机务管理人员发生变化；

（四）与其直接订立一年以上劳动合同的高级船员的比例发生变化；

（五）经营的船舶发生重大以上安全责任事故；

（六）委托的船舶管理企业发生变更或者委托管理协议发生变化。

第十九条 水路运输经营者终止经营的，应当自终止经营之日起 15 个工作日内向原许可机关办理注销手续，交回许可证件。

已取得《船舶营业运输证》的船舶报废、转让或者变更经营者，应当自发生上述情况之日起 15 个工作日内向原许可机关办理《船舶营业运输证》注销、变更手续。

第三章 水路运输经营行为

第二十条 水路运输经营者应当保持相应的经营资质条件，按照《国内水路运输经营许可证》核定的经营范围从事水路运输经营活动。

已取得省际水路运输经营资格的水路运输经营者和船舶，可凭省际水路运输经营资格从事相应种类的省内水路运输，但旅客班轮运输除外。

已取得沿海水路运输经营资格的水路运输经营者和船舶，可在满足航行条件的情况下，凭沿海水路运输经营资格从事相应种类的内河运输。

第二十一条 水路运输经营者不得出租、出借水路运输经营许可证件，或者以其他形式非法转让水路运输经营资格。

第二十二条 从事水路运输的船舶应当随船携带《船舶营业运输证》，不得转让、出租、出借或者涂改。《船舶营业运输证》遗失或者损毁的，应当及时向原配发机关申请补发。

第二十三条 水路运输经营者应该按照《船舶营业运输证》标定的载客定额、载货定额和经营范围从事旅客和货物运输，不得超载。

水路运输经营者使用客货船或者滚装客船载运危险货物时，不得载运旅客，但按照相关规定随船押运货物的人员和滚装车辆的司机除外。

第二十四条 水路运输经营者不得擅自改装客船、危险品船增加载客定额、载货定额或者变更从事散装液体危险货物运输的种类。

第二十五条 水路运输经营者应当使用规范的、符合有关法律法规和交通运输部规定的客票和运输单证。

第二十六条 水路旅客运输业务经营者应当拒绝携带国家规定的危险物品及其他禁止携带的物品的旅客乘船。船舶开航后发现旅客随船携带有危险物品及其他禁止携带的物品的，应当妥善处理，旅客应当予以配合。

第二十七条 水路旅客班轮运输业务经营者应当自取得班轮航线经营许可之日起 60 日内开航，并在开航的 15 日前通过媒体并在该航线停靠的各客运站点的明显位置向社会公布所使用的船舶、班期、班次、票价等信息，同时报原许可机关备案。

旅客班轮应当按照公布的班期、班次运行。变更班期、班次、票价的，水路旅客班轮运输业务经营者应当在变更的15日前向社会公布，并报原许可机关备案。停止经营部分或者全部班轮航线的，经营者应当在停止经营的30日前向社会公布，并报原许可机关备案。

第二十八条 水路货物班轮运输业务经营者应当在班轮航线开航的7日前，向社会公布所使用的船舶以及班期、班次和运价，并报原许可机关备案。

货物班轮运输应当按照公布的班期、班次运行；变更班期、班次、运价或者停止经营部分或者全部班轮航线的，水路货物班轮运输业务经营者应当在变更或者停止经营的7日前向社会公布，并报原许可机关备案。

第二十九条 水路旅客运输业务经营者应当以公布的票价销售客票，不得对相同条件的旅客实施不同的票价，不得以搭售、现金返还、加价等不正当方式变相变更公布的票价并获取不正当利益，不得低于客票载明的舱室或者席位等级安排旅客。

第三十条 水路运输经营者从事水路运输经营活动，应当依法经营，诚实守信，禁止以不合理的运价或者其他不正当方式、不规范行为争抢客源、货源及提供运输服务。

水路旅客运输业务经营者为招揽旅客发布信息，必须真实、准确，不得进行虚假宣传，误导旅客，对其在经营活动中知悉的旅客个人信息，应当予以保密。

第三十一条 水路旅客运输业务经营者应当就运输服务中的下列事项，以明示的方式向旅客作出说明或者警示：

（一）不适宜乘坐客船的群体；

（二）正确使用相关设施、设备的方法；

（三）必要的安全防范和应急措施；

（四）未向旅客开放的经营、服务场所和设施、设备；

（五）可能危及旅客人身、财产安全的其他情形。

第三十二条 水路运输经营者应当依照法律、行政法规和国家有关规定，优先运送处置突发事件所需物资、设备、工具、应急救援人员和受到突发事件危害的人员，重点保障紧急、重要的军事运输。

水路运输经营者应当服从交通运输主管部门对关系国计民生物资紧急运输的统一组织协调，按照要求优先、及时运输。

水路运输经营者应当按照交通运输主管部门的要求建立运输保障预案，并建立应急运输、军事运输和紧急运输的运力储备。

第三十三条 水路运输经营者应当按照国家统计规定报送运输经营统计信息。

第四章 外商投资企业和外国籍船舶的特别规定

第三十四条 外商投资企业申请从事水路运输，除满足本规定第五条规定的经营资质条件外，还应当符合下列条件：

（一）拟经营的范围内，国内水路运输经营者无法满足需求；

（二）应当具有经营水路运输业务的良好业绩和运营记录。

第三十五条 具有许可权限的部门可以根据国内水路运输实际情况，决定是否准许外商投资企业经营国内水路运输。

经批准取得水路运输经营许可的外商投资企业外方投资者或者外方投资股比等事项发生变化的，应当报原许可机关批准。原许可机关发现外商投资企业不再符合本规定要求的，应当撤销其水路运输经营资质。

第三十六条 符合下列情形并经交通运输部批准，水路运输经营者可以租用外国籍船舶在中华人民共和国港口之间从事不超过两个连续航次或者期限为30日的临时运输：

（一）没有满足所申请的运输要求的中国籍船舶；

（二）停靠的港口或者水域为对外开放的港口或者水域。

第三十七条 租用外国籍船舶从事临时运输的水路运输经营者，应当向交通运输部提交申请书、运输合同、拟使用的外籍船舶及船舶登记证书、船舶检验证书等相关证书和能够证明符合本规定规定情形的相关材料。申请书应当说明申请事由、承运的货物、运输航次或者期限、停靠港口。

交通运输部应当自受理申请之日起20个工作日内，对申请事项进行审核。对符合规定条件的，作出许可决定并且颁发许可文件；对不符合条件的，不予许可，并书面通知申请人不予许可的理由。

第三十八条 临时从事水路运输的外国籍船舶，应当遵守水路运输管理的有关规定，按照批准的范围和期限进行运输。

第五章 监督检查

第三十九条 交通运输部和水路运输管理部门依照有关法律、法规和本规定对水路运输市场实施监督检查。

第四十条 对水路运输市场实施监督检查，可以采取下列措施：

（一）向水路运输经营者了解情况，要求其提供有关凭证、文件及其他相关材料；

（二）对涉嫌违法的合同、票据、账簿以及其他资料进行查阅、复制；

（三）进入水路运输经营者从事经营活动的场所、船舶实地了解情况。

水路运输经营者应当配合监督检查，如实提供有关凭证、文件及其他相关资料。

第四十一条 水路运输管理部门对水路运输市场依法实施监督检查中知悉的被检查单位的商业秘密和个人信息应当依法保密。

第四十二条 实施现场监督检查的，应当当场记录监督检查的时间、内容、结果，并与被检查单位或者个人共同签署名章。被检查单位或者个人不签署名章的，监督检查人员对不签署的情形及理由应当予以注明。

第四十三条 水路运输管理部门在监督检查中发现水路运输经营者不符合本规定要求的经营资质条件的，应当责令其限期整改，并在整改期限结束后对该经营者整改情况进行复查，并作出整改是否合格的结论。

对运力规模达不到经营资质条件的整改期限最长不超过 6 个月，其他情形的整改期限最长不超过 3 个月。水路运输经营者在整改期间已开工建造但尚未竣工的船舶可以计入自有船舶运力。

第四十四条 水路运输管理部门应当建立健全水路运输市场诚信监督管理机制和服务质量评价体系，建立水路运输经营者诚信档案，记录水路运输经营者及从业人员的诚信信息，定期向社会公布监督检查结果和经营者的诚信档案。

水路运输管理部门应当建立水路运输违法经营行为社会监督机制，公布投诉举报电话、邮箱等，及时处理投诉举报信息。

水路运输管理部门应当将监督检查中发现或者受理投诉举报的经营者违法违规行为及处理情况、安全责任事故情况等记入诚信档案。违法违规情节严重可能影响经营资质条件的，对经营者给予提示性警告。不符合经营资质条件的，按照本规定第四十三条的规定处理。

第四十五条 水路运输管理部门应当与当地海事管理机构建立联系机制，按照《国内水路运输管理条例》的要求，做好《船舶营业运输证》查验处理衔接工作，及时将本行政区域内水路运输经营者的经营资质保持情况通报当地海事管理机构。

海事管理机构应当将有关水路运输船舶重大以上安全事故情况及结论意见及时书面通知该船舶经营者所在地设区的市级人民政府水路运输管理部门。水路运输管理部门应当将其纳入水路运输经营者诚信档案。

第六章　法律责任

第四十六条 水路运输经营者未按照本规定要求配备海务、机务管理人员的，由其所在地县级以上人民政府水路运输管理部门责令改正，处1万元以上3万元以下的罚款。

第四十七条 水路运输经营者或其船舶在规定期限内，经整改仍不符合本规定要求的经营资质条件的，由其所在地县级以上人民政府水路运输管理部门报原许可机关撤销其经营许可或者船舶营运证件。

第四十八条 从事水路运输经营的船舶超出《船舶营业运输证》核定的经营范围，或者擅自改装客船、危险品船增加《船舶营业运输证》核定的载客定额、载货定额或者变更从事散装液体危险货物运输种类的，按照《国内水路运输管理条例》第三十四条第一款的规定予以处罚。

第四十九条 水路运输经营者违反本规定，有下列行为之一的，由其所在地县级以上人民政府水路运输管理部门责令改正，处2000元以上1万元以下的罚款；一年内累计三次以上违反的，处1万元以上3万元以下的罚款：

（一）未履行备案义务；

（二）未以公布的票价或者变相变更公布的票价销售客票；

（三）进行虚假宣传，误导旅客或者托运人；

（四）以不正当方式或者不规范行为争抢客源、货源及提供运输服务扰乱市场秩序；

（五）使用的运输单证不符合有关规定。

第五十条 水路运输经营者拒绝管理部门根据本规定进行的监督检查或者隐匿有关资料或瞒报、谎报有关情况的，由其所在地县级以上人民政府水路运输管理部门予以警告，并处2000元以上1万元以下的罚款。

第五十一条 违反本规定的其他规定应当进行处罚的，按照《国内水路运输管理条例》执行。

第七章 附 则

第五十二条 本规定下列用语的定义：

（一）自有船舶，是指水路运输经营者将船舶所有权登记为该经营者且归属该经营者的所有权份额不低于51%的船舶。

（二）班轮运输，是指在固定港口之间按照预定的船期向公众提供旅客、货物运输服务的经营活动。

第五十三条 依法设立的水路运输行业组织可以依照法律、行政法规和章程的规定，制定行业经营规范和服务标准，组织开展职业道德教育和业务培训，对其会员的经营行为和服务质量进行自律性管理。

水路运输行业组织可以建立行业诚信监督、约束机制，提高行业诚信水平。

对守法经营、诚实信用的会员以及从业人员，可以给予表彰、奖励。

第五十四条 经营内地与香港特别行政区、澳门特别行政区，以及大陆地区与台湾地区之间的水路运输，不适用于本规定。

在香港特别行政区、澳门特别行政区进行船籍登记的船舶临时从事内地港口之间的运输，在台湾地区进行船籍登记的船舶临时从事大陆港口之间的运输，参照适用本规定关于外国籍船舶的有关规定。

第五十五条 载客12人以下的客船运输、乡镇客运渡船运输以及与外界不通航的公园、封闭性风景区内的水上旅客运输不适用本规定。

第五十六条 本规定自2014年3月1日起施行。2008年5月26日交通运输部以交通运输部令2008年第2号公布的《国内水路运输经营资质管理规定》、1987年9月22日交通部以(87)交河字680号文公布、1998年3月6日以交水发〔1998〕107号文修改、2009年6月4日交通运输部以交通运输部令2009年第6号修改的《水路运输管理条例实施细则》、1990年9月28日交通部以交通部令1990年第22号公布、2009年交通运输部令2009年第7号修改的《水路运输违章处罚规定》同时废止。

交通运输部　环境保护部
工业和信息化部　安全监管总局
关于发布《内河禁运危险化学品目录(2015版)》(试行)的公告

交通运输部公告2015年第30号

按照《危险化学品安全管理条例》(国务院令第591号)有关规定，交通运输部会同环境保护部、工业和信息化部、安全监管总局在《危险化学品目录(2015版)》基础上制定了《内河禁运危险化学品目录(2015版)》(试行)，现予公布。《内河禁运危险化学品目录(2015版)》(试行)自发布之日起实施。

为更好地适应危险化学品水路运输需求与内河运输安全管理要求，四部(局)将建立目录调整与审核机制，动态调整并发布《内河禁运危险化学品目录》。

特此公告。

交通运输部　　环境保护部
工业和信息化部　安全监管总局
2015年7月2日

附件

内河禁运危险化学品目录(2015版)(试行)

<table>
<tr><th rowspan="2">序号</th><th colspan="2">中文名称</th><th rowspan="2">CAS号</th><th rowspan="2">UN
编号</th></tr>
<tr><th>化学名</th><th>别名</th></tr>
<tr><td>1</td><td>氰</td><td>氰气</td><td>460-19-5</td><td>1026</td></tr>
<tr><td>2</td><td>氰化钠</td><td>山奈</td><td>143-33-9</td><td>1689</td></tr>
<tr><td>3</td><td>氰化钾</td><td>山奈钾</td><td>151-50-8</td><td>1680</td></tr>
<tr><td>4</td><td>氰化钙</td><td></td><td>592-01-8</td><td>1575</td></tr>
<tr><td>5</td><td>氰化银钾</td><td>银氰化钾</td><td>506-61-6</td><td>1588</td></tr>
<tr><td>6</td><td>氰化镉</td><td></td><td>542-83-6</td><td>2570</td></tr>
<tr><td>7</td><td>氰化汞</td><td>氰化高汞;二氰化汞</td><td>592-04-1</td><td>1636</td></tr>
<tr><td>8</td><td>氰化亚金钾</td><td></td><td>13967-50-5</td><td>1588</td></tr>
<tr><td>9</td><td>氰化碘</td><td>碘化氰</td><td>506-78-5</td><td>3290</td></tr>
<tr><td>10</td><td>氰化氢</td><td>无水氢氰酸</td><td>74-90-8</td><td>1051</td></tr>
<tr><td>11</td><td>异氰酸甲酯</td><td>甲基异氰酸酯</td><td>624-83-9</td><td>2480</td></tr>
<tr><td>12</td><td>丙酮氰醇</td><td>丙酮合氰化氢;2-羟基异丁腈;氰丙醇</td><td>75-86-5</td><td>1541</td></tr>
<tr><td>13</td><td>异氰酸苯酯</td><td>苯基异氰酸酯</td><td>103-71-9</td><td>2487</td></tr>
<tr><td>14</td><td>甲苯-2,4-二异氰酸酯</td><td>2,4-二异氰酸甲苯酯;2,4-TDI</td><td>584-84-9</td><td>2078</td></tr>
<tr><td>15</td><td>异硫氰酸烯丙酯</td><td>人造芥子油;烯丙基异硫氰酸酯;烯丙基芥子油</td><td>57-06-7</td><td>1545</td></tr>
<tr><td>16</td><td>四乙基铅</td><td>发动机燃料抗爆混合物</td><td>78-00-2</td><td>1649</td></tr>
<tr><td>17</td><td>硝酸汞</td><td>硝酸高汞</td><td>10045-94-0</td><td>1625</td></tr>
<tr><td>18</td><td>氯化汞</td><td>氯化高汞;二氯化汞;升汞</td><td>7487-94-7</td><td>1624</td></tr>
<tr><td>19</td><td>二碘化汞</td><td>碘化汞;碘化高汞;红色碘化汞</td><td>7774-29-0</td><td>1638</td></tr>
<tr><td>20</td><td>溴化汞</td><td>二溴化汞;溴化高汞</td><td>7789-47-1</td><td>1634</td></tr>
<tr><td>21</td><td>氧化汞</td><td>一氧化汞;黄降汞;红降汞</td><td>21908-53-2</td><td>1641</td></tr>
<tr><td>22</td><td>硫氰酸汞</td><td></td><td>592-85-8</td><td>1646</td></tr>
<tr><td>23</td><td>乙酸汞</td><td>乙酸高汞;醋酸汞</td><td>1600-27-7</td><td>1629</td></tr>
<tr><td>24</td><td>乙酸甲氧基乙基汞</td><td>醋酸甲氧基乙基汞</td><td>151-38-2</td><td>2025</td></tr>
</table>

续表

序号	中文名称		CAS 号	UN 编号
	化学名	别名		
25	氯化甲氧基乙基汞		123-88-6	2025
26	二乙基汞	二乙汞	627-44-1	2929
27	重铬酸钠	红矾钠	10588-01-9	3086
28	羰基镍	四羰基镍;四碳酰镍	13463-39-3	1259
29	五羰基铁	羰基铁	13463-40-6	1994
30	铊	金属铊	7440-28-0	3288
31	氧化亚铊	一氧化二铊	1314-12-1	1707
32	氧化铊	三氧化二铊	1314-32-5	1707
33	碳酸亚铊	碳酸铊	6533-73-9	1707
34	硫酸铊	硫酸亚铊	7446-18-6	1707
35	乙酸亚铊	乙酸铊;醋酸铊	563-68-8	1707
36	丙二酸铊	丙二酸亚铊	2757-18-8	1707
37	硫酸三乙基锡		57-52-3	3146
38	二丁基氧化锡	氧化二丁基锡	818-08-6	3146
39	乙酸三乙基锡	三乙基乙酸锡	1907-13-7	2788
40	四乙基锡	四乙锡	597-64-8	2929
41	乙酸三甲基锡	醋酸三甲基锡	1118-14-5	2788
42	磷化锌		1314-84-7	1714
43	五氧化二钒	钒酸酐	1314-62-1	2862
44	五氯化锑	过氯化锑;氯化锑	7647-18-9	1730
45	四氧化锇	锇酸酐	20816-12-0	2471
46	砷化氢	砷化三氢;胂	7784-42-1	2188
47	三氧化二砷	白砒;砒霜;亚砷酸酐	1327-53-3	1561
48	五氧化二砷	砷酸酐;五氧化砷;氧化砷	1303-28-2	1559
49	三氯化砷	氯化亚砷	7784-34-1	1560
50	亚砷酸钠	偏亚砷酸钠	7784-46-5	2027
51	亚砷酸钾	偏亚砷酸钾	10124-50-2	1678
52	乙酰亚砷酸铜	巴黎绿;祖母绿;醋酸亚砷酸铜;翡翠绿;帝绿;苔绿;维也纳绿;草地绿;翠绿	12002-03-8	1585
53	砷酸		7778-39-4	1553 1554

续表

序号	中文名称		CAS号	UN编号
	化学名	别名		
54	砷酸钙	砷酸三钙	7778-44-1	1573
55	砷酸铜		10103-61-4	
56	磷化氢	磷化三氢;膦	7803-51-2	2199
57	白磷	黄磷	12185-10-3	2447
58	三氯氧磷	氧氯化磷;氯化磷酰;磷酰氯;三氯化磷酰;磷酰三氯	10025-87-3	1810
59	三氯化磷	氯化磷,氯化亚磷	7719-12-2	1809
60	硫代磷酰氯	硫代氯化磷酰;三氯化硫磷;三氯硫磷	3982-91-0	1837
61	亚硒酸钠	亚硒酸二钠	10102-18-8	2630
62	亚硒酸氢钠	重亚硒酸钠	7782-82-3	2630
63	亚硒酸镁		15593-61-0	2630
64	亚硒酸		7783-00-8	2630
65	硒酸钠		13410-01-0	2630
66	乙硼烷	二硼烷	19287-45-7	1911
67	癸硼烷	十硼烷;十硼氢	17702-41-9	1868
68	戊硼烷	五硼烷	19624-22-7	1380
69	氟		7782-41-4	1045
70	二氟化氧	一氧化二氟	7783-41-7	2190
71	三氟化氯		7790-91-2	1749
72	三氟化硼	氟化硼	7637-07-2	1008
73	五氟化氯		13637-63-3	2548
74	羰基氟	碳酰氟;氟化碳酰	353-50-4	2417
75	氟乙酸钠	氟醋酸钠	62-74-8	2629
76	甲烷磺酰氟	甲磺氟酰;甲基磺酰氟	558-25-8	2927
77	八氟异丁烯	全氟异丁烯;1,1,3,3,3-五氟-2-(三氟甲基)-1-丙烯	382-21-8	3162
78	六氟丙酮	全氟丙酮	684-16-2	2420
79	氯	液氯、氯气	7782-50-5	1017
80	碳酰氯	光气	75-44-5	1076
81	氯磺酸	氯化硫酸;氯硫酸	7790-94-5	1754

续表

序号	中文名称		CAS 号	UN 编号
	化学名	别名		
82	全氯甲硫醇	三氯硫氯甲烷;过氯甲硫醇;四氯硫代碳酰	594-42-3	1670
83	甲基磺酰氯	氯化硫酰甲烷;甲烷磺酰氯	124-63-0	3246
84	O,O′-二甲基硫代磷酰氯	二甲基硫代磷酰氯	2524-03-0	2267
85	O,O′-二乙基硫代磷酰氯	二乙基硫代磷酰氯	2524-04-1	2751
86	双(2-氯乙基)甲胺	氮芥;双(氯乙基)甲胺	51-75-2	2810
87	苯胂化二氯	二氯化苯胂;二氯苯胂	696-28-6	1556
88	二苯基胺氯胂	吩吡嗪化氯;亚当氏气	578-94-9	1698
89	氯代膦酸二乙酯	氯化磷酸二乙酯	814-49-3	
90	六氯环戊二烯	全氯环戊二烯	77-47-4	2646
91	六氟-2,3-二氯-2-丁烯	2,3-二氯六氟-2-丁烯	303-04-8	2927
92	α,α-二氯甲苯	二氯化苄;二氯甲基苯;苄叉二氯;α,α-二氯甲基苯	98-87-3	1886
93	二氧化氮		10102-44-0	1067
94	叠氮化钠	三氮化钠	26628-22-8	1687
95	二甲氧基马钱子碱	番木鳖碱	357-57-3	1570
96	二甲双胍	双甲胍;马钱子碱	57-24-9	1692
97	乌头碱	附子精	302-27-2	1544
98	盐酸吐根碱	盐酸依米丁	316-42-7	1544
99	α-氯化筒箭毒碱	氯化南美防己碱;氢氧化吐巴寇拉令碱;氯化箭毒块茎碱;氯化管箭毒碱	57-94-3	1544
100	(S)-3-(1-甲基吡咯烷-2-基)吡啶	烟碱;尼古丁;1-甲基-2-(3-吡啶基)吡咯烷	54-11-5	1654
101	4,9-环氧,3-(2-羟基-2-甲基丁酸酯) 15-(S)2-甲基丁酸酯), [3β(S),4α,7α,15α®,16β]-瑟文-3,4,7,14,15,16,20-庚醇	杰莫灵	63951-45-1	1544
102	(2-氨基甲酰氧乙基)三甲基氯化铵	氯化氨甲酰胆碱;卡巴考	51-83-2	2811
103	甲基肼	一甲肼;甲基联氨	60-34-4	1244

续表

序号	中文名称		CAS 号	UN 编号
	化学名	别名		
104	1,1-二甲基肼	二甲基肼[不对称];N,N-二甲基肼	57-14-7	1163
105	1,2-二甲基肼	二甲基肼[对称]	540-73-8	2382
106	无水肼[含肼>64%]	无水联胺	302-01-2	2029
107	丙腈	乙基氰	107-12-0	2404
108	正丁腈	丙基氰	109-74-0	2411
109	异丁腈	异丙基氰	78-82-0	2284
110	2-丙烯腈[稳定的]	丙烯腈;乙烯基氰;氰基乙烯	107-13-1	1093
111	2-甲基丙烯腈[稳定的]	异丁烯腈	126-98-7	3079
112	N,N-二甲基氨基乙腈	2-(二甲氨基)乙腈	926-64-7	2378
113	3-氯丙腈	β-氯丙腈;氰化-β-氯乙烷	542-76-7	2810
114	2-羟基丙腈	乳腈	78-97-7	2810
115	羟基乙腈	乙醇腈	107-16-4	2810
116	乙撑亚胺 乙撑亚胺[稳定的]	吖丙啶;1-氮杂环丙烷;氮丙啶	151-56-4	1185
117	N-二乙氨基乙基氯	2-氯乙基二乙胺	100-35-6	2810
118	甲基苄基亚硝胺	N-甲基-N-亚磷基苯甲胺	937-40-6	2810
119	丙烯亚胺	2-甲基氮丙啶;2-甲基乙撑亚胺;丙撑亚胺	75-55-8	1921
120	乙酰替硫脲	1-乙酰硫脲	591-08-2	2811
121	N-乙烯基乙撑亚胺	N-乙烯基氮丙环	5628-99-9	2810
122	六亚甲基亚胺	高哌啶	111-49-9	2493
123	3-氨基丙烯	烯丙胺	107-11-9	2334
124	N-亚硝基二甲胺	二甲基亚硝胺	62-75-9	2810
125	碘甲烷	甲基碘	74-88-4	2644
126	亚硝酸乙酯		109-95-5	1194
127	四硝基甲烷		509-14-8	1510
128	三氯硝基甲烷	氯化苦,硝基三氯甲烷	76-06-2	1580
129	2,4-二硝基苯酚[含水≥15%]	1-羟基-2,4-二硝基苯	51-28-5	1320
130	4,6-二硝基邻甲苯酚钠		2312-76-7	1348

续表

序号	中文名称		CAS 号	UN 编号
	化学名	别名		
131	2-甲基-4,6-二硝基酚	4,6-二硝基邻甲苯酚;二硝酚	534-52-1	1598
132	1-氟-2,4-二硝基苯	2,4-二硝基-1-氟苯	70-34-8	2811
133	1-氯-2,4-二硝基苯	2,4-二硝基氯苯	97-00-7	1577
134	丙烯醛[稳定的]	烯丙醛;败脂醛	107-02-8	1092
135	2-丁烯醛	巴豆醛;β-甲基丙烯醛	4170-30-3	1143
136	一氯乙醛	氯乙醛;2-氯乙醛	107-20-0	2232
137	二氯醛基丙烯酸	粘氯酸;二氯代丁烯醛酸;糠氯酸	87-56-9	2923
138	2-丙烯-1-醇	烯丙醇;蒜醇;乙烯甲醇	107-18-6	1098
139	2-巯基乙醇	硫代乙二醇;2-羟基-1-乙硫醇	60-24-2	2966
140	2-氯乙醇	乙撑氯醇,氯乙醇	107-07-3	1135
141	4-己烯-1-炔-3-醇		10138-60-0	2810
142	3,4-二羟基-α-((甲氨基)甲基)苄醇	肾上腺素;付肾碱;付肾素	51-43-4	3249
143	3-氯-1,2-丙二醇	α-氯代丙二醇;3-氯-1,2-二羟基丙烷;α-氯甘油;3-氯代丙二醇	96-24-2	2810
144	2-丙炔-1-醇	丙炔醇;炔丙醇	107-19-7	2929
145	苯基硫醇	苯硫酚;巯基苯;硫代苯酚	108-98-5	2337
146	2,5-双(1-吖丙啶基)-3-(2-氨甲酰氧-1-甲氧乙基)-6-甲基-1,4-苯醌	卡巴醌	24279-91-2	3249
147	氯甲基甲醚	甲基氯甲醚;氯二甲醚	107-30-2	1239
148	二(氯甲基)醚	二氯二甲醚;对称二氯二甲醚;氧代二氯甲烷	542-88-1	2249
149	3-丁烯-2-酮	甲基乙烯基酮;丁烯酮	78-94-4	1251
150	一氯丙酮	氯丙酮;氯化丙酮	78-95-5	1695
151	1,3-二氯丙酮	α,γ-二氯丙酮	534-07-6	2649
152	2-氯苯乙酮	氯乙酰苯;氯苯乙酮;苯基氯甲基甲酮;苯酰甲基氯;α-氯苯乙酮	532-27-4	1697

续表

序号	中文名称		CAS号	UN编号
	化学名	别名		
153	1-羟环丁-1-烯-3,4-二酮	半方形酸	31876-38-7	2927
154	1,1,3,3-四氯丙酮	1,1,3,3-四氯-2-丙酮	632-21-3	2929
155	2-环己烯-1-酮	环己烯酮	930-68-7	2929
156	二氧化丁二烯	双环氧乙烷	298-18-0	2929
157	氟乙酸	氟醋酸	144-49-0	2642
158	氯乙酸	氯醋酸;一氯醋酸	79-11-8	1751
159	氯甲酸甲酯	氯碳酸甲酯	79-22-1	1238
160	氯甲酸乙酯	氯碳酸乙酯	541-41-3	1182
161	氯甲酸氯甲酯		22128-62-7	2745
162	N-(苯乙基-4-哌啶基)丙酰胺柠檬酸盐	枸橼酸芬太尼	990-73-8	1544
163	碘乙酸乙酯		623-48-3	2927
164	3,4-二甲基吡啶	3,4-二甲基氮杂苯	583-58-4	2929
165	2-氯吡啶		109-09-1	2822
166	4-氨基吡啶	对氨基吡啶;4-氨基氮杂苯;对氨基氮苯;γ-吡啶胺	504-24-5	2671
167	2-吡咯酮		616-45-5	2810
168	2,3,7,8-四氯二苯并对二噁英	二噁英;2,3,7,8-TCDD;四氯二苯二噁英	1746-01-6	2811
169	羟间唑啉(盐酸盐)		2315-02-8	3249
170	5-[(双(2-氯乙基)氨基]-2,4-(1H,3H)嘧啶二酮	尿嘧啶芳芥;嘧啶苯芥	66-75-1	3249
171	杜廷	羟基马桑毒内酯;马桑苷	2571-22-4	3249
172	氯化二烯丙托锡弗林		15180-03-7	3249
173	5-(氨基甲基)-3-异噁唑醇	3-羟基-5-氨基甲基异噁唑;蝇蕈醇	2763-96-4	1544
174	二硫化二甲基	二甲二硫;二甲基二硫;甲基化二硫	624-92-0	2381
175	乙烯砜	二乙烯砜	77-77-0	2927
176	N-3-[1-羟基-2-(甲氨基)乙基]苯基甲烷磺酰胺甲磺酸盐	酰胺福林-甲烷磺酸盐	1421-68-7	3249
177	8-(二甲基氨基甲基)-7-甲氧基氨基-3-甲基黄酮	二甲弗林	1165-48-6	3249

续表

序号	中文名称		CAS 号	UN 编号
	化学名	别名		
178	三-(1-吖丙啶基)氧化膦	三吖啶基氧化膦	545-55-1	2501 2811
179	O,O-二甲基-O-[1-甲基-2-(甲基氨基甲酰)乙烯基]磷酸酯[含量>0.5%]	久效磷	6923-22-4	2783
180	O,O-二乙基-O-(4-硝基苯基)磷酸酯	对氧磷	311-45-5	3018 2783
181	O,O-二甲基-O-(4-硝基苯基)硫代磷酸酯	甲基对硫磷	298-00-0	3018 2783
182	O-乙基-O-(4-硝基苯基)苯基硫代膦酸酯[含量>15%]	苯硫膦	2104-64-5	3018 2783
183	O-甲基-O-(2-异丙氧基甲酰基苯基)硫代磷酰胺	水胺硫磷	24353-61-5	2783
184	O,O-二乙基-O-(3-氯-4-甲基香豆素-7-基)硫代磷酸酯	蝇毒磷	56-72-4	3018 2783
185	O-甲基-O-(4-溴-2,5-二氯苯基)苯基硫代磷酸酯	溴苯膦	21609-90-5	2873
186	O,O-二甲基-S-(3,4-二氢-4-氧代苯并[d]-[1,2,3]-三氮苯-3-基甲基)二硫代磷酸酯	保棉磷	86-50-0	3018 2783
187	O,O-二甲基-S-(2,3-二氢-5-甲氧基-2-氧代-1,3,4-噻二唑-3-基甲基)二硫代磷酸酯	杀扑磷	950-37-8	3018 2783
188	5-氨基-3-苯基-1-[双(N,N-二甲基氨基氧膦基)]-1,2,4-三唑[含量>20%]	威菌磷	1031-47-6	3018 2783
189	O,O-二乙基-N-(1,3-二硫戊环-2-亚基)磷酰胺[含量>15%]	2-(二乙氧基磷酰亚氨基)-1,3-二硫戊环;硫环磷	947-02-4	3018 2783
190	O-甲基-S-甲基-硫代磷酰胺	甲胺磷	10265-92-6	2783
191	O,O-二甲基-S-(乙基氨基甲酰甲基)二硫代磷酸酯	益棉磷	2642-71-9	3018 2783
192	O-[4-((二甲氨基)磺酰基)苯基]O,O-二甲基硫代磷酸酯	伐灭磷	52-85-7	2783

续表

序号	中文名称		CAS 号	UN 编号
	化学名	别名		
193	O,O-二甲基-O-[1-甲基-2氯-2-(二乙基氨基甲酰)乙烯基]磷酸酯	2-氯-3-(二乙氨基)-1-甲基-3-氧代-1-丙烯二甲基磷酸酯;磷胺	13171-21-6	3018
194	O-O-二甲基-O-(2-甲氧甲酰基-1-甲基)乙烯基磷酸酯[含量>5%]	甲基-3-[(二甲氧基磷酰基)氧代]-2-丁烯酸酯;速灭磷	7786-34-7	3018
195	双(1-甲基乙基)氟磷酸酯	二异丙基氟磷酸酯;丙氟磷	55-91-4	3018
196	O,O-二乙基-O-[2-氯-1-(2,4-二氯苯基)乙烯基]磷酸酯[含量>20%]	2-氯-1-(2,4-二氯苯基)乙烯基二乙基磷酸酯;毒虫畏	470-90-6	3018
197	(E)-O,O-二甲基-O-[1-甲基-2-(二甲基氨基甲酰)乙烯基]磷酸酯[含量>25%]	3-二甲氧基磷氧基-N,N-二甲基异丁烯酰胺;百治磷	141-66-2	3018
198	四乙基焦磷酸酯	特普	107-49-3	3018
199	O,O-二乙基-O-(4-硝基苯基)硫代磷酸酯[含量>4%]	对硫磷	56-38-2	3018
200	O-乙基-O-[(2-异丙氧基酰基)苯基]-N-异丙基硫代磷酰胺	异柳磷	25311-71-1	3018
201	O-甲基-O-[(2-异丙氧基甲酰)苯基]-N-异丙基硫代磷酰胺	甲基异柳磷	99675-03-3	3018
202	O,O-二乙基-O-(2-乙硫基乙基)硫代磷酸酯与O,O-二乙基-S-(2-乙硫基乙基)硫代磷酸酯的混合物[含量>3%]	内吸磷	8065-48-3	3018
203	O,O-二乙基-S-(4-甲基亚磺酰基苯基)硫代磷酸酯[含量>4%]	丰索磷	115-90-2	3018
204	O,O-二甲基-S-(N-甲基氨基甲酰甲基)硫代磷酸酯	氧乐果	1113-02-6	3018
205	O-乙基-O-2,4,5-三氯苯基-乙基硫代膦酸酯	毒壤膦	327-98-0	3018
206	O,O-二乙基-O-2,5-二氯-4-甲硫基苯基硫代磷酸酯	O-[2,5-二氯-4-(甲硫基)苯基]-O,O-二乙基硫代磷酸酯;虫螨磷	21923-23-9; 60238-56-4	3018

续表

序号	中文名称		CAS 号	UN编号
	化学名	别名		
207	O,O-二乙基-S-[N-(1-氰基-1-甲基乙基)氨基甲酰甲基]硫代磷酸酯	S-{2-[(1-氰基-1-甲基乙基)氨基]-2-氧代乙基}-O,O-二乙基硫代磷酸酯;果虫磷	3734-95-0	3018
208	O,O-二乙基-O-2-吡嗪基硫代磷酸酯[含量>5%]	虫线磷	297-97-2	3018
209	O,O-二甲基-S-(2-甲硫基乙基)二硫代磷酸酯(II)	二硫代田乐磷	2587-90-8	3018
210	二甲基-4-(甲基硫代)苯基磷酸酯	甲硫磷	3254-63-5	3018
211	O,O-二乙基-S-(乙硫基甲基)二硫代磷酸酯	甲拌磷	298-02-2	3018
212	O,O-二乙基-S-(2-乙硫基乙基)二硫代磷酸酯[含量>15%]	乙拌磷	298-04-4	3018
213	O,O-二乙基-S-(4-氯苯硫基甲基)二硫代磷酸酯	三硫磷	786-19-6	3018
214	O,O-二乙基-S-叔丁基硫甲基二硫代磷酸酯	特丁硫磷	13071-79-9	3018
215	O-乙基-S-苯基乙基二硫代膦酸酯[含量>6%]	地虫硫膦	944-22-9	3018
216	O,O,O′,O′-四乙基-S,S′-亚甲基双(二硫代磷酸酯)	乙硫磷	563-12-2	3018
217	O,O-二乙基-S-氯甲基二硫代磷酸酯[含量>15%]	氯甲硫磷	24934-91-6	3018
218	O,O-二乙基-N-(4-甲基-1,3-二硫戊环-2-亚基)磷酰胺[含量>5%]	二乙基(4-甲基-1,3-二硫戊环-2-叉氨基)磷酸酯;地胺磷	950-10-7	3018
219	O,O-二乙基-S-乙基亚磺酰基甲基二硫代磷酸酯	甲拌磷亚砜	2588-03-6	3018
220	O,O-二乙基-S-(异丙基氨基甲酰甲基)二硫代磷酸酯[含量>15%]	发硫磷	2275-18-5	3018
221	O,O-二乙基-S-(2-乙基亚磺酰基乙基)二硫代磷酸酯	砜拌磷	2497-07-6	3018

续表

序号	中文名称		CAS 号	UN 编号
	化学名	别名		
222	S,S′-(1,4-二噁烷 2,3-二基)O,O,O′,O′-四乙基双(二硫代磷酸酯)	敌噁磷	78-34-2	3018
223	双(二甲胺基)磷酰氟[含量>2%]	甲氟磷	115-26-4	3018
224	O,O-二乙基-N-1,3-二噻丁环-2-亚基磷酰胺	丁硫环磷	21548-32-3	3018
225	八甲基焦磷酰胺	八甲磷	152-16-9	3018
226	O,O-二乙基-S-(2-氯-1-酞酰亚氨基乙基)二硫代磷酸酯	氯亚胺硫磷	10311-84-9	2783
227	O-乙基-O-(3-甲基-4-甲硫基)苯基-N-异丙氨基磷酸酯	苯线磷	22224-92-6	3018
228	O,O-二甲基-对硝基苯基磷酸酯	甲基对氧磷	950-35-6	3018
229	S-[2-(二乙氨基)乙基]-O,O-二乙基硫赶磷酸酯	胺吸磷	78-53-5	3018
230	O,O-二乙基-O-(2,2-二氯-1-β-氯乙氧基乙烯基)-磷酸酯	彼氧磷	67329-01-5	2784
231	O,O-二乙基-O-(4-甲基香豆素基-7)硫代磷酸酯	扑杀磷	299-45-6	2811
232	O,O-双(4-氯苯基)N-(1-亚氨基)乙基硫代磷酸胺	毒鼠磷	4104-14-7	2783
233	四磷酸六乙酯	乙基四磷酸酯	757-58-4	1611
234	O,O-二甲基-O-(2,2-二氯乙烯基)磷酸酯	敌敌畏	62-73-7	3018
235	O,O-二甲基-S-(2-乙硫基乙基)二硫代磷酸酯	甲基乙拌磷	640-15-3	3018
236	O-O-二甲基-S-[1,2-双(乙氧基甲酰)乙基]二硫代磷酸酯	马拉硫磷	121-75-5	3018
237	O,O-二乙基-S-(对硝基苯基)硫代磷酸	硫代磷酸-O,O-二乙基-S-(4-硝基苯基)酯	3270-86-8	3018
238	O-甲基氨基甲酰基-3,3-二甲基-1-(甲硫基)丁醛肟	久效威	39196-18-4	2771

续表

序号	中文名称		CAS 号	UN 编号
	化学名	别名		
239	4-N,N-二甲基氨基-3-甲基苯基 N-甲基氨基甲酸酯	灭害威	2032-59-9	2757
240	S-甲基-N-[(甲基氨基甲酰基)-氧基]硫代乙酰胺酸酯	灭多威;O-甲基氨基甲酰酯-2-甲硫基乙醛肟	16752-77-5	2771
241	2,3-二氢-2,2-二甲基苯并呋喃-7-基-N-甲基氨基甲酸酯	克百威	1563-66-2	2757
242	4-N,N-二甲基氨基-3,5-二甲基苯基 N-甲基氨基甲酸酯	4-二甲氨基-3,5-二甲苯基-N-甲基氨基甲酸酯;兹克威	315-18-4	2757
243	3-二甲基氨基亚甲基亚氨基苯基-N-甲基氨基甲酸酯(或其盐酸盐)	伐虫脒	22259-30-9; 23422-53-9	2757
244	挂-3-氯桥-6-氰基-2-降冰片酮-O-(甲基氨基甲酰基)肟	肟杀威	15271-41-7	2757
245	3-异丙基苯基-N-氨基甲酸甲酯	间异丙威	64-00-6	2757
246	O-(甲基氨基甲酰基)-1-二甲氨基甲酰-1-甲硫基甲醛肟	杀线威	23135-22-0	2757
247	O-甲基氨基甲酰基-2-甲基-2-(甲硫基)丙醛肟	涕灭威	116-06-3	2771
248	1-异丙基-3-甲基吡唑-5-基 N,N-二甲基氨基甲酸酯[含量>20%]	异索威	119-38-0	2992
249	3-[2-(3,5-二甲基-2-氧代环己基)-2-羟基乙基]戊二酰胺	放线菌酮	66-81-9	2588
250	2-特丁基-4,6-二硝基酚	2-(1,1-二甲基乙基)-4,6-二硝酚;特乐酚	1420-07-1	2779
251	3-(1-甲基-2-四氢吡咯基)吡啶硫酸盐	硫酸化烟碱	65-30-5	1658
252	2-仲丁基-4,6-二硝基酚	二硝基仲丁基苯酚;4,6-二硝基-2-仲丁基苯酚;地乐酚	88-85-7	2779
253	2,4,6-三亚乙基氨基-1,3,5-三嗪	曲他胺	51-18-3	3249
254	O,O,O′,O′-四乙基二硫代焦磷酸酯	治螟磷	3689-24-5	1704

续表

序号	中文名称		CAS号	UN编号
	化学名	别名		
255	硫酸二甲酯	硫酸甲酯	77-78-1	1595
256	(1,4,5,6,7,7-六氯-8,9,10-三降冰片-5-烯-2,3-亚基双亚甲基)亚硫酸酯	1,2,3,4,7,7-六氯双环[2,2,1]庚烯-(2)-双羟甲基-5,6-亚硫酸酯;硫丹	115-29-7	2761
257	乙酸苯汞		62-38-4	1674
258	氯化乙基汞		107-27-7	2025
259	磷酸二乙基汞	谷乐生;谷仁乐生;乌斯普龙汞制剂	2235-25-8	2025
260	乳酸苯汞三乙醇铵		23319-66-6	2026
261	氰胍甲汞	氰甲汞胍	502-39-6	2025
262	氟乙酰胺		640-19-7	2811
263	氟乙酸-2-苯酰肼	法尼林	2343-36-4	2588
264	三苯基氢氧化锡	三苯基羟基锡	76-87-9	2786
265	1,2,3,4,10,10-六氯-1,4,4a,5,8,8a-六氢-1,4:5,8-桥,挂-二甲撑萘[含量>75%]	六氯-六氢-二甲撑萘;艾氏剂	309-00-2	2761
266	1,2,3,4,10,10-六氯-1,4,4a,5,8,8a-六氢-1,4-挂-5,8-挂二亚甲基萘[含量>10%]	异艾氏剂	465-73-6	2761
267	(1R,4S,4aS,5R,6R,7S,8S,8aR)-1,2,3,4,10,10-六氯-1,4,4a,5,6,7,8,8a-八氢-6,7-环氧-1,4,5,8-二亚甲基萘[含量2%~90%]	狄氏剂	60-57-1	2761
268	(1R,4S,5R,8S)-1,2,3,4,10,10-六氯-1,4,4a,5,6,7,8,8a-八氢-6,7-环氧-1,4;5,8-二亚甲基萘[含量>5%]	异狄氏剂	72-20-8	2761
269	1,3,4,5,6,7,8,8-八氯-1,3,3a,4,7,7a-六氢-4,7-甲撑异苯并呋喃[含量>1%]	八氯六氢亚甲基苯并呋喃;碳氯灵	297-78-9	2761
270	1,4,5,6,7,8,8-七氯-3a,4,7,7a-四氢-4,7-亚甲基茚	七氯	76-44-8	2761
271	五氯苯酚	五氯酚	87-86-5	3155

续表

序号	中文名称		CAS 号	UN 编号
	化学名	别名		
272	五氯酚钠		131-52-2	2567
273	八氯莰烯	毒杀芬	8001-35-2	2761
274	3-(α-乙酰甲基苄基)-4-羟基香豆素	杀鼠灵	81-81-2	3027
275	3-(1,2,3,4-四氢-1-萘基)-4-羟基香豆素	杀鼠醚	5836-29-3	3027
276	3-[3-(4′-溴联苯-4-基)-1,2,3,4-四氢-1-萘基]-4-羟基香豆素	溴鼠灵	56073-10-0	3027
277	3-[(3-联苯-4-基)-1,2,3,4-四氢-1-萘基]-4-羟基香豆素	鼠得克	56073-07-5	3027
278	2-(二苯基乙酰基)-2,3-二氢-1,3-茚二酮	2-(2,2-二苯基乙酰基)-1,3-茚满二酮;敌鼠	82-66-6	2588
279	2-[(RS)-2-(4-氯苯基)-2-苯基乙酰基]-2,3-二氢-1,3-茚二酮[含量>4%]	2-(苯基对氯苯基乙酰)茚满-1,3-二酮;氯鼠酮	3691-35-8	2761
280	3,4-二氯苯基偶氮硫脲	3,4-二氯苯偶氮硫代氨基甲酰胺;灭鼠肼	5836-73-7	2757
281	1-(3-吡啶甲基)-3-(4-硝基苯基)脲	1-(4-硝基苯基)-3-(3-吡啶基甲基)脲;灭鼠优	53558-25-1	2588
282	1-萘基硫脲	α-萘硫脲;安妥	86-88-4	1651
283	2,6-二噻-1,3,5,7-四氮三环-[3,3,1,1,3,7]癸烷-2,2,6,6-四氧化物	毒鼠强	80-12-6	2588
284	2-氯-4-二甲氨基-6-甲基嘧啶	鼠立死	535-89-7	2588
285	1,3-二氟丙-2-醇(Ⅰ)与1-氯-3-氟丙-2-醇(Ⅱ)的混合物	鼠甘伏;甘氟	8065-71-2	2588
286	3-[3-(4-溴联苯-4-基)-3-羟基-1-苯丙基]-4-羟基香豆素	溴敌隆	28772-56-7	3027
287	海葱糖甙	红海葱甙	507-60-8	2810
288	地高辛	地戈辛;毛地黄叶毒苷	20830-75-5	
289	花青甙	矢车菊甙	581-64-6	
290	甲藻毒素(二盐酸盐)	石房蛤毒素(盐酸盐)	35523-89-8	

续表

序号	中文名称		CAS 号	UN 编号
	化学名	别名		
291	放线菌素 D		50-76-0	3249
292	放线菌素		1402-38-6	
293	甲基狄戈辛		30685-43-9	
294	赭曲毒素	棕曲霉毒素	37203-43-3	
295	赭曲毒素 A	棕曲霉毒素 A	303-47-9	
296	左旋溶肉瘤素	左旋苯丙氨酸氮芥;米尔法兰	148-82-3	
297	抗霉素 A		1397-94-0	3172
298	木防己苦毒素	苦毒浆果[木防己属]	124-87-8	1584
299	镰刀菌酮 X		23255-69-8	
300	丝裂霉素 C	自力霉素	50-07-7	3249
301	一氟乙酸对溴苯胺		351-05-3	
302	2,3,4,7,8-五氯二苯并呋喃	2,3,4,7,8-PCDF	57117-31-4	
303	2-硝基-4-甲氧基苯胺	枣红色基 GP	96-96-8	
304	氟乙酸甲酯		453-18-9	
305	氯化氰	氰化氯;氯甲腈	506-77-4	1589
306	三正丁胺	三丁胺	102-82-9	2542
307	亚砷酸钙	亚砒酸钙	27152-57-4	1574
308	1-(对氯苯基)-2,8,9-三氧-5-氮-1-硅双环(3,3,3)十二烷	毒鼠硅;氯硅宁;硅灭鼠	29025-67-0	

说　明

《内河禁运危险化学品目录》各栏目的含义：

1. “序号”是指本目录中内河禁运危险化学品的顺序号。

2. “化学名”是指根据《化学命名原则》标准确定的危险化学品品名。

3. “别名”是指除“品名”以外的其他名称，包括通用名、俗名等。

4. “CAS 号”是指美国化学文摘社对化学品的唯一登记号。

5. “UN 编号”是指联合国危险货物运输专家委员会在《关于危险货物运输的建议书》中对危险货物指定的编号。在目录中标注 2 个 UN 号是指该化学品 2 种不同形态危险货物指定的编号。